Segunda Guerra Mundial

Segunda Guerra Mundial

Para leigos

Keith D. Dickson

ALTA BOOKS
EDITORA
Rio de Janeiro, 2021

Segunda Guerra Mundial Para Leigos®

Copyright © 2021 da Starlin Alta Editora e Consultoria Eireli.
ISBN: 978-65-5520-577-0

Translated from original World War II For Dummies®. Copyright © 2020 by John Wiley & Sons, Inc., ISBN 978-1-119-67553-2. This translation is published and sold by permission of Wiley, the owner of all rights to publish and sell the same. PORTUGUESE language edition published by Starlin Alta Editora e Consultoria Eireli, Copyright © 2021 by Starlin Alta Editora e Consultoria Eireli.

Todos os direitos estão reservados e protegidos por Lei. Nenhuma parte deste livro, sem autorização prévia por escrito da editora, poderá ser reproduzida ou transmitida. A violação dos Direitos Autorais é crime estabelecido na Lei nº 9.610/98 e com punição de acordo com o artigo 184 do Código Penal.

A editora não se responsabiliza pelo conteúdo da obra, formulada exclusivamente pelo(s) autor(es).

Marcas Registradas: Todos os termos mencionados e reconhecidos como Marca Registrada e/ou Comercial são de responsabilidade de seus proprietários. A editora informa não estar associada a nenhum produto e/ou fornecedor apresentado no livro.

Impresso no Brasil — 1ª Edição, 2021 — Edição revisada conforme o Acordo Ortográfico da Língua Portuguesa de 2009.

Erratas e arquivos de apoio: No site da editora relatamos, com a devida correção, qualquer erro encontrado em nossos livros, bem como disponibilizamos arquivos de apoio se aplicáveis à obra em questão.

Acesse o site **www.altabooks.com.br** e procure pelo título do livro desejado para ter acesso às erratas, aos arquivos de apoio e/ou a outros conteúdos aplicáveis à obra.

Suporte Técnico: A obra é comercializada na forma em que está, sem direito a suporte técnico ou orientação pessoal/exclusiva ao leitor.

A editora não se responsabiliza pela manutenção, atualização e idioma dos sites referidos pelos autores nesta obra.

Dados Internacionais de Catalogação na Publicação (CIP) de acordo com ISBD

D554s	Dickson, Keith D.
	Segunda Guerra Mundial Para Leigos / Keith D. Dickson ; traduzido por Carolina Palha. - Rio de Janeiro : Alta Books, 2021.
	432 p. : il. ; 17cm x 24cm.
	Tradução de: World War II For Dummies
	Inclui índice.
	ISBN: 978-65-5520-577-0
	1. História. 2. Segunda Guerra Mundial. I. Palha, Carolina. II. Título.
2021-3489	CDD 940.54
	CDU 94(100)'1939/1945'

Elaborado por Vagner Rodolfo da Silva - CRB-8/9410

Rua Viúva Cláudio, 291 — Bairro Industrial do Jacaré
CEP: 20.970-031 — Rio de Janeiro (RJ)
Tels.: (21) 3278-8069 / 3278-8419
www.altabooks.com.br — altabooks@altabooks.com.br

Produção Editorial
Editora Alta Books

Gerência Comercial
Daniele Fonseca

Editor de Aquisição
José Rugeri
acquisition@altabooks.com.br

Produtores Editoriais
Illysabelle Trajano
Maria de Lourdes Borges
Thales Silva

Marketing Editorial
Livia Carvalho
Gabriela Carvalho
Thiago Brito
marketing@altabooks.com.br

Equipe de Design
Larissa Lima
Marcelli Ferreira
Paulo Gomes

Diretor Editorial
Anderson Vieira

Coordenação Financeira
Solange Souza

Produtor da Obra
Thiê Alves

Equipe Ass. Editorial
Brenda Rodrigues
Caroline David
Luana Rodrigues
Mariana Portugal
Raquel Porto

Equipe Comercial
Adriana Baricelli
Daiana Costa
Fillipe Amorim
Kaique Luiz
Victor Hugo Morais
Viviane Paiva

Atuaram na edição desta obra:

Tradução
Carolina Palha

Copidesque
Alberto Streicher

Revisão Técnica
Romulo Trancoso da Silva
Graduado em História pela UFF

Revisão Gramatical
Hellen Suzuki
Rafael Fontes

Diagramação
Lucia Quaresma

Ouvidoria: ouvidoria@altabooks.com.br

Editora afiliada à:

Sobre o Autor

Keith D. Dickson é professor de estudos militares no Colégio de Estado-maior das Forças Armadas, da Universidade de Defesa Nacional, e dá aulas sobre operações militares dos EUA na Segunda Guerra Mundial. Também apresentou palestras e artigos em conferências acadêmicas sobre o mesmo tema. Graduado pelo Instituto Militar da Virgínia, é mestre pela Universidade de Richmond e doutor pela Universidade da Virgínia. Sua carreira incluiu serviço governamental nas Operações Especiais do Exército dos EUA e Inteligência, bem como o cargo de professor assistente de história no Instituto Militar da Virgínia. Lá, foi o primeiro oficial desde a Guerra Civil a servir simultaneamente como professor e como comandante de cadetes. É autor de vários livros, incluindo *Civil War For Dummies*, *World War II Almanac*, *Sustaining Southern Identity* (premiado com o Slatten Award por melhor biografia de Virgínia, em 2011) e *No Surrender: Asymmetric Warfare in the Reconstruction South*.

Dedicatória

Este livro é dedicado aos dois homens que impactaram a minha vida.

O primeiro é meu tio, Robert W. Dickson, que serviu como torpedeiro avançado no submarino *USS Blackfin*, no Pacífico.

O segundo é meu sogro, J. David Crute, que serviu como marinheiro mercante transportando suprimentos para a Europa.

Ambos exibiram uma coragem e uma tenacidade particulares, que poucos experimentam, e seus esforços contribuíram significativamente para a vitória dos Aliados. Eles voltaram da guerra, criaram famílias e transformaram a vida de muitas pessoas.

Tive a sorte de ter crescido e amadurecido entre os veteranos da Segunda Guerra Mundial. Eles foram meus heróis e me ensinaram muitas coisas. Gostaria de agradecer a alguns deles: o Sr. Donald Crews, um policial militar que ajudou a libertar os campos de concentração na Alemanha; o Sr. R. Sams Smith, um tripulante de tanque que lutou contra a nata do Exército Alemão de 1944; o Coronel Tyson Wilson, que lutou com a Primeira Divisão de Fuzileiros Navais em Guadalcanal; e vários homens da minha cidade natal, Farmville, Virgínia — os cidadãos-soldados: fazendeiros, banqueiros, advogados, comerciantes, estudantes —, que desembarcaram na praia de Omaha, na Normandia, e enfrentaram desafios ainda maiores com uma coragem inabalável depois de se mudarem para o interior. Nossa dívida com todos esses homens nunca poderá ser paga.

Agradecimentos

No soneto "Sobre Sua Cegueira", John Milton já dizia: "Também O servem os que ficam a esperar." São eles: minha esposa, Karen, e meus filhos, Kathryn e Colleen. Sua paciência, nem sempre tão bem forjada, manteve este projeto nos trilhos.

Sobre o Editor Técnico

G. Kurt Piehler é autor de *Remembering War the American Way* (1995) e coeditor de *Major Problems in American Military History* (1998). Como diretor-fundador (1994-1998) dos Arquivos de História Oral Rutgers da Segunda Guerra Mundial, conduziu mais de duzentas entrevistas com veteranos do conflito. É diretor do Centro para os Estudos da Guerra e da Sociedade da Universidade do Tennessee e coprodutor de "Celebrate Freedom!: Pigeon Forge Salutes America's Veterans" [Celebrar a liberdade: Pigeon Forge saúda os veteranos dos EUA, em tradução livre].

Sumário Resumido

Introdução 1

Parte 1: Origens e Causas, 1919–1939 9
- CAPÍTULO 1: Por que É Importante e o que Saber 11
- CAPÍTULO 2: A Grande Guerra e a Ilusão da Paz: As Bases do Conflito 21
- CAPÍTULO 3: Esperando a Paz: A Ascensão dos Ditadores, 1933–1939 51

Parte 2: Abrir Fogo: O Eixo Invade e Conquista, 1939–1942 67
- CAPÍTULO 4: Invasão da Europa Oriental: O Poder de Hitler Cresce, 1939 69
- CAPÍTULO 5: Blitzkrieg na Europa: A Largada, 1939–1941 79
- CAPÍTULO 6: A Grande Batalha: Hitler contra Stalin 109
- CAPÍTULO 7: EUA à Deriva: 1933–1941 121
- CAPÍTULO 8: Colisão na Ásia: Japão e EUA, 1937–1941 131

Parte 3: Por Trás das Linhas Inimigas: Nações em Guerra 149
- CAPÍTULO 9: Mantendo o Básico: O Eixo 151
- CAPÍTULO 10: Aquela Parceria: Os Aliados 161
- CAPÍTULO 11: A Guerra contra os Judeus 171

Parte 4: O Contra-ataque Aliado, 1942–1943 181
- CAPÍTULO 12: A Política do Compromisso, 1942 183
- CAPÍTULO 13: O Norte da África, a Sicília e a Bota 191
- CAPÍTULO 14: Pior de Três: Derrota Alemã na Rússia, em Casa e no Atlântico ... 209
- CAPÍTULO 15: Guadalcanal, Nova Guiné e Midway: Três Perdas do Japão 229
- CAPÍTULO 16: Planejando o Resto da Guerra, 1943 251

Parte 5: A Saga Interminável, 1944 259
- CAPÍTULO 17: A Campanha Italiana e as Vitórias Soviéticas no Leste 261
- CAPÍTULO 18: Insaciável: Paris, Normandia e Mais 271
- CAPÍTULO 19: Japão "Hashando" 295

Parte 6: Recomeço: Efeitos do Pós-guerra, 1945 321
- CAPÍTULO 20: O Final (Ou Quase): A Última Ofensiva 323
- CAPÍTULO 21: A Derrota Japonesa 349
- CAPÍTULO 22: Aquela Paz Inquieta 375

Parte 7: A Parte dos Dez 381
capítulo 23: Dez Líderes Militares Colossais da Segunda Guerra Mundial 383
capítulo 24: Dez Armas que Fizeram a Diferença 391
capítulo 25: Dez "E Se?" da Segunda Guerra Mundial 397

Índice 405

Sumário

INTRODUÇÃO 1
    A Guerra Mais Destrutiva 1
    Sobre Este Livro 3
    Convenções Usadas Neste Livro 3
    Como Este Livro Está Organizado 4
        Parte 1: Origens e Causas, 1919–1939 4
        Parte 2: Abrir Fogo: O Eixo Invade e Conquista, 1939–1942 4
        Parte 3: Por Trás das Linhas Inimigas: Nações em Guerra 5
        Parte 4: O Contra-ataque Aliado, 1942–1943 5
        Parte 5: A Saga Interminável, 1944 6
        Parte 6: Recomeço: Efeitos do Pós-guerra, 1945 6
        Parte 7: A Parte dos Dez 7
    Ícones Usados Neste Livro 7
    De Lá para Cá, Daqui para Lá 8

PARTE 1: ORIGENS E CAUSAS, 1919–1939 9

CAPÍTULO 1: Por que É Importante e o que Saber 11
    O Início da Guerra 12
        O acordo de paz da Primeira Guerra Mundial 12
        Economia mundial 12
        A ascensão do totalitarismo 13
        O nascimento do fascismo e do nazismo 13
        A ascensão de Hitler 14
        Os britânicos e os franceses temem outra guerra 14
        O isolacionismo dos Estados Unidos 14
        A construção do império do Japão 14
    O Quem É Quem dos Combatentes 15
        Os Aliados 15
        O Eixo 16
    O Curso da Guerra 16
    Onde a Guerra Mundial Foi Travada? 17
        As batalhas na Europa 18
        As batalhas na União Soviética 18
        As batalhas no norte da África 18
        A Guerra do Pacífico e a Batalha do Sudeste Asiático 18
        A Batalha do Atlântico 19
    Os Efeitos da Segunda Guerra Mundial 19

CAPÍTULO 2: **A Grande Guerra e a Ilusão da Paz: As Bases do Conflito** 21

O Fim de uma e as Raízes da Outra................................22
    Os vencedores e os despojos: O Tratado de Versalhes..........23
    A última cartada de Woodrow Wilson: A Liga das Nações........25
    O mundo nos anos 1920.......................................26

Economias em Colapso: A Grande Depressão........................32
    Efeitos nas economias......................................32
    A ameaça à democracia.....................................33

Fascismo e Nazismo: De Quem Foi Essa Ideia?.....................33
    Um resumo do fascismo....................................34
    O fascismo na Itália......................................35
    Nazismo: Fascismo com algo a mais.........................37

A Ascensão de Hitler..38
    O golpe fracassado..38
    Mein Kampf...39
    Hitler consolida o seu poder..............................39
    Criando o regime: O lobo alfa dá as cartas................41
    A elite nazista: O restante da matilha....................42

O Japão e os Militaristas: O Exército Toma as Rédeas.............48
    Ações militares..48
    A queda da democracia japonesa...........................49
    O Japão assume o controle da China.......................49

CAPÍTULO 3: **Esperando a Paz: A Ascensão dos Ditadores, 1933–1939** 51

Os Passos para a Guerra: Aproveitando as Circunstâncias..........52
    Reformulando o exército..................................53
    Ganhando tempo...53
    Forjando um acordo com a Polônia.........................53
    Recuperando o Sarre......................................54
    Quebrando tratados.......................................54
    Avançando para a Renânia.................................54

Ofensiva: A Itália Faz a Guerra................................55
Forjando um Pacto: Nasce o Eixo................................56
A Guerra Civil Espanhola: O Confronto do Fascismo com o Comunismo 57
Alemanha: Diplomacia e Cortinas de Fumaça na Guerra............58
Grã-Bretanha: Mediação e Apaziguamento.........................59

Áustria e Tchecoslováquia Chamam a Atenção de Hitler............60
    O Anschluss na Áustria 60
    Rumo à Tchecoslováquia..................................61
    Posso pegar mais, por favor?............................64
    Os diplomatas fizeram seu trabalho?......................65

PARTE 2: ABRIR FOGO: O EIXO INVADE E CONQUISTA, 1939–1942...67

CAPÍTULO 4: Invasão da Europa Oriental: O Poder de Hitler Cresce, 1939...........................69

A Tchecoslováquia Desaparece: Divisão de Terras e Ocupação Alemã................................70
    Chamberlain e Daladier ficaram sabendo 71
    Mussolini é o último a saber...........................71
Jogando dos Dois Lados: Negociações com os Soviéticos........72
    Falando com a Grã-Bretanha e a França 72
    Falando com a Alemanha: O pacto germano-soviético 73
Falando de Paz e Planejando a Guerra: Hitler Acha uma Desculpa...76
    Planos de Hitler para a Polônia.......................76
    No limite — E além dele...........................77

CAPÍTULO 5: Blitzkrieg na Europa: A Largada, 1939–1941.......79

A Invasão da Polônia.....................................80
    A ofensiva alemã 80
    Os soviéticos se movem no tabuleiro..................81
    Um novo estilo de guerra: O blitzkrieg 82
    Após a derrota da Polônia..........................82
No Limite: A Grã-Bretanha e a França Declaram Guerra à Alemanha..83
    A movimentação britânica (ou quase)..................83
    A movimentação francesa: Patrulhando a fronteira...........84
Lutando em Causa Própria: Stalin Ataca a Finlândia..............85
    Primeira onda: Stalin enfrenta os finlandeses 85
    Segunda onda: Vamos tentar de novo 86
    Vocês viram isso? A mensagem da guerra soviético-finlandesa...87
Ele Está de Volta: Hitler Ataca a Noruega e a Dinamarca............87
    O plano 88
    O ataque e a resistência 88
    Lutando com fibra: A reação dos Aliados..................88
    Vencedores e perdedores..........................89

A Guerra de Mentira: Invadindo a França para Atacar
   a Grã-Bretanha 91
      Os alemães: Aproveitando os atrasos imprevistos 91
      Os Aliados: Ainda despreparados 93
      A primeira fase: Atacando os Países Baixos 94
      A segunda fase: O ataque pela Floresta das Ardenas 95
      Os Aliados: Presos em Flandres 95
      A Marinha Real vem ao resgate: A salvação em Dunkirk 96
      A França se rende à Alemanha 96
      Buscando posições melhores: Os ditadores se movem 100
Um Épico: A Batalha da Grã-Bretanha 100
      Abandonada por você 100
      Voando: Novos métodos de guerra aérea 101
      Tensão no céu 101
      Pânico em Londres: O Blitz da Luftwaffe 102
Os Bálcãs: A Bagunça de Mussolini e o Novo Alvo de Hitler 103
      Mussolini invade 103
      A Grã-Bretanha entra em cena 104
      Hitler entra no jogo 104
      A Grécia se rende à Alemanha 105
      Capturando Creta pelo ar 105
Os Italianos Se Dão Mal na África 106
      Fim da linha: A rendição dos italianos 106
      Ajudando a Itália: Rommel entra em cena 107

CAPÍTULO 6: A Grande Batalha: Hitler contra Stalin 109
Encontrando Outro Alvo 110
      Por que a União Soviética? 110
      Realizando um sonho: A visão do Führer 111
      Lançando as bases: A Operação BARBAROSSA 112
Stalin É o Último a Saber 112
      Stalin fecha os olhos 113
      Os erros de Stalin 113
      Os alemães lançam um ataque pesado e rápido 114
O Flerte Fatal de Hitler 116
      Stalin mobiliza o povo soviético 118
      A estrada para Moscou 118
      A centelha: Zhukov assume o comando 120
Hitler Toma as Rédeas em Suas Mãos 120

CAPÍTULO 7: **EUA à Deriva: 1933–1941** 121
- Olhando para Dentro: Um Novo Presidente e uma Postura Neutra 122
  - A Ato de Neutralidade de 1935 e sua extensão 123
  - O Ato de Neutralidade de 1937 124
  - O efeito dos Atos de Neutralidade. 124
  - Mensagem do Japão. 125
- Sinais Ruins na Europa. 125
- Roosevelt Joga o Jogo da Neutralidade 126
- A Queda da França: O Alerta dos EUA. 127
  - Mexendo no vespeiro: Grã-Bretanha 127
  - Ajudando o vizinho: Lei de Empréstimo e Arrendamento. 128
  - Os navios norte-americanos partem. 129
  - O basta: Um neutro começa a atirar. 130

CAPÍTULO 8: **Colisão na Ásia: Japão e EUA, 1937–1941** 131
- Breve História Política do Japão 132
- Construindo a Máquina Perfeita: O Japão Pensa na Guerra 132
  - Sufocando a China para se render 133
  - O xadrez diplomático do Japão 134
  - Opa! Tiro na água: Japão junta-se ao Eixo 134
  - Um novo sujeito assume o poder 135
  - Aposta do Japão: Como seria a guerra 136
  - Japão e EUA: Dois para lá e dois para cá 136
- A Guerra Chega aos EUA: Pearl Harbor 137
  - O ataque. 137
  - As consequências. 139
  - Os ganhos japoneses. 139
  - Os EUA declaram guerra ao Japão. 140
- A Guerra Japonesa 140
  - Malásia: A pior derrota da história britânica 141
  - Índias Orientais Holandesas. 141
  - "Uma baita surra" na Birmânia 143
  - Wake, Guam e as Filipinas 143
- Ignorando o Óbvio: Lutas de MacArthur. 145
  - Dando esperanças aos Aliados: "Voltarei" 145
  - A derrota e a Marcha da Morte 147
- Hitler Declara Guerra à Raça Mestiça 147
- Agora, a Guerra É Mundial. 148

PARTE 3: POR TRÁS DAS LINHAS INIMIGAS: NAÇÕES EM GUERRA 149

CAPÍTULO 9: Mantendo o Básico: O Eixo 151

Alemanha Nazista 152
    O pão de cada dia lhes dou 152
    Liderando o processo de produção 152
    Trabalho escravo e outros trabalhadores 153
    Sob a ilusão: Moral 154
    Resistindo a Hitler dentro da Alemanha 154
Ousadia e Alegria: Itália Fascista 156
    Produção de guerra 156
    Lutando por trabalho 157
    Descobrindo o que fazer: Moral 157
Acreditando na Vitória: Japão Imperial 157
    Assumindo o controle: Produção 158
    A força de trabalho japonesa 158
    As roupas novas do imperador: Moral 159

CAPÍTULO 10: Aquela Parceria: Os Aliados 161

Reinando Unido: O Reino Unido 162
    Os ianques estão voltando 162
    Mobilizando mão de obra: O trabalho e o esforço de guerra ... 163
    Postura inabalável: O moral britânico 163
Pegando Pesado: Os Estados Unidos 163
    Construindo o arsenal: O triunfo dos EUA 164
    Eu quero uma casa no campo: Moral 165
    O lado obscuro do zelo norte-americano: Os campos
    de internamento 166
A União Soviética Se Desmorona 168
    Sobreviver: Produzir 168
    Trabalhando até a morte: Mão de obra soviética 169
    Virando uma potência mundial: Moral 170

CAPÍTULO 11: A Guerra contra os Judeus 171

A Justificativa: O Pensamento Nazista 172
A Perseguição Começa: Judeus na Alemanha 173
Unidade Móvel de Matar: O Einsatzgruppen 174
Deportação para Guetos e Campos de Concentração e
de Extermínio 175
    Vida no gueto 176
    A vida nos campos de concentração 176
    As "fábricas de morte" 177

A Solução Final e a Falha Derradeira..........................178
    Escondendo o crime...179
    A chegada dos norte-americanos, dos britânicos e dos soviéticos..180

PARTE 4: O CONTRA-ATAQUE ALIADO, 1942–1943 181

CAPÍTULO 12: A Política do Compromisso, 1942 183

As Potências do Eixo: Negócios entre Bandidos 184
Cooperação Americano-britânica: Nenhum Mar de Rosas 185
    A Carta do Atlântico 185
    Um piquenique aliado: A Conferência Arcádia 186
Estratégias de Choque: Um Debate entre Amigos 187
    Japão primeiro?..187
    Ou a Alemanha primeiro?....................................188
    E quanto ao norte da África?................................188
    Esquentando o debate: O pedido de ajuda de Stalin..........189
Tomando a Primeira Decisão: Alemanha Primeiro 190

CAPÍTULO 13: O Norte da África, a Sicília e a Bota 191

A Derrota no Deserto: El Alamein...............................192
    O 8º Exército enfrenta Rommel 193
    Rommel retorna, e Montgomery chega 194
    Entre a cruz e a espada: Rommel............................194
    Derrota de Rommel: Montgomery dá início à perseguição.....195
Passando a Tocha: O Ataque dos Aliados no Norte da África.....196
    Organizando: A invasão toma forma..........................198
    A operação começa 200
    O fim da França de Vichy 200
    Galã feio: A curva tortuosa de aprendizado dos Estados Unidos 201
Virando-se para a Tunísia 201
    Hitler envia reforços.......................................202
    Rommel retorna... novamente 202
    Batalha do Passo Kasserine: A primeira 203
    Os EUA se reagrupam e atacam..............................203
Noite e Dia Se Completam em Casablanca: O Plano Aliado 204
Operação HUSKY: Invadindo a Sicília...........................204
    Vitória dos Aliados, rendição italiana e confusões 205
    Ele se foi! Mussolini é dispensado..........................206
    Nem precisa de inimigo! A Itália declara guerra à Alemanha 207
Melhor um na Mão: Invadindo o Continente Italiano 207
    Salerno para a Linha de Inverno 208
    Na esteira da vitória.......................................208

CAPÍTULO 14: Pior de Três: Derrota Alemã na Rússia, em Casa e no Atlântico 209

A Ofensiva de Hitler na Rússia, 1942 210
- Plano de Hitler: Ousado, mas falho 210
- Resposta soviética 211
- Hitler condena suas tropas 212
- A agonia de Stalingrado 213
- Preparando a armadilha para os alemães 214
- A armadilha se fecha: O ataque soviético 215
- Stalingrado: A vitória soviética decisiva 216

Juntando Tudo em Kursk 217
- A mira de Stalin: Operação Zitadelle 218
- Kursk: Outra grande vitória soviética 218

Nas Ruas: Bombardeando a Alemanha 219
- À luz do dia: Norte-americanos unidos 219
- Mudando a estratégia dos Aliados 221
- Invadindo Ploesti e Schweinfurt 222
- Avaliação das invasões: Valeram a pena? 223

Maré Alta para o U-boat: A Batalha do Atlântico 223
- Os temíveis U-boats 224
- Força à URSS: A corrida de Murmansk 225
- Afundando os U-boats: A virada, 1943 226

CAPÍTULO 15: Guadalcanal, Nova Guiné e Midway: Três Perdas do Japão 229

Rope-a-Dope: O Japão Luta por Tempo 230
- Elevando o moral norte-americano: O contra-ataque aliado ... 231
- Incendiando Tóquio: Ataque de Doolittle 232

Inovação Militar: A Batalha do Mar de Coral 233
- Interceptando informações: Dica crucial 234
- Lanchando a caminho de Port Moresby 234
- Ir atrás dos porta-aviões 235
- Êxito japonês, triunfo norte-americano 235

Midway: A Hora da Aviação Naval 236
- Preparando a armadilha: A abordagem japonesa em três frentes 236
- Dois ases na manga: A sacada de Nimitz 237
- No meio do caminho havia uma bomba 238
- Fora da rota: O milagre de McClusky 240
- Midway: Uma análise estratégica 241

Nova Guiné: Inferno Verde 241
- Luta na selva: Os australianos detêm os japoneses 242
- Buscando os norte-americanos: MacArthur e suas tropas 242

Protegendo a Austrália: A Estratégia Aliada no Pacífico............ 244
    Os norte-americanos tomam a ofensiva 244
    A bifurcação na estrada: Batalhas na terra e no mar
      por Guadalcanal.. 245
    A sangrenta Batalha de Ridge: Os norte-americanos
      detêm Guadalcanal 246
    Outros confrontos nas Ilhas Salomão...................... 246
    Olhando para Guadalcanal golpe a golpe 247
Nimitz Assume a Ofensiva 248
    Defensores suicidas do Japão em Tarawa 248
    Encalhar: Uma surpresa amarga 249
    Os fuzileiros navais tomam a ilha........................... 249

CAPÍTULO 16: Planejando o Resto da Guerra, 1943 251

A Trindade: Conferência em Teerã................................. 252
Ventos de Mudança em 1943: A Perspectiva do Eixo........ 253
    Jogando dos dois lados: Os japoneses 254
    Resistindo por um tempo: Os alemães.................... 254
O Panorama de 1943: A Perspectiva dos Aliados 255
    Aumentando a produção: Os EUA........................... 255
    Preservando e restaurando o Império Britânico......... 256
    Criando uma nova função para si mesma: A União Soviética.... 257
    Contendo a tempestade: China 257

PARTE 5: A SAGA INTERMINÁVEL, 1944 259

CAPÍTULO 17: A Campanha Italiana e as Vitórias Soviéticas no Leste... 261

Mudança de Planos: Perdendo a Linha (de Inverno) 262
    A estratégia e os possíveis problemas 262
    Cassino, mas sem a diversão 263
    Desembarcando em Anzio: Surpresas para todos 263
    A batalha na praia de Anzio.................................... 264
    A batalha da Linha Gustav...................................... 264
Roma Acaba em Pizza.. 266
    Quem tem boca... 266
    Outro impasse... 266
Passando o Rolo Compressor no Exército Alemão na Rússia....... 267
    Blitzkrieg, no passinho soviético.............................. 267
    Entrando nos Bálcãs: O domínio dos soviéticos 269
    Um bravo levante em Varsóvia................................ 270

CAPÍTULO 18: Insaciável: Paris, Normandia e Mais 271

   Definindo a Estratégia: OVERLORD 272
      O grande plano dos Aliados 273
      Os alemães reforçam suas defesas...................... 275
      Negócio arriscado: Eisenhower toma a decisão 276
   Dia D: Invasão e Avanços 276
      Bons resultados para canadenses e britânicos nas praias Gold, Juno e Sword......................... 277
      O sucesso dos norte-americanos na praia Utah............ 278
      Perto do desastre em Omaha 279
      De mal a pior: Hitler vacila de novo..................... 279
   Expandindo o Domínio das Praias 280
      A batalha de Caen................................... 280
      Os Aliados avançam para o interior..................... 281
      Forçando os alemães a recuarem: O desastre de Falaise...... 282
      Liberando Paris..................................... 282
   Longe Demais, Rápido Demais: Novas Decisões 283
      As escolhas difíceis de Eisenhower 284
      A ofensiva britânica: O erro de Monty.................... 284
      Arrastando a cara inimiga no chapisco 286
      Só a sinfonia da destruição............................ 286
   Alemanha Tombando 287
      Ataques aliados às fábricas............................ 287
      A ofensiva fica, de fato, ofensiva........................ 287
      Chegando a conta................................... 288
   Hitler Cheio dos Joguinhos: O Bulge 289
      Pela estrada afora (das Ardenas) de novo 289
      Não passa nem ar................................... 292
      Todo mundo vai sofrer................................ 293
   Na Barra da Saia da Alemanha 293
   Sem Perdoar a Iugoslávia e a Hungria......................... 294

CAPÍTULO 19: Japão "Hashando" 295

   O Plano de Assalto à Ilha: Marshall e Marianas 295
   Ilhas Marshall: Dever de Casa 297
      Probabilidades esmagadoras: Os Aliados tomam as ilhas 297
      Um pouco basta: As Marshall vão para os Aliados 298
   Maltratando as Marianas 298
      Saipan 299
      Guam... 299
      Tinian... 300

Sem Dó nem Piedade: A Batalha do Mar das Filipinas 300
    Mamão com açúcar 300
    Más notícias para a frota japonesa 301
    O salto de ilhas de MacArthur 301
Iniciando a Campanha na Nova Guiné 302
    Rabaul cercada 303
    Dominando o ar: Hollandia 303
Controlando o Mar: Biak 304
Primeiros Erros: Peleliu 305
Preparando-se para Atacar Leyte 306
MacArthur Retorna 307
    A Batalha do Golfo de Leyte 307
    MacArthur: Atolado em Leyte 312
    Vitória conquistada a duras penas 312
    Resultado de Leyte: Marchando em Mindoro 312
Observando as Operações no Pacífico 313
O Teatro China-Birmânia-Índia 314
Os Aliados Acabam com a Birmânia 315
    General britânico Wingate e os Chindits 316
    Tropas chinesas e Marotos de Merrill 316
Desequilíbrio na China 317
Ofensiva Japonesa contra a Índia 318
    Batalha em Imphal 318
    Batalha em Kohima 318
Adeus a Stilwell e aos Japoneses 319
    Vítima da política: Vinegar Joe 319
    Quebrando a resistência japonesa: Limpando a Birmânia 320

PARTE 6: RECOMEÇO: EFEITOS DO PÓS-GUERRA, 1945 ... 321

CAPÍTULO 20: O Final (Ou Quase): A Última Ofensiva 323

Os Aliados Cruzam o Reno, os Alemães Dobram a Esquina 324
    Ninguém segura esse sujeito? Hitler dá uma de brasileiro
    e não desiste 325
    Outra ponte aguarda: Seguindo o fluxo 325
    Um conto de duas travessias 326
    Os alemães: Para baixo, não para fora 326
Os Soviéticos Avançam 327
    Recuperando a Hungria 327
    Limpando o caminho para Berlim 327
    Temendo o pior: O êxodo alemão 328

No Ar e no Mar: Os Atos Finais 328
    Ataques aéreos: O resultado final 329
    O fim da ameaça dos U-boats 329
Capturando Território Alemão 330
    Despojos simbólicos: O destino de Berlim................. 331
    Compreendendo a decisão de Eisenhower 331
O Último Ato de Roosevelt e o Golpe de Stalin em Yalta 332
    Convencendo o Tio Joe (Só que não).......................... 332
    Sobre as Nações Unidas 333
    Sobre o destino da Polônia 333
    Sobre o futuro da Alemanha.................................... 334
    Sobre o envolvimento da URSS no Japão 334
    Remédio amargo... 335
Termina a Guerra na Itália e a Alemanha Sucumbe 335
    A batalha no norte da Itália 336
    Desafiando o Führer: A rendição dos alemães 336
Stalin Avança para Berlim 336
    O ataque soviético 338
    O fim do notório cidadão de Berlim: Hitler 339
    A queda de Berlim 340
Sem Saída: Os Alemães Se Rendem 340
    A rendição alemã aos britânicos e aos norte-americanos 341
    Incansável: Stalin faz de novo.................................. 341
Comemorando o Dia da Europa... 342
    Pulos de alegria: Os Aliados comemoram 342
    Nem é tudo isso 342
Reconstruindo uma Nova Alemanha: A Conferência de Potsdam ... 343
    Entrando no samba: Os recém-chegados 344
    Esboço da conferência: O que foi decidido 345
    Amarrando as pontas soltas: Os planos para outra conferência ... 347
    Aviso ao Japão: A ameaça secreta 347
Pontas Soltas de uma Vitória Amarga 348

CAPÍTULO 21: A Derrota Japonesa 349
Retornando às Filipinas 350
    Luzon: A primeira fase.. 350
    Nada é poupado: Terror em Manila 352
    Morte vinda de cima no Corregidor......................... 353
    Terminando a batalha para limpar Luzon 354
    Mindanao: Há mais luta pela frente......................... 354
    Um triunfo esquecido: As Filipinas........................... 355

No Ar e no Mar: O Japão na Mira 355
    Visando Tóquio, Osaka e outras cidades 356
    Mirando navios mercantes: Operações submarinas 356
A Luta por Iwo Jima 357
    Defesas erguidas: Preparações japonesas................... 358
    Atirando tudo: Bombardeio antes do ataque 358
    Atingindo a praia e o hasteamento de uma bandeira no
      Monte Suribachi 359
    O terrível final 360
Okinawa: Cada Dia um Novo 7x1 361
    Em casa: Os defensores de Okinawa 361
    O pouso fácil 362
    Ataques kamikaze 363
    O fim da frota japonesa 364
    Conquistando até o topo. 364
    A lama de maio e a linha Shuri 365
    Okinawa: Outra vitória penosa 365
A Invasão Planejada ao Japão 366
    Considerações de planejamento 367
    Chutando os dois pauzinhos da barraca 368
A Bomba Atômica e a Derrota do Japão 369
    Hiroshima: O primeiro alvo 369
    Reação do governo japonês 370
    Os soviéticos declaram guerra ao Japão. 370
    Próximo: Nagasaki. 372
    O custo 372
    O fim de uma era: O imperador submete 372
    O anúncio ao povo japonês 373
    A rendição japonesa. 373
A Ocupação Aliada do Japão 374

CAPÍTULO 22: Aquela Paz Inquieta 375

Os Custos: Uma Avaliação Global. 376
Refazendo o Mundo: Guerra e Tecnologia 377
A Chance à Paz: As Nações Unidas 377
Um Novo Mundo Surge 378
O Início da Guerra Fria 379
Considerações Finais 380

PARTE 7: A PARTE DOS DEZ 381

CAPÍTULO 23: Dez Líderes Militares Colossais da Segunda Guerra Mundial 383

Winston S. Churchill: Excelência Atemporal 384
Dwight D. Eisenhower: Não Se Preocupe, Seja Feliz 384
Douglas MacArthur: Malditos Torpedos! 385
George C. Marshall: Uso da Sterling 385
Chester W. Nimitz: Mestre do Mar 386
George S. Patton: Pau para Toda Obra 386
Irwin Rommel: A Raposa do Deserto 387
Franklin D. Roosevelt: Astuto Habilidoso 388
Isoroku Yamamoto: O Samurai 388
Georgi Zhukov: Liderando as Massas 389

CAPÍTULO 24: Dez Armas que Fizeram a Diferença 391

A Metralhadora Alemã MG-42 391
O Tiger Alemão 392
O Rifle M1 Garand 393
O Foguete V-2 393
O P-51 Mustang 394
Avião a Jato Me-262 394
O Bombardeiro B-17: A Fortaleza no Ar 395
O Canhão de 88mm 395
Porta-aviões Yorktown e Essex 396
Bomba Atômica 396

CAPÍTULO 25: Dez "E Se?" da Segunda Guerra Mundial 397

E Se Hitler Conquistasse a Grã-Bretanha, em vez de Atacar a União Soviética? 398
E Se os Porta-aviões Norte-americanos Estivessem em Pearl Harbor? 399
E Se Hitler Buscasse Programas Estratégicos Adequados? 400
E Se Não Houvesse Ataque a Pearl Harbor até 1942? 400
E Se Hitler Libertasse os Russos? 401
E Se a França Resistisse em 1940? 401
E Se Tivesse Dado Certo no Bulge? 402
E Se Hitler Fosse Assassinado? 403
E Se Hitler Deixasse Seus Generais Planejarem a Estratégia? .. 403
E Se a Marinha Japonesa Sobrevivesse? 404

ÍNDICE 405

Introdução

A Guerra Mais Destrutiva

A Segunda Guerra Mundial (1939-1945) foi o evento mais destrutivo da história. Foi uma guerra que cobriu todo o globo, e as nações que a travaram empregaram todos os recursos disponíveis, usando a tecnologia e as pessoas para os seus propósitos. Os fazendeiros e os operários se tornaram tão importantes para os esforços de guerra quanto os soldados em campo. Os ataques aéreos transformaram cidades e civis em alvos legítimos da guerra. Por causa da destrutividade e da escala global, os custos humanos e materiais foram incomensuráveis. A guerra terminou com o desenvolvimento de duas novas tecnologias que influenciaram fortemente o curso do mundo do pós-guerra: a energia atômica e o míssil balístico.

Ocorreu um assassinato em massa de não combatentes e de prisioneiros de guerra — milhares de russos, poloneses e chineses indefesos morreram nas mãos de seus inimigos. Um genocídio comandado por um governo matou 12 milhões de pessoas, incluindo 6 milhões de judeus. A guerra custou milhões de vidas, nem todas resultantes dos conflitos diretos. A União Soviética perdeu 28 milhões de pessoas; a Alemanha, quase 5 milhões. O Japão perdeu cerca de 5 milhões de pessoas; a China, cerca de 10 milhões. A Grã-Bretanha e a Comunidade das Nações[1] perderam quase meio milhão de pessoas. A França e a Itália, mais de 400 mil em combate. Os Estados Unidos, a Tchecoslováquia e a Iugoslávia sofreram, cada um, 290 mil mortes em combate. A Polônia, a Hungria, a Bélgica, a Holanda, a Noruega, a Bulgária, a Romênia e as Filipinas também sofreram perdas militares e civis significativas. A destruição física da maior parte do continente europeu e de várias nações asiáticas deixou uma marca indelével.

Sem dúvida, a guerra lançou uma longa sombra que se estende até a história recente. A maneira como as nações estabelecem estratégias, batalham, selam acordos de paz e negociam tratados ainda é moldada pelas memórias e pelas lições da Segunda Guerra Mundial. Para o bem ou para o mal, um novo mundo emergiu das cinzas do antigo, e vivemos à sombra dessa guerra terrível e destrutiva. O mundo foi sensibilizado para os perigos do ódio étnico e dos atos de assassinato organizados que o acompanham. A natureza instável das relações Estados Unidos-China tem suas raízes nas condições da China do pós-guerra. A criação de Israel pela comunidade mundial foi um resultado direto do Holocausto judeu. A necessidade de defesa coletiva na forma de alianças, como a Organização

---

1 Comunidade das Nações é a organização que reúne um conjunto de países independentes, que em sua maioria fizeram parte do Império Britânico, em torno de objetivos comuns (N. da T.).

do Tratado do Atlântico Norte (OTAN), tornou-se a principal garantia de paz na Europa. As Nações Unidas foram criadas para corrigir o fracasso da Liga das Nações em supervisionar as normas internacionais de comportamento. Os inimigos tradicionais tornaram-se parceiros contra uma ameaça maior, e o papel do governo se expandiu para atender a requisitos de defesa mais exigentes. As nações estavam dispostas a agir para garantir seus interesses e para prevenir outra catástrofe como a Segunda Guerra Mundial.

Mas as memórias da Segunda Guerra Mundial estão desaparecendo rapidamente. Aqueles que viveram durante esse período importante da história do século XX não estarão mais entre nós para dar o testemunho do passado. O monumento nacional da Segunda Guerra Mundial e os memoriais locais, com filmes como *O Resgate do Soldado Ryan*, preservarão um pouco da compreensão da virtude e do sacrifício dos soldados e dos civis que colaboraram para a sobrevivência da liberdade no mundo. A preservação da liberdade na Segunda Guerra Mundial tornou-se a arma definitiva na vitória sobre a tirania na Guerra Fria. O próprio fim da Guerra Fria pode ser considerado o ato final do drama iniciado na Segunda Guerra Mundial. Os povos das nações aliadas, por meio de um grande sacrifício, garantiram que a liberdade fosse preservada diante de forças que ameaçavam a existência da civilização. Essa proteção é, sem dúvida, o maior legado deixado para o mundo moderno.

Como todas as grandes histórias, a Segunda Guerra Mundial tem seus memoráveis vilões e heróis. A realidade é inevitavelmente traçada em termos de bem e mal. E, embora muitas vezes trágica, a história da Segunda Guerra Mundial é dinâmica, instigante e emocionante. A dedicação e a coragem de soldados, marinheiros, fuzileiros navais e aviadores em batalha e a resiliência e o sacrifício daqueles no front doméstico ainda emocionam. Profissionais militares de todo o mundo ainda estudam as táticas, as estratégias e as campanhas de guerra.

A Segunda Guerra Mundial é uma história universal, que pinta heróis, se pensarmos que aquelas pessoas passaram por uma experiência tão traumática e de alguma forma conseguiram seguir em frente com as suas vidas. Na maioria das vezes, esses heróis eram pessoas comuns, mas, como foram capazes de realizar feitos extraordinários, conquistaram uma aura de imortalidade. Se você se comparar com aqueles que vivenciaram a Segunda Guerra Mundial, descobrirá mais das suas origens e se entenderá melhor.

Sobre Este Livro

A literatura da Segunda Guerra Mundial é vasta e cresce a cada ano. *Segunda Guerra Mundial Para Leigos* atende às necessidades do leitor que deseja ser informado sem ser sobrecarregado com detalhes. Este livro se destina a vários tipos de leitores. Primeiro, o que deseja informações precisas e facilmente acessíveis sobre os principais eventos e questões da Segunda Guerra Mundial, sem encontrar narrativas históricas intimidadoras ou interpretações militares pesadas. Segundo, o que deseja relembrar os principais acontecimentos da guerra, mas sem pelejar pelos tomos dos estudiosos ou pelas minúcias misteriosas dos fanáticos militares. Terceiro, o que procura uma maneira diferente de abordar a história e de descobrir mais sobre a guerra para aumentar sua crítica e compreensão de um evento que, direta ou indiretamente, moldou sua vida. Para a maioria das pessoas, o passado é remoto e inacessível. A mensagem principal deste livro é que a história não é nem um nem outro! Política, paixões e conflitos (sejam armados ou ideológicos) sempre constituíram o bom material da história. Assim, a história, bem contextualizada, o conecta ao passado e lhe permite descobrir semelhanças com eventos da sua própria época.

Convenções Usadas Neste Livro

A história não precisa ser entediante nem intimidadora. Todo mundo que odeia livros de história diz que eles nada mais são do que listas insossas de nomes, lugares, datas e jargões. Na maioria dos casos, isso é uma verdade, mas superficial. Embora este seja um tipo diferente de livro de história, ele segue certas convenções encontradas na maioria deles. Por exemplo, este livro está organizado cronologicamente e conta uma história. Existe um começo, um meio e um fim. A *diferença* dele é que você pode começar de onde quiser. Não precisa capengar do começo ao fim para entender o que está acontecendo. Você tem flexibilidade máxima para escolher o que deseja saber. Pode começar de qualquer ponto e ainda conseguirá acompanhar a história, ou pode selecionar um tópico para ler em um capítulo do seu interesse.

Conforme avançar neste livro, você encontrará alguns termos-chave. Sempre que necessário, defino-os em itálico ou faço referência cruzada a eles com uma explicação detalhada. Também apresento mapas para ajudá-lo a entender os motivos e como as situações se desenrolaram nessa tenebrosa guerra global.

Não é de surpreender que a Segunda Guerra Mundial tenha muitas dimensões e complexidades, e, portanto, muitos tópicos interessantes e informações que integram as discussões sobre ela. Incluo alguns desses fatos nos boxes do livro. Se quiser se aprofundar, esses boxes são para você. Se não estiver interessado em tais detalhes, basta ignorá-los, isso não afetará o seu entendimento geral.

Como Este Livro Está Organizado

Este livro cobre um período de cerca de 26 anos, de 1919 a 1945. O período parece curto, mas esses anos definiram e moldaram o futuro. Para ajudá-lo a dividir os anos de guerra, organizei este livro em sete partes, cada uma abordando um período importante da guerra. E os capítulos dentro das partes o conduzem pelos principais eventos da Segunda Guerra Mundial, destacando fatos e pontos importantes. Cada capítulo o familiariza com palavras e ideias relevantes para o quadro geral.

Todos os anos, alguém descobre outra causa para a Segunda Guerra Mundial. As interpretações pululam e continuam a crescer em amplitude e especulação. Por mais criativas que elas sejam, quase todos concordam em vários pontos críticos relacionados às causas da guerra. Este livro enfoca essas causas básicas.

Parte 1: Origens e Causas, 1919-1939

Esta parte o conduz do acordo de paz que encerrou a Primeira Guerra Mundial ao início da guerra na Europa — a invasão da Polônia pela Alemanha. Avalie o intervalo entre as guerras para obter uma visão geral dos eventos mundiais que levaram ao surgimento de ditadores totalitários que ameaçaram a paz na Europa e na Ásia. Examine também o papel que os Estados Unidos e a União Soviética desempenharam nesse período. Esta parte fala sobre a série de tensões, crises e decisões que acabaram levando à eclosão da Segunda Guerra Mundial.

Os capítulos apresentam os líderes e os vários sistemas políticos existentes na época, bem como as políticas externas dos principais Estados. Você se familiarizará com os interesses e com as ambições (e os erros) que impulsionaram os principais eventos que finalmente levaram as nações à guerra. Espie as estratégias e a preparação militar das nações envolvidas para entender por que e onde a guerra começou.

Parte 2: Abrir Fogo: O Eixo Invade e Conquista, 1939-1942

Esta parte examina as impressionantes vitórias das potências do Eixo — Alemanha, Japão e Itália — e como quase venceram a guerra com um golpe rápido. Você verá como a Alemanha conseguiu derrotar os inimigos e dominar o continente europeu rapidamente, deixando uma Grã-Bretanha enfraquecida como último oponente restante. O Japão, em guerra com a China desde 1937, tornou-se a potência dominante na Ásia. Avalie também a estratégia japonesa e as razões dos ataques-surpresa do Japão contra a Grã-Bretanha e contra os Estados Unidos no Pacífico. Esta parte também explica por que e como a Alemanha iniciou seu próprio ataque-surpresa à União Soviética e então declarou guerra aos Estados Unidos.

Estes capítulos detalham as campanhas mais importantes na Europa: Polônia, Noruega, França e a Batalha da Grã-Bretanha. Além disso, há descrições de operações japonesas na China e os ataques a Pearl Harbor, Singapura, Filipinas e Ilha Wake, em 1941-1942. Você também conhecerá o primeiro ano da maior guerra terrestre da história — a invasão da União Soviética.

Parte 3: Por Trás das Linhas Inimigas: Nações em Guerra

Esta parte aborda as contribuições das pessoas que não carregavam armas nas linhas de frente, mas que desempenhavam um papel igualmente importante na guerra. Todos os recursos das nações foram colocados em ação para apoiar os esforços de guerra. Como suas contribuições eram críticas para a vitória, eles também se tornaram alvos de bombardeiros que buscavam destruir a capacidade de produção industrial e o moral dos cidadãos. Embora todas as nações em guerra tivessem que cumprir os mesmos objetivos para conduzir a guerra total, cada uma abordava a mobilização total dos seus recursos de forma bastante diferente.

Os capítulos examinam as políticas e as práticas governamentais que centralizaram o esforço de guerra. Observe cada Aliado para apreciar as abordagens comuns e exclusivas da produção de guerra. Do lado do Eixo, abordo a história dos esforços de trabalho escravo alemão e japonês, bem como as tentativas de superar a escassez e as limitações. Mesmo com o progresso da guerra, ocorreram mudanças nas sociedades engajadas nela. Descubra como afetaram o futuro das mulheres e de outras pessoas nessas sociedades.

Parte 4: O Contra-ataque Aliado, 1942–1943

Esta parte examina os estranhos companheiros criados pela guerra, especialmente entre os Aliados. No início, os EUA e a Grã-Bretanha formaram uma aliança tensa. Essas democracias tiveram que encontrar uma causa comum com a ditadura comunista de Joseph Stalin. Decisões estratégicas básicas e muito importantes tiveram que ser tomadas, e os escassos e cruciais recursos militares tiveram que ser alocados de maneira apropriada para travar as guerras na Ásia e na Europa. Você também verá como os Aliados cooperaram para desferir vários golpes no Eixo durante esses anos críticos. Tais sucessos incluem as importantíssimas Batalhas de Guadalcanal, do Mar de Coral e de Midway, no Pacífico; as campanhas do norte da África e da Itália e a defesa épica de Stalingrado, na Europa.

Estes capítulos examinam as inúmeras opções que os Aliados tinham ao conduzir a guerra e a importância da sobrevivência da União Soviética para a vitória final.

Observe as campanhas dos Aliados e as principais batalhas contra o Eixo em 1942 e por que essas vitórias significaram a derrota inimiga final. Também obtenha informações detalhadas sobre os principais erros dos líderes do Eixo, que selaram seu destino. O último capítulo é outra avaliação estratégica geral de 1942.

Parte 5: A Saga Interminável, 1944

Esta parte é uma visão geral das campanhas brutais e amargas para retomar o território ocupado pelo Eixo. No Pacífico, isso significou combates na selva e assaltos anfíbios a ilhas bastante fortificadas. Na Europa, significou uma invasão do continente através do Canal da Mancha e uma luta simultânea contra as duras defesas alemãs na Itália. A guerra russo-germânica atingiu o clímax, e os alemães foram expulsos da União Soviética. A Itália foi arrancada da guerra e se rendeu aos Aliados.

A ofensiva final de Hitler no Ocidente começou em 1944, mesmo quando a frente oriental desmoronou. Estacionados no Pacífico, os Aliados empurraram os japoneses ainda mais para suas defesas domésticas. Os Aliados tomaram outras medidas contra os japoneses em lugares distantes, como as Ilhas Aleutas e a Birmânia. Os norte-americanos invadiram as Filipinas enquanto a Marinha Norte-americana acabou com a última ameaça naval japonesa. Embora qualquer esperança de vitória se esvaísse, a Alemanha e o Japão continuaram lutando, mesmo quando suas cidades e indústrias foram submetidas a bombardeios cada vez mais destrutivos.

Estes capítulos são uma visão geral da estratégia que levou às campanhas no Pacífico e na Europa, e também examinam as mais famosas Batalhas do Bulge, Kursk, Leyte, o Mar das Filipinas e o Golfo de Leyte, bem como as terríveis Batalhas de Tarawa, Saipan e Peleliu. O último capítulo retoma os líderes Aliados na conferência e como era o quadro estratégico sob o ponto de vista de cada uma das nações envolvidas na guerra.

Parte 6: Recomeço: Efeitos do Pós-guerra, 1945

Esta parte descreve os últimos meses de luta que destruíram o Terceiro Reich e o Império Japonês. As lapadas desmedidas dos exércitos Aliados contra a última das defesas alemãs deixaram a Alemanha arrasada e seu líder, morto nos escombros de Berlim. As tropas norte-americanas e as soviéticas se encontraram no rio Elba, e os norte-americanos lamentaram a perda de seu próprio comandante supremo. Os exércitos soviéticos avançaram profundamente na Europa Oriental, enquanto as forças norte-americanas e as britânicas avançaram para a Tchecoslováquia e para a Áustria. Em maio, a guerra acabou, e a vitória na Europa foi declarada.

A guerra contra o Japão parecia não ter fim. Algumas das maiores e mais caras batalhas da guerra foram travadas em Okinawa e em Iwo Jima. Apesar das probabilidades contra eles cada vez mais intensificadas, os japoneses se recusaram a se render. Os planos foram traçados para a invasão das principais ilhas japonesas. Essa guerra mais devastadora terminou com o emprego da arma mais devastadora já desenvolvida. As bombas atômicas que caíram sobre duas cidades japonesas finalmente decretaram o fim da guerra e abriram uma nova era de incerteza na história mundial.

Parte 7: A Parte dos Dez

Esta é uma conclusão no padrão... dos livros da Para Leigos, que confere ao autor um espaço para acrescentar informações legais que ele ainda não havia dito no texto. Tais listas arbitrárias de dez itens objetivam provocar um pouco de discussão, debate e crítica de alguns fatores diferentes envolvidos na Segunda Guerra Mundial.

Ícones Usados Neste Livro

Em alguns momentos, você pode precisar de uma ajuda rápida para descobrir o que é importante. Neste livro, há alguns ícones — pequenas imagens ao lado do texto que chamam sua atenção e apontam para as informações que você deseja. Procure estes ícones ao longo do livro. Aqui está o que cada um deles significa:

Este ícone fornece informações históricas que o ajudam na sua compreensão ou crítica de um determinado evento na Segunda Guerra Mundial.

Este ícone destaca informações relacionadas aos Aliados.

Este ícone destaca informações relacionadas ao Eixo.

LEMBRE-SE

Este ícone destaca informações especialmente importantes que você precisa manter em mente conforme os eventos subsequentes se desenrolam.

ESTRATÉGIA MILITAR

Este ícone destaca os aspectos técnicos e estratégicos, como quantas armas foram usadas, como foram usadas e os detalhes básicos das ofensivas.

De Lá para Cá, Daqui para Lá

Este livro aborda guerra e política. Na maioria dos casos, o entendimento das guerras é complexo, a menos que se examinem as questões políticas que levaram ao conflito. Se tiver dúvidas sobre como a Segunda Guerra Mundial começou, comece pelo início do livro. Se busca campanhas específicas, consulte as informações básicas, vá direto para as batalhas ou procure um tira-gosto em A Parte dos Dez. Você pode até pular, alternando de uma parte do globo para outra e voltando a outras partes da história mais tarde. Seja qual for o caminho que escolher, busque o que precisar para preencher as lacunas.

1
Origens e Causas, 1919–1939

NESTA PARTE...

Descubra como era o mundo durante este período.

Entenda como o mundo entrou em mais uma guerra mundial em apenas vinte anos.

Veja como as consequências da Primeira Guerra Mundial levaram ao surgimento de ditaduras totalitárias voltadas à vingança.

Saiba como as democracias falharam em solucionar problemas sociais e econômicos complexos.

NESTE CAPÍTULO

» O que levou à guerra
» Os principais agentes
» Os campos de batalha
» Uma breve cronologia

Capítulo 1
Por que É Importante e o que Saber

A Segunda Guerra Mundial acabou. Ela acabou em agosto de 1945. Os bons venceram. Os maus perderam. O que mais você precisa saber? Primeiro, que nada — e, em particular, quando se trata de guerras — é *simples assim*. A Segunda Guerra Mundial — suas causas, batalhas, tragédias e vitórias — não é totalmente acessível à nossa compreensão.

Quer ver a face do mal? Estude os campos alemães de concentração e de extermínio ou pense nos 6 milhões de homens, mulheres e crianças judeus que foram assassinados. Quer um vislumbre de heroísmo? Pense no estoicismo que os britânicos demonstraram quando Londres foi bombardeada por 42 noites seguidas ou lembre-se dos soldados comuns de qualquer nação que lutaram contra todas as adversidades no que parecia uma derrota inevitável. Quer entender o sacrifício? Considere os 25 milhões de mortos somente na União Soviética ou os lutadores da resistência que desistiram de tudo para libertar seus países do nazismo. Quer entender o poder, o fanatismo, a devoção ao dever, as manobras políticas, o altruísmo, o egoísmo e a perseverança diante de um terror inimaginável? Veja os eventos que levaram à Segunda Guerra Mundial e os que ocorreram durante ela.

Após considerar todos esses pontos, pense em como a Segunda Guerra Mundial afetou o mundo em que vivemos hoje: fronteiras nacionais, alianças políticas, estratégias e alianças militares, pontos de conflito internacionais, o início e o fim da Guerra Fria, o nascimento e a morte de superpotências, o papel das forças de manutenção da paz e muito mais — em suma, nosso modo de vida e como agimos como nação —, tudo é moldado por eventos que ocorreram há oitenta anos.

É por *isso* que a Segunda Guerra Mundial é tão importante.

O Início da Guerra

Oficialmente, a Segunda Guerra Mundial começou quando a Alemanha nazista invadiu a Polônia, em setembro de 1939, e os franceses e os ingleses declararam guerra contra a Alemanha como resultado dessa invasão. Mas o início da guerra veio muito antes. A Segunda Guerra Mundial foi o produto de um monte de eventos que aconteceram da maneira errada, na hora errada.

O acordo de paz da Primeira Guerra Mundial

Quando a Grande Guerra terminou, os vencedores (a Grã-Bretanha, a França, os Estados Unidos e a Itália) queriam que os perdedores (a Alemanha, o Império Austro-húngaro e o Império Otomano) pagassem. Como os Impérios Austro-húngaro e Otomano não existiam mais, o peso do acordo de paz, baseado na vingança, recaiu todo sobre a Alemanha. Humilhada e falida, a Alemanha guardou um grande rancor. Nem os próprios vencedores ficaram satisfeitos com o resultado. Alguns (a Itália) se sentiram enganados; alguns (a França) achavam que a Alemanha não tinha sido punida o suficiente; e outros (os EUA) só queriam picar a mula.

Além disso, o acordo de paz criou novas nações (a Polônia, a Tchecoslováquia e a Iugoslávia) na Europa Oriental a partir do destroçado Império Austro-húngaro e de outros pedaços de terra daqui (da Alemanha) e dali (da União Soviética). Acha que isso não irritou todo mundo?

Economia mundial

Todas as nações passaram por problemas financeiros após a Primeira Guerra Mundial. As nações europeias (em particular a Alemanha, com a dívida da guerra pairando sobre a sua cabeça) estavam praticamente destituídas. Lentamente, cada uma iniciou a sua recuperação econômica — bem a tempo de a economia mundial cair em espiral. O mercado de ações dos EUA se quebrou em 1929, e as economias da Europa despencaram logo depois. Enfraquecidos pela guerra, nenhum país europeu foi capaz de conter a crise econômica. E muitos viram a economia arruinada como uma indicação de que o capitalismo e a democracia haviam fracassado.

A ascensão do totalitarismo

Com o mundo em tal nível de caos, as pessoas confiavam seus problemas ao governo, e os países sem uma forte tradição democrática ficavam suscetíveis às promessas feitas por futuros tiranos, que prometiam que, consolidando o poder em um partido e em um homem, a estabilidade e a ordem seriam certas.

Como resultado, especificamente na Alemanha (e na Itália, antes), as democracias incipientes deram lugar a ditaduras e, em decorrência, a um regime totalitário (ou seja, todos os aspectos da vida são controlados pelo ditador). Na Itália, esse ditador foi Benito Mussolini; na Alemanha, Adolf Hitler.

O nascimento do fascismo e do nazismo

O *fascismo* é uma ideologia política em que o Estado é exaltado acima de tudo. Todos os esforços e recursos se empregam para a glorificação do Estado. A liberdade individual não existe; há apenas a liberdade de servir ao Estado. Os fascistas acreditam que as pessoas alcançam seu potencial apenas por meio do serviço à nação. Se a nação é grande, as pessoas são excelentes. E a melhor representação da grandeza da nação é por meio da guerra. A Itália era fascista, assim como a Espanha após a Guerra Civil Espanhola (veja o Capítulo 3).

O *nazismo* é o fascismo com uma diferença significativa: a questão racial. Os nazistas acreditavam que a raça é o traço fundamental e, portanto, *definidor* de um povo. Assim como os cães são geneticamente predispostos a determinados papéis (alguns caçam e outros andam em rebanho, por exemplo), cada raça é geneticamente predisposta a determinados papéis. Algumas são líderes; outras (as "inferiores") deveriam ser dominadas. A raça ariana era, de acordo com os nazistas, a Raça Superior. Em ordem decrescente estavam os caucasianos não arianos, os asiáticos, os africanos e, por último, os judeus. O povo judeu ocupava um lugar especial na base da hierarquia racial nazista pelas seguintes razões:

- » Ele "corrompia" as outras raças inferiores e a mente fraca da Raça Superior com o que Hitler considerava ideias judaicas: igualdade entre as pessoas e liberdade individual.

- » Queria dominar o mundo e, portanto, representava uma ameaça para a Raça Superior, que, por ser quem era, merecia governar o mundo.

- » Eles eram "parasitas" que traíram a Alemanha durante a Primeira Guerra Mundial.

A ascensão de Hitler

Sempre houve tiranos e pessoas que abusavam do poder, e, de muitas maneiras, Hitler não era diferente de qualquer outro ditador. Ele consolidou o seu poder eliminando qualquer um que pudesse se opor a ele. Encontrou e abusou de grupos dos quais não gostava. Usou a propaganda como uma ferramenta para induzir o povo alemão a acreditar que o que ele lhe dizia era verdade.

Em outros aspectos, Hitler era diferente. Ele tinha o poder de uma nação industrializada por trás dele. Tinha a capacidade de exportar suas políticas para toda a Europa por meio de artimanhas diplomáticas, mentiras e, em seguida, por meio da guerra. Ele tinha a certeza da sua visão fanática de uma Europa sem judeus. E, talvez o mais assustador de tudo, teve a capacidade de fazer o povo alemão, como um todo, acreditar que, seguindo-o pelo caminho do inferno, estaria cumprindo seu destino de grandeza.

Os britânicos e os franceses temem outra guerra

Os britânicos e os franceses, tendo acabado de passar por uma guerra mundial terrível (embora não a chamassem assim na época) estavam dispostos a fazer qualquer coisa para garantir que não revivessem nada do tipo. Para ambos os países, essa determinação em evitar o conflito resultou em sua política de apaziguamento. Ao ceder às exigências de agressores, como Hitler, esperavam evitar outra crise que levasse à guerra. Obviamente, a estratégia não funcionou.

O isolacionismo dos Estados Unidos

Os Estados Unidos, separados da Europa por um oceano, queriam assim permanecer. Como os franceses e os britânicos, os norte-americanos já tinham visto o suficiente da guerra. Eles aprenderam tanto sobre a política europeia, as intrigas e rixas de sangue durante a Grande Guerra, que não tinham a intenção de se envolver naquela bagunça novamente. Então, desenvolveram uma política isolacionista e ingenuamente insistiram que o que acontecia na Europa — ou em qualquer outro lugar do mundo, nesse caso — não era problema deles.

A construção do império do Japão

O Japão, há muito um agente importante da Ásia, queria consolidar seu poder lá. O Japão ainda mantinha as bases alemãs que ocupara na China durante a Primeira Guerra Mundial e, como um dos vencedores, conseguiu manter grandes partes do território chinês que antes eram controladas pelos alemães, além de receber o controle de ilhas que tinham pertencido à Alemanha. O Japão também buscou aumentar suas participações na China, o que, além de ser um problema para os chineses, também o era para os EUA, que igualmente tinham interesses lá.

O Quem É Quem dos Combatentes

Os norte-americanos podem achar difícil de acreditar, mas os soldados do país não foram os únicos que lutaram contra os nazistas e contra os japoneses. (Na verdade, eles nem foram os primeiros a lutar contra os nazistas.) Muitas outras pessoas de muitos outros lugares lutaram de um lado ou do outro.

Os Aliados

Do lado dos Aliados (que lutou contra a Alemanha e contra o Japão), estavam as seguintes nações:

- Grã-Bretanha.
- Estados Unidos.
- França — e, após a queda da França para os alemães, a França Livre, liderada por Charles de Gaulle.
- União Soviética.
- Itália (depois de 1943).
- Canadá.
- Austrália.
- China.
- Nova Zelândia.
- Índia.
- África do Sul.
- Outros, incluindo combatentes da resistência das nações ocupadas pelos alemães, como Polônia, França, Noruega, Dinamarca, Holanda e Tchecoslováquia. As nações da América do Sul também aderiram à causa Aliada.

O Eixo

Do lado do Eixo (que lutou para dominar a Europa e a Ásia), estavam as seguintes:

- Alemanha.
- Itália (antes de 1943).
- Japão.
- Outras nações simpatizantes ou ocupadas pela Alemanha ou que se sentiram particularmente ameaçadas pela União Soviética, como Bulgária, Hungria, Finlândia e Romênia.

O Curso da Guerra

Aqui está um breve resumo dos destaques da Segunda Guerra Mundial. Para obter mais informações sobre estes eventos, vá para o capítulo apropriado:

- Em 1º de setembro de 1939, a Alemanha invadiu a Polônia. Em 3 de setembro, a Grã-Bretanha e a França (e outras nações) declararam guerra à Alemanha.
- Em 17 de setembro de 1939, a União Soviética invadiu a Polônia, tendo feito um acordo secreto com os nazistas sobre o destino da Polônia.
- Em 18 de março de 1940, a Itália entrou na guerra ao lado da Alemanha.
- De maio a junho de 1940, Dinamarca, Noruega, Bélgica, Luxemburgo e França caíram nas mãos dos alemães, e a Batalha da Grã-Bretanha começou.
- Em março de 1941, os Estados Unidos, ainda isolacionistas, implementaram sua política de empréstimo e arrendamento, que lhes permitia emprestar suprimentos, incluindo suprimentos de guerra, aos Aliados.
- Em junho de 1941, Hitler se voltou contra Stalin, e a Alemanha invadiu a União Soviética, momento em que Stalin teve um estalo e se juntou aos Aliados para declarar guerra à Alemanha.
- Em 7 de dezembro de 1941, os japoneses bombardearam Pearl Harbor, e os Estados Unidos entraram na guerra. Pouco depois disso, a Alemanha e a Itália declararam guerra aos EUA.

» Em 1942, as tropas japonesas capturaram várias ilhas e lugares do Pacífico na Ásia, incluindo Filipinas, Singapura, Birmânia e Malásia. Os EUA reagiram com sucesso limitado, mas impediram o avanço japonês permanentemente em Guadalcanal e na Nova Guiné. A batalha naval crucial de Midway também ocorreu nesse ano.

» Também em 1942, a luta no norte da África começou para valer. Os alemães foram derrotados em Stalingrado — a batalha terrestre decisiva da Segunda Guerra Mundial. As forças britânicas derrotaram as forças alemãs e italianas na batalha decisiva de El Alamein. Os Aliados começaram seu avanço contra a Alemanha com uma invasão do norte da África.

» Em 1943, a maré da guerra balançou a favor dos Aliados. As tropas soviéticas começaram a expulsar a Alemanha da URSS, as tropas alemãs no norte da África se renderam, e os Estados Unidos avançaram contra os japoneses no Pacífico, capturando fortalezas insulares importantes e flanqueando as defesas japonesas na Nova Guiné.

» A invasão Aliada da Normandia (Dia D) em 6 de junho de 1944 marcou o início do fim da Alemanha nazista. O último esforço da Alemanha (a Batalha das Ardenas, em dezembro de 1944) falhou em impedir o avanço dos Aliados no país.

» No início de 1945, os EUA fizeram um progresso significativo no Pacífico. Apesar da dificuldade da tarefa, as forças norte-americanas conseguiram conquistar as Filipinas.

» Na Europa, em abril de 1945, a Alemanha havia perdido a guerra. Hitler cometeu suicídio em 30 de abril, e, em 7 de maio, a Alemanha se rendeu.

» Em meados do verão de 1945, os soldados norte-americanos quebraram a Marinha Japonesa e capturaram Okinawa e Iwo Jima no Pacífico, em preparação para a invasão das ilhas japonesas.

» Em 6 de agosto, os EUA lançaram a primeira bomba atômica, em Hiroshima; em 8 de agosto, a segunda, em Nagasaki.

» Em 14 de agosto de 1945, o Japão se rendeu.

Onde a Guerra Mundial Foi Travada?

"Guerra Mundial" não foi apenas um nome grandioso para o que aconteceu entre setembro de 1939 e agosto de 1945. Era literalmente um *mundo* em guerra. Na verdade, se você girar um globo e enfiar um alfinete nele, é provável que o prenda em algum lugar que, de alguma forma, esteve conectado à guerra. Talvez fosse uma estação de abastecimento ou um campo de batalha, ou talvez apenas tivesse um campo de aviação no qual os pilotos pudessem pousar a caminho de algum lugar.

As batalhas na Europa

A Segunda Guerra Mundial afetou todos os países da Europa. A maioria das nações estava diretamente envolvida na guerra (Alemanha, França, Itália, Polônia, Luxemburgo, Tchecoslováquia, para citar algumas). Outras tentaram ao máximo ficar de fora — pense na Suíça (que teve sucesso em se manter neutra) e na Bélgica (que já não teve a mesma sorte).

As batalhas na União Soviética

Dado o estado dos militares soviéticos em 1940 e a arrogância de Hitler em pensar que o Exército Alemão era imbatível, não é de se admirar que ele achasse a Alemanha capaz de fazer o que nenhum exército tinha conseguido: derrotar os russos em seu próprio quintal ameaçador, apinhado de neve e frio inclemente.

Quando a Alemanha invadiu a União Soviética, Hitler calculou que cinco meses bastariam para que o superior Exército Alemão subjugasse o urso russo. Ele estava errado, e os alemães se perderam na Rússia em dois invernos russos. Foi uma guerra diferente, que representaria a destruição completa do nazismo ou do comunismo.

As batalhas no norte da África

O norte da África foi outro grande campo de batalha. Foi importante por alguns motivos e viu dois dos generais mais respeitados da guerra (Montgomery, para os britânicos, e Rommel, para os alemães) batalharem por lá:

- » Os Aliados precisavam proteger o acesso ao Canal de Suez, sem o qual não poderiam abastecer suas tropas.
- » Dominar o norte da África permitiria aos Aliados lançarem um ataque à Itália através do Mediterrâneo.

A Guerra do Pacífico e a Batalha do Sudeste Asiático

As batalhas no Pacífico e no Sudeste Asiático foram brutais. O terreno era um pesadelo. Selvas espessas, penhascos rochosos, ravinas profundas e redes de cavernas representavam desvantagens óbvias para aqueles que tinham o desagradável trabalho de atacar uma posição. Não só o terreno era difícil para lutar, mas as chuvas, quando chegavam, eram implacáveis. Adicione a isso à presença de um inimigo determinado, que prefere morrer a se render, e está formada a situação miserável e mortal. Tomar as ilhas do Pacífico muitas vezes significava avanços metro a metro no combate corpo a corpo. As batalhas no Sudeste Asiático foram um pouco melhores.

A Batalha do Atlântico

A Batalha do Atlântico centrou-se na proteção, contra os *U-boats* (submarinos) alemães, da movimentação essencial de homens e suprimentos para a Grã-Bretanha e para a União Soviética. Inicialmente, o terror dos mares, os U-boats usavam a *tática da matilha de lobos*: se um submarino alemão avistava um comboio, transmitia sua localização por rádio e rastreava os navios enquanto esperava que outros U-boats se reunissem. Sob o manto da escuridão, os submarinos atacavam os navios mais vulneráveis — da mesma forma que uma matilha de lobos persegue sua presa e mata os mais fracos.

Só em 1943, quando os Aliados foram capazes de produzir mais navios do que os U-boats podiam afundar e afundar mais U-boats do que os alemães podiam produzir, os U-boats deixaram de ser uma ameaça no Atlântico.

Os Efeitos da Segunda Guerra Mundial

A Segunda Guerra Mundial mudou o mundo. Ela criou e destruiu nações, e isso transferiu a balança de poder e influência mundiais da Europa para os Estados Unidos e União Soviética. Deu início à era atômica e abriu as portas para um novo conflito — a Guerra Fria — no qual um ex-parceiro se tornou um inimigo mortal. Embora a Segunda Guerra Mundial tenha acabado com a ameaça global do nazismo, não acabou com o ódio nem eliminou o genocídio como ferramenta de guerra (pense na "limpeza étnica"). A Segunda Guerra Mundial também trouxe o fim do colonialismo e criou novos Estados com todos os tipos de problemas que prevalecem no cotidiano do Oriente Médio, da África e da Ásia.

A Segunda Guerra Mundial foi um daqueles raros casos na história em que a ameaça era óbvia. O inimigo era bem definido e permitia uma distinção clara entre o bem e o mal. As nações se uniram para enfrentar uma ameaça comum; elas não teriam encontrado uma causa comum de outra forma. Pense nas democracias se unindo a Josef Stalin, o ditador soviético equivalente a Hitler. Muitos pensaram que, no final, haveria um mundo novo, um mundo mais pacífico, mas o resultado é que convivemos todos os dias com as consequências da Segunda Guerra Mundial.

> **NESTE CAPÍTULO**
>
> » Conquistando uma vitória vazia
>
> » Sofrendo após a Grande Guerra
>
> » Analisando a situação mundial na década de 1920
>
> » Avaliando a Itália e a Alemanha
>
> » Examinando a Grande Depressão
>
> » Observando o fascismo e o nazismo
>
> » Vendo o envolvimento do Japão

Capítulo **2**

A Grande Guerra e a Ilusão da Paz: As Bases do Conflito

A Segunda Guerra Mundial não irrompeu do nada. A Itália não passou a investir na reconstrução do Império Romano, em 1935, sem mais nem menos. Na primavera de 1936, os alemães não acordaram e disseram: "Ok. Somos uma raça superior. Queremos dominar o mundo. Vamos lá." Na verdade, no fim dos anos 1920, a situação parecia estável, pelo menos em comparação com o cenário de 10 anos antes, no fim da Grande Guerra. Mas o que aconteceu com o mundo para ele parecer supostamente seguro para a democracia?

Para entender como a Segunda Guerra Mundial começou, você deve compreender como terminou a Primeira Guerra Mundial (a Grande Guerra) e o que aconteceu nos anos seguintes, um período crucial. Além disso, temos que determinar o impacto da Grande Depressão sobre a economia mundial e entender como essas condições levaram nações democráticas (como a Itália e a Alemanha) a adotarem princípios totalitários para lidar com seus problemas.

Além disso, você deve analisar a situação das outras nações (Grã-Bretanha, França e EUA) para entender por que elas foram mais rápidas em impedir uma ameaça que hoje parece óbvia.

O Fim de uma e as Raízes da Outra

A Grande Guerra começou em 1914. De um lado, estavam Grã-Bretanha, França, Rússia Imperial (antes da revolução que derrubou o czar e colocou os comunistas no poder) e Itália (que só entrou no conflito algum tempo depois). Do outro lado, estavam Alemanha, Império Austro-húngaro e Império Otomano (veja a Figura 2-1).

FIGURA 2-1: Europa, 1914.

Embora se diga que o conflito foi desencadeado pelo assassinato de Francisco Fernando (herdeiro do trono austríaco), essas nações de fato guerrearam por status e poder sobre o mundo. O objetivo das alianças era consolidar suas posições dominantes como potências coloniais ou militares.

Logo no início da guerra, o conflito se estagnou ao longo das trincheiras defensivas, em uma linha que ia do Mar do Norte, passando por Bélgica e França, até a fronteira suíça. Nenhum lado conseguia se impor. Ao longo de três anos nessa guerra de trincheiras (em que um exército lançava explosivos e gases venenosos contra o outro e, em seguida, atacava a trincheira com destacamentos de infantaria), centenas de milhares de soldados morreram desnecessariamente.

Em 1917, abalada por uma revolução, a Rússia saiu da guerra, mas os Estados Unidos logo entraram no conflito, como aliados da Grã-Bretanha e da França. Em parte, o envolvimento dos norte-americanos foi uma resposta ao constante assédio dos navios do país pela Alemanha e ao naufrágio do *Lusitania*, causado por um submarino alemão. Além disso, os EUA estavam em uma cruzada idealista para "fazer do mundo um lugar mais seguro para a democracia", como disse o presidente Woodrow Wilson em sua mensagem ao Congresso. A guerra chegou ao fim pouco depois da entrada dos norte-americanos. Os Aliados (EUA, Grã-Bretanha, França e Itália) venceram.

Quando chegou ao fim (em 11 de novembro de 1918), a guerra já se arrastava há quatro anos. Foram utilizados gases venenosos, submarinos e aviões. O conflito destruiu impérios, criou países com base em identidades nacionais e étnicas, contribuiu para o surgimento de um Estado comunista revolucionário na Rússia e colocou os Estados Unidos no controle da agenda mundial do pós-guerra. Mais de 10 milhões de pessoas morreram, entre militares e civis. A Europa (a potência econômica, política e cultural que dominava o mundo anteriormente) estava exaurida, sem recursos materiais ou humanos.

Os vencedores e os despojos: O Tratado de Versalhes

A conferência de paz teve início em janeiro de 1919. Os principais participantes eram as quatro nações vencedoras: Itália, França, Grã-Bretanha e Estados Unidos. (A Rússia, que havia abandonado a guerra em 1917, estava em meio a uma guerra civil e não enviou representantes.) As nações vencidas não foram convidadas porque os vencedores não achavam que a presença delas era necessária. Os termos da paz seriam impostos a esses países.

As aparências enganam! — Divergências entre amigos

Woodrow Wilson, presidente dos EUA, queria construir um mundo em que as nações pudessem conviver em paz. Suas ideias foram consolidadas nos célebres Quatorze Pontos, suas quatorze metas para as negociações de paz. Um dos objetivos mais notáveis era a criação de "uma associação de nações" para proteger "a independência política e a integridade territorial" de todos os países. (Essa proposta deu origem à Liga das Nações, a precursora das Nações Unidas.)

Após o fim da guerra, todos os países concordaram em firmar um acordo baseado nos Quatorze Pontos. Porém, logo que as negociações começaram, a proposta de Wilson foi engavetada e Itália, França e Grã-Bretanha tentaram impor suas próprias agendas:

» A França, que serviu como campo de batalha durante a maior parte da guerra, queria garantias de que a Alemanha nunca mais seria uma ameaça militar.

» A Grã-Bretanha queria estabelecer um maior equilíbrio político no continente e aumentar seu império, anexando as colônias da Alemanha na África e os territórios do Império Otomano no Oriente Médio.

» Como indenização pela participação na guerra, a Itália reivindicava (muitas) terras do Império Austro-húngaro, que se desintegrara ao final do conflito.

Depois de muitas divergências e de uma saída indignada da Itália devido aos seus poucos ganhos na partilha, o Tratado de Versalhes foi assinado.

Mensagem aos perdedores: As regras são estas

O Tratado de Versalhes foi encaminhado à delegação alemã — sem nenhum debate — em junho de 1919. De acordo com os termos do documento:

» A Alemanha perdia cerca de 10% do seu território e da sua população; na parte oriental, seriam criadas as nações da Polônia, Tchecoslováquia e Lituânia.

» Os territórios dos Impérios Austro-húngaro e Otomano foram destinados à criação de Estados independentes (como Polônia, Tchecoslováquia e Iugoslávia) e mandatos, entidades parecidas com colônias e controladas pela França e pela Grã-Bretanha. Grande parte do Oriente Médio também foi dividida dessa forma.

» A França incorporou a Alsácia-Lorena (uma região tomada dos franceses pela Alemanha em 1870); Bélgica e Dinamarca também anexaram territórios alemães.

- A França ocupou partes da Alemanha durante quinze anos: a Bacia do Sarre, uma importante região industrial, e a Renânia, um território estratégico na margem ocidental do rio Reno, na fronteira com a França.
- A Alemanha perdeu todas as colônias na África e na Ásia.
- A Alemanha foi obrigada a assumir a responsabilidade total pela guerra. Segundo essa cláusula, o país tinha que indenizar os vencedores pelos custos do conflito, estimados em 33 bilhões de dólares. O valor seria pago em prestações ao longo de muitos anos.
- Para piorar, a Alemanha foi desarmada e proibida de manter tanques, aeronaves e forças terrestres com mais de 100 mil militares.

A última cartada de Woodrow Wilson: A Liga das Nações

Embora seu sonho de uma nova ordem mundial tenha se dispersado em meio às negociações de Versalhes, Woodrow Wilson não abriu mão do item mais importante dos Quatorze Pontos. A Liga das Nações seria uma organização internacional voltada para a cooperação entre os países e a preservação da paz e da segurança por meio da resolução pacífica das disputas. Para Wilson, embora o Tratado de Versalhes tivesse falhas, a Liga das Nações corrigiria esses problemas e evitaria outra guerra.

Em 1920, a Liga das Nações começou a funcionar em Genebra, na Suíça, mas tinha poucas chances de dar certo:

- O prestígio da Liga foi bastante abalado quando o Senado norte-americano se recusou a ratificar (aprovar) o Tratado de Versalhes, impedindo a entrada dos Estados Unidos na organização internacional. Ou seja, o país que criou a organização não aderiu a ela.
- O Artigo X do Tratado, que obrigava os membros da Liga a preservarem a independência uns dos outros, era um grande problema. Isso porque, em caso de ameaça a um membro, os outros países teriam que defendê-lo até em guerras, algo que a maioria das nações não estava disposta a fazer.
- As relações entre os membros da Liga eram difíceis e propensas a conflitos militares no futuro. Logo, a última coisa que algumas nações queriam era atrelar sua política externa à Liga das Nações. Os países só estavam dispostos a ser membros da Liga enquanto a adesão não interferisse em seus interesses.

Dessa forma, com seu poder restrito a advertências, a Liga das Nações não conseguiu controlar a ameaça de guerra cada vez mais presente na década de 1930.

O mundo nos anos 1920

A Grande Guerra transformou a diplomacia e a economia mundial, gerando instabilidade e desconfiança. Na Europa, o cenário político mudou totalmente, e as economias desmoronaram. Os europeus temiam a disseminação do comunismo (instigada pelos bolcheviques russos). O Tratado de Versalhes criou mais problemas do que resolveu, trazendo insatisfação para muitos povos e nações e fazendo promessas vazias de indenizações e territórios que recompensariam os vencedores por seus sacrifícios.

Você não precisava ser vidente para perceber os problemas que despontavam no horizonte.

Estados Unidos em negação

Associando a paz à vingança, os norte-americanos perderam o interesse pelos problemas da Europa e não queriam entrar em contendas que levassem o país a outra guerra. Os EUA rejeitavam alianças com outras nações e passaram boa parte da década tentando cobrar dívidas de guerra, estimadas em 7 bilhões de dólares, dos seus antigos aliados.

Além disso, o país assinou tratados de desarmamento com a Grã-Bretanha, França, Itália e Japão para limitar o tamanho das frotas navais. O objetivo era evitar a corrida armamentista que causaria a guerra. Em 1928, essa onda de otimismo culminou com a assinatura do Pacto Kellogg-Briand, que proibia o uso da guerra como instrumento de política nacional. Os Estados Unidos e mais 61 nações assinaram o tratado. Embalados pela ilusão de segurança e paz duradoura, os EUA aproveitaram sua prosperidade interna e mantiveram sua postura nacionalista e reservada, voltada para a preservação dos seus interesses.

Alemanha em movimento

A monarquia que colocara a Alemanha na guerra saiu de cena, e uma república democrática se instalou no país. Mas desde o início, em 1919, a república alemã se viu cercada de problemas:

» Atrelado ao Tratado de Versalhes e à indenização de 33 bilhões de dólares, o governo tinha pouco apoio entre os alemães.

» Arrasada pela guerra e pela ocupação do Sarre, a principal região industrial do país, a economia alemã registrou uma inflação altíssima (em 1923, o dólar norte-americano custava 4,2 trilhões de marcos alemães) que arruinou as classes populares e médias.

> » Politicamente, havia uma divisão profunda entre esquerda e direita no país. O povo alemão encarava o novo governo com hostilidade e hesitava em trocar um líder autoritário (um monarca, por exemplo) pelos ideais da democracia. Mas os empréstimos norte-americanos estabilizaram a economia e viabilizaram a eleição de um governo de coalizão moderado.

Apesar desses problemas, a Alemanha atingiu um grau de estabilidade econômica e recuperou seu lugar entre as nações europeias. O país assinou o Tratado de Locarno, comprometendo-se a respeitar as fronteiras da França e da Bélgica, e sua entrada na Liga das Nações foi autorizada. Em 1926, os alemães receberam um assento permanente no Conselho. No fim da década de 1920, a Alemanha havia registrado uma recuperação econômica moderada, mas sólida, e conquistado a confiança da comunidade internacional.

Porém, a Alemanha ainda tentava se esquivar e anular os termos do Tratado de Versalhes, especialmente os itens relativos à dívida de guerra e às restrições ao seu rearmamento.

Grã-Bretanha em maus lençóis

A Grã-Bretanha passou a década de 1920 lidando com rebeliões e guerra civil na Irlanda e revoltas na Índia. Sua economia despencou devido a mudanças nas dinâmicas de produção e comércio do pós-guerra. A queda na rentabilidade das exportações de setores tradicionais e a redução da demanda mundial após o conflito aprofundaram a crise econômica, gerando altos níveis de desemprego e greves frequentes e massivas. O Partido Trabalhista se tornou o principal defensor de medidas de bem-estar social para os britânicos da classe trabalhadora.

Como os Estados Unidos, a Grã-Bretanha observava com cautela os acontecimentos na Europa. Sempre desconfiados da França, os britânicos continuaram com sua política externa bastante estrita.

França em apuros

Com a destruição de grande parte das suas áreas cultiváveis e indústrias e a morte de muitos cidadãos em idade produtiva, o futuro da França parecia sombrio. As regiões da Alsácia-Lorena e do Sarre (ocupadas pelos franceses no fim da guerra) serviram para estabilizar um pouco a economia, mas, para se recuperar totalmente, a França dependia das indenizações dos alemães. Logo, o país adotou uma postura bastante rígida, chegando a ocupar o território alemão com forças militares quando a Alemanha não cumpria com suas obrigações.

A França também temia outra guerra com a Alemanha e via no Tratado de Versalhes sua única garantia de segurança. Mais do que as outras nações, a França tentou obter apoio internacional para obrigar os alemães a cumprirem o tratado. Apesar da assinatura do Tratado de Locarno, no qual a Alemanha se comprometia a respeitar a fronteira francesa, a França firmou alianças com a Polônia e a Tchecoslováquia para se proteger.

Porém, após as turbulências econômicas do início dos anos 1920, a França (como a Alemanha) passava por um período de recuperação e estabilidade no final da década.

Itália em convulsão

No final da guerra, a Itália achava que tinha sido trapaceada. O país queria se expandir para os Bálcãs, aproveitando o colapso do Império Austro-húngaro. Porém, ganhou um território pequeno demais diante dos seus 600 mil mortos. Além disso, no pós-guerra, a Itália foi governada por uma série de coalizões fracas que nunca ficavam no poder por tempo suficiente para lidar com o aumento do desemprego, uma dívida pública massiva e a inflação.

No início dos anos 1920, a monarquia constitucional (na qual o poder dos governantes é limitado pela lei ou por representantes eleitos) estava à beira do caos na Itália. Liderados pelo veterano Benito Mussolini, os fascistas, um novo partido nacionalista, chegaram ao poder em 1922 (veja o Capítulo 3 para mais informações sobre os ditadores europeus). Como primeiro-ministro, Mussolini concentrou poderes e estabeleceu uma ditadura. Seu objetivo era construir um Estado em que todo italiano serviria à nação. Movido por um patriotismo intenso, Mussolini começou a revitalizar a economia italiana e a procurar oportunidades para colocar a Itália entre as maiores potências da Europa.

Rússia em revolta

A Revolução Bolchevique, em 1917, acabou com a monarquia e afundou a Rússia em uma terrível guerra civil de cinco anos. Liderados por Vladimir Lênin, os bolcheviques sonhavam em levar a revolução comunista para toda a Europa com luta armada. Utilizando a força e o terror, Lênin consolidou o controle sobre a União das Repúblicas Socialistas Soviéticas (URSS). Milhões de russos morreram de fome entre 1921 e 1922, após uma série de fracassos dos bolcheviques em criar um Estado socialista puro. Para mitigar a fome, os Estados Unidos enviaram volumes massivos de alimentos. Em seguida, Lênin restabeleceu a propriedade privada com restrições, e a URSS registrou uma leve recuperação econômica.

Após a morte de Lênin em 1924, Josef Stalin implementou um Estado totalitário e iniciou um programa para transformar a Rússia em uma nação industrializada e moderna. Diplomaticamente isolada, em meados dos anos 1920, a Rússia assinou com a Alemanha um tratado secreto (contrariando os termos do Tratado de Versalhes) para que o Exército Alemão treinasse na Rússia com tanques e aeronaves em troca de um aumento no volume de transações comerciais.

Japão na China

Em termos econômicos e militares, o Japão já era uma grande potência na Ásia antes da Grande Guerra. Os japoneses declararam guerra à Alemanha em agosto de 1914 e logo ocuparam as bases alemãs na costa da China. O Japão também obteve concessões da China, que na época estava debilitada e dividida, e passou a controlar a Manchúria (uma grande província no nordeste chinês, rica em recursos naturais). Os nacionalistas chineses ficaram enfurecidos quando os japoneses tomaram regiões importantes do país que antes eram controladas pelos alemães. Além disso, as tropas japonesas invadiram o território russo, de onde só saíram em 1925.

O Tratado de Versalhes atribuiu aos japoneses mandatos sobre algumas ilhas no Pacífico (as Marianas, as Marshall e as Carolinas) que anteriormente ficavam sob domínio alemão. Porém, o acordo foi violado com a construção de fortes nas ilhas. O Japão também fabricou navios de guerra modernos e de alta performance, apesar de ter se comprometido, em tratados, a manter sua frota menor que as esquadras da França, dos Estados Unidos e da Grã-Bretanha.

Nos anos 1920, o Japão passou por uma expansão econômica dinâmica. Embora fosse, em teoria, uma democracia parlamentar, a liderança civil não controlava os militares japoneses. Os militares e o governo tinham divergências cada vez mais profundas sobre a expansão na Manchúria. O Exército Japonês controlava a ferrovia estratégica que cortava o sul da província, um recurso essencial para as ambições territoriais do Japão na China. As objeções dos chineses a essa ocupação militar ilegal eram ignoradas.

China em reforma

Liderada por Sun Yat-sen, a República Chinesa existia desde 1911, mas estava ameaçada por Senhores da Guerra que controlavam grandes porções do território com seus exércitos particulares. Após a morte de Sun, em 1925, Chiang Kai-Shek, militar de carreira, assumiu o controle do país. Em 1928, Chiang unificou a China sob a tutela do seu partido nacionalista, o Kuomintang. Para aumentar sua autonomia com relação ao controle europeu, o governo iniciou um programa de reforma legislativa e educacional e modernização econômica. Essas reformas beneficiavam as classes mais abastadas, ignorando a maioria dos camponeses chineses.

BENITO MUSSOLINI: O PRECURSOR

O pai de Benito Mussolini (1883-1945) era ferreiro. Apesar da pouca educação formal, tornou-se professor. No geral, Mussolini é associado a sentimentos intensos de patriotismo, antibolchevismo e militarismo, mas, no início de sua vida, ele era pacifista e socialista. Em 1911, Mussolini foi preso por se opor à anexação da Líbia pela Itália durante a guerra contra a Turquia. Libertado em 1912, ele foi editor de um jornal socialista de Milão, mas acabou sendo expulso do partido em 1914, quando defendeu a entrada da Itália na Primeira Guerra Mundial. Em seguida, Mussolini fundou seu próprio jornal, focado em temas patrióticos. Em 1915, entrou no exército. Promovido a sargento em 1917, foi ferido em combate. No pós-guerra, Mussolini e outros veteranos fundaram a organização *Fasci di Combattimento* (grupo de combatentes, em italiano) em março de 1919. Ele era contrário à democracia e ao parlamento, mas não tinha vínculos políticos definidos. Mussolini se associou a atividades e ideias que viabilizariam seu acesso ao poder. Arrogante e combativo, mas com alguns dons intelectuais, Mussolini não tinha experiência com governo ou diplomacia. Ainda assim, por muitos anos, ele convenceu grande parte da comunidade mundial de que era um líder razoável e responsável, um novo homem que faria grandes coisas pela Itália.

Em meio a tais iniciativas de reforma e modernização, o Partido Nacionalista encarava ameaças internas e externas. O Partido Comunista Chinês, liderado por Mao Tse-Tung (veja a Figura 2-2), tentava conquistar o apoio dos camponeses e era a maior ameaça interna ao governo.

FIGURA 2-2: Mao Tse-Tung.

Leste Europeu inteiro, mas infeliz

O Tratado de Versalhes criou vários países a partir dos destroços do Império Austro-húngaro:

> » Os tchecos e eslovacos foram reunidos em uma só nação: a Tchecoslováquia.
>
> » Os eslavos dos Bálcãs foram reunidos em um Estado artificial: a Iugoslávia.
>
> » A Polônia, pátria dos poloneses, foi formada a partir de territórios da Alemanha e da Rússia e ganhou uma saída improvisada para o mar Báltico (veja a Figura 2-3).

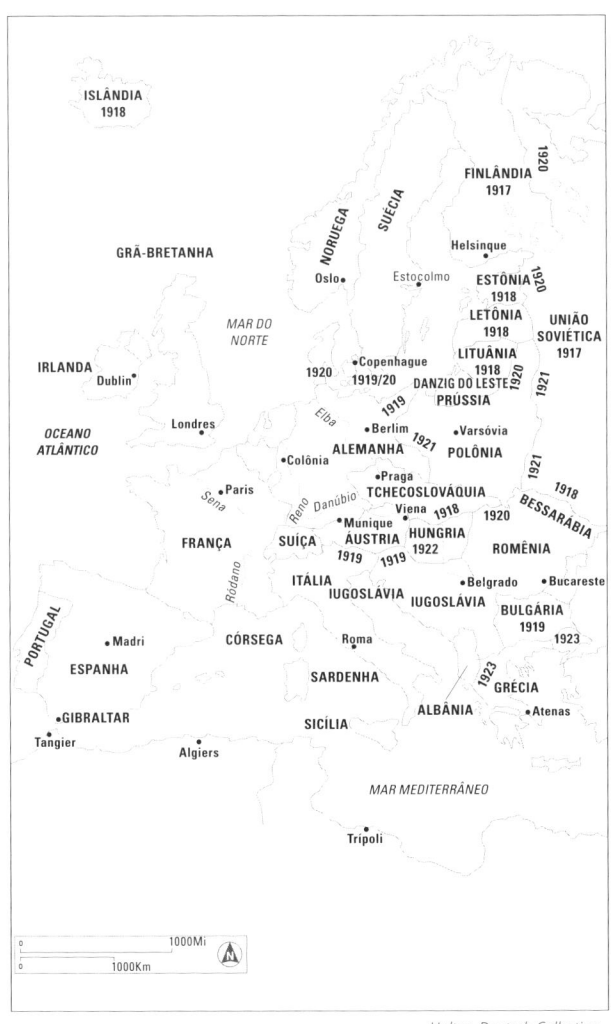

FIGURA 2-3: Europa em 1919, após o Tratado de Versalhes.

Hulton-Deutsch Collection

Essas nações, cujas fronteiras foram em grande parte desenhadas em um mapa em Paris, mal tinham uma economia nem qualquer tradição de autogoverno. As minorias étnicas dentro dos novos Estados eram marginalizadas pela maioria étnica dominante ou se recusavam a cooperar com os novos governos. Muitos Estados novos viam com cobiça o território de seus vizinhos, alimentando temores reais ou imaginários de que alguma outra nação tinha ganhado mais terra.

Economias em Colapso: A Grande Depressão

A economia mundial no pós-guerra era bem mais interdependente do que se imaginava. Em essência, os empréstimos norte-americanos à Alemanha (que usava esses recursos para pagar as indenizações devidas à França e à Grã-Bretanha) movimentavam as economias europeias. Mas a superprodução industrial e agrícola registrada no mundo durante essa década acabou derrubando os preços. Nesse período, os europeus não pagaram os empréstimos no prazo e ficaram totalmente endividados. Logo, a prosperidade do final dos anos 1920 terminou em um colapso econômico que abalou o mundo inteiro.

Efeitos nas economias

Com o colapso do mercado de ações dos EUA, em outubro de 1929, preços, salários, empregos, negócios e investimentos despencaram em queda livre, e a crise econômica se alastrou pelo mundo. Em média, a produção econômica caiu um terço nos Estados Unidos, França e Grã-Bretanha. Na Alemanha, encolheu pela metade. No Japão, a demanda por exportações se retraiu em 50%.

Debilitados pela guerra, nenhum dos países europeus era capaz de exercer a liderança financeira necessária para conter a crise econômica. Apenas uma nação (a União Soviética) registrou um aumento na produção industrial, mas seus cidadãos passavam por dificuldades terríveis. Stalin impôs a modernização por meio do terror e da força. Milhões morreram de fome e nas deportações e execuções promovidas durante essa busca obstinada de Stalin. Mas o sofrimento do povo russo não era evidente; para muitos ocidentais, o socialismo soviético era a cura para a depressão mundial.

Para lidar com a crise econômica na Itália e reduzir o desemprego, Mussolini ampliou o controle do governo sobre setores importantes. Ele também reprimiu protestos e greves para impedir o ressurgimento de grupos socialistas que ameaçariam seu poder. Como propaganda, Mussolini se deixava fotografar sem camisa, preparando feno e cavando fossos.

A ameaça à democracia

As democracias estáveis não conseguiam lidar com o desemprego massivo e a estagnação da produção, e os países democráticos mais novos e frágeis, nem se fala. Em especial, a grave crise econômica paralisou as democracias parlamentaristas na Alemanha e no Japão.

- » No Japão, o desemprego atingiu com maior intensidade os agricultores. Como resultado, os industriais e o governo passaram a sofrer ataques de militantes nacionalistas, que viam os militares como a única instituição capaz de restaurar a vitalidade do Japão.
- » Na Alemanha, à medida que a depressão eliminava o sustento de trabalhadores de todas as classes, os nazistas (reunidos no Partido Nacional-Socialista dos Trabalhadores Alemães) ganhavam mais apoio.

Fascismo e Nazismo: De Quem Foi Essa Ideia?

Nas décadas de 1920 e 1930, as mudanças econômicas causaram um desemprego elevado; as normas que regiam as sociedades antes da guerra foram substituídas por conceitos novos e estranhos. Os governos não tinham capacidade ou vontade de lidar com essas mudanças e só intensificaram os temores despertados pela instabilidade. A democracia e o socialismo travavam uma batalha constante pela supremacia.

Nesse clima de incerteza, a força se apresentava como a possível resposta. Ditadores tomaram o poder em vários países da Europa e eliminaram os partidos políticos para garantir a estabilidade e a ordem. Na verdade, grande parte do continente adotou esses regimes entre 1922 e 1939, notavelmente a Alemanha e a Itália. Porém, outros países — como Polônia (1926), Iugoslávia (1929), Bulgária (1938), Portugal (1926), Espanha (1936), Finlândia, Hungria, Grécia e Romênia — também sucumbiram ao fascínio por líderes centralizadores.

A principal causa disso foi o colapso da economia mundial. Para muitos, parecia um fracasso do capitalismo e da democracia. Então, a ideia de dar carta branca a um líder forte para tomar decisões e executá-las era muito atraente. Infelizmente, esse ditador também usaria o poder contra os cidadãos e promoveria objetivos agressivos que levariam o país à guerra.

Um resumo do fascismo

O movimento fascista assumiu diversas formas ao longo do tempo, mas começou na Itália de Benito Mussolini, nos anos 1920. O fascismo é um movimento político que coloca a nação (e, para os nazistas, a raça; veja a seção "Nazismo: Fascismo com algo a mais") na frente do indivíduo. A nação é regida por um governo opressivo comandado por um ditador, e toda oposição deve ser suprimida com terror e intimidação. Estas são algumas características do fascismo:

- **O governante como personificação do Estado:** É a ideia de um líder supremo com poder total para promover os interesses do Estado. Esse líder está intimamente ligado à nação e possui qualidades míticas — onipresença e onisciência, por exemplo. Portanto, todo ataque ao líder é um ataque à nação.

- **O papel do indivíduo:** Os fascistas acreditam que o papel do cidadão é servir ao Estado; a liberdade individual não existe. O objetivo do fascismo é unir e mobilizar a sociedade sob o comando do Estado. A principal vocação do cidadão é trabalhar para a glória da nação, seguindo as prescrições do líder supremo.

- **O papel do governo:** Para atingir seus objetivos, o governo fascista, chefiado pelo líder supremo, deve controlar todas as instituições: não só as políticas, mas as educacionais, culturais, econômicas, religiosas e assim por diante. Ou seja, nenhuma área da vida dos cidadãos pode escapar das ordens do líder fascista. Por isso, o fascismo é abertamente totalitário.

- **O papel da agressão:** O fascismo defende abertamente a violência contra os oponentes, dentro e fora do país. A guerra é uma forma de validar e celebrar a nação. Segundo o fascismo, a violência é uma expressão da grandeza do povo e do destino nacional.

Uma das questões mais difíceis é entender como pessoas razoáveis e decentes foram convencidas a fechar os olhos e a participar dos horrores da guerra. Os itens a seguir não respondem totalmente a essa pergunta, mas apontam tendências humanas que os fascistas exploraram:

- **O desejo de acreditar em mitos:** O fascismo fazia promessas de ordem e de retorno a ideais e valores ligados ao passado mítico da nação. Não importava se os mitos eram verdadeiros ou não; o mais importante era que as pessoas acreditavam neles. Por exemplo, embora a raça ariana nunca tenha existido (o termo só é usado na linguística), o povo alemão, liderado por Hitler, acreditava na existência dela e na versão de que os alemães seriam os melhores representantes dessa raça.

» **Nacionalismo:** A lealdade que os cidadãos dedicam ao seu país. O nacionalismo está ligado à existência de uma "consciência nacional", gerada por um idioma e uma cultura em comum, e à ideia de que algumas regiões se tornam nações devido a essas experiências compartilhadas. Mussolini e Hitler exploraram esse sentimento quando prometeram recuperar a grandeza dos seus países (e dos seus povos).

» **Emocionalismo:** O fascismo se baseia na ideia de que as emoções são mais eficazes para estimular as pessoas a agirem do que a razão. Ao apresentar símbolos e mitos atraentes, o líder fascista instiga emoções primais que se impõem sobre o discernimento e a consciência.

O fascismo na Itália

Na Itália, o fascismo atraía jovens, a classe média e os pobres que estavam insatisfeitos com as condições políticas e econômicas da época. Os fascistas também conquistaram o apoio das pessoas que viam o movimento como uma defesa contra o socialismo. Esses apoiadores acreditavam na sua capacidade de colocar ordem no conturbado sistema parlamentar e restaurar a glória da Itália.

A princípio, os fascistas se dedicaram à conquista do poder por meios legítimos, organizando um movimento de massa. Explorando o poder dos símbolos, os fascistas de Mussolini usavam uniformes especiais que indicavam um retorno aos antigos valores da disciplina e do patriotismo. Eles logo ficaram conhecidos como *camisas negras*, devido ao seu vestuário paramilitar. Mussolini ganhou o apelido de Il Duce (o líder, em italiano; veja a Figura 2-4).

FIGURA 2-4: Benito Mussolini, *Il Duce* (o líder).

CORBIS

ADOLF HITLER: O PREDESTINADO

Filho de um oficial da alfândega, Adolf Hitler (1889–1945) nasceu na Áustria. Ele abandonou a escola aos 16 anos e, três anos depois, se mudou para Viena, onde tentou ingressar na Academia de Belas Artes. Reprovado duas vezes no exame de admissão, Hitler também não entrou na faculdade de arquitetura porque não tinha diploma do ensino médio. Em Viena, teve vários empregos e vendia desenhos de pontos turísticos da cidade. Ele lia muito sobre vários temas, frequentava teatros e dormia em um abrigo para pessoas sem-teto.

Foi em Viena que Hitler se voltou contra os judeus, a democracia, o humanismo e o cristianismo. Ele se tornou um nacionalista fanático e defendia o uso ilimitado do poder para efetuar mudanças. Em 1913, mudou-se para Munique. Um ano depois, Hitler se alistou no Exército Imperial assim que a Alemanha declarou guerra. Ele atuou por quatro anos no front ocidental como mensageiro, foi ferido duas vezes e recebeu a Cruz de Ferro, de primeira e segunda classe, por bravura. No final de 1918, um ataque de gás prejudicou sua visão e, enquanto se recuperava em um hospital militar, o armistício foi anunciado. Ele ficou abalado; a guerra lhe dera uma identidade e um propósito. Hitler não acreditava naquela derrota da Alemanha. Para ele, a pátria havia sido traída por covardes e elementos desleais.

Aproveitando a inércia do Parlamento Italiano diante da agitação dos trabalhadores, os camisas negras iniciaram uma campanha de violência e intimidação contra as organizações socialistas, que os fascistas culpavam pelos problemas do país. Essa oposição dos fascistas ao governo e ao Estado de direito criou um vácuo no poder, que Mussolini ocupou à medida que a nação mergulhava no caos.

Em outubro de 1922, Mussolini ameaçou tomar Roma e assumir o controle do governo. O rei Vitor Emanuel III superestimou o poder de Mussolini. Para evitar uma guerra civil e sem inclinação para colocar o exército contra os fascistas, o rei convidou Mussolini para formar um novo governo. Assim, ele se tornou primeiro-ministro da Itália.

Auxiliado pela maioria parlamentar, Mussolini logo iniciou os preparativos para uma ditadura. Ele queria criar uma estrutura estatal, combinando os poderes político, social, econômico, militar e cultural, todos sob seu comando:

- Em 1926, Mussolini estabeleceu a censura da imprensa e suprimiu os partidos da oposição.
- No mesmo ano, ele passou a comandar diretamente o partido fascista para evitar a disseminação de opositores em sua organização.

- » Em 1929, Mussolini assinou o Tratado de Latrão para limitar a interferência da Igreja na política, reconhecendo a soberania do Papa sobre a Cidade do Vaticano e o catolicismo como a única religião da Itália.
- » Mussolini também iniciou uma política externa agressiva para recuperar a hegemonia da Itália no Mediterrâneo e conquistar um império ultramarino, como na época dos romanos.

Nazismo: Fascismo com algo a mais

No geral, o fascismo é associado à Itália e a Mussolini, enquanto o nazismo é associado à Alemanha e a Adolf Hitler. O nazismo e o fascismo tinham muitos princípios em comum, mas havia uma diferença importante: os nazistas operavam com um conceito estrito de sangue e raça.

Para Hitler e os nazistas, a raça era uma característica fundamental que determinava o destino dos povos no mundo. Ou seja, não existia igualdade. Algumas raças lideram e prosperam; outras (as raças "inferiores") são dominadas. Embora se baseasse em teorias desacreditadas do século XIX, a terrível ideologia racista de Hitler passou a orientar políticas e programas nazistas.

Para Hitler, o povo alemão representava a raça ariana, que, segundo ele, era responsável pela gloriosa cultura do mundo ocidental. Os arianos estavam destinados à grandiosidade, mas teriam que encarar alguns obstáculos. Esses empecilhos eram as raças "inferiores" — especialmente os judeus que viviam na Europa — e as ideias liberais e socialistas: o conceito de liberdade individual dos liberais e a ideia de igualdade entre classes dos socialistas. Para recuperar sua glória, dizia Hitler, os alemães deveriam fazer o seguinte:

- » Controlar, dominar e eliminar as raças "inferiores": Para Hitler, o povo alemão deveria considerar as raças "inferiores" como vermes que precisavam ser exterminados sem compaixão nem piedade.
- » Erradicar as ideias liberais e socialistas (que, para Hitler, eram ideias judaicas): Estes princípios (como liberdade individual e igualdade social) eram mentiras perigosas que enfraqueciam até os superiores arianos. A censura e as queimas de livros promovidas pelos nazistas foram consequências diretas dessa ordem.
- » Ocupar seu lugar de direito no mundo: Uma grande nação precisa de espaço para crescer; portanto, a Alemanha deveria expandir suas fronteiras para distribuir sua população. Essa diretriz justificava as invasões que os alemães promoveram no Leste Europeu.

Movido pela vingança, Hitler se convenceu de que sua personalidade especial estava destinada à glória. Astuto e arrogante, ele se expressava com eloquência e desenvoltura, mas suas principais motivações eram a ambição política e o ódio baseado em frustrações e hostilidades. No geral, Hitler vivia imerso em um mundo de fantasia onde só importavam suas opiniões e ideias, que, para ele, eram fatos históricos e científicos irrefutáveis. Porém, ele possuía talentos políticos evidentes, maiores, talvez, do que qualquer outro líder do século XX.

Sob a liderança de Hitler, uma nova Alemanha surgiria, uma nação baseada no mito medieval de uma terra povoada pela raça pura dos arianos. Essa nova Alemanha, comandada pelo Führer (líder, em português), tomaria seu lugar de direito na Europa. O povo alemão, que ansiava por acreditar na glória da pátria e na sua própria grandeza (especialmente depois daqueles anos de dificuldades e de uma paz humilhante), comprou essas ideias como água no deserto.

A Ascensão de Hitler

Em 1919, Adolf Hitler (um veterano com ambições políticas, como Mussolini) se aproximou do Partido dos Trabalhadores Alemães, uma pequena organização na época. Orador carismático, dotado de uma pretensão quase infinita, Hitler logo assumiu o controle do partido. Sob sua liderança, nasceu o Partido Nacional-Socialista dos Trabalhadores Alemães (cuja sigla original, *nazi*, deu origem ao termo nazismo), que logo se destacou nacionalmente.

Hitler ornou o partido com um símbolo (a suástica), o cumprimento "*heil*" (salve, em português) e a saudação romana, copiada de Mussolini. Ele também imitou Mussolini ao criar a força paramilitar dos camisas pardas, a *Sturmabteilung* (a SA, ou tropas de assalto, em português). Além disso, Hitler fundou um serviço de segurança pessoal, a SS (a *Schutzstaffel*, ou tropas de proteção, em português).

O golpe fracassado

Em novembro de 1923, Hitler e o partido nazista tentaram dar um golpe (*putsch*, em alemão) na capital do governo da Baviera, em Munique. Ele queria controlar o Estado para promover um levante nacional e, assim, tomar o poder.

Três líderes do governo bávaro estavam discursando em uma cervejaria quando Hitler entrou, subiu em uma cadeira e efetuou um disparo no ar com uma pistola, declarando que a Baviera estava sob o controle de um governo revolucionário. Por meio de blefes e bravatas, ele convenceu os três líderes a aderirem ao novo governo. Em seguida, à frente de 3 mil pessoas, Hitler marchou em direção ao centro de Munique para tomar a cidade. A polícia abriu fogo contra a multidão, e o levante se dispersou. Hitler escapou furtivamente, mas logo foi preso e julgado por traição. Atuando como seu próprio advogado, ele aproveitou o julgamento para divulgar suas opiniões. "O homem que nasceu para ser um ditador tem o direito de agir", declarou durante o processo. Hitler foi condenado a um ano de prisão.

Mein Kampf

Na prisão, entre 1924 e 1925, Hitler escreveu um livro autobiográfico que vendeu mais de 5 milhões de cópias. A obra se chamava Mein Kampf (*Minha Luta*, em português). Apesar de ser incoerente e mal escrito, trazendo um emaranhado de ideias precárias e uma história fragmentada, o livro revelava os objetivos, as motivações e o caráter de Hitler. Ele atacava os judeus e o comunismo e afirmava que a essência do Estado estava na nacionalidade e na raça.

Quando saiu da prisão, Hitler era uma figura de destaque nacional. O golpe lhe ensinara uma lição. Ele entendeu que não podia tomar o poder pela força. Embora odiasse a democracia, Hitler chegaria ao poder legalmente.

Com sua capacidade de articular as frustrações e o ressentimento dos cidadãos com relação ao Tratado de Versalhes e à inércia do governo alemão, Hitler atraiu uma ampla base nacional. Para isso, ele:

> » Prometeu reverter os resultados da guerra e recuperar a glória da Alemanha, reunindo todos os alemães em uma só comunidade racial, a dos arianos puros. Hitler tinha uma visão grandiosa de um novo Reich (império, em português) unificado que dominaria a Europa.
>
> A ideia de uma raça ariana era uma invenção de Hitler. Na verdade, esse termo se refere a um grupo linguístico e não tem nada a ver com raça.
>
> » Atribuiu a culpa pelas condições da Alemanha principalmente à população judaica, que identificava como uma raça não ariana que havia traído a nação durante a Grande Guerra e que agora vivia como um grupo de parasitas. Para Hitler, os judeus eram a fonte de todo mal e um risco à sobrevivência da nação alemã.

Em 1932, os nazistas eram o maior partido no parlamento, ocupando 230 assentos.

Hitler consolida o seu poder

No final de 1932, Hitler e os nazistas tinham o apoio de um terço dos eleitores alemães e eram o partido mais forte no parlamento. Com a expansão dessa influência e poder, o presidente da República Alemã (Paul von Hindenburg) e o chanceler (cargo equivalente ao de primeiro-ministro) reconheceram a importância de Hitler. Hindenburg não se conformava com a incapacidade do chanceler de formar um governo de coalizão eficaz sem a participação dos nazistas. Por outro lado, o chanceler entendia a ameaça que os nazistas representavam à democracia e solicitava a dissolução do governo e a decretação do estado de emergência. Diante da recusa de Hindenburg, o chanceler renunciou. Para Hindenburg, não restou outra opção a não ser convidar Hitler, em 30 de janeiro de 1933, para ocupar o cargo de chanceler e formar um novo governo.

Menos de um mês após a posse de Hitler, houve um incêndio no Reichstag, o prédio onde funcionava o Parlamento Alemão. (Um comunista foi preso pelo crime, mas muitos especulam que os nazistas foram os responsáveis pelo incêndio.) Com ou sem complô, Hitler usou esse incidente para promover seus objetivos:

- » Ele suprimiu rapidamente os partidos de oposição, limitou a autoridade do parlamento e impôs a censura.

- » Além disso, viabilizou o Decreto do Presidente do Reich para a Proteção do Povo e do Estado, que suspendia a constituição alemã e as liberdades individuais, colocou membros do partido nazista à frente dos governos estaduais e prendeu seus opositores.

- » Com a Lei Plenipotenciária, Hitler assumiu integralmente a autoridade legislativa por quatro anos. Em outras palavras, ganhou carta branca para fazer o que quisesse.

Como Hitler havia conquistado a lealdade do povo e dos militares, o presidente Hindenburg era seu último obstáculo na direção do poder total. Hindenburg já era idoso (tinha mais de 85 anos) quando Hitler se tornou chanceler, em 1933, e morreu um ano depois, em 1934.

Hitler não perdeu tempo após a morte de Hindenburg. Ele reuniu as prerrogativas de presidente e chanceler em um único cargo e impôs aos membros do governo e do exército um juramento de lealdade ao Führer, seu título autoproclamado (veja a Figura 2-5). Assim, consolidou o poder estatal e político em sua pessoa. Nesse ponto, Hitler aparentemente atingiu um de seus objetivos: eliminar a democracia e os partidos políticos e substituí-los pela "autoridade ilimitada do líder".

FIGURA 2-5:
Adolf Hitler, *Der Führer.*

CORBIS

Criando o regime: O lobo alfa dá as cartas

De 1934 em diante, Hitler se impôs como líder inquestionável. Nem seus apoiadores estavam a salvo. Ele ordenou o assassinato de muitos líderes das suas tropas de assalto porque viu neles indícios de ameaças. Nesse período, judeus, comunistas e outros adversários políticos foram presos, assassinados e enviados para campos de concentração. Muitos fugiram do país. Estes foram alguns dos eventos que ocorreram na Alemanha entre 1933 e 1938:

» Os judeus alemães se tornaram alvos da ira de Hitler: eles sofriam com boicotes aos seus estabelecimentos, a limitação dos seus direitos civis e saques a comércios e sinagogas incentivados pelo governo. Os judeus não podiam mais possuir carros e telefones nem usar determinadas joias e roupas. Também foram proibidos de entrar em alguns prédios públicos.

» Para controlar todos os aspectos da vida dos alemães, os nazistas eliminaram da cultura as influências não arianas, especialmente a arte e a literatura moderna. Livros de autores proibidos foram queimados em praça pública. Muitos artistas, compositores, escritores e cientistas alemães foram fichados devido às suas ideias e origens étnicas. Os nazistas aplicaram o medo e o terror para intimidar e destruir aqueles que resistiam.

» Os nazistas implementaram um programa de propaganda massivo para promover suas iniciativas. As rádios e os jornais estavam sob o controle do governo e, a todo momento, exaltavam Hitler e o Estado, anunciando a chegada de uma Grande Alemanha. Em eventos públicos meticulosamente planejados, os alemães vivenciaram o aumento do poder de uma nação que se erguia novamente.

Para o cidadão comum, Hitler operava milagres. Em 1936, em meio a uma crise mundial, ele eliminou o desemprego e colocou as massas para construir estradas, pontes e prédios públicos. Além disso, Hitler revitalizou a indústria, estimulando a produção de armamentos para os novos militares alemães.

A elite nazista: O restante da matilha

Aqui vai uma lista de pessoas que ajudaram Hitler a construir o partido nazista e se tornar chanceler da Alemanha. Nesse grupo interessante e assustador, todos compartilhavam das vastas ambições de Hitler para a Alemanha e para a raça ariana.

Joseph Goebbels (1897–1945)

Joseph Goebbels (veja a Figura 2-6) se filiou ao partido nazista em 1924 e, em 1928, foi eleito para o Reichstag. Em 1930, Goebbels passou a coordenar as ações de propaganda que fortaleceram os nazistas nas eleições nacionais de 1930 e 1933. Quando Hitler se tornou chanceler da Alemanha, Joseph Goebbels foi nomeado ministro da Propaganda e Informação Pública.

FIGURA 2-6: Josef Goebbels.

Bettman/CORBIS.

A propaganda de Goebbels se baseava em ódio, mentiras, calúnias e exageros ridículos. Para ele, não havia nenhuma mentira exagerada demais e nenhuma desinformação que circulasse demais. Como ministro da Propaganda, Goebbels tinha controle total sobre a mídia alemã e coordenava as atividades que estabeleciam a hegemonia da ideologia nazista na cultura do país.

Como Hitler, Goebbels odiava os judeus. Ele criou uma estrutura robusta de propaganda para disseminar o antissemitismo nacionalmente e unificar o país em torno de um líder superior (o Führer) que conduziria a nação ao seu destino. Durante a guerra, Goebbels continuou produzindo propaganda para preservar o moral dos alemães e atacar os Aliados e os judeus.

Nos últimos dias do Terceiro Reich, Goebbels e sua esposa se suicidaram em seus aposentos no bunker do Führer, depois de matarem os seis filhos.

Martin Bormann (1900–1945)

Martin Bormann fez carreira na Sturmabteilung (a força paramilitar nazista), foi tesoureiro do partido e acabou sendo eleito para o Reichstag, onde coordenou o gabinete de Rudolf Hess, o vice-líder dos nazistas.

Bormann empregava suas habilidades administrativas no governo. Durante a guerra, ele representou Hitler na gestão do partido e da estrutura administrativa da Alemanha. Como todos na hierarquia nazista, Bormann também se encarregava da questão judaica. Ele supervisionava a deportação dos judeus para o leste e recorria ao jargão burocrático para dissimular os fatos. Além disso, Bormann monitorava os centros de trabalho forçado instalados nas regiões europeias ocupadas pelos nazistas.

Em 1944, passou a comandar o *Volkssturm* (o "exército do povo", uma milícia formada por velhos e meninos) e permaneceu entre os poucos partidários de Hitler nos seus últimos dias em Berlim. Nas derradeiras horas do Terceiro Reich, ele testemunhou o casamento de Hitler e Eva Braun e o suicídio da família Goebbels. Após o suicídio de Hitler, Bormann (que estava no bunker no momento) informou ao almirante Karl Dönitz que ele era o sucessor indicado por Hitler para o cargo de chefe de Estado. Depois, Bormann desapareceu do bunker e nunca mais foi visto com vida. Em 1973, seus restos mortais foram identificados em Berlim Ocidental.

Hermann Goering (1893–1946)

Hermann Goering, retratado na Figura 2-7, comandou um esquadrão de caças na Primeira Guerra Mundial. Em 1922, ele se filiou ao partido nazista e assumiu o comando da Sturmabteilung (SA). Em novembro de 1923, foi ferido em um confronto com a polícia durante a tentativa de golpe em Munique. Goering foi eleito para o Reichstag em 1928 e assumiu a presidência do parlamento em 1932.

FIGURA 2-7: Hermann Goering.

Bettman/CORBIS

O CÍRCULO DE HITLER

Confira estes fatos interessantes sobre alguns dos membros do poderoso círculo de Hitler:

- Joseph Goebbels, criador e gestor da terrível máquina de propaganda nazista, tinha doutorado em literatura e filosofia. Além disso, tinha um pé torto, o que, ironicamente, fazia dele uma das pessoas que os nazistas queriam eliminar.
- Hermann Goering, que comandara um esquadrão de caças na Grande Guerra, fracassou totalmente como comandante da Luftwaffe, a Força Aérea Alemã. Apesar das suas promessas, Goering não conseguiu arrasar a Grã-Bretanha, levar suprimentos para as tropas em Stalingrado nem proteger a Alemanha dos bombardeios dos Aliados. Pouco antes de morrer, Hitler destituiu Goering e determinou sua expulsão do partido nazista.
- Em abril de 1931, Reinhard Heydrich foi dispensado da Marinha Alemã por conduta inadequada. O histórico de Heydrich na chefia da Gestapo só comprova a motivação dessa dispensa.
- Heinrich Himmler, o segundo homem mais poderoso da Alemanha, já havia sido dono de granja.

Vários membros do círculo de Hitler também se suicidaram, como Goebbels, Goering e Himmler. Goebbels, pai de família consumado, auxiliou na morte da esposa e dos filhos antes de se matar. Martin Bormann desapareceu. Reinhard Heydrich foi morto por combatentes da resistência. Rudolf Hess passou o resto da vida na prisão. Todos, direta ou indiretamente, foram responsáveis pela morte de milhões de pessoas inocentes.

Depois que Hitler chegou ao poder, Goering ocupou vários cargos importantes no governo. Ele foi um dos responsáveis pela criação da *Gestapo* (a polícia secreta nazista) e teve um papel importante no expurgo da SA. Em 1935, Goering assumiu o comando da Luftwaffe (a Força Aérea Alemã), na qual foi promovido a Reichsmarschall. Algum tempo depois, foi indicado como sucessor de Hitler.

Em 1936, Goering chefiou o Plano Quadrienal para adequar a economia alemã a um regime de produção bélica. Nesse cargo, ele tinha autoridade para eliminar os judeus da economia nacional. Goering ordenou o confisco das propriedades judaicas e impôs uma multa coletiva de 1 bilhão de marcos do Reich aos judeus. Goering também supervisionou a remoção de judeus poloneses do oeste da Polônia e o confisco das suas propriedades.

Em 31 de julho de 1941, Goering ordenou que Reinhard Heydrich, do Gabinete Central de Segurança do Reich (RSHA), "fizesse os preparativos necessários para lidar com a questão judaica na zona de influência da Alemanha na Europa". Foi a ordem que autorizou o planejamento e a execução da Solução Final da Questão Judaica — o extermínio dos judeus.

À frente da Luftwaffe, Goering fez muitas promessas, mas cumpriu poucas. Pouco antes de morrer, Hitler afastou Goering, determinou sua expulsão do partido nazista e nomeou o almirante Karl Doenitz como seu sucessor.

Goering foi preso pelos Aliados e julgado por crimes de guerra em Nuremberg. Condenado à morte, cometeu suicídio em sua cela antes da execução.

Rudolf Hess (1894–1987)

Rudolf Hess serviu como oficial de infantaria e piloto na Primeira Guerra Mundial. Em 1920, foi um dos primeiros membros do partido nazista. Após o fracasso do golpe de 1923, Hess passou um ano na prisão de Landsberg com Hitler e o ajudou a escrever *Mein Kampf*. Muito leal, foi assessor e secretário particular do Führer e se tornou vice-líder do partido.

Em 1938, Hess teve um papel importante na *Anschluss* (união, em português; veja o Capítulo 3) com a Áustria e nas negociações que resultaram na ocupação dos Sudetos, na Tchecoslováquia. Porém, no início da guerra, em 1939, Hess perdeu seu prestígio. Em maio de 1941, determinado a intervir pessoalmente na diplomacia, tentou firmar um acordo de paz com a Grã-Bretanha antes da ofensiva alemã à União Soviética. Assim que chegou ao país, foi preso pelos britânicos e ficou em custódia até o fim da guerra. Nos julgamentos de Nuremberg, em 1946, Hess foi condenado à prisão perpétua. Permaneceu na prisão de Spandau, em Berlim Ocidental, até sua morte, em agosto de 1987.

Reinhard Heydrich (1904-1942)

Reinhard Heydrich era diretor do serviço de inteligência da Schutzstaffel (SS) (as tropas de proteção que cuidavam da segurança pessoal de Hitler). Nesse cargo, ele foi responsável pelos assassinatos dos líderes da Sturmabteilung (SA), em 1934.

Em 1936, Heydrich foi nomeado chefe da Gestapo, mas na época também controlava o Sicherheitsdienst (SD), o serviço de inteligência nazista. O SD identificava os inimigos do partido, e a Gestapo lidava com tais elementos. Essas organizações eram o principal instrumento do terror na Alemanha nazista.

A partir de 1933, as duas organizações se concentraram cada vez mais em promover ações contra judeus, como coleta de dados de inteligência e prisões. Após a invasão da Polônia, em 1939, Heydrich assumiu o controle dos Einsatzgruppen (grupos especiais), que encarregou de reunir os judeus poloneses. Em seguida, ele unificou a Gestapo e o SD no Gabinete Central de Segurança do Reich (RSHA), que administrava a deportação de judeus para guetos, centros de trabalhos forçados e campos de extermínio.

Seguindo ordens de Hitler, em 1941, Heydrich traçou um plano para empregar o exército no assassinato de judeus e líderes soviéticos nas áreas ocupadas pela Alemanha na Rússia. Pouco depois, ele se encarregou de implementar a Solução Final da Questão Judaica em todos os territórios sob ocupação alemã. Esse plano previa o extermínio de judeus, eslavos e outros grupos "indesejáveis".

Em junho de 1942, após uma emboscada promovida por combatentes da resistência tcheca nas proximidades de Praga, Heydrich morreu. Em retaliação, houve milhares de prisões e mais de 1.300 tchecos foram mortos. As tropas alemãs destruíram a aldeia tcheca de Lidice, executando todos os homens e enviando mulheres e crianças para um campo de concentração.

Heinrich Himmler (1900-1945)

Heinrich Himmler (veja a Figura 2-8) se filiou ao partido nazista em Munique e participou da tentativa de golpe em 1923. Em 1926, ele se tornou ministro-assistente de Propaganda do partido nazista. Himmler passou a atuar na Schutzstaffel (SS) e, em 1929, assumiu a liderança dos duzentos homens do grupo. Foi eleito para o Reichstag em 1930. Com a chegada de Hitler ao poder, em janeiro de 1933, Himmler expandiu a SS, criou o Sicherheitsdienst (SD) e desassociou sua organização da SA (de Ernst Roehm), que Hitler já pensava em eliminar. Em poucos anos, Himmler passou a controlar todas as funções de inteligência e polícia na Alemanha.

FIGURA 2-8:
Heinrich Himmler.

CORBIS

Himmler acreditava plenamente na ideologia racial dos nazistas e, empregando suas habilidades de gestor, transformou esses sonhos sinistros em realidade. Com a Solução Final, a raça ariana continuaria pura, pois eliminaria as raças inferiores, os fracos e os enfermos.

Mobilizando a SS, Himmler supervisionou a deportação de milhões de pessoas inocentes para campos de extermínio e trabalhos forçados. Além disso, ele comandou 35 divisões com os melhores tanques e blindados nas Waffen SS (unidades de elite que não pertenciam ao Exército Alemão). Himmler também atuou como governador das regiões europeias ocupadas pelos alemães. Com esses poderes ditatoriais, ele era o segundo homem mais poderoso da Alemanha.

Himmler percebeu os sinais de desastre em 1943 e tentou barganhar com os norte-americanos e britânicos, libertando prisioneiros judeus enquanto ocultava as provas dos assassinatos em massa. Sua bizarra tentativa de iniciar negociações de paz (propondo que as forças alemãs parassem de lutar no front ocidental para continuar combatendo os soviéticos no leste) enfureceu Hitler. Destituído, Himmler fugiu, mas foi capturado pelas tropas britânicas em maio de 1945. Ele cometeu suicídio antes do seu julgamento.

O Japão e os Militaristas: O Exército Toma as Rédeas

Aflitos com a situação econômica no campo e com as quedas nas exportações devido à crise mundial, muitos japoneses culpavam o governo. Logo, no Japão, como na Itália e na Alemanha, a democracia parlamentar foi substituída por um movimento nacionalista e militarista.

- Segundo as organizações patrióticas, para ser forte e desempenhar um papel hegemônico no Extremo Oriente, o Japão tinha que ser uma potência militar, com um povo seguro, unido e leal ao Estado. As ideias ocidentais eram consideradas fracas e perigosas para a sociedade japonesa.

- Os tratados navais assinados nos anos 1920 e revalidados em 1930 eram criticados por essas organizações patrióticas, que reclamavam do papel inferior a que o governo tinha vinculado o Japão e das restrições à movimentação do país no Pacífico. A Marinha também se voltou contra o governo.

- Os *ultranacionalistas*, com apoio tácito dos militares, iniciaram uma campanha de violência contra os líderes governamentais.

Os militaristas estavam frustrados com a inércia do governo. Na Manchúria (uma província importante na China), o Exército Japonês de Kwangtung estava cada vez mais impaciente com a hesitação do governo em resolver a questão daquela província. Em 1928, o comando planejou um atentado contra um Senhor da Guerra da Manchúria para obter uma ordem governamental autorizando a conquista da província, mas a liderança em Tóquio não quis explorar o incidente.

Ações militares

Em 1931, com o governo acuado pelos nacionalistas, o exército de Kwangtung resolveu agir para cativar a opinião pública e unir a nação em torno de um antigo objetivo: a conquista da China.

Em setembro, as tropas japonesas responderam a um ataque chinês meticulosamente forjado em uma ferrovia perto da cidade de Mukden, na Manchúria. Sem esperar ordens, o exército de Kwangtung iniciou o combate contra as forças chinesas com o objetivo de dominar a Manchúria inteira. Mais reforços chegaram e, no fim do ano, a província estava sob domínio japonês, com o nome de Manchukuo.

Em 1932, as forças japonesas estavam travando combates em Xangai e bombardeando Nanquim (ambas localizadas na atual província chinesa de Jiangsu).

No Japão, os líderes políticos contrários às ações inconstitucionais dos militares foram assassinados ou intimidados, e os ultranacionalistas tentaram derrubar o governo em 1936.

A queda da democracia japonesa

No Japão, os partidos políticos não tinham muito apoio entre a população, e o conceito de vontade popular e eleições parlamentares nunca havia sido assimilado integralmente pela sociedade japonesa. Dessa forma, questões políticas importantes eram monopolizadas pelo grupo que falava em nome do imperador Hirohito.

Diferente da Itália e da Alemanha, nenhum líder surgiu para explorar essa situação no Japão. Na verdade, oficiais de várias patentes conspiravam para eliminar a democracia e restaurar a conexão entre o imperador e o povo. O Exército e a Marinha, que tinham acesso direto ao imperador, começaram a definir a composição do governo, promovendo uma política de expansão externa e os preparativos econômicos para a guerra.

Nesse período, os gastos militares auxiliaram na reconstrução da economia. A Manchúria foi incorporada ao programa, fornecendo matérias-primas (como carvão, madeira e minério de ferro) ao Japão. A sociedade japonesa se tornou altamente rígida, retomando modelos antigos de dever e subordinação ao Estado que formaram o elemento central da vida no país por muitos anos antes da Primeira Guerra Mundial.

O Japão assume o controle da China

Com o apoio consistente da opinião pública e estimulado pelo intenso nacionalismo da liderança militar, o Exército Japonês invadiu o norte da China e ocupou áreas extensas da fronteira sino-soviética entre 1933 e 1937. Em 1937, após um confronto entre as forças chinesas e japonesas na ponte Marco Polo, perto de Pequim, o Japão iniciou uma guerra massiva para conquistar a China. Em setembro, havia mais de 150 mil soldados japoneses na China; Pequim havia caído, e Xangai estava sob ataque outra vez. As forças japonesas então partiram em uma ofensiva contra Nanquim, a capital do nacionalismo chinês.

Chiang Kai-shek havia promovido avanços importantes na China entre 1927 e 1928, mas a guerra com o Japão acabou com a possibilidade de mais reformas. Chiang não tinha recursos para combater os japoneses de forma eficaz, mas, após uma trégua com os comunistas, todos os chineses se uniram para enfrentar esse inimigo em comum. A trégua também permitiu que os comunistas preservassem seus territórios e sobrevivessem como uma força importante no país.

Em 1939, após três anos de guerra, o Japão controlava as regiões mais produtivas e populosas da China. Porém, contrariando as expectativas dos japoneses, Chiang não demonstrava nenhuma intenção de se render e continuava lutando.

> **NESTE CAPÍTULO**
>
> » Esperando evitar a guerra
> » Assistindo à paz se desmoronar na Europa
> » Vencendo por intimidação
> » Correndo para a beira da destruição

Capítulo **3**

Esperando a Paz: A Ascensão dos Ditadores, 1933-1939

Ao longo da década de 1930, a Alemanha perseguiu os objetivos de Hitler — a conquista das terras a leste da Alemanha e a neutralização do seu inimigo tradicional, a França. Hitler achava que, ao atingir esses objetivos, os povos de língua alemã seriam unificados em um único império, o que faria com que a Raça Superior dominasse a Europa, como ele acreditava que estava destinada a fazer. A guerra era o único meio de realizar um feito tão grandioso. Portanto, Hitler precisava rearmar a nação alemã e selecionar a melhor abordagem para a guerra (ou para a série de guerras), o que permitiria à Alemanha conquistar a Europa.

Nesse ínterim, a Grã-Bretanha e a França buscavam soluções diplomáticas para vários problemas na Europa, ao mesmo tempo que tratavam de problemas internos econômicos, políticos e sociais. Como era difícil de alcançar um consenso nacional sobre política externa, elas confiaram na Liga das Nações (veja o Capítulo 2), evitaram o rearmamento e abraçaram o apaziguamento (cedendo às exigências na esperança de evitar a guerra) para manter a paz.

Na Europa, os franceses ficaram sozinhos no continente enfrentando Hitler. A Grã-Bretanha deixou claro que só apoiaria a França se a Alemanha a atacasse diretamente. Como a capacidade militar e industrial da França era limitada em comparação com a da Alemanha, os estrategistas franceses acreditavam que uma mobilização nacional completa teria que ocorrer antes que eles pudessem usar qualquer tipo de ação militar contra a Alemanha. Como resultado, a França se limitou à diplomacia em resposta às ações da Alemanha. Contanto que os interesses nacionais da Grã-Bretanha não fossem ameaçados, ela não iria intervir na Europa. Depois que Hitler entendeu essa situação, o caminho para seus objetivos estava livre.

Os Passos para a Guerra: Aproveitando as Circunstâncias

Hitler, definitivamente, queria fazer guerra. No entanto, também sabia que, para perseguir seus objetivos e criar uma guerra, precisaria usar a diplomacia — ou a percepção que tinha dela — para chegar lá.

Hitler não poderia simplesmente lançar uma guerra contra a Europa (embora quisesse muito). Ele teve que preparar a Alemanha econômica e ideologicamente, e teve que tomar medidas diplomáticas para criar um cenário que, racionalmente, justificasse a guerra. Em termos gerais, o que ele fez na Alemanha:

- » Organizou a economia alemã para a guerra.
- » Unificou o povo alemão.
- » Solidificou o Exército, a Marinha e as Forças Aéreas.

E o que fez no âmbito internacional:

- » Anulou o Tratado de Versalhes.
- » Devolveu o território alemão perdido para a Alemanha.
- » Construiu um super-Estado composto de toda a etnia alemã.

Reformulando o exército

Assim que se tornou chanceler da Alemanha, Hitler começou a reformular as forças militares alemãs. Durante uma conferência de desarmamento da Liga das Nações, a Alemanha anunciou que aumentaria seu exército para 600 mil homens. A alegação era a de que, como os franceses e os britânicos não estavam se desarmando no nível da Alemanha, conforme estabelecido no Tratado de Versalhes (que limitara o exército alemão a 100 mil homens, veja o Capítulo 2), o país se rearmaria em equivalência à França e à Grã-Bretanha.

Ganhando tempo

No sigilo, Hitler estabeleceu um Conselho de Defesa Nacional para supervisionar o processo de rearmamento da Alemanha. A reorganização da indústria alemã para viabilizar a guerra demorou, então Hitler teve que ganhar tempo com ações discretas. Assim, quando o ditador italiano Benito Mussolini propôs que a França, a Grã-Bretanha, a Itália e a Alemanha assinassem um tratado de boa vontade, Hitler agarrou a chance. O Tratado das Quatro Potências, de abril de 1933, nada mais fez do que comprometer cada poder a consultar os outros conforme especificado no pacto da Liga das Nações. Mas, em outubro, a Alemanha havia se retirado da Liga. (Hitler afirmou que mais de 95% dos eleitores aprovaram a ação quando a questão lhes foi apresentada. Preciso ou não, esse dedo simbólico no olho dos ex-inimigos da Alemanha sinalizou uma nova direção diplomática para a Alemanha. Além disso, a resposta morna da França e da Grã-Bretanha a essa ação só aumentou a satisfação nacional da Alemanha.)

Forjando um acordo com a Polônia

Em janeiro de 1934, Hitler pegou a todos de surpresa ao assinar um pacto de não agressão com a Polônia. No pacto, a Alemanha basicamente renunciou às reivindicações do território alemão que fora tomado para criar a Polônia (como parte do Tratado de Versalhes). Embora Hitler não tivesse a intenção de honrar tal promessa, o tratado lhe rendeu o seguinte:

» **Isolou ainda mais a França diplomaticamente.** A França tinha uma aliança defensiva com a Polônia, com o objetivo de ameaçar a Alemanha em duas frentes em caso de guerra. (Ou seja, se a Alemanha atacasse a Polônia, ela se veria em guerra na fronteira oriental com a Polônia e, na ocidental, com a França.) Mas Hitler bloqueou a ameaça e revelou que os poloneses não estavam muito confiantes nas garantias da França.

> **Acalmou a Europa lhe dando uma falsa sensação de segurança.** A retórica incisiva de Hitler assustava a muitos na Europa, mas suas ações faziam suas palavras soarem superficiais. Tudo isso fazia parte das suas intenções. Suas palavras eram verdadeiras; ele buscava obter vantagens políticas de forma diplomática. Para cada ato ameaçador, Hitler faria algo não ameaçador em compensação.

Recuperando o Sarre

Na primavera de 1935, Hitler deu mais um passo que aumentou o seu prestígio não só na Alemanha, mas ao redor do mundo: planejou um *plebiscito* (uma votação na qual as pessoas expressam sua vontade sobre uma questão que lhes é apresentada) na Bacia do Sarre. Esse local, uma rica região de mineração de carvão localizada no vale do Rio Sarre, fora tomado da Alemanha e colocado sob o controle da França como parte do Tratado de Versalhes.

O plebiscito deu um peso legal à contestação da Alemanha de que o Sarre deveria pertencer novamente ao país. A eleição aberta foi supervisionada pela Liga das Nações e permitiu ao povo do Sarre decidir se queria ser devolvido à Alemanha. Os extraordinários esforços propagandísticos de Hitler garantiram uma vitória para os nazistas (*Partido Nacional-Socialista dos Trabalhadores Alemães*).

Quebrando tratados

Logo após o plebiscito do Sarre, Hitler anunciou que a Alemanha retomaria o *recrutamento* (a convocação de civis para o serviço militar). Também revelou que a Alemanha tinha uma nova Força Aérea, a *Luftwaffe*. Esses anúncios marcaram o repúdio do Tratado de Versalhes, que havia limitado as Forças Armadas da Alemanha a quase nada. Também terminou o *Tratado de Locarno*, de 1925, em que a Alemanha e a França se comprometeram a respeitar as fronteiras uma da outra, bem como as da Bélgica. A Grã-Bretanha e a Itália também assinaram esse tratado, prometendo ajudar qualquer nação atacada por um participante do tratado. A Itália juntou-se à Grã-Bretanha, à França e ao resto da Liga das Nações na condenação das novas ações da Alemanha, mas nada foi feito.

Avançando para a Renânia

Hitler tinha outros planos para desmantelar o Tratado de Versalhes. Sabendo que a França não resistiria com nada além de protestos e pedidos de sanções da Liga, Hitler ordenou o avanço de tropas levemente armadas para a Renânia, um território alemão que fora dado à França no acordo de Versalhes.

A Renânia foi uma das principais garantias de segurança para a França sob o Tratado de Versalhes, atuando como uma proteção, já que mantinha as tropas alemãs longe da fronteira francesa. Hitler alegou que tudo o que ele estava fazendo era reparar o mal feito à Alemanha. A reocupação da Renânia pareceu uma ação razoável, e ele ganhou um forte apoio dos cidadãos alemães, que viram a perda da Renânia como uma humilhação nacional.

Como esperado, a Grã-Bretanha não viu nenhum interesse nacional envolvido na questão da Renânia, então ficou de lado.

Hitler estava disposto a lutar pela Renânia, mas as ações vãs da França e da Grã-Bretanha só serviram para reforçar sua reivindicação entre a comunidade internacional. Nos dois anos seguintes, a Alemanha consolidou a nova fronteira entre a Alemanha e a França, criando o que veio a ser conhecido como *Linha Siegfried.*

Ofensiva: A Itália Faz a Guerra

No início dos anos 1930, a Itália fascista atuou como parceira dos franceses e dos britânicos para atenuar a Alemanha, mas Mussolini nutria ambições muito diferentes daquelas das democracias. Ele tinha sede de guerra. Para Mussolini, a guerra era um sinal da vitalidade de uma nação e uma chance de provar o destino especial da Itália sob o regime fascista. Para tanto, consolidou os ministérios do Exército, da Marinha e das Forças Aéreas sob seu controle pessoal e, em outubro de 1935, invadiu a Etiópia.

Na época, a Etiópia era uma grande nação africana que fazia fronteira com as posses italianas da Eritreia e da Somália. Embora a Itália e a Etiópia tenham assinado um tratado de amizade em 1928, Mussolini via a Etiópia como uma colônia em potencial e um alvo fácil. A posse daquele país levaria prestígio à Itália ao mesmo tempo em que prepararia o cenário para o domínio regional na África.

Com 650 mil homens, além de aviões modernos, tanques e gases tóxicos, Mussolini partiu para conquistar os etíopes, parcamente armados, que eram liderados pelo imperador Haile Selassie. Apesar do sucesso inicial, a conquista italiana se estagnou. Selassie dirigiu-se à Liga das Nações em um comovente apelo por ajuda. A Liga decidiu impor sanções econômicas à Itália, mas se recusou a impor sanções ao petróleo — o único produto que teria paralisado o esforço de guerra da Itália.

Após um ano de operações militares frustradas, Mussolini capturou a cidade de Adis Abeba e declarou a Etiópia parte do império italiano. O Rei Victor Emanuel III foi declarado Imperador da Etiópia.

A PARCERIA HITLER-MUSSOLINI

Quando Hitler assumiu o poder na Alemanha, em 1933, enviou uma mensagem pessoal a Mussolini expressando o desejo de estreitar laços com a Itália. Hitler o admirava, até mantinha uma foto de Il Duce (veja o Capítulo 2) na mesa para inspirá-lo. Os dois ditadores se encontraram pela primeira vez em Veneza, em 1934. Mussolini, que era visto como o estadista sênior, ofuscou Hitler. Mussolini tentou ler *Mein Kampf* (veja o Capítulo 2), mas achou muito chato e nunca terminou.

Mussolini tratou Hitler com um misto de cautela e condescendência, aconselhando-o sobre como consolidar seu poder enquanto se distanciava da obsessão de Hitler pela raça. Naturalmente, os italianos não foram incluídos na Raça Superior ariana; nem estavam interessados no enfoque de Hitler nos judeus como uma ameaça à vida europeia. O anticatolicismo de Hitler também era enervante para os italianos, que eram predominantemente católicos romanos. Observando suas ações e discursos, Mussolini às vezes suspeitava que Hitler fosse louco. E embora Hitler admirasse os fascistas e os achasse úteis para seus objetivos, pensava que não entendiam exatamente o que a Alemanha buscava realizar na Europa. Parecia que Hitler estava certo. Em poucos anos, a relação Alemanha-Itália mudou drasticamente. Mussolini, não Hitler, tornou-se o coadjuvante.

Mussolini desafiou a Liga, ignorou sanções ineficazes e alcançou seu objetivo, um fato que a propaganda fascista alardeava incessantemente. O povo da Etiópia sofreu um extenso terror e brutalidade quando os fascistas impuseram sua autoridade sobre a nova colônia.

Forjando um Pacto: Nasce o Eixo

EXÉRCITO DO EIXO

Pouco depois de tomar a Renânia, em 1936, Mussolini e Hitler assinaram um pacto chamado de *Eixo Roma-Berlim*. O uso da palavra *eixo* implicava que o mundo giraria em torno dessa nova relação.

Esse acordo sinalizou uma mudança na lealdade da Itália. Até 1936, o país seguiu uma política externa de apoio à França e hostil à Alemanha nazista. Mussolini temia as ambições alemãs em relação à Áustria, acreditando que conflitavam com os próprios interesses territoriais da Itália naquela região.

O ataque italiano à Etiópia, no entanto, trouxe sanções econômicas da Liga das Nações, incluindo a França, uma nação da qual a Itália era tradicionalmente amiga. Como resultado, Mussolini começou a repensar sua posição. Como os suprimentos alemães ajudaram a Itália a ignorar as sanções, Mussolini sinalizou que estava disposto a trabalhar mais estreitamente com a Alemanha.

Hitler indicou que iria à guerra com o Ocidente dentro de três a quatro anos e que seus interesses estavam no leste e no norte da Europa. Em outras palavras, Hitler indicou que Mussolini poderia ter reinado livre no Mediterrâneo. Por sua vez, Mussolini disse a Hitler que reconheceria os interesses dominantes da Alemanha na Áustria.

A Guerra Civil Espanhola: O Confronto do Fascismo com o Comunismo

O governo republicano espanhol, composto de socialistas, travou uma guerra civil, de 1936 a 1939, para manter o poder contra a rebelião das forças nacionalistas espanholas, lideradas pelo general Francisco Franco, que se recusou a aceitar o controle dos esquerdistas. Essa guerra civil tornou-se basicamente uma guerra entre o fascismo e o socialismo, e outras nações se envolveram:

» A União Soviética, uma nação comunista, enviou ajuda e apoio aos republicanos (no caso, os socialistas). Ajudou a organizar unidades de voluntários armados da Europa e dos EUA para combater os fascistas.

» Mussolini enviou mais de 70 mil soldados (que chamou de voluntários) para ajudarem o lado fascista (os nacionalistas espanhóis e Franco).

» Os nazistas enviaram conselheiros, bem como os tanques e os aviões de combate mais recentes, aos fascistas.

» A França e a Grã-Bretanha apoiaram-se nesse conflito, tentando, sem entusiasmo, impedir que o lado fascista ou o socialista importasse armas. (Itália, Alemanha e União Soviética afirmaram apoiar o embargo, embora seu apoio às facções beligerantes fosse um segredo público.)

Com a ajuda italiana e alemã, Franco derrotou os republicanos e estabeleceu sua própria ditadura militar de estilo fascista.

A batalha entre o fascismo e o comunismo, como retratada na Guerra Civil Espanhola, levou muitos a acreditarem que era apenas uma questão de tempo até que a luta entre essas duas ideologias estourasse na Europa.

O Bombardeio de Guernica (uma cidade na província de Biscaia, na Espanha), em abril de 1937, atraiu a atenção mundial; foi imortalizado pela famosa representação modernista *Guernica* (1937), do artista Pablo Picasso.

> **POLÍTICA E APARÊNCIAS**
>
> Um ano após o acordo do Eixo Roma-Berlim, Mussolini visitou Hitler e ficou cativado pelas demonstrações alemãs cuidadosamente encenadas de prosperidade e poder, incluindo um discurso de Mussolini para o que foi anunciado como uma audiência de 1 milhão de alemães. Mussolini ficou lisonjeado ao acreditar que era o parceiro sênior do Eixo e voltou a Roma com a cabeça cheia de promessas e elogios pela excelente prontidão de combate do Exército Italiano. Na realidade, os oficiais do Estado-maior alemão visitaram o Exército Italiano e avaliaram sua prontidão para o combate, e relataram a Hitler que os italianos seriam melhores inimigos do que aliados.

Alemanha: Diplomacia e Cortinas de Fumaça na Guerra

Depois de 1936, Hitler pretendia levar a Alemanha à guerra, que era a única maneira de cumprir seu objetivo. A Alemanha precisava adquirir *Lebensraum* ("espaço vital") para alimentar sua população e viabilizar a sua expansão. A terra de que a Alemanha precisava estava na Europa Oriental e na Rússia. Hitler incitou a população eslava "inferior" a ser expulsa da terra para que os alemães arianos a povoassem. Ele acreditava que esse processo de expansão e deslocamento do que considerava raças inferiores era interminável e continuaria até que apenas a Raça Superior ocupasse o mundo. Assim, a guerra com as principais nações da Europa Oriental — Polônia, Tchecoslováquia e União Soviética — era inevitável. No entanto, Hitler precisava eliminar a França e a Grã-Bretanha para garantir seu avanço para o leste. A seguir, estão alguns facilitadores da meta de Hitler:

» A França, a Grã-Bretanha e a União Soviética usaram a diplomacia para garantir a paz e a estabilidade. A Alemanha, por outro lado, usou a diplomacia como estratégia para a guerra começar na hora e no local que Hitler queria.

» Enquanto outras nações da Europa se concentravam na Depressão e negligenciavam seus programas de defesa (sendo fortemente pacifistas), Hitler iniciou um enorme acúmulo militar, produzindo tanques, navios de guerra e aeronaves modernos em um esforço para construir a força mais capaz possível.

Ao ganhar mais tempo para preparar a indústria alemã para a guerra e equipar o Exército, a Força Aérea e a Marinha modernos, Hitler acreditava que poderia derrotar qualquer oponente antes de atingir a produção de guerra total. Assim, em 1936, ele adotou um plano de quatro anos para reorganizar a indústria alemã de modo que a Alemanha permanecesse autossuficiente durante a guerra.

Grã-Bretanha: Mediação e Apaziguamento

Por causa de seus interesses a nível mundial, como potência imperial, a Grã-Bretanha precisava se preocupar com as ameaças alemãs não apenas na Europa, mas também na Ásia. Apesar disso, até o final de 1936, a Grã-Bretanha não fez nenhum esforço para reconstruir suas defesas em face dos problemas que se formavam na Europa. Mesmo assim, não foi o suficiente:

» **Os britânicos alocaram pouco dinheiro.** Sem financiamento suficiente para novos equipamentos e treinamento, o Exército e a Marinha britânicos continuaram se deteriorando ao longo da década de 1930. Isso significava que, em caso de guerra, a Marinha Britânica — outrora invejada no mundo — não protegeria seu próprio império e que seu Exército seria insuficiente para apoiar significativamente a França em caso de ataque alemão.

» **Os britânicos tomaram decisões erradas sobre o gasto do dinheiro alocado.** Em vez de construir caças para defender os céus da Grã-Bretanha, por exemplo, a Grã-Bretanha destinou o dinheiro a bombardeiros ofensivos na crença errônea de que eles impediriam a Alemanha.

Não havia dúvida de que qualquer tipo de guerra levaria a Grã-Bretanha para o conflito, mas a França recusou-se a agir no continente sem garantias de apoio britânico na forma de forças terrestres na França. Por causa disso e do estado de suas Forças Armadas, a Grã-Bretanha adotou uma política de mediação e apaziguamento para proteger os interesses britânicos e neutralizar as crises:

UM SINAL DO QUE ESTÁ POR VIR

Hitler decidiu usar a Guerra Civil Espanhola para testar seu novo equipamento e suas táticas em combate real. Cem aeronaves alemãs foram organizadas em uma unidade chamada de *Legião Condor*. A Legião Condor não apenas apoiou ataques nacionalistas terrestres, mas também bombardeou aldeias apenas para aterrorizar a população. Esse novo método de guerra chocou o mundo.

» A Grã-Bretanha atuaria como mediadora entre a França e a Alemanha para evitar a guerra no continente e, assim, evitar que precisasse fornecer apoio se a França fosse atacada.

» O apaziguamento era uma política consciente para remover as causas do conflito, dando a Hitler o que ele queria em troca de garantias de que a Alemanha não ameaçaria o status quo na Europa.

Áustria e Tchecoslováquia Chamam a Atenção de Hitler

Na primavera de 1938, Hitler assumiu o controle das Forças Armadas alemãs e colocou o Estado-maior Alemão sob a direção de seu novo quartel-general, o *Oberkommando der Wehrmacht* ("Alto Comando das Forças Armadas" em alemão). Nesse ponto, ele estava pronto para começar seu movimento contra a Europa Oriental: especificamente, mirava a Áustria e a Tchecoslováquia. Como antes, Hitler usou de novo a propaganda e a falsa diplomacia para atingir seus objetivos.

O Anschluss na Áustria

Em 1938, a Alemanha iniciou uma enxurrada de intensa propaganda na Áustria e em toda a Europa, que fez o seguinte:

» Divulgaram-se histórias ultrajantes detalhadas de prisões e assassinatos horríveis de austríacos pró-nazistas (cujo número parecia aumentar cada vez que eram mencionados).

» Proclamou a Áustria como um Estado alemão e parte da Alemanha maior. A palavra ouvida repetidamente era *Anschluss* ("união" em alemão). Mas *Anschluss* tinha implicações políticas maiores. Implicou uma afinidade natural ou um vínculo entre os povos de língua alemã. Hitler pretendia que esse vínculo fosse formalizado em uma união, tanto étnica quanto política. Em outras palavras, ele considerava irmãos austríacos na Raça Superior. Como tal, Áustria e Alemanha deveriam se unir — a Áustria querendo ou não.

Em fevereiro de 1938, Hitler e o chanceler austríaco Kurt von Schuschnigg se encontraram. Durante essa reunião, Hitler começou a fazer um discurso inflamado. "Tenho uma missão histórica e vou cumpri-la, porque a Providência me designou para fazê-lo", disse a Schuschnigg. As táticas de força nazista combinadas com a ameaça velada de uma invasão visavam intimidar os austríacos.

> ## ADVERTÊNCIAS DE CHURCHILL — 1936 E 1938
>
> Winston Churchill, membro do Parlamento britânico e proeminente membro do governo britânico por anos, alertava seus compatriotas sobre o perigo que a Alemanha representava para a Grã-Bretanha e para a Europa. Em 1936, com a remilitarização alemã da Renânia, Churchill disse: "Peço que seja proclamada uma preparação para o estado de emergência e que todo o espírito e a atmosfera de rearmamento sejam elevados a um nível mais alto." Depois do *Anschluss*, em 1938, Churchill soou novamente o alarme: "A Europa é confrontada com um programa de agressão, bem calculado e cronometrado, que se desenrola etapa por etapa, e só há uma escolha — submeter-se, como a Áustria, ou tomar medidas eficazes enquanto resta tempo."

Em março, Schuschnigg tentou preservar a independência austríaca realizando um plebiscito nacional para determinar se os cidadãos queriam fazer parte de uma grande Alemanha ou permanecer independentes. Esse movimento pegou Hitler de surpresa — os resultados de um plebiscito claramente não seriam a favor do *Anschluss*. Portanto, um dia antes da votação, Hitler enviou o Exército Alemão através da fronteira para a Áustria. O Exército não encontrou resistência, e o próprio Hitler foi recebido como um herói quando chegou ao país.

Hitler justificou a intervenção proclamando que a Alemanha agiu em defesa dos princípios democráticos e que era uma libertadora. O plebiscito programado foi fraudado, declarou ele, com votos falsos e métodos de contagem inadequados. Para garantir que não houvesse chance de contradizer a versão de Hitler dos eventos, os alemães anunciaram o *Anschluss* em 24 horas e realizaram um plebiscito fraudulento em favor da invasão alemã.

Por trás de todo o barulho de triunfo e justificativa, unidades da polícia secreta nazista prenderam dissidentes; os judeus foram submetidos a maus-tratos brutais, e Kurt von Schuschnigg, o ex-chanceler de uma Áustria independente, foi enviado para um campo de concentração.

Rumo à Tchecoslováquia

Após o triunfo na Áustria (veja a seção anterior), Hitler voltou a atenção para o leste, para a Tchecoslováquia. Uma das poucas nações da Europa que preservaram suas instituições democráticas, a Tchecoslováquia também teve aproximadamente 3 milhões de alemães na Região dos Sudetas, uma região montanhosa que faz fronteira com a Alemanha. Hitler exigiu que o governo tcheco devolvesse a Região dos Sudetas à Alemanha. Seu argumento era tediosamente familiar: os alemães dos Sudetas pertenciam à Grande Alemanha; eles estavam sendo perseguidos; os tchecos estavam cometendo atrocidades contra a minoria alemã; a Alemanha exigia que a autodeterminação das pessoas fosse respeitada. Com as exigências de Hitler, veio a ameaça não tão sutil de uma ação militar.

A Tchecoslováquia manteve-se firme diante da ameaça de invasão de Hitler. Tinha garantia de segurança da França e da União Soviética. Se os tchecos fossem atacados, ambas as nações seriam obrigadas a ir à guerra contra o agressor. E qualquer ação militar francesa quase certamente incluiria também a Grã-Bretanha. A situação política parecia favorável à Tchecoslováquia, mas não era.

Os franceses não podiam ajudar

Se os tchecos presumiram que a Alemanha se assustaria com a aliança franco-britânica, tiveram um choque. Nem os alemães nem os italianos tinham medo de nenhuma das nações. A França e a Grã-Bretanha não tinham nem meios nem vontade de defender seus interesses. A defesa efetiva dos tchecos dependia da França, mas a França estava presa em uma teia que a prendia à inatividade pelos seguintes motivos:

» A França não poderia ajudar a Tchecoslováquia diretamente; teria que atacar a Alemanha. Isso significava mobilização completa e preparação para a guerra total, algo que a França não estava disposta a fazer.

» A França não agiria de nenhuma forma contra a Alemanha sem as garantias britânicas de assistência e forças terrestres no continente. Em outras palavras, se a Grã-Bretanha não se comprometesse a ajudar os franceses, eles não se comprometeriam a ajudar a Tchecoslováquia.

» A aliança tcheca com os soviéticos era condicionada: se fossem atacados, os tchecos poderiam esperar ajuda militar soviética *se* — e era um grande *se* — a França movesse forças primeiro. Mas os franceses não se moveriam sem os britânicos.

» A garantia dos soviéticos aos tchecos não valia nada. Mesmo que a França enviasse forças contra a Alemanha, nem a Romênia nem a Polônia permitiriam que as tropas soviéticas transitassem em seus países para chegar à Tchecoslováquia.

Os ingleses não queriam ajudar

A outra figura importante na crise foi o primeiro-ministro britânico Neville Chamberlain. Ele estava confiante de que entendia as condições da Europa e acreditava que a paz seria determinada por discussões amistosas entre a França, a Grã-Bretanha, a Itália e a Alemanha. Essas discussões, pensou ele, resolveriam as divergências e preservariam a paz.

> ## NÃO PODERÍAMOS TER TIDO UMA REUNIÃO DE CLASSE EM VEZ DISSO?
>
> O *Anschluss* foi um momento de triunfo pessoal para Hitler. Ele nasceu na Áustria (não, ele não era alemão!). Nunca atingiu o sucesso e, na verdade, passou os anos antes da Primeira Guerra Mundial como um vagabundo sem-teto. Ele se mudou para a Alemanha e se juntou ao Exército Alemão quando a guerra estourou. Agora, voltava para a sua terra natal como o líder de uma grande e poderosa nação.

Chamberlain rejeitou a ajuda dos Estados Unidos, por considerá-la pouco confiável, e a da União Soviética, que julgava indigna. Ele acreditava que qualquer tipo de ampla combinação de poderes era provocativo e iniciaria uma guerra, em vez de detê-la. E, para Chamberlain, nada era pior do que a guerra; a experiência da Grande Guerra (Primeira Guerra Mundial) foi a prova de que ninguém vencia. Assim, ele estava disposto a oferecer à Alemanha qualquer coisa para preservar a paz, que ele acreditava ser um bem maior, mesmo que certas partes da Europa fossem perdidas para o controle nazista.

LEMBRE-SE

Curiosamente, Hitler de fato queria guerra com a Grã-Bretanha e com a França. Embora a propaganda alemã proclamasse que Hitler estava disposto a negociar, ele nunca teve a intenção de fazê-lo. Hitler acreditava que aquele era o momento ideal para a guerra, e se a Grã-Bretanha e a França honrassem suas garantias aos tchecos, melhor. Ele procurou uma desculpa para eliminar seus inimigos no oeste para que pudesse começar sua cruzada para limpar o leste de eslavos, judeus e bolcheviques e dar ao *Volk* alemão o seu *Lebensraum*. Ele ordenou que as Forças Armadas se preparassem para a invasão da Tchecoslováquia o mais tardar em outubro de 1938.

Tchecoslováquia traída

Com o aprofundamento da crise, os tchecos se recusaram a entregar os Sudetas e começaram a mobilizar suas Forças Armadas. Eles resolveram fazer Hitler lutar e estavam confiantes de que a França e a Grã-Bretanha lutariam com eles.

Mas, à medida que aumentava a pressão sobre a Tchecoslováquia, Chamberlain decidiu se encontrar pessoalmente com Hitler para evitar uma guerra. Hitler garantiu a Chamberlain o seguinte:

» Ele não tinha outros interesses territoriais na Tchecoslováquia, exceto a Região dos Sudetas.

» Ele também disse que estava disposto a arriscar uma guerra mundial para resolver a questão, mas não ordenaria nenhuma operação militar até que tivesse a chance de consultar os franceses e seu próprio governo.

CAPÍTULO 3 **Esperando a Paz: A Ascensão dos Ditadores, 1933-1939** 63

"Apesar da dureza e crueldade que pensei ter visto em seu rosto", relatou Chamberlain, "tive a impressão de que ali estava um homem em quem se podia confiar quando deu sua palavra". Chamberlain saiu da reunião confiante de que ele e Hitler haviam chegado a um acordo e de que a palavra de Hitler era confiável. Então, Chamberlain avisou aos franceses:

» Hitler queria apenas a Região dos Sudetas. Os tchecos teriam de ser convencidos a ceder o território em nome da paz.

» A França não poderia agir de forma unilateral contra a Alemanha — não sem o apoio britânico —, e a Grã-Bretanha não lutaria pela Tchecoslováquia.

Como resultado desse pronunciamento, a Grã-Bretanha e a França pediram aos tchecos que cedessem às exigências alemãs. Se lutassem, eles o fariam sozinhos. Assim, o governo tcheco cedeu, humilhado e furioso com a traição.

Posso pegar mais, por favor?

A crise, porém, não acabou. Hitler apresentou outra série de demandas a Chamberlain, incluindo concessões territoriais da Tchecoslováquia à Polônia e à Hungria e ameaças de ação militar. Confuso e irritado, Chamberlain encerrou as negociações e informou aos tchecos que a França e a Grã-Bretanha os apoiariam se os alemães atacassem. Hitler foi informado dessa decisão, e o sentimento público — não apenas na Alemanha, mas em todo o mundo — apoiou os esforços diplomáticos pessoais de Chamberlain. Os próprios conselheiros de Hitler o alertavam da guerra, e a Itália não estava disposta a se comprometer. Assim, Hitler decidiu esperar e permitir que a charada das negociações continuasse.

Em 29 de setembro de 1938, Mussolini, Hitler, Chamberlain e Edouard Daladier (o primeiro-ministro da França) reuniram-se em Munique, Alemanha, para decidir o destino da Tchecoslováquia. Dois representantes proeminentes — os tchecos e os soviéticos — não foram convidados. Após mais de doze horas consecutivas de discussões, os quatro líderes assinaram um acordo sobre o futuro da Tchecoslováquia. Na ausência de qualquer representante da Tchecoslováquia ou da União Soviética, os termos eram os seguintes:

» As tropas alemãs entrariam e ocupariam a Região dos Sudetas entre 1° e 10 de outubro. Isso efetivamente tornaria esse pedaço da Tchecoslováquia um território alemão.

» Reivindicações territoriais polonesas e húngaras seriam consideradas dentro de noventa dias. A Polônia e a Hungria também perderam território para a Tchecoslováquia no Tratado de Versalhes. Eram os urubus se empoleirando na carcaça.

» A França e a Grã-Bretanha garantiriam as fronteiras da nova Tchecoslováquia.

Os tchecos foram incitados a aceitarem o acordo, ou lutariam sozinhos contra a Alemanha. Os tchecos responderam simplesmente: "Paciência." Chamberlain teve uma reunião particular com Hitler e produziu um acordo que o Führer prontamente assinou. Declarou que a Alemanha e a Grã-Bretanha se comprometeriam a nunca entrar em guerra entre si e que se consultariam para resolver todas as diferenças e manter a paz na Europa.

Os diplomatas fizeram seu trabalho?

Hoje, vemos essas negociações com uma mistura de horror e desdém. Mas como as pessoas da época as viam? Os tchecos, é claro, foram justificadamente amargos. E quanto aos outros? Aqui está um breve resumo.

Mussolini: Retornando a uma nação de cordeiros, não de leões

Mussolini voltou para casa convencido de que a Itália era uma grande potência na Europa e de que a França e a Grã-Bretanha seriam facilmente intimidadas pela ameaça da força. Ele foi recebido com entusiasmo, mas o entusiasmo da multidão o perturbou. Eles estavam claramente expressando alívio por não haver guerra. Parecia que os esforços extenuantes de Mussolini para construir uma mentalidade guerreira na população e um amor pela guerra falharam, e ele interpretou isso como um sinal de que um grande povo havia fracassado.

Hitler: Chorando em posição fetal

Hitler acreditava que havia falhado. Seu objetivo era a guerra e a destruição da Tchecoslováquia. O que ele conseguiu foi um meio-termo. Ele teria que acabar com os tchecos mais tarde, mas precisava garantir que não haveria mais repetições das negociações de Munique. Hitler também viu que o único obstáculo às suas ambições era a Grã-Bretanha. A Alemanha teria que derrotar os ingleses antes de se voltar contra a União Soviética em sua busca por terras para estabelecer o *Volk* alemão em expansão. Então Hitler fez o seguinte:

» Submeteu os cidadãos alemães a uma enxurrada de propaganda para prepará-los para a guerra, propaganda marcadamente diferente das mensagens anteriores que retratavam os alemães como um povo amante da paz.

» Aumentou a produção de armamentos, em particular de aeronaves de combate, a fim de se preparar para um ataque à Grã-Bretanha.

Daladier: Um herói inesperado

O taciturno Daladier voltou para casa, na França, esperando que a vasta multidão que o esperava no aeroporto de Paris o atacasse por trair os tchecos. Em vez disso, ele se viu aplaudido como um herói.

Chamberlain: Em queda livre na ironia

Da mesma forma, quando Chamberlain pousou fora de Londres e foi de carro para a cidade, encontrou as ruas repletas de pessoas gritando seu nome, subindo na lateral do carro e enfiando as mãos pelas janelas para apertar sua mão. Na "Downing Street, nº 10", residência do primeiro-ministro, Chamberlain se dirigiu a uma enorme multidão. Brandindo o papel que Hitler assinara, Chamberlain anunciou: "Paz para o nosso tempo" (veja a Figura 3-1). A imagem de Chamberlain dizendo essas palavras é talvez o símbolo mais indelével de ironia e ilusão que existe na história do século XX.

FIGURA 3-1: O primeiro-ministro britânico Neville Chamberlain proclama: "Paz para o nosso tempo."

Central Press/Getty Images

2

Abrir Fogo: O Eixo Invade e Conquista, 1939–1942

NESTA PARTE...

Saiba como a Alemanha desencadeou o que parecia ser um novo tipo imbatível de guerra na Europa.

Descubra por que Stalin ignorou todos os avisos de um ataque alemão.

Entenda como as decisões estratégicas de Hitler foram motivadas pela busca por uma Alemanha melhor.

Veja como os japoneses tentaram conquistar a China.

Observe a tática do Japão para lidar com esse problema diplomático.

Perceba como a guerra se tornou um conflito global e como as potências do Eixo quase a venceram.

NESTE CAPÍTULO

» Conhecendo as intenções de Hitler
» Conquistando o golpe diplomático
» Criando um pretexto para a guerra
» Esmagando a Polônia

Capítulo **4**

Invasão da Europa Oriental: O Poder de Hitler Cresce, 1939

No encerramento da reunião de Munique, em 1938, na qual Hitler, Neville Chamberlain, Benito Mussolini e Edouard Daladier decidiram o destino da Região dos Sudetas (a parte da Tchecoslováquia com uma grande população de língua alemã), os franceses e os britânicos participantes acreditavam que haviam evitado a guerra. Muitos em seus países também pensavam assim e os acolheram em casa como heróis. Mas a boa vontade das negociações de Munique foi destruída quando a Alemanha invadiu o que restava da Tchecoslováquia e, em seguida, voltou sua atenção para a Polônia.

Nos meses entre março e setembro de 1939, Hitler não escondeu o fato de que *queria* fazer guerra na Europa. Portanto, apesar das tentativas de evitar a guerra, a Grã-Bretanha e a França foram forçadas a aceitar a verdade: em face da agressão da Alemanha, elas tinham que agir, mesmo que isso significasse a guerra. Mas, diferentemente da Alemanha — cuja indústria era voltada para isso, cuja população fora mobilizada e cujas forças já estavam bem treinadas, prontas para o combate —, a Grã-Bretanha e a França não estavam preparadas de forma alguma para a guerra. Portanto, embora a causa dos Aliados fosse indubitavelmente certa, o momento era o pior possível.

A Tchecoslováquia Desaparece: Divisão de Terras e Ocupação Alemã

Em março de 1939, apesar da alegação de que queria apenas a Região dos Sudetas, Hitler deu um ultimato aos tchecos e então enviou tropas para ocupar Praga. Tendo sido traída pela Grã-Bretanha e pela França no acordo de Munique, a resistência tcheca foi esmagada. A Tchecoslováquia cedeu e foi incorporada à Grande Alemanha. Com a aprovação da Alemanha, as tropas húngaras, apoiadas pelos poloneses, tomaram outras partes do território tcheco (veja a Figura 4-1), e a Tchecoslováquia desapareceu como nação. O povo tcheco caiu sob a sombra da tirania nazista: a polícia secreta nazista (veja o Capítulo 3) prendeu milhares de suspeitos que poderiam se opor a Hitler, e os judeus foram submetidos a abusos abomináveis.

FIGURA 4-1: Ofensiva alemã na Europa.

Chamberlain e Daladier ficaram sabendo

Os planos de Hitler eram claros, e Neville Chamberlain e Edouard Daladier, apesar da esperança de apaziguá-lo na base da argumentação, foram forçados a confrontar a verdade: a guerra era a única maneira de detê-lo. Eles acreditavam — com razão — que, se não parassem Hitler o quanto antes, ele continuaria fazendo exigências, devorando nações e se fortalecendo até que, finalmente, a França e a Grã-Bretanha seriam submetidas a ele ou a uma guerra que não poderiam vencer. Portanto, menos de duas semanas após a queda da Tchecoslováquia, Chamberlain e Daladier emitiram uma garantia para a Polônia, prometendo irem em seu auxílio caso a Alemanha a invadisse.

Mussolini é o último a saber

A eliminação da Tchecoslováquia pegou Mussolini de surpresa. Aparentemente, Hitler não achava que consultar seu parceiro — o homem que supostamente intermediara o acordo de Munique, que permitira à Alemanha obter a Região dos Sudetas — era importante. Humilhado e zangado, Mussolini decidiu mostrar a que veio, fazendo suas próprias demandas territoriais.

Valendo um milhão de reais, a Albânia

Mussolini buscava oportunidades para elevar o moral italiano e sua atenção se voltou para a Albânia, uma pequena nação que era praticamente uma colônia italiana. No final de março, Mussolini ordenou um ataque combinado, terrestre, naval e aéreo, para invadi-la e ocupá-la.

A operação foi um fiasco, marcada por planejamento incompleto, descoordenação e confusão massiva. "Se ao menos os albaneses tivessem um corpo de bombeiros bem armado, poderiam ter nos levado de volta ao Adriático", observou o assistente do chanceler italiano. Mussolini encobriu a inépcia de seus militares com uma propaganda que elogiava a sua ação ousada e declarou a invasão uma obra-prima do planejamento. A Grã-Bretanha respondeu à invasão com declarações de garantias de segurança à Grécia e à Turquia.

Uma má ideia segue a outra

Mussolini ignorou os perigos para a Itália representados pelas garantias de segurança da Grã-Bretanha e da França. Em vez disso, impulsionado pela boa imprensa (que ele orquestrou) e pelo aumento do orgulho nacional italiano, seguiu a invasão albanesa com uma aliança formal com a Alemanha, chamada de *Pacto de Aço*, em maio de 1939. Nesse pacto, a Itália concordou em ir à guerra em apoio à Alemanha, independentemente de a Alemanha a ter iniciado. Embora a Itália tenha enfatizado à Alemanha que não estaria pronta para a guerra por mais três anos, o tratado não mencionava esse fato.

O Pacto de Aço objetivava, majoritariamente, a propaganda e, depois, intimidar inimigos em potencial. Mas o resto do mundo viu a união dos dois Estados fascistas da Europa como um sinal de que uma guerra de agressão se aproximava.

Jogando dos Dois Lados: Negociações com os Soviéticos

Após o colapso do acordo de Munique, a França e a Grã-Bretanha perceberam que rejeitar a oferta da União Soviética de ajuda para defender a Tchecoslováquia fora um erro. Em consequência, os franceses e os britânicos abriram negociações para fazer uma aliança com os soviéticos. Ao mesmo tempo, os soviéticos iniciaram conversações com a Alemanha para um possível acordo político amplo, contra a França e contra a Grã-Bretanha. Em uma demonstração de apoio aos nazistas, Maxim Litvinov, o comissário soviético de Relações Exteriores e judeu, foi substituído por Vyacheslav Molotov.

Falando com a Grã-Bretanha e a França

Em suas conversas com a Grã-Bretanha e com a França, os soviéticos insistiram em duas coisas:

» Que os Estados Bálticos (Lituânia, Letônia e Estônia) fossem protegidos do ataque alemão. A única maneira de garantir que os alemães não os atacariam, entretanto, seria a União Soviética ocupá-los com forças militares.

» Que as forças soviéticas pudessem viajar pela Polônia e pela Romênia em caso de guerra. (A Polônia e a Romênia não permitiam que o Exército Soviético — também chamado de *Exército Vermelho* — cruzasse as suas fronteiras porque temiam que, uma vez lá, não saíssem mais.)

As negociações continuaram até agosto, mas a França e a Grã-Bretanha, que não gostavam muito da ideia de os militares soviéticos se moverem para o oeste na Europa, não concordaram com os termos soviéticos e não acharam possível encontrar um terreno comum no qual construir uma aliança. Na verdade, Josef Stalin, o ditador da União Soviética (veja a Figura 4-2), já havia tomado sua decisão de assinar um pacto com a Alemanha enquanto ainda mantinha contato com representantes franceses e britânicos.

FIGURA 4-2: Josef Stalin, da União Soviética.

Imagens Bettmann/Getty

Falando com a Alemanha: O pacto germano-soviético

Enquanto a União Soviética mantinha negociações com a Grã-Bretanha e com a França, as tropas terrestres soviéticas lutavam contra os japoneses ao longo da fronteira sino-soviética, aumentando os temores de que logo se pegasse envolvida em uma guerra de duas frentes — lutando contra a Alemanha, no oeste, e contra o Japão, no leste. Esse medo levou os soviéticos a chegarem a algum acordo com Hitler. De sua parte, Hitler também não gostou da ideia de uma guerra em duas frentes. Ele não queria ter que lutar contra os soviéticos no leste enquanto lutava contra a França e a Grã-Bretanha no oeste. Portanto, a Alemanha nazista e a Rússia comunista, dois países que haviam passado anos vomitando propaganda ideológica venenosa um no outro, decidiram que tais diferenças ideológicas não eram importantes.

Em 23 de agosto, o *Pacto de Não Agressão Germano-soviético* foi assinado, em Moscou. A seguir estão os seus pontos principais:

» Os soviéticos ocupariam e controlariam a Finlândia e os Estados Bálticos (exceto a Lituânia); os alemães obteriam uma parcela maior da Polônia. (Um acordo secreto especificava como a dividiriam após a Alemanha invadi-la.)

» A Alemanha enviaria máquinas prontas para a União Soviética; e a União Soviética, alimentos e matérias-primas para a Alemanha.

STALIN: O HOMEM DE AÇO E A URSS

Iosif (Josef) Vissarionovich Dzhugashvili (1879-1953) nasceu em Gori, Geórgia. Mais tarde, mudou seu sobrenome para Stalin, que significa "homem de aço". Embora pretendesse buscar o sacerdócio, juntou-se ao partido revolucionário bolchevique. Como bolchevique, foi preso e exilado várias vezes por atividades revolucionárias. Quando os bolcheviques, liderados por Lênin, tomaram o poder, em 1917, Stalin se tornou o secretário-geral do partido. Após a morte de Lênin, em 1924, superou outros líderes bolcheviques e assumiu o controle total do partido em 1929.

Temendo que o Ocidente subjugasse a fraca União Soviética, Stalin decidiu substituir a economia agrícola de base camponesa por uma economia moderna totalmente industrializada. Para fazer isso, lançou o primeiro de três Planos de Cinco Anos (com duração de 1928 a 1941). Em essência, o Estado assumiu e dirigiu toda a atividade econômica. Os camponeses perderam suas terras e foram forçados a ingressar em fazendas coletivas estatais. Aqueles que resistiram foram mortos ou deixados para morrer de fome. Cerca de 5 milhões de camponeses morreram na coletivização, incluindo vários milhões de camponeses ucranianos que morreram de fome quando o governo confiscou seus grãos de exportação para pagar pelo maquinário estrangeiro necessário para a industrialização.

A outra parte dos Planos Quinquenais envolvia aumentos forçados na produção da indústria pesada. Para isso, o Estado estabeleceu metas de produção para todas as fábricas. Trabalhadores e administradores tornaram-se escravos do plano, e o não cumprimento das metas de produção levou a severas represálias. Aqueles que resistiam ou que eram considerados inimigos do Estado eram enviados para campos de trabalho escravo, os *gulags* (uma sigla em russo que se tornou a alcunha desses campos), localizados na Sibéria e no norte da Rússia, próximos ao Círculo Polar Ártico. Milhões morreram de fome ou excesso de trabalho. Apesar do sofrimento indescritível do povo e das ineficiências massivas criadas pelo método, Stalin alcançou seu objetivo de construir uma economia industrializada.

Para assegurar o poder e eliminar possíveis ameaças internas à União Soviética, Stalin iniciou o Grande Terror. Entre 1934 e 1938, milhões de pessoas foram presas e mortas, enviadas para os gulags ou deportadas para os confins do leste da

> Rússia. Todos foram sujeitos a detenções repentinas e arbitrárias. Muitas pessoas simplesmente desapareceram do nada; seus destinos são desconhecidos até hoje. A maioria dos altos líderes militares soviéticos foi presa e executada.
>
> Stalin se tornou o ditador totalitário derradeiro, usando o terror e um vasto aparato estatal para controlar todos os aspectos da vida na União Soviética. Ele se tornou o colosso que cruzou a vasta nação. As campanhas de propaganda o retrataram como o líder infalível, cuja visão transformou um Estado atrasado em um poder moderno. Pinturas e estátuas de um Stalin sorridente e benevolente dominavam todos os lugares públicos da União Soviética, e suas palavras eram constantemente repetidas e divulgadas. A verdadeira personalidade de Stalin nunca foi bem revelada, porque ele mantinha seu verdadeiro eu escondido atrás da máscara de político manipulador. Mas suas ações falam de um imenso impulso de poder, motivado por uma ideologia que via o ser humano como matéria-prima para a sobrevivência do Estado socialista. No início da Segunda Guerra Mundial, Stalin permaneceu incontestado, e a União Soviética emergiu como uma força poderosa nos assuntos europeus — mas somente depois de destruir a vida de milhões de cidadãos soviéticos.

O pacto era válido por dez anos, mas nem Hitler nem Stalin esperavam que durasse muito. O objetivo de Hitler para o *Lebensraum* (veja o Capítulo 2) no leste só ocorreria à custa da União Soviética. Afinal, parte do plano era que a Alemanha a invadisse. Stalin, por outro lado, era o líder de uma nação cuja existência se dedicava a colocar toda a Europa — incluindo a Alemanha — sob o comunismo por meio da revolução e da subversão.

Ao fazer o pacto de não agressão germano-soviético com Hitler, Stalin cometeu vários erros graves e quase fatais:

» Tradicionalmente, a Polônia era uma barreira entre os dois inimigos declarados. O acordo secreto que dividiu a Polônia, no entanto, deu à Alemanha uma fronteira de 290km com a União Soviética — uma rota de invasão convidativa para Hitler à pátria soviética.

» Antes do acordo com os nazistas, Stalin destruíra sua estrutura de comando militar no *Grande Terror* (o programa massivo que instaurou, no qual milhões de cidadãos soviéticos foram presos e executados). Durante o Grande Terror, Stalin ordenou que milhares de oficiais superiores e intermediários fossem mortos ou enviados para campos de trabalho forçado. Embora os oficiais restantes estivessem intimidados e obedientes à sua vontade, o Exército Soviético tinha pouca capacidade de combate.

» Apesar de precisar de tempo para reabilitar suas unidades e treinar um novo quadro de líderes politicamente confiável, Stalin chutou que não teria que se preparar para a guerra até 1942 e, portanto, falhou em aproveitar ao máximo a oportunidade para avançar a produção industrial para a guerra e melhorar a prontidão de combate das Forças Armadas soviéticas.

Falando de Paz e Planejando a Guerra: Hitler Acha uma Desculpa

Para Hitler, o pacto de não agressão germano-soviético era um bom negócio: a Polônia ficava isolada e não poderia obter ajuda da Grã-Bretanha nem da França, e a ameaça de guerra com a União Soviética era neutralizada, pelo menos por enquanto. O plano de Hitler era primeiro eliminar a Polônia, depois lutar contra a Grã-Bretanha e contra a França no oeste e, então, depois que a Grã-Bretanha e a França fossem derrotadas, voltar-se novamente para o leste para lidar com a União Soviética. O primeiro passo foi o ataque à Polônia.

Planos de Hitler para a Polônia

A Polônia já foi uma nação reconhecida antes de os alemães, austríacos e russos a terem dividido entre si no início do século XIX. Em 1919, após o fim da Primeira Guerra Mundial, os pacificadores de Versalhes devolveram a Polônia ao seu status de Estado nacional, mas o projetaram de modo desajeitado, tomando território dos antigos impérios e montando-o como uma colcha de retalhos:

- A Polônia ficou precariamente situada entre a União Soviética e a Alemanha, duas nações historicamente hostis à independência polonesa.
- Um corredor foi criado para dar à Polônia acesso ao mar Báltico. Ele se projetou como um corpo estranho, dividindo o território alemão e deixando uma pequena parte da Alemanha, a Prússia Oriental, desajeitadamente isolada, cercada pela Lituânia, pela União Soviética e pela Polônia.
- A cidade portuária alemã de Danzig tornou-se a *Cidade Livre* de Gidynia (ou seja, não pertencia a uma nação e estava sob a proteção da Liga das Nações).

Em agosto de 1939, buscando uma desculpa determinante para a guerra, Hitler exigiu o retorno de Danzig à soberania alemã. Também buscou o direito de ter acesso gratuito por ferrovias e rodovias à Prússia Oriental pelo corredor polonês.

Os poloneses insistiram que seus direitos sob o tratado fossem mantidos e deixaram claro que lutariam contra os alemães.

No limite — E além dele

Os líderes da Grã-Bretanha e da França observaram, tensos, os acontecimentos no leste, esperando que Danzig fosse a última crise e que a guerra pudesse ser evitada por meio de negociações. Na verdade, eles pareciam dispostos a se submeterem a outra reunião de Munique se conseguissem um acordo com a Alemanha. No entanto, apesar do desejo de evitar o conflito, a França e a Grã-Bretanha disseram a Hitler que, se a Alemanha invadisse a Polônia, eles honrariam suas obrigações com a Polônia e iriam para a guerra. (A União Soviética e os Estados Unidos eram neutros, deixando a França e a Grã-Bretanha sozinhas.)

Hitler não tinha intenção de negociar. Ele estava preparado e totalmente disposto a lutar contra a França e contra a Grã-Bretanha. Ele acreditava que a vantagem militar da Alemanha e o avanço na produção de guerra haviam lhe dado uma estreita janela de oportunidade sobre os inimigos. Hitler disse a seus generais que a hora era agora ou nunca — a Alemanha conquistaria a vitória total ou pereceria — e disse-lhes que preparassem as Forças Armadas para atacarem a Polônia até 26 de agosto.

Dado o desejo da França e da Grã-Bretanha de negociar e sabendo que a invasão da Polônia seria muito mais fácil se ele não tivesse que se preocupar com o ataque da França à fronteira ocidental da Alemanha, Hitler propositalmente adiou as ordens de ataque até o início de setembro para testar a determinação da Grã-Bretanha e da França para lutar pela Polônia. Nos cinco dias seguintes, Hitler prometeu paz, discutiu demandas bastante moderadas de acesso ao corredor polonês e a Danzig, e planejou a guerra.

Uma coisa que não saiu como Hitler planejou foi a participação da Itália. No último minuto, ele descobriu que o Pacto de Aço — no qual a Itália concordava em ir à guerra em apoio à Alemanha — era mais como um Pacto de Papel. Mussolini informou a Hitler que a Itália não se juntaria à Alemanha em uma guerra contra a França e a Grã-Bretanha; simplesmente não tinha os recursos para lutar uma grande guerra naquele momento.

Apesar desse revés, Hitler promulgou a ordem decisiva para o ataque. Ele teria a sua guerra.

> **NESTE CAPÍTULO**
>
> » Eliminando a Polônia
> » Atacando a Finlândia e a Noruega
> » Travando a Guerra de Mentira
> » Derrotando a França
> » Mirando a Grã-Bretanha
> » Dominando a Iugoslávia e a Grécia
> » Lutando no deserto com Rommel

Capítulo **5**

Blitzkrieg na Europa: A Largada, 1939-1941

A Liga das Nações não impediu as hostilidades na Europa, na África e na Ásia: não evitou as ofensivas do Japão contra a China, as invasões feitas pela Itália na Albânia e na Etiópia e as incursões da Alemanha na Tchecoslováquia (para mais informações sobre esses eventos, veja os Capítulos 3 e 4).

Os pactos assinados por franceses, britânicos e soviéticos também se mostraram inúteis. Apesar das promessas de proteção das fronteiras tchecas feitas por França e União Soviética, a Alemanha anexou os Sudetos. E apesar do compromisso da Grã-Bretanha de auxiliar a França em caso de agressão alemã, Hitler colocou tropas na Renânia sem nenhuma repercussão. De fato, a política de apaziguamento, promovida pelo primeiro-ministro britânico Neville Chamberlain, não evitou a guerra, só permitiu que Hitler usasse a diplomacia para concretizar seus interesses. Já prevendo uma guerra iminente, Stalin assinou um acordo secreto com Hitler, dividindo a Polônia e ganhando tempo para se preparar.

A guerra era inevitável: Adolf Hitler *queria* o combate. Para ele, era uma forma de concretizar as metas da Alemanha e seu terrível sonho de depuração e unificação racial. Era tudo ou nada, não havia outra opção. E o mundo ficou observando, à espera do ataque da Alemanha.

A Invasão da Polônia

No amanhecer de 1º de setembro de 1939, tropas alemãs cruzaram a fronteira polonesa. (Na noite anterior, os alemães haviam simulado vários incidentes ridículos para justificar o ataque. Em um caso, membros da SS vestiram prisioneiros políticos com uniformes das forças polonesas, atiraram neles perto da fronteira e depois disseram que eram invasores.)

A ofensiva alemã

Cinquenta e seis divisões alemãs, incluindo nove divisões de blindados, atacaram a Polônia vindas de três direções (ver Figura 5-1):

» Navios de guerra alemães bombardearam as defesas polonesas na costa de Danzig.

» Três exércitos avançaram a partir da Eslováquia e do sul da Alemanha.

» Dois exércitos atravessaram o corredor polonês e atacaram a partir da Prússia Oriental, avançando no rumo sudeste até Varsóvia.

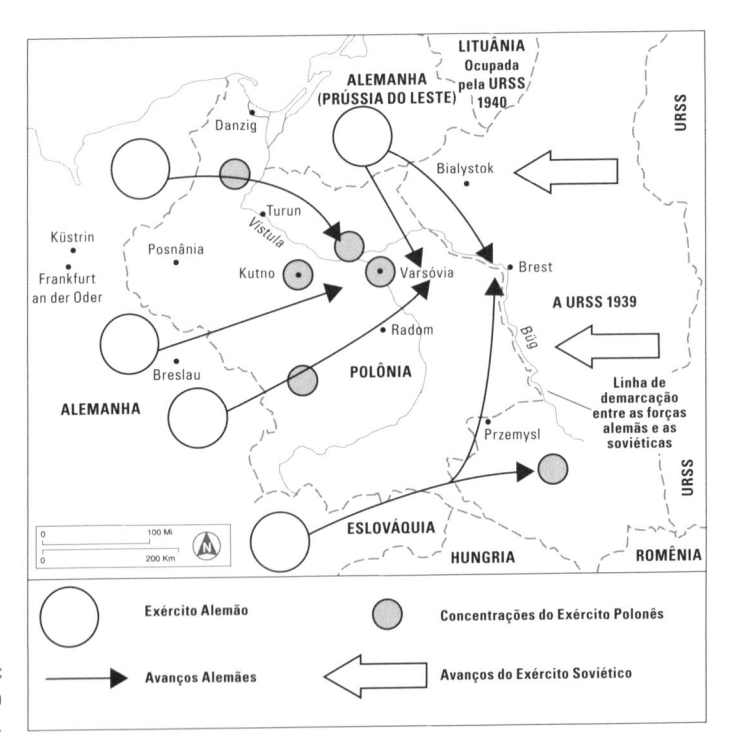

FIGURA 5-1: A queda da Polônia.

> ## *PARECIA* UMA BOA IDEIA...
>
> A Linha Maginot foi batizada em homenagem a André Maginot, ministro da Guerra francês que gastou milhões de dólares na defesa do país nos anos 1920. Para a liderança nacional, a Linha Maginot protegeria a França dos horrores vivenciados pelo país na guerra de trincheiras da Primeira Guerra Mundial. O objetivo principal era impedir que os alemães invadissem a França.

Com 600 mil combatentes e 2 milhões de reservistas, os poloneses achavam que dariam combate aos alemães até a primavera. Eles superestimavam suas capacidades e subestimavam os alemães:

» Com 1.600 caças modernos, a Luftwaffe (veja o Capítulo 3) eliminou os 900 aviões da Força Aérea Polonesa, destruiu as ferrovias utilizadas no abastecimento e na movimentação de tropas e lançou ataques intensos contra as forças da reserva.

» A Luftwaffe também deu cobertura aérea para o avanço dos alemães. Os pilotos bombardearam as defesas polonesas com cargas explosivas e rajadas de metralhadoras. Esses ataques paralisaram o alto comando e isolaram as unidades das forças polonesas.

» No solo, unidades da Infantaria Alemã abriram lacunas nas defesas polonesas; rapidamente, tanques e blindados cercaram as forças de defesa, enquanto outras unidades avançaram para atacar os reforços.

Após quatro dias, as tropas alemãs tinham penetrado nas defesas polonesas e já cobriam quase 160km. Isolados e sob bombardeio constante, dezenas de milhares de soldados se renderam. Os poloneses lutaram com bravura e até repeliram a ofensiva alemã em Varsóvia com contra-ataques eficazes, mas foram superados.

EXÉRCITO DO EIXO

Os soviéticos se movem no tabuleiro

Em 17 de setembro, enquanto as tropas alemãs saíam do norte e do sul da Polônia e se reuniam perto da sua fronteira, a União Soviética lançou seu ataque.

As unidades polonesas (que ainda não tinham sido capturadas pelos alemães) foram dominadas pelas tropas soviéticas. O governo polonês fugiu para a Romênia, e alguns militares isolados lutaram até a aniquilação ou capitulação. Varsóvia caiu em 27 de setembro. Em 5 de outubro, a última unidade polonesa se rendeu.

Sessenta e seis mil soldados poloneses morreram, e 200 mil ficaram feridos. Um milhão de combatentes foram capturados (700 mil pelos alemães; 300 mil pelos soviéticos). A Alemanha também sofreu baixas, registrando 10 mil soldados mortos e 30 mil feridos.

Um novo estilo de guerra: O blitzkrieg

EXÉRCITO DO EIXO

Nunca antes na história da guerra moderna uma nação fora derrotada de forma tão rápida e completa como a Polônia naquela ofensiva nazista. Porém, claro, essa batalha foi a primeira aplicação eficaz das armas modernas.

Tanques e aeronaves foram usados na Primeira Guerra Mundial, mas na época, eram itens novos e primitivos. Como não se sabia extrair o máximo dessas armas, seu uso era limitado. Porém, ao longo de vinte anos de avanços tecnológicos e experimentos e estudos sobre o uso bélico de aviões e tanques, uma força de combate extremamente eficaz se desenvolveu. Essa nova força aplicava velocidade, poder de fogo e uma ofensiva multidimensional para penetrar profundamente no território inimigo, romper suas defesas estáticas (fixas), fechar o cerco e atacar o adversário de todas as direções.

Essa nova manobra bélica também tinha um efeito psicológico sobre as forças de defesa: destruía sua vontade de resistir. Os alemães chamavam essa ofensiva arrasadora de *blitzkrieg*, guerra-relâmpago.

O público que acompanhou a operação Tempestade no Deserto[1] pela TV testemunhou a versão mais recente do blitzkrieg.

Após a derrota da Polônia

Os alemães e os soviéticos reivindicavam diferentes porções da Polônia. Cada país anexou uma região, nos termos do Pacto de Não Agressão Germano-soviético (veja o Capítulo 4 para mais informações sobre esse acordo secreto entre Stalin e Hitler). Em seguida, os ditadores iniciaram seu reinado de terror nas áreas da Polônia que passaram a controlar.

Os nazistas vão mais longe

A busca de Hitler por *Lebensraum* (veja o Capítulo 3) previa a eliminação de todos os poloneses com potencial para ocupar posições de liderança no futuro:

» Grupos especiais (Einsatzgruppen) começaram a matar judeus e civis no país inteiro. Alguns judeus foram presos e colocados em guetos, à espera da futura eliminação.

» Poloneses foram deportados e enviados para campos de concentração, e suas terras foram distribuídas a colonos alemães.

A selvageria dos nazistas tinha como objetivo transformar os poloneses em escravos baratos, eternamente subordinados à Raça Superior descrita por Hitler.

---
1 Ataques do Exército Norte-americano na Guerra do Golfo (N. da T.).

Os soviéticos assumem o controle

Na parte oriental da Polônia, os soviéticos iniciaram uma ofensiva contra os 3 milhões de poloneses sob seu controle:

» A polícia secreta soviética (NKVD) prendeu e deportou para campos de concentração siberianos (gulags) todos os suspeitos de oposição. Mais de 15 mil oficiais poloneses que capitularam foram transferidos para campos nos arredores de Smolensk, na União Soviética.

» Como os oficiais poloneses representavam a liderança nacional e um possível foco de resistência ao futuro controle soviético, Stalin ordenou a morte de todos em 1940. Cada homem foi abatido com uma bala alemã na nuca (para encobrir os verdadeiros autores do crime), e os corpos foram enterrados em uma vala comum na floresta de Katyn.

Entre as inúmeras tragédias ocorridas na Polônia em 1939, o massacre dos oficiais foi uma das mais terríveis. Eles foram algumas das milhões de vítimas da sede de poder absoluto de Stalin.

No Limite: A Grã-Bretanha e a França Declaram Guerra à Alemanha

Após a invasão alemã, em 3 de setembro, a Grã-Bretanha e a França declararam guerra, mas as coisas ficaram como estavam por um tempo. Isso porque as lideranças políticas dos dois países não estavam dispostas a travar uma guerra.

A movimentação britânica (ou quase)

Estas foram as ações da Grã-Bretanha:

» Chamberlain formou um gabinete de guerra e convidou Winston Churchill, o crítico mais contundente da política de apaziguamento, para servir como Primeiro Lorde do Almirantado (veja a Figura 5-2).

» Durante a Primeira Guerra Mundial, 25 anos antes, Churchill havia atuado nesse cargo. A nomeação foi uma injeção de ânimo na apática Marinha Real Britânica. Todos os navios da esquadra receberam o mesmo sinal: "Winston Está de Volta".

» A Marinha Britânica foi totalmente mobilizada contra os submarinos alemães (os U-boats que atacavam embarcações civis e navios de guerra britânicos).

» Torpedos alemães afundaram um navio de guerra e um porta-aviões, mas os britânicos perseguiram a embarcação agressora e obrigaram sua tripulação a afundá-la na costa de Montevidéu (a capital do Uruguai).

» Em outubro, a Força Expedicionária Britânica (BEF) se deslocou para o norte da França e se instalou em posições defensivas ao longo da fronteira belga.

FIGURA 5-2: Winston Churchill.

Hulton-Deutsch Collection/CORBIS

A movimentação francesa: Patrulhando a fronteira

Os franceses se mobilizaram, mas não atacaram as defesas alemãs. As tropas só patrulharam as fronteiras e fizeram voos de reconhecimento. Para os franceses, essa era uma forma de honrar seus compromissos com a Polônia. Eles também agiram da seguinte maneira:

» Os franceses vetaram os ataques aéreos britânicos contra estruturas alemãs, pois a indústria francesa sofreria com as retaliações.

» As tropas francesas se instalaram confortavelmente em fortes subterrâneos altamente sofisticados ao longo da fronteira com a Alemanha. Era a *Linha Maginot*, uma linha de fortificações defensivas que protegeriam a França no caso de uma invasão alemã.

Lutando em Causa Própria: Stalin Ataca a Finlândia

Stalin ficou bastante apreensivo diante da rápida conquista da Polônia pela Alemanha. Como todos, ele achava que seria uma batalha intensa que se arrastaria por vários meses. Pego de surpresa, Stalin deslocou forças despreparadas para a Polônia só para garantir o seu quinhão na ocupação.

Stalin também se preocupava com o flanco norte, pois a Finlândia, que integrara o antigo Império Russo, ficava bem próxima de Leningrado (São Petersburgo), a segunda maior cidade da URSS. Em novembro de 1939, poucas semanas após a eliminação da Polônia, Stalin resolveu cobrir esse flanco:

- » Exigiu que a Finlândia cedesse bases militares importantes para a Marinha e a Força Aérea Soviética, incluindo o território na fronteira com Leningrado.
- » Ele também exigiu que a Finlândia cedesse o porto de Petsamo, o único sem gelo no norte do país.
- » Como fizera com os países bálticos, Stalin concentrou tropas na fronteira para intimidar os finlandeses.

A Finlândia, com apenas 4 milhões de habitantes e 200 mil soldados, se recusou a ceder e mobilizou uma força auxiliar de 100 mil mulheres para o front.

Primeira onda: Stalin enfrenta os finlandeses

Sem avisar, em 30 de novembro, Stalin lançou ataques aéreos contra Helsinque, a capital da Finlândia. A Marinha Soviética bloqueou a costa do país, e algumas unidades fizeram *desembarques anfíbios* (utilizando embarcações para chegar ao litoral). Em seguida, Stalin enviou quatro exércitos para o leste e o sudeste da Finlândia, totalizando 30 divisões, com 500 mil soldados, 1.000 tanques e 800 aeronaves. O principal ataque, a cargo de dois exércitos, com treze divisões e cinco brigadas de tanques, destruiria o istmo entre o Lago Ladoga e o Golfo da Finlândia.

As forças soviéticas pareciam mais do que suficientes para dominar a pequena força finlandesa. Mas os finlandeses estavam preparados para resistir. As fortificações nas florestas impediam o avanço das colunas. Além disso, as tropas finlandesas se deslocavam em esquis para emboscar as fileiras de tanques e caminhões soviéticos que trafegavam em pequenas estradas congeladas, sumindo antes que o inimigo reagisse.

QUE TAL CAVIAR COM UM COQUETEL MOLOTOV?

Durante a guerra com os soviéticos, os finlandeses inventaram uma arma para combater o grande número de tanques invasores. Eles colocavam uma mistura de itens domésticos e gasolina em uma garrafa de vinho e a tapavam com um pano. Os tanques são vulneráveis a ataques laterais e pela retaguarda. Quando um tanque passava, o soldado botava fogo no pano e lançava a garrafa nos painéis de exaustão do motor, atrás do veículo. As chamas danificavam o motor e deixavam o tanque mais vulnerável a outros ataques. Os finlandeses chamavam essas bombas incendiárias de coquetéis molotov, uma referência irônica a Vyacheslav Molotov, o ministro das Relações Exteriores de Stalin. Desde então, o coquetel molotov tem sido uma das armas favoritas dos guerrilheiros.

O clima também favoreceu os finlandeses. Em novembro, fazia muito frio, mas eles estavam bem vestidos para o inverno extremo. Já as tropas soviéticas, com roupas mais leves, tiveram grandes dificuldades. Em dezembro, a ofensiva estagnou completamente. A liderança soviética demorou dois meses para reorganizar as forças e fazer uma segunda tentativa.

Segunda onda: Vamos tentar de novo

Em fevereiro, os soviéticos voltaram a atacar. O combate na *Linha Mannerheim* (as posições defensivas que se estendiam ao longo do istmo) foi intenso. Os soviéticos aplicaram uma pressão implacável sobre as forças finlandesas, combinando bombardeios aéreos, artilharia e infantaria.

Os soviéticos sofreram baixas terríveis, mas Stalin aceitou essas consequências para atingir seus objetivos. Só um mês depois eles conseguiram uma vitória decisiva. Após a ruptura da Linha Mannerheim, os finlandeses foram obrigados a aceitar os termos dos soviéticos, e a guerra chegou ao fim em 13 de março de 1940.

Embora os finlandeses tenham perdido o istmo, o porto de Petsamo (que depois foi devolvido pelos soviéticos) e as bases no Golfo da Finlândia, sua coragem inspirou muitos no mundo todo.

Os finlandeses sofreram grandes baixas, registrando 18 mil soldados mortos e 42 mil feridos. Abismados com a resistência finlandesa, os soviéticos não divulgaram suas baixas, estimadas em 200 mil mortos e 300 mil feridos.

Vocês viram isso? A mensagem da guerra soviético-finlandesa

Na guerra contra os finlandeses, os soviéticos tiveram dificuldades com comando e controle, um sistema de abastecimento ineficiente e falta de coordenação na execução dos planos. Eles tentaram promover um blitzkrieg, mas não conseguiram executá-lo adequadamente, devido ao despreparo e às condições ruins de terreno, clima e mobilidade. Pior ainda, a incompetência do exército soviético ficou evidente para o mundo todo. Esse evento teve dois efeitos importantes:

» Convenceu Hitler de que o exército de Stalin era um alvo fácil.

» Consolidou a perspectiva dos franceses e britânicos de que Stalin seria um parceiro ruim no combate a Hitler. (Os britânicos se arrependeriam dessa decisão em 1940.)

Ele Está de Volta: Hitler Ataca a Noruega e a Dinamarca

Antes do fim da campanha polonesa, Hitler já pensava em derrotar a Grã-Bretanha. Obviamente, era essencial dispor de forças aéreas e navais. Mas, para atacar a Grã-Bretanha pelo ar e pelo mar, as forças alemãs precisavam de bases no perímetro do Mar do Norte. E as melhores opções para essas instalações estavam na Noruega. Hitler também via outras vantagens no controle do país:

» A Noruega estava na rota do minério de ferro sueco que a Alemanha usaria em suas indústrias. Era necessário proteger a rota dessa importante fonte de matéria-prima contra possíveis interferências dos britânicos.

» O controle da Noruega anularia as tentativas britânicas de bloquear a Alemanha. Com navios e submarinos alemães estacionados em portos noruegueses, a Marinha Britânica e os navios mercantes dos Aliados correriam grandes riscos ao cruzar o Mar do Norte.

Hitler também voltou sua atenção para a Dinamarca. Com esse país, Hitler poderia garantir o acesso naval alemão ao Mar do Norte.

O plano

Em 9 de abril, Hitler ordenou uma ofensiva contra a Noruega e a Dinamarca. Essas operações dependiam de surpresa e velocidade para concretizar os objetivos antes da reação da Marinha Britânica:

- » Cinco destacamentos navais alemães controlariam cinco portos noruegueses (Kristiansand, Bergen, Trondheim, Narvik e Oslo, a capital do país), ocupando cerca de 1.600km do litoral.
- » Com os portos sob controle nazista, os navios protegeriam o desembarque de tropas e suprimentos.
- » Os paraquedistas alemães ocupariam pistas aéreas no sul da Noruega para viabilizar as operações da Luftwaffe de apoio à invasão.

O ataque e a resistência

A resistência dinamarquesa entrou em colapso logo após a invasão alemã. Ao controlar importantes estreitos e pistas dinamarquesas, a Luftwaffe passou a dominar o espaço aéreo no sul da Noruega.

A resistência norueguesa se saiu um pouco melhor. As tropas alemãs desembarcaram no sul de Oslo, apoiadas por paraquedistas que tomaram o aeroporto da cidade. No final da tarde, a capital estava sob o domínio dos alemães. O comandante das forças norueguesas sofreu um colapso nervoso, e o exército ficou sem nenhuma ordem. Paralisados pelo ataque alemão, os membros do governo e o rei da Noruega fugiram do país.

Não houve resistência nos outros desembarques, e os paraquedistas alemães dominaram a importante pista de Stravanger. Com o controle dos portos e das bases aéreas, os alemães logo consolidaram suas forças na Noruega.

Lutando com fibra: A reação dos Aliados

Apesar dos anos dedicados ao apaziguamento e ao despreparo para uma guerra massiva, os Aliados responderam com agilidade e coragem à invasão alemã na Dinamarca e na Noruega, em 9 de abril. A reação veio em 10 de abril.

A batalha do porto de Narvik

No plano alemão, um dos riscos era o tempo que a frota ficaria nos portos para proteger as tropas e os navios de abastecimento. Naquele espaço restrito, uma força de ataque destruiria facilmente o destacamento. Foi o que aconteceu em Narvik em 10 de abril.

Cinco contratorpedeiros britânicos entraram no porto e lançaram um ataque intenso contra cinco contratorpedeiros alemães. Os britânicos afundaram dois navios, causaram danos imensos em um e inutilizaram os outros dois. Além disso, eles afundaram vários navios mercantes com cargas importantes de suprimentos para a força alemã.

Com a chegada de mais contratorpedeiros alemães, o jogo virou contra os britânicos. Eles perderam dois navios, e o corajoso capitão B. A. W. Warburton-Lee, que coordenara a ofensiva, foi morto. Em sua última instrução para a frota, ele disse: "Continuem atacando o inimigo." O capitão recebeu a maior distinção de bravura da Grã-Bretanha, a Cruz Vitória.

A reação dos Aliados

Os Aliados enviaram 30 mil soldados para recuperar Trondheim e Narvik. Nessa ação, eles retomaram Narvik (em grande parte, porque a ofensiva naval dos britânicos havia deixado os alemães com pouca munição), mas não conseguiram recuperar Trondheim, onde sofreram um ataque de 80 mil soldados alemães.

As forças dos Aliados eram despreparadas, descoordenadas e ineficazes em combate. Em 9 de junho, todos os soldados da Noruega já haviam se rendido ou fugido para a Suécia, e as tropas dos Aliados e o governo norueguês tinham sido evacuados para a Inglaterra. Os britânicos perderam um porta-aviões, e dois navios alemães (*cruzadores*) sofreram graves danos provocados por torpedos.

Vencedores e perdedores

Novamente, a invasão da Noruega demonstrou a importância do sigilo e da surpresa para o blitzkrieg. Embora nenhum tanque tenha sido usado, o blitzkrieg ocorreu no ar, na forma de apoio às forças de combate navais e terrestres com poder de fogo e suprimentos. Confira a seguir um breve resumo das perdas e ganhos desse evento.

Noruega e Dinamarca

Os noruegueses, cuja resistência foi tardia, mas muito corajosa, não tinham armas modernas nem uma Força Aérea consolidada. Sem suprimentos nem liderança, as unidades norueguesas e dinamarquesas foram facilmente derrotadas.

Alemanha

Com a bem-sucedida invasão da Noruega, a Alemanha obteve excelentes bases para operações aéreas, submarinas e terrestres contra a frota britânica. A queda da França reduziu a utilidade desses locais, mas as bases ganharam mais importância nos ataques aos comboios que se dirigiam para a URSS.

Mais importante, ao controlar a Noruega, a Alemanha obteve um suprimento constante de minério de ferro. E os soviéticos continuaram agindo como parceiros dos alemães, autorizando o abastecimento de um navio de suprimentos alemão que se dirigia para Narvik em uma base soviética.

Mas os custos da invasão foram pesados: a Marinha Alemã foi essencialmente destruída. Tirando os navios perdidos em combate, avariados e que exigiam reparos complexos, a esquadra alemã consistia em um cruzador pesado, dois cruzadores leves e quatro contratorpedeiros. No final de julho de 1940, quando mais precisava de uma frota com força total para enfrentar a Marinha Britânica, Hitler não tinha nada.

Inglaterra

EXÉRCITO ALIADO

O resultado mais interessante do fiasco dos Aliados na Noruega foi a queda do governo de Neville Chamberlain. Após uma crise no Partido Conservador, Chamberlain decidiu que a nação precisava de um novo líder. Winston Churchill se tornou primeiro-ministro do governo de guerra (uma coalizão entre membros dos Partidos Liberal e Conservador) em 10 de maio de 1940.

Com um espírito obstinado, uma energia intensa e uma oratória brilhante, muitos acreditavam que a Grã-Bretanha havia finalmente encontrado em Churchill um líder à altura de Hitler. "Senti como se estivesse caminhando com o destino", lembrou Churchill, tempos depois, "e que toda minha vida até ali havia sido apenas uma preparação para aquele momento e aquela provação". No dia em que Churchill se tornou primeiro-ministro, notícias vindas da Holanda e da Bélgica abalaram o povo britânico.

A Guerra de Mentira: Invadindo a França para Atacar a Grã-Bretanha

Hitler vinha elaborando seu plano para invadir a França desde maio de 1938. Mas tinha pouco interesse em uma guerra contra os franceses. O principal objetivo da ofensiva era derrotar a Grã-Bretanha. Seu plano consistia nos seguintes pontos:

> » Atacar a Holanda e a Bélgica e tomar os portos e aeroportos na região dos Países Baixos, na fronteira com o norte da França.
>
> » Derrotar as forças inimigas no norte da França. Depois disso, Hitler lançaria uma ofensiva aérea massiva contra a Grã-Bretanha.

Já prevendo esses acontecimentos, Hitler ordenou um aumento na produção de bombardeiros pouco antes da invasão da Polônia.

Os alemães: Aproveitando os atrasos imprevistos

Hitler queria enviar tropas para o oeste logo após o fim da invasão da Polônia, mas o clima provocou 29 adiamentos. Embora a data original tenha sido fixada em novembro de 1939, a invasão só aconteceu em maio de 1940. Mas os alemães não desperdiçaram esse tempo.

Reparos e planos

O Exército Alemão aproveitou os atrasos para refinar os procedimentos aplicados na campanha da Polônia, treinar mais tropas e consertar equipamentos.

Nesse período, o foco do plano alemão mudou. Em vez de um ataque à Bélgica e à Holanda para ocupar território e, quase incidentalmente, combater as tropas inimigas, o novo plano se basearia na destruição das forças francesas e britânicas.

O novo plano de Hitler: Atrair os Aliados para uma armadilha

O objetivo de Hitler era destruir totalmente as forças francesas e britânicas e vencer a guerra com um golpe rápido. A Holanda e a Bélgica ainda seriam ocupadas, mas a ofensiva serviria para atrair os Aliados para a Bélgica. Os alemães dariam um segundo golpe com blindados pela retaguarda das tropas aliadas, que seriam desviadas para a costa, cercadas e isoladas.

WINSTON CHURCHILL: O GIGANTE DO SÉCULO XX

Winston Churchill (1874-1965) foi um militar, estudioso, artista e estadista. Seu pai era lorde Randolph Churchill, um brilhante político inglês, e sua mãe, Jennie Jerome, era norte-americana, o que explicava sua intensa ligação com os Estados Unidos. Em 1894, Churchill se graduou na Royal Military College Sandhurst e iniciou uma carreira militar notável. Ele participou de combates na Índia e no Sudão e escreveu vários livros sobre suas experiências. Depois de se desligar do exército, Churchill ficou célebre no mundo todo como correspondente de guerra na África do Sul. Em 1901, foi eleito membro do Parlamento pelo Partido Conservador, que ele trocou, em 1904, pelo Partido Liberal. Nesse período, Churchill coordenou a implementação das bases do Estado de bem-estar social. No cargo de Primeiro Lorde do Almirantado, entre 1911 e 1915, ele reagiu aos avanços da Marinha Alemã com a modernização da Marinha Real e a criação do Serviço Aeronaval.

Churchill planejou a campanha de Galipoli em 1915, durante a Primeira Guerra Mundial. Esse ataque indireto obrigaria os turcos (o Império Otomano) a saírem da guerra, diminuindo a pressão sobre a Rússia. A campanha não deu certo, mas o planejamento expressou a visão estratégica de Churchill. Além disso, ele ajudou a desenvolver o tanque, promovendo seu uso tático em batalhas. Churchill saiu da política em 1915, ingressou no exército em 1916 e comandou um regimento no Front Ocidental.

Entre 1919 e 1922, Churchill atuou novamente no governo. Ele colaborou na definição de fronteiras políticas no Oriente Médio e em amplas reformas militares. No conturbado período de 1929 a 1939, Churchill não ocupou nenhum cargo importante. No entanto, em discursos e artigos, ele alertava sobre o perigo das ambições alemãs na Europa. Churchill clamava pelo rearmamento e criticava a política de apaziguamento de Chamberlain para com Hitler. Em 1940, com a saída de Chamberlain, Churchill se tornou primeiro-ministro do país.

Churchill era conhecido por sua lealdade, inteligência e generosidade. Ele combinava coragem e audácia com uma imensa capacidade intelectual; sem dúvida, era um gênio. Também era um grande orador que inspirava não apenas o povo da sua nação, em um momento tão crítico para a sobrevivência do país, mas os povos livres de todos os lugares, que eram chamados a resistir com todas as forças aos inimigos da liberdade até a vitória definitiva. Churchill representava o espírito da Grã-Bretanha durante a guerra. Sua energia e visão promoveriam a causa dos Aliados nos anos difíceis que viriam.

O plano alemão previa o uso de três grupos militares:

- **Grupo Militar A:** Quatro exércitos com tanques e infantaria mecanizada percorreriam as estreitas rotas da Floresta das Ardenas, tomariam a cidade de Sedan (local bastante simbólico para Hitler por ter sido palco de uma grande vitória dos alemães contra os franceses em 1870) e se dirigiriam para o Canal da Mancha.

- **Grupo Militar B:** Dois exércitos apoiados por paraquedistas tomariam os principais pontos de travessia nos rios e lançariam um ataque contra a Holanda e a Bélgica.

- **Grupo Militar C:** Dois exércitos deixariam as tropas francesas ocupadas na Linha Maginot.

Esse foi o plano da ofensiva aprovado em 10 de maio. Hitler havia reunido uma força imensa: 102 divisões (incluindo 11 divisões de blindados e 5 de outros veículos), 2.439 tanques, 2.779 bombardeiros e caças, 7.378 peças de artilharia e 2,5 milhões de soldados.

Os Aliados: Ainda despreparados

Em setembro de 1939, os Aliados já tinham uma força capaz de lançar operações defensivas e ofensivas, mas os líderes franceses e britânicos não achavam que essa mobilização era necessária. Planos interceptados indicavam que o ataque principal dos alemães viria pela Holanda (um país neutro) e pela Bélgica. (Claro, os Aliados não sabiam que esse plano era *antigo*. Como vimos na seção anterior, Hitler tinha um novo plano.)

Acreditando no antigo plano dos alemães

Acreditando que os alemães planejavam ataques na Bélgica e no norte da França, os Aliados enviaram a maior parte das tropas para a Bélgica. A ideia era combater o blitzkrieg com uma *defesa massiva*: uma série de posições defensivas que os alemães teriam que enfrentar para chegar à França.

As tropas de reservistas foram deslocadas para apoiar as forças britânicas e francesas no oeste e defender a Bélgica e a Holanda. Esse movimento deixou uma lacuna na Floresta das Ardenas e na Linha Maginot, e alguns pontos da fronteira belga ficaram cobertos pelas unidades mais fracas do Exército Francês.

Os Aliados estavam se programando com base no plano original dos alemães, que mudara em maio. Sem saber, estavam seguindo à risca e facilitando o novo plano dos alemães (que previa um ataque pela Floresta das Ardenas).

Falta de coordenação com os povos que seriam protegidos

Mas os Aliados também ignoraram um ponto fundamental do planejamento: os holandeses e os belgas não estavam coordenando suas ações com base nos planos dos Aliados. Por serem neutros, os dois países temiam que um encontro com os Aliados fornecesse uma desculpa para Hitler atacá-los. Logo, a entrada dos Aliados no território era indesejável e não se alinhava com o plano de defesa dos belgas.

Do blitzkrieg ao sitzkrieg

Convivendo com alertas constantes sobre possíveis ataques alemães entre novembro de 1939 e maio de 1940, os Aliados leram sinais reais como alarmes falsos. Sem nada para fazer, as tropas só ficaram enrolando, aproveitando as vantagens da vida militar e observando os alemães consolidarem suas defesas na Linha Siegfried.

Ao contrário dos alemães, as unidades dos Aliados não passaram por nenhum treinamento adicional após a convocação. As tropas eram enviadas a vários setores para construir defesas; quando terminavam, descansavam e, em seguida, eram transferidas para fazer a mesma coisa em outro setor. Logo, soldados e comandantes não se familiarizavam com a área que deveriam defender. Era uma guerra, mas ninguém parecia disposto a iniciar o combate. Alguns diziam que era uma *guerra de mentira*; outros, brincando, diziam que era um *sitzkrieg*, uma guerra sentada.

A primeira fase: Atacando os Países Baixos

Em 10 de maio, antes do amanhecer, a Luftwaffe iniciou a primeira fase da ofensiva no front ocidental, bombardeando a Bélgica e a Holanda. Pouco depois, paraquedistas alemães tomaram as principais pontes e bases aéreas de Haia. Três dias depois, tanques e paraquedistas atravessaram as principais defesas holandesas. Um bombardeio massivo em Roterdã matou oitocentos civis e destruiu o moral dos cidadãos. Os holandeses se renderam em 15 de maio.

No dia 10, as forças alemãs também atacaram a Bélgica e tomaram as principais pontes ao longo da estratégica linha de defesa do Canal Albert.

ESTRATÉGIA MILITAR

O ponto crucial para a defesa da Bélgica era o forte Eban-Emael. Construída em 1935, essa fortificação era a mais moderna do gênero (foi concebida para resistir a todos os tipos de ataques terrestres). Na manhã de 10 de maio, oitenta paraquedistas alemães aterrissaram no topo do forte, que não tinha nenhuma defesa para esse tipo de ataque, e abriram caminho com explosivos, viabilizando a rápida passagem de blindados e divisões de infantaria pelo canal.

Apesar dos contratempos na Holanda e na Bélgica, o general francês Maurice Gamelin (comandante em chefe dos Aliados) e o general John Gort (comandante da Força Expedicionária Britânica) continuavam confiantes. Eles conduziram suas forças para a Bélgica e as posicionaram no rio Dyle, exatamente como haviam planejado. Depois de incorporar em suas linhas defensivas as unidades belgas que recuavam, os Aliados aguardaram o ataque alemão. Os bombardeiros não atacaram as formações de tanques dos alemães para evitar a artilharia antiaérea, e os caças ficaram na reserva, à espera dos ataques contra alvos industriais estratégicos.

A segunda fase: O ataque pela Floresta das Ardenas

Depois de uma viagem tensa de três dias pelas pequenas estradas da Floresta das Ardenas, sete divisões panzer saíram do bosque e cruzaram a fronteira francesa em 12 de maio. No dia seguinte, caças alemães afastaram os aviões dos Aliados, e as divisões de infantaria se dirigiram para a França, logo atrás dos tanques.

Os franceses foram surpreendidos pela chegada dos tanques, vindos de um local considerado intransitável, e pela velocidade dos alemães. A princípio, eles resistiram bem e tentaram impedir a passagem dos comboios, mas, com a ruptura de vários pontos defensivos, a resistência logo entrou em colapso.

A 7ª Divisão Panzer do general Erwin Rommel penetrou 160km no território inimigo em dois dias, capturando 10 mil soldados franceses; a maioria deles só largou as armas e obedeceu à ordem de marchar para o leste. Em 15 de maio, sete divisões estavam a caminho do Canal da Mancha, sem nenhum obstáculo pela frente. Em 21 de maio, os tanques chegaram aos portos de Abbeville e Boulogne (a principal base de abastecimento dos britânicos), serrando as tropas Aliadas ao meio.

Os Aliados: Presos em Flandres

Presas em Flandres, as forças da BEF, da França e da Bélgica ficaram em uma situação desesperadora. Atacadas pela dianteira e pela retaguarda, suas opções de defesa foram bastante reduzidas. Nesse meio-tempo, o general Gamelin foi substituído pelo general Maxime Weygand, um herói francês da Primeira Guerra Mundial, já idoso. Diante da possível desintegração total de seu comando, ele ordenou contra-ataques para recompor as forças.

Os contra-ataques, ineficazes para os propósitos de Weygand, abalaram os comandantes alemães, que começaram a se preocupar com um eventual fechamento do seu estreito corredor para o Canal da Mancha. Esse impasse provocou uma ordem do alto comando alemão, que determinou a consolidação das posições dos tanques e o deslocamento da infantaria para a vanguarda do destacamento. Era a ordem errada na hora errada. Na verdade, a liderança alemã se assustou com o sucesso do seu plano brilhante.

A condução de uma guerra é cercada de grandes incertezas; o desconhecido deixa os líderes excessivamente cautelosos, propensos a tomar decisões que acabam afastando a vitória. Foi o que ocorreu em Flandres. Os alemães haviam obtido uma grande vitória, mas, devido às incertezas, deixaram escapar um triunfo decisivo. As forças britânicas sobreviveriam para lutar no dia seguinte.

A Marinha Real vem ao resgate: A salvação em Dunkirk

Entre 23 de maio e 2 de junho, o general Gort, comandante da BEF, se viu em uma situação terrível. As tropas francesas e belgas estavam se saindo mal, e o alto comando britânico já declarara a derrota da França. Churchill então ordenou a evacuação da BEF, mas o porto mais próximo sob o controle dos Aliados era Dunkirk. Com a interrupção dos ataques de tanques na costa, os britânicos se retiraram da linha de frente e se encaminharam para lá. Embora os panzers estivessem parados a apenas 15km do porto, a infantaria alemã, a 80km, recebeu ordens para marchar até o local.

Aproveitando a brecha, a Marinha Real reuniu todas as embarcações disponíveis no litoral sul da Grã-Bretanha e cruzou o Canal com essa frota até Dunkirk. Com o cerco se fechando para as unidades britânicas e francesas, 10 mil soldados foram evacuados nas praias em 28 de maio. No dia seguinte, 50 mil escaparam. Enquanto a Força Aérea Real lutava contra a Luftwaffe, mais combatentes se evadiram do local. Em 2 de junho, 340 mil soldados já haviam chegado à Grã-Bretanha. Dos sobreviventes, 123 mil eram franceses. Na batalha para resgatar a BEF, os britânicos perderam duzentas aeronaves e seis contratorpedeiros; os franceses perderam seis contratorpedeiros. A maioria dos equipamentos e veículos foi abandonada, mas os soldados sobreviveram para lutar.

A França se rende à Alemanha

Em 5 de junho (com a BEF saindo do continente e a capitulação da Bélgica), a situação na França parecia incontornável. Após reparos e um descanso, os tanques alemães se dirigiram para o sul, seguindo até Paris e a retaguarda da Linha Maginot (veja a Figura 5-3).

Por dias, os franceses resistiram aos ataques, mas, em muitos pontos, acabaram sendo superados por tropas com três vezes mais combatentes; além disso, eles não tinham tanques nem outros veículos eficazes para conter a invasão dos alemães. Recuando, os franceses tentaram estabelecer defesas em passagens de rios, mas os alemães se moviam muito rápido. Em 14 de junho, após um pequeno combate, Paris foi capturada e rapidamente abandonada para que não se transformasse em um campo de batalha. Nesse meio-tempo, 136 mil soldados britânicos e 20 mil poloneses foram evacuados para a Grã-Bretanha. As forças alemãs haviam cercado 500 mil franceses nos fortes ao longo da Linha Maginot.

O governo francês entrou em colapso. O primeiro-ministro Paul Reynaud renunciou, e seu vice, o marechal Philippe Pétain, assumiu o cargo. Pétain era um herói da Grande Guerra, e sua presença deveria inspirar o sentimento de lutar até a morte entre os franceses. Mas o velho Pétain era frustrado com os políticos que, em sua opinião, haviam permitido a decadência da França. Por isso, ele solicitou um cessar-fogo em 16 de junho.

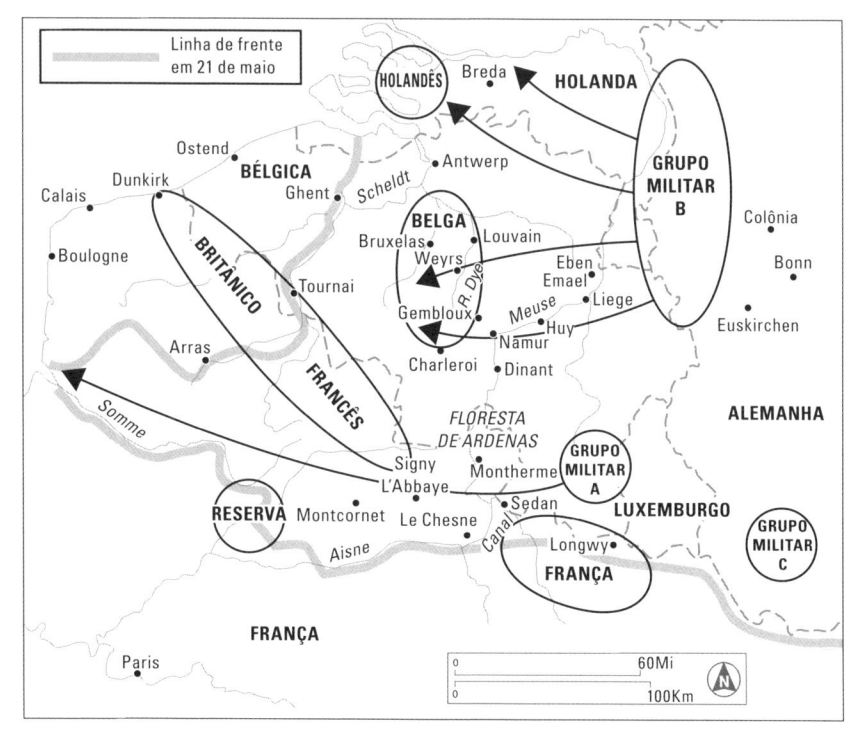

FIGURA 5-3: A capitulação da França diante da Alemanha, 1940.

Um apreciador de atos simbólicos, Hitler tratou os franceses como os representantes do governo alemão haviam sido tratados em 1918, no fim da Primeira Guerra Mundial, estabelecendo as seguintes condições:

» Não haveria negociação. Os franceses concordariam com todos os termos ou encarariam as hostilidades.

» A rendição formal dos franceses ocorreria em Compiègne, o local do armistício com os alemães na Grande Guerra. Na verdade, Hitler fez os franceses assinarem o armistício no mesmo vagão-restaurante usado anteriormente.

Vinte e seis anos antes, em 1914, França, Grã-Bretanha e Alemanha lutaram por quatro anos em um conflito que custara milhões de vidas. Agora, a Alemanha havia derrotado a França e a Grã-Bretanha (bem como a Bélgica e a Holanda) em apenas 42 dias. Os alemães registraram 156 mil baixas, entre mortos, feridos e desaparecidos; as baixas dos franceses ficaram em 330 mil (embora os alemães afirmassem que tinham capturado mais de 1,5 milhão de franceses). Os britânicos perderam 68 mil homens e quase todos os seus tanques, caminhões e peças de artilharia.

O karma da França: Nasce a Era Vichy

Os alemães permitiram que o governo francês continuasse existindo em Vichy, uma cidade 300km ao sul de Paris. Nos termos do armistício, os alemães controlavam a costa atlântica da França (seguindo o plano de Hitler de lançar ataques aéreos e navais contra a Grã-Bretanha a partir do litoral); o governo de Vichy dominava os outros dois terços do território e suas colônias. O Exército Francês foi reduzido a 100 mil soldados, e o país se viu obrigado a pagar valores elevadíssimos à Alemanha, como os alemães tiveram que fazer no final da Primeira Guerra Mundial.

A Frota Francesa: Destruída pelos britânicos

A frota francesa era o principal questionamento: ela cairia nas mãos dos alemães? Se sim, a Marinha Francesa (a quarta maior do mundo), combinada com as frotas alemã e italiana, superaria a esquadra britânica. E a sobrevivência da Grã-Bretanha, que agora enfrentava sozinha a Alemanha e a Itália, dependia da sua Marinha.

Winston Churchill não queria correr esse risco. Ele não daria a Hitler os meios para destruir sua nação. Churchill enviou navios britânicos para destruir grande parte da frota francesa estacionada em Mers-el-Kebir, na Argélia (uma colônia francesa), matando 1.300 marinheiros. Com exceção das embarcações no porto de Toulon, todos os navios da frota francesa foram atacados, inutilizados ou capturados. Desde o início, o governo de Vichy, chefiado por Pétain, tratou a Grã-Bretanha com frieza, mas, depois dos ataques contra a esquadra, rompeu as relações com seu antigo aliado.

Uma França Livre: De Gaulle entra em cena

Charles de Gaulle, um jovem e desconhecido general que havia comandado um dos poucos focos de resistência contra os alemães na campanha anterior, foi nomeado subsecretário de Defesa Nacional quando o general Pétain formou o governo de Vichy (veja a Figura 5-4). De Gaulle não aceitou a rendição e fugiu de avião para a Grã-Bretanha. Ao chegar, logo se tornou o representante da França Livre, formada pelos franceses que não aceitavam a capitulação e as ordens de Vichy. Embora não fosse um agente oficial do governo francês, em pouco tempo, de Gaulle simbolizaria a honra de um povo livre.

FIGURA 5-4: O general Charles de Gaulle.

CORBIS

Buscando posições melhores: Os ditadores se movem

Em meio à ofensiva contra os franceses, Mussolini, acreditando que não haveria outras guerras na Europa e interessado nos despojos, declarou guerra à França e à Grã-Bretanha em 10 de junho. Porém, a Itália só simulou um ataque.

Aproveitando que o mundo estava observando a França, Stalin, sempre desconfiado e nunca seguro, tratou de melhorar a posição da União Soviética. Para isso, claro, ele atacou os países próximos. Em junho, logo após a capitulação dos franceses, Stalin ameaçou declarar guerra e ocupou duas províncias da Romênia. Em agosto, ele anexou Lituânia, Estônia e Letônia, alegando que os países bálticos estavam conspirando contra a União Soviética.

Um Épico: A Batalha da Grã-Bretanha

Hitler atingiu seu objetivo, mas não sabia ao certo o que faria em seguida. Os odiados ingleses viviam em uma ilha onde a última invasão bem-sucedida datava de 1066. Os inimigos hesitavam em invadir a Grã-Bretanha por dois motivos: a Marinha e a Força Aérea Real, com seus 59 esquadrões de aeronaves.

Para derrotar a Grã-Bretanha, era necessário neutralizar a Marinha e a Força Aérea. Porém, mesmo que os alemães destruíssem essas duas forças, o próximo problema seria a invasão das Ilhas Britânicas. Para dominar o povo britânico, as forças alemãs teriam que pousar e impor um tratado de paz em Londres. Os alemães nunca encararam essa realidade tão incômoda. Na verdade, os planejadores elaboraram medidas precárias para abalar o moral dos britânicos e minar a capacidade de combate do país.

Abandonada por você

A Grã-Bretanha não tinha nenhum aliado (nem suas colônias poderiam ajudá-la), mas o povo britânico contava com um líder que preparou os cidadãos para aquela que seria, em suas palavras, a *Batalha da Grã-Bretanha*. "Hitler sabe que terá que nos derrotar aqui nesta ilha ou perderá a guerra", disse Churchill. "Se o enfrentarmos, a Europa será libertada e o mundo chegará a planícies mais vastas e ensolaradas. Mas, se falharmos, o mundo inteiro, incluindo os Estados Unidos e tudo que conhecemos e amamos, afundará no abismo de uma nova Idade das Trevas... Portanto, devemos nos preparar para nossos deveres e proceder de modo que, se o Império Britânico e a Commonwealth durarem mil anos, os homens digam: 'Esta foi sua melhor hora.'"

Churchill sabia muito bem quais seriam as consequências da derrota não só para a Grã-Bretanha, mas para a civilização ocidental como um todo. Apesar das sugestões de negociações de paz com a Alemanha, Churchill só aceitava um resultado: a vitória definitiva, a qualquer custo. O país se encarregaria disso sozinho, se necessário, ou com a ajuda de nações aliadas. Além do poder da Marinha e da Força Aérea dos britânicos, os alemães também enfrentariam um líder obstinado que resistiria a tudo que os nazistas fizessem contra sua nação.

Voando: Novos métodos de guerra aérea

Hitler sempre planejou esmagar a Grã-Bretanha com poder aéreo. Ele entregou essa tarefa para o *Reichsmarschall* Hermann Goering, chefe da Luftwaffe, que recebeu a missão com entusiasmo.

A Luftwaffe tinha experiência de combate e contava com bombardeiros (aviões projetados para lançar bombas) e caças (aviões projetados para derrubar outros aviões), que protegeriam os bombardeiros dos aviões britânicos. Mas, como isso nunca havia sido feito antes, ninguém sabia como lidar com os seguintes problemas:

- » Os bombardeios poderiam trazer a vitória?
- » Quais alvos deveriam ser atingidos para se concretizar essa meta?

Ninguém sabia como responder a essas perguntas em 1940. Logo, a Luftwaffe improvisou.

A Força Aérea Alemã demorou várias semanas para se recuperar das perdas sofridas na campanha contra a França. Depois, transferiu suas aeronaves e unidades de apoio para pistas na França, Bélgica e Holanda, ao longo da costa atlântica.

Tensão no céu

Quando começaram os ataques contra a Grã-Bretanha, no início de agosto, os alemães tinham 2.500 aviões, entre bombardeiros e caças; os britânicos contavam com 1.200 caças para se defender.

O plano consistia em paralisar os caças da Força Aérea Real (RAF) eliminando o combustível e a munição da esquadra. Sem os caças, os bombardeiros alemães sobrevoariam os céus britânicos à vontade. Os ataques se concentraram em navios, portos, bases aéreas e fábricas de aeronaves.

Como os caças só garantiriam proteção sobre uma área muito limitada do território, os bombardeiros teriam que sobrevoar a Grã-Bretanha incógnitos. Porém, os britânicos tinham uma nova tecnologia, desenvolvida antes da guerra — o *radar*. Com o radar (e a interceptação dos códigos dos alemães), os britânicos identificavam a localização dos aviões inimigos muito antes de eles entrarem no espaço aéreo do país e os interceptavam com caças.

Sem o elemento surpresa, os alemães sofreram grandes baixas. Os britânicos derrubaram oito aviões alemães para cada avião britânico derrubado. Mas ambos perderam quase um quarto dos seus pilotos veteranos.

Pânico em Londres: O Blitz da Luftwaffe

No início de setembro, a Luftwaffe iniciou os ataques contra Londres para aterrorizar a população e enfraquecer o moral. Os britânicos chamaram essa ofensiva de *Blitz*.

A princípio, os alemães atacaram Londres à luz do dia, mas os caças britânicos eram muito eficazes. Então, começaram os ataques noturnos à cidade. Durante 57 dias, os londrinos foram bombardeados por mais de 200 aviões a cada noite. Nesses ataques, os alemães usavam explosivos e bombas incendiárias para causar mais danos. Quarenta mil civis morreram durante a Blitz.

Depois, os ataques foram direcionados para alvos industriais. Em 14 de novembro, quinhentos aviões lançaram seiscentas toneladas de bombas sobre Coventry (no centro da Inglaterra), matando quatrocentas pessoas e destruindo áreas extensas. A Grã-Bretanha continuou sofrendo bombardeios ao longo de 1940, mas Hitler abandonou a meta de dominar o país. Com outros objetivos em mente, ele adiou seus planos para a invasão da Grã-Bretanha. Ao final da campanha, a RAF havia perdido 790 caças, e a Luftwaffe, 1.400 bombardeiros e caças.

Durante a batalha, os britânicos só tinham seiscentas aeronaves disponíveis para cada operação, mas superaram a ofensiva alemã com uma combinação de estratégia, tecnologia e, mais importante, coragem. Essa bravura estava no fato de que o destino da nação dependia da habilidade e da tenacidade dos jovens e, muitas vezes, inexperientes pilotos de caça.

Os Bálcãs: A Bagunça de Mussolini e o Novo Alvo de Hitler

Enquanto ocorria a Batalha da Grã-Bretanha, Mussolini tentava obter vantagens para a Itália. Profundamente desapontado com a Alemanha, que não concedeu as colônias africanas da França para a Itália, Mussolini decidiu atacar a Grécia. Com a ocupação do território grego, no centro do Mediterrâneo oriental, os italianos poderiam atacar as bases britânicas no Egito e no Oriente Médio.

Mussolini invade

Mussolini lançou o ataque a partir da Albânia. Em 28 de outubro de 1940, o exército italiano, com 162 mil homens, entrou na Grécia. A princípio, as tropas se saíram bem, mas, em meados de novembro, o Exército Grego (mal equipado, mas muito habilidoso nas técnicas de combate em montanha) conteve o avanço dos italianos e começou a contra-atacar, empurrando os invasores de volta para a Albânia.

Auxiliados por reforços, os italianos resistiram. Em fevereiro de 1942, as linhas defensivas italianas se estabilizaram devido ao mau tempo e à complexidade do terreno. Veja a Figura 5-5.

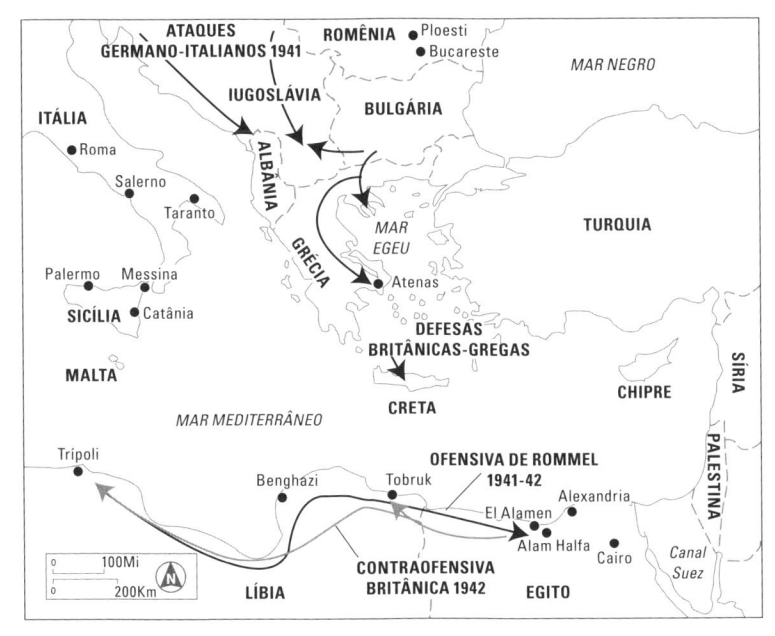

FIGURA 5-5: Operações dos alemães e italianos no Mediterrâneo oriental, 1941.

A Grã-Bretanha entra em cena

Quando a Itália invadiu a Grécia, os britânicos enviaram 60 mil soldados para o país pelos seguintes motivos:

» Cumprir seu pacto de segurança aos gregos. (A Grécia estava entre as nações que os britânicos, em 1939, prometeram proteger no caso de uma invasão alemã.)

» Compensar os avanços dos alemães com a ocupação de Creta. (Creta era a ilha mais importante do Mediterrâneo oriental; a partir das suas bases aéreas, as aeronaves dominariam a região.)

» Proteger o Mediterrâneo.

» Ameaçar os campos de petróleo de Ploesti, na Romênia, cruciais para o esforço de guerra dos alemães.

Hitler entra no jogo

Hitler nem mandou os analistas planejarem um ataque à Grécia. Diplomaticamente, os alemães estavam em boas condições para essa ofensiva: Hungria, Romênia e Bulgária haviam aderido ao Eixo, viabilizando o acesso das tropas alemãs à Grécia, mas a Iugoslávia também teria que aderir para que o ataque fosse bem-sucedido.

A resistência iugoslava à persuasão alemã

Sob forte pressão, o governo iugoslavo concordou em aderir ao Eixo em março, mas os rebeldes deram um golpe e recusaram o tratado.

O governo iugoslavo contava com o apoio da União Soviética, mas Stalin não queria irritar Hitler. Na verdade, a URSS assinou um pacto de amizade inútil, sem se comprometer com a proteção da Iugoslávia. O Exército Iugoslavo contava com quase 1 milhão de soldados, mas estava mergulhado em profundas divisões étnicas; sérvios e croatas estavam mais interessados em lutar entre si do que contra os alemães.

A Iugoslávia entra na linha

O ataque alemão começou em 6 de abril. Já era uma rotina deprimente em 1941: a Força Aérea neutralizava a cadeia de comando e controle, arrasava as reservas e atacava os focos de resistência.

Nove divisões de tanques e infantaria penetraram rapidamente no território iugoslavo, rumo a Belgrado. Os alemães atravessaram as montanhas escarpadas da Iugoslávia sem nenhum problema. Onze dias depois, o país se rendeu. Os alemães sofreram apenas 500 baixas na campanha, mas fizeram mais de 300 mil prisioneiros. Muitos soldados iugoslavos desertaram e formaram unidades de guerrilha.

A Grécia se rende à Alemanha

Enquanto a Iugoslávia era atacada (veja a seção anterior), 12 divisões alemãs saíram da Bulgária para a Grécia. Os gregos e os britânicos não haviam chegado a um plano de defesa em comum, e ninguém sabia o que aconteceria se os alemães viessem pela Iugoslávia.

Surpreendidas, muitas tropas gregas foram encurraladas e se renderam em 9 de abril. Flanqueado pelos rápidos tanques alemães, o Exército Britânico recuou. Em 30 de abril, mais tropas gregas já haviam capitulado, os britânicos tinham fugido da península e Atenas estava nas mãos dos alemães.

Na campanha para conquistar a Grécia, a Alemanha sofreu 5 mil baixas; já os britânicos perderam 12 mil homens e 26 navios. A maioria dessas baixas ocorreu durante a evacuação, quando os britânicos tentaram embarcar em navios sem a cobertura dos caças. As áreas de embarque ficaram lotadas, oferecendo alvos ideais para os aviões alemães, que infligiram danos massivos aos navios que transportariam as tropas britânicas para Creta. Como em Dunkirk, o exército teve que abandonar a maior parte do equipamento na praia.

Capturando Creta pelo ar

Ocupando a ilha de Creta, os britânicos minimizavam os avanços dos alemães no Mediterrâneo e, ao mesmo tempo, protegiam seu crucial império na Ásia. Logo, os alemães tinham que tomar Creta para consolidar seu domínio sobre a Grécia e os Bálcãs. Essa ocupação também ameaçaria as forças britânicas no Egito e no Canal de Suez.

Em 20 de maio de 1941, os alemães introduziram outro conceito na guerra: o *envolvimento vertical*, que empregava contingentes massivos de planadores e paraquedistas para atingir objetivos importantes. Os alemães já mobilizavam essas forças desde a invasão da Noruega, mas a batalha de Creta foi sua primeira aplicação em larga escala, como elemento principal de uma campanha. Sem nenhuma ameaça das aeronaves inimigas, os paraquedistas alemães pousaram em quatro pontos simultaneamente. Em seguida, foi lançado um ataque anfíbio.

Na ilha, os britânicos contavam com 27 mil soldados, entre ingleses, neozelandeses, australianos e gregos. Com poucos suprimentos (e a interceptação dos planos dos inimigos), essas tropas conseguiram estabilizar as linhas. A Marinha Real destruiu navios que transportavam suprimentos para Creta, mas sofreu perdas massivas em violentos ataques de aviões alemães. Paraquedistas alemães tomaram uma base aérea importante, viabilizando o abastecimento regular das tropas. Em 31 de maio, os britânicos (em menor número e exaustos) evacuaram a ilha.

INFORMAÇÕES HISTÓRICAS

Pela primeira vez na história, uma batalha fora vencida apenas por tropas transportadas e abastecidas por uma Força Aérea. Porém, os alemães sofreram perdas enormes: 16 mil baixas, entre mortos e feridos, 200 aviões cargueiros (de uma frota de 500) e embarcações importantes. Embora a Luftwaffe controlasse as tropas aerotransportadas, esses soldados eram a elite do exército alemão.

Os Italianos Se Dão Mal na África

Os italianos tinham que proteger seu império na África, mas esses territórios estavam espalhados pelo continente, entre a Líbia e o Chifre da África (Somália, Etiópia e Eritreia). Em meio a essas áreas, estavam as colônias do Império Britânico (Quênia, Egito e Sudão). A chave do norte da África era o Egito e o Canal de Suez.

Os italianos queriam expulsar os britânicos do Egito. E, para isso, achavam que a melhor opção seria agir durante a Batalha da Grã-Bretanha. Em julho de 1940, as tropas italianas invadiram o Quênia e o Sudão, na África Oriental. Em agosto, ocuparam a Somalilândia britânica. Em setembro, no auge do Blitz, as forças italianas avançaram para o leste da Líbia, penetrando 90km no território do Egito.

Fim da linha: A rendição dos italianos

Em fevereiro de 1941, unidades indianas, sul-africanas e anglo-africanas tomaram Mogadíscio, na Somália italiana. Em abril, ocuparam Adis Abeba, na Etiópia. Depois, expulsaram as tropas italianas do Quênia e da Somalilândia britânica. Em fevereiro de 1942, os britânicos já haviam feito os italianos recuarem 800km (até a Líbia), capturando 130 mil prisioneiros.

Os italianos tiveram 300 mil baixas, a maioria por rendição. Seus equipamentos caíram quase totalmente nas mãos dos britânicos.

Ajudando a Itália: Rommel entra em cena

Em janeiro de 1941, preocupado com o desempenho dos italianos no norte da África, o alto comando alemão enviou Rommel e duas divisões (uma de panzers e outra de veículos leves) para lidar com os britânicos e consolidar a posição dos italianos na Líbia.

Em março, Rommel (veja a Figura 5-6) lançou um ataque contra os britânicos na Líbia. Com aviões e tanques, as unidades alemãs cercaram as forças britânicas no porto de Tobruk, a 160km da fronteira com o Egito. Em seguida, os tanques empurraram os britânicos até o território egípcio, ameaçando seu domínio sobre o Canal de Suez.

ROMMEL: A RAPOSA DO DESERTO

Durante a Grande Guerra, o marechal de campo Erwin Rommel (1891-1944) serviu na França, na Romênia e na Itália. Depois, publicou um livro baseado em suas experiências, *Ataques de Infantaria*. Promovido a general de divisão pouco antes da Segunda Guerra Mundial, Rommel comandou a 7ª Divisão Panzer no ataque à França, em 1940. Após um desempenho brilhante, foi promovido a tenente-general em 1941. Em seguida, Rommel assumiu o comando das forças alemãs que combatiam com os italianos na Líbia. Suas habilidades no uso de manobras, dissimulação e combinações de armas fizeram os britânicos abandonarem totalmente o país.

Em 1942, Rommel se tornou o marechal de campo mais jovem do Exército Alemão e chegou bem perto do Canal de Suez, centro do poder britânico no Oriente Médio, mas sua campanha foi interrompida devido à falta de suprimentos. Em 1942, ele sofreu uma das derrotas mais críticas da guerra em El Alamein, no Egito, e teve que recuar quase 3.000km até a Tunísia (no norte da África). Rommel ainda conduziu outra ofensiva brilhante contra as tropas norte-americanas no Passo Kasserine, na Tunísia, mas contraiu uma doença e voltou para a Alemanha para se recuperar em março de 1943. Depois, comandou um exército na Itália e, em janeiro de 1944, assumiu o comando dos exércitos alemães na defesa da costa oriental contra uma possível invasão.

Rommel é conhecido como a "Raposa do Deserto", porque soube usar o ambiente a seu favor no combate contra os britânicos (e, mais tarde, contra os norte-americanos) no norte da África. Um dos generais alemães mais célebres, ele conquistou o respeito dos seus inimigos por sua coragem e sua sagacidade na guerra.

FIGURA 5-6:
O marechal de campo Erwin Rommel.

Bettman/CORBIS

Mas Rommel não conseguiu avançar: suas bases de abastecimento estavam longe demais para os caminhões de carga e combustível das tropas. Sem gasolina ou munição, ele só podia manter a posição. Porém, em junho de 1941, um evento massivo chamou a atenção de todos os envolvidos.

NESTE CAPÍTULO

» Planejando a ofensiva contra os soviéticos

» Passando por semanas cruciais

» Brigando com ditadores

» Contando com a ajuda do general Inverno

» Deixando Hitler agir

Capítulo **6**

A Grande Batalha: Hitler contra Stalin

No verão de 1941, Hitler era considerado o maior visionário da Alemanha. Seus planos sempre davam certo, mesmo quando seus conselheiros recomendavam o contrário. Para seus subordinados, Hitler possuía uma compreensão profunda sobre os corações e as mentes dos inimigos nesses anos. O sucesso era indiscutível: sob o comando de Hitler, em apenas um ano, a Alemanha havia dominado o continente.

Porém, entre setembro de 1940 e junho de 1941, Adolf Hitler tomou várias decisões que alteraram o curso da guerra na Europa e acabaram por destruir a Alemanha nazista. Os britânicos foram alvo de uma dessas decisões. Após se deparar com uma obstinada resistência, Hitler abandonou o plano de derrotar a Grã-Bretanha e se voltou para o ataque à União Soviética.

Depois da invasão, Hitler cometeu outros erros: ele subestimou a força do povo soviético e o tempo necessário para derrubar Stalin. Além disso, ele superestimou as capacidades do Exército Alemão no combate contra uma avalanche infindável de soldados, em meio ao frio brutal do inverno soviético. Mas o fator mais expressivo talvez tenha sido sua confiança excessiva na própria genialidade, que o fazia rejeitar os conselhos de homens mais experientes.

Encontrando Outro Alvo

Hitler, que acreditava piamente no seu gênio e na sua inspiração divina, logo começou a sonhar bem mais alto.

» Com a derrota da Grã-Bretanha, a Alemanha controlaria quase totalmente a África e compartilharia as demais áreas com a Itália. Além disso, reuniria um poder naval suficiente para enfrentar os Estados Unidos.

» Hitler já previa uma guerra com os Estados Unidos no futuro. Depois de derrotar a Grã-Bretanha, ele teria tempo e recursos para construir bombardeiros de longo alcance que atacariam cidades norte-americanas e construiria uma poderosa frota naval para combater a Marinha dos EUA.

Logo, os sonhos de Hitler dependiam de um só fator: a derrota da Grã-Bretanha. As outras nações já haviam sido superadas pela força militar alemã em poucas semanas. Para Hitler e Goering, a Grã-Bretanha também se renderia em pouco tempo. Porém, infelizmente para os alemães, os britânicos não seguiram os planos deles. Apesar das perdas imensas registradas na Grécia e na África e do bombardeio brutal em suas cidades, a Grã-Bretanha se recusava a ceder.

Dessa forma, Hitler, que até então contava com a queda da Grã-Bretanha para concretizar seus sonhos, abandonou esse objetivo e se voltou para a União Soviética.

Por que a União Soviética?

A resistência obstinada da Grã-Bretanha só aumentou o interesse de Hitler em um ataque contra a União Soviética. Por isso, como ele nunca havia se afastado dos seus objetivos originais, indicados no livro *Mein Kampf* (veja o Capítulo 2), essa mudança aparentemente repentina fica um pouco mais compreensível. Em sua busca pela dominação mundial, pela erradicação das raças "inferiores" e do bolchevismo (comunismo), pelo *Lebensraum* (espaço vital) e pela disseminação do povo alemão para o leste do continente, a União Soviética era o alvo óbvio. Assim pensava Hitler.

Para ele, as derrotas da França e da Grã-Bretanha eram apenas as preliminares do evento principal: a conquista da União Soviética. Esse sempre foi o principal objetivo de Hitler; assim que Stalin fosse varrido do mapa, a Alemanha triunfaria. Hitler acreditava que a derrota da União Soviética eliminaria as ameaças da Grã-Bretanha e dos Estados Unidos e que as terras conquistadas no oeste da Rússia formariam o tão aguardado *Lebensraum* dos alemães. (Para mais informações sobre a visão de Hitler, leia a próxima seção.)

O QUE PODERIA ACONTECER EM CINCO SEMANAS?

Para muitos, o golpe antinazista de março de 1941 na Iugoslávia, que resultou na invasão do país, e a resistência britânica na Grécia atrasaram as divisões panzer por cinco semanas, um evento crucial que adiou de maio para o final de junho o ataque à URSS. Logo, mesmo após várias derrotas expressivas, talvez os britânicos tenham salvado a União Soviética. Nessas cinco semanas, o inverno russo se abateu sobre os invasores e impediu a captura de Moscou. Outros dizem que o clima e problemas no abastecimento atrasaram o ataque. O fato é que esse adiamento crucial de cinco semanas pode ter sido um fator determinante para o mundo todo.

Realizando um sonho: A visão do Führer

ESTRATÉGIA MILITAR

Mas e a Grã-Bretanha? Abandonar a luta contra os ingleses pelo ataque aos soviéticos era uma boa ideia? Esse questionamento soava estratégico e razoável e foi feito várias vezes pelos generais e equipes de planejamento subordinados a Hitler. Porém, ele estava muito obcecado por seus objetivos e desenvolveu uma explicação complexa para sustentar essa ideia. A lógica de Hitler se expressava da seguinte forma:

» A Grã-Bretanha ainda resistia porque esperava a ajuda da União Soviética e dos Estados Unidos. Com a queda da URSS, os britânicos entenderiam que era inútil continuar combatendo.

» Além disso, a derrota da União Soviética abriria espaço para que os japoneses concretizassem seus objetivos na Ásia e, eventualmente, confrontassem os Estados Unidos.

» Ameaçados pelo Japão, os EUA não teriam interesse em apoiar a Grã--Bretanha na Europa.

A queda da União Soviética também daria à Alemanha seu *Lebensraum* na Rússia ocidental. Portanto, para Hitler, uma guerra com a URSS era a melhor opção para os alemães.

Naturalmente, diante de uma lógica como essa, os líderes militares se mostraram pouco confiantes na possibilidade de tudo correr como Hitler estava planejando. Mas, como sempre, o Führer minimizou as dúvidas.

Lançando as bases: A Operação BARBAROSSA

Hitler estimava que a conquista da URSS demoraria cinco meses e, portanto, queria atacar no final da primavera de 1941. Assim, as forças alemãs não precisariam encarar o inverno rigoroso da Rússia.

Em dezembro de 1940, ele ordenou o planejamento do ataque à URSS, que recebeu o codinome Operação *BARBAROSSA*. O plano ficou pronto em janeiro de 1941. Três destacamentos atacariam simultaneamente em uma frente que se estendia por 1.900km:

- Um grupo (Grupo de Exércitos Norte) sairia da Prússia Oriental para tomar Leningrado.
- O segundo grupo (Grupo de Exércitos Sul) sairia da Polônia e da Romênia e abriria caminho até Kiev.
- Com a maioria dos tanques disponíveis, o terceiro grupo (Grupo de Exércitos Centro) era o mais forte e abriria caminho até Smolensk. O objetivo era chegar a Moscou, a 1.050km do ponto de partida.

Prevista inicialmente para maio, a operação foi adiada para junho devido à invasão da Iugoslávia. No plano, os alemães também incluíram soldados finlandeses, romenos, eslovacos e húngaros.

Stalin É o Último a Saber

Após a queda da França, a política externa soviética se torna uma tentativa de apaziguamento. Stalin não queria fazer nada que antagonizasse Hitler.

- Stalin se limitou a observar os alemães dominarem os Bálcãs (para muitos, o quintal dos russos) e a assinar um tratado de amizade inútil com a Iugoslávia, quando o país pediu ajuda à URSS, na crise que antecedeu a invasão alemã.
- Ele cumpriu estritamente os termos do seu tratado com a Alemanha. Entre a data de assinatura do Pacto de Não Agressão Germano-soviético, em 1939, e o dia seguinte à invasão da União Soviética por tropas alemãs, em 1941, Stalin forneceu regularmente à Alemanha cargas importantes de matérias-primas, incluindo 1 milhão de toneladas de petróleo, 2 milhões de toneladas de grãos e 100 mil toneladas de algodão, observando um rigoroso cronograma de entrega. De fato, na manhã da invasão, as forças alemãs até viram um trem soviético passando rumo à Alemanha com itens listados no tratado.

> ## PÉROLAS DE SABEDORIA DO ALTO COMANDO
>
> Na manhã de 22 de junho, unidades soviéticas foram surpreendidas com um ataque. Desorientada, uma unidade transmitiu via rádio a seguinte mensagem ao quartel-general: "Estamos sob fogo cerrado. O que devemos fazer?" A resposta ao pedido urgente foi breve: "Você deve estar louco. Além disso, por que não está usando o código?"

Stalin fecha os olhos

Stalin rejeitava tudo que contrariava sua política de amizade com a Alemanha. Agentes da inteligência soviética já haviam alertado para os planos do ataque, e os Estados Unidos e a Grã-Bretanha também estavam repassando informações a Stalin sobre a invasão iminente. Mas ele ignorou esses avisos e ainda anunciou que os rumores sobre um ataque dos alemães não eram verdadeiros.

Ignorando os alertas da inteligência sobre a necessidade de preparação para um ataque alemão e acreditando piamente que Hitler não atacaria, Stalin colocou o exército e o povo soviético na rota do desastre.

Os sinais de ataque iminente eram tão fortes que Stalin teve que enviar um alerta para as Forças Armadas Soviéticas. Mas o texto da mensagem, encaminhada quatro horas antes do ataque, não explicava nada sobre a ofensiva, só expressava a indecisão de Stalin: "A tarefa das nossas tropas é resistir a toda provocação que venha a resultar em complicações mais graves." Essas complicações já estavam a caminho.

Os erros de Stalin

Stalin não aprendeu nenhuma lição com as experiências dos outros exércitos que enfrentaram os alemães: primeiro, situar as tropas em um arranjo de defesa linear era um convite ao desastre. Depois que os blindados da Alemanha rompiam essa linha, nada conseguia pará-los. Segundo, no blitzkrieg, o Exército Alemão tinha alvos políticos e militares. Desde 1939, as campanhas alemãs visavam não apenas derrotar rapidamente o exército inimigo, mas também derrubar a liderança política do país. Em todo ataque alemão, a capital era o alvo principal. Ao ignorar esses pontos, Stalin cometeu os seguintes erros estratégicos:

ESTRATÉGIA MILITAR

» Stalin acreditava que as tropas soviéticas deveriam defender as fronteiras da URSS nos locais mais distantes.

» Achando que os alemães estavam interessados nos campos de petróleo, Stalin enviou forças para encarar o ataque principal no sul da URSS.

Os alemães lançam um ataque pesado e rápido

Os alemães iniciaram a ofensiva às 4h15 da manhã de 22 de junho. A força alemã contava com 3,7 milhões de soldados, organizados em 148 divisões, incluindo 19 divisões panzer (em um total de 3.350 tanques e 13 divisões motorizadas), com cobertura de 7 mil peças de artilharia e 2.500 aeronaves. Os aliados da Alemanha somavam 1,3 milhão de combatentes.

O Exército Soviético contava com mais de 2 milhões de soldados, organizados em 130 divisões — 40 na faixa central, 30 ao norte e 60 ao sul. O alto comando não emitiu nenhum alerta, e os militares não tiveram tempo para se preparar. De fato, o Exército Soviético estava se reorganizando no momento e não tinha condições de combate.

Antes do amanhecer de 22 de junho, a Luftwaffe atacou bases áreas soviéticas, destruindo 1.200 aviões nas primeiras oito horas da guerra. Os pilotos soviéticos eram inexperientes demais para lidar com os caças alemães. Na primeira semana, a média de baixas em combate ficou em trezentas por dia.

Depois de passar facilmente pelas linhas de defesa, os blindados e motorizados alemães já tinham avançado vários quilômetros antes que os soviéticos percebessem o que havia acontecido. Horas após o início da ofensiva, o alto comando soviético ainda transmitia ordens de contra-ataque para unidades que já não existiam mais ou que haviam sido ultrapassadas pelas velozes formações alemãs. O plano de Hitler (a Operação BARBAROSSA) parecia funcionar (veja a Figura 6-1):

» O Grupo de Exércitos Norte avançou 320km em 4 dias; no final de julho, já havia tomado Riga e estava a apenas 320km de Leningrado, seu alvo.

» No final de junho, o Grupo de Exércitos Centro, cujo alvo era Moscou, cercou exércitos inteiros perto de Minsk, capturando 340 mil prisioneiros. Em 5 de agosto, o grupo já havia cercado mais unidades soviéticas em Smolensk, capturando mais 300 mil prisioneiros e avançando 800km.

» O Grupo de Exércitos Sul foi atrasado por forças de defesa mais bem preparadas e acabou parando antes de Kiev. Mas, em 20 de agosto, o grupo já tinha cercado as divisões soviéticas, capturando 103 mil soldados.

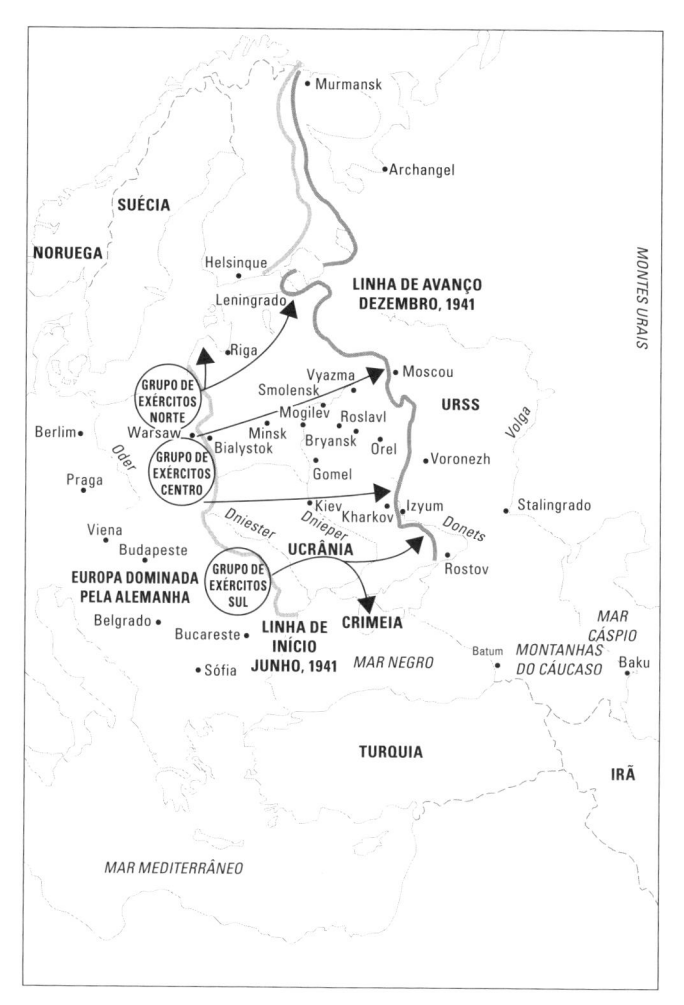

FIGURA 6-1:
A ofensiva da Alemanha contra a URSS, 1941.

CHURCHILL PROMETE APOIO AOS SOVIÉTICOS

No dia da invasão alemã, Churchill se dirigiu ao povo britânico. "Estamos determinados a destruir Hitler e todos os vestígios do regime nazista [...] Todos os homens e países que lutarem contra os nazistas terão nossa ajuda. Todos os homens e países que marcharem com Hitler são nossos inimigos [...] Ajudaremos a Rússia e o povo russo em tudo que pudermos." Churchill desprezava o bolchevismo desde sua origem; de fato, ele acreditava que o regime de Stalin era muito semelhante ao de Hitler. Porém, Churchill disse: "Se Hitler invadisse o inferno, eu faria pelo menos uma citação favorável ao diabo na Câmara dos Comuns."

> **ESQUERDA VOLVER... É... DIREITA VOLVER**
>
> Abismado com o poder e a rapidez do ataque alemão, Stalin deu ordens ridículas para o Exército Soviético. Primeiro, ordenou um contra-ataque total, que resultou em um número terrível de baixas e nenhuma dificuldade para o inimigo. Depois desse desastre, determinou a defesa das posições, gerando mais perdas desnecessárias. Em tempos de crise, Stalin era um líder militar ruim.

Sou um gênio mesmo, hein?!

Em agosto, o blitzkrieg tinha produzido resultados excelentes. Tudo correu como Hitler havia planejado:

- Os alemães cercaram um grande número de soldados inimigos.
- A Força Aérea do inimigo foi destruída.
- Milhares de tanques e peças de artilharia foram capturados.
- Os nazistas agora dominavam centenas de quilômetros de território.

Mas o blitzkrieg estava dando certo mesmo?

Apesar da aparente certeza da vitória alemã, havia algo errado. Stalin não capitulava.

Os soldados russos lutavam obstinadamente, mesmo diante da possibilidade da derrota total. Algumas unidades desapareciam no interior do país e voltavam mais fortes. Em dez semanas, mais de 1 milhão de russos foram mortos ou feridos, e os alemães perderam 450 mil homens. Mas os russos continuavam vindo.

O Flerte Fatal de Hitler

Em agosto, os generais alemães precisavam definir sua estratégia na União Soviética: onde deveriam concentrar as forças? Na Ucrânia ou em Moscou? Eles esperavam a decisão de Hitler.

Era necessário percorrer distâncias enormes. E, mesmo com a destruição da maioria das suas unidades, os soviéticos estavam mobilizando um contingente que os alemães achavam quase infinito — mais de 5 milhões de soldados.

INIMIGOS FORMIDÁVEIS

Apesar de atingirem seus objetivos militares iniciais na União Soviética, os alemães também tiveram dificuldades. Um obstáculo foi o terreno:

- Mesmo com milhões de soldados e milhares de máquinas, o Exército Alemão foi tragado pelo vasto interior da Rússia. Os alemães não conseguiam cobrir a imensidão daquele espaço nem com a grande quantidade de tropas, canhões e tanques disponíveis.
- As estradas quase não mereciam esse nome (no geral, eram só trilhas de terra e poeira) e pareciam infinitas; os rios eram largos e corriam rápido.

Embora contasse com equipamentos modernos e eficazes, o Exército Alemão usava um sistema de abastecimento que não mudara muito desde o final do século XIX, baseado em carroças puxadas por cavalos. De fato, a maior parte das tropas alemães marchou Rússia adentro como o exército de Napoleão fizera em 1812.

O tanque soviético T-34 foi outra surpresa desagradável para os alemães. Em quase todos os aspectos, o veículo era superior aos tanques alemães e uma arma terrível em combate, capaz de causar muitas mortes quando bem manejado.

Os soviéticos mobilizavam e enviavam novas tropas para combater os alemães. Embora esses soldados fossem mal treinados, equipados e liderados (e marinheiros de primeira viagem em comparação com os veteranos alemães), os números desgastavam as unidades alemãs. Contra esse fluxo quase incessante de tropas soviéticas, o Exército Alemão gastava números alarmantes de munição, combustível e soldados.

No front e no quartel-general em Berlim, os comandantes concordavam que o fim da guerra dependia da captura de Moscou. Porém, Hitler tinha outras ideias. Obcecado pela conquista do *Lebensraum*, ele decidiu que a Ucrânia e Kiev, a maior cidade do país, deveriam ser tomadas inicialmente pelos seguintes motivos:

- » A Ucrânia era uma região vital para a produção de alimentos.
- » Suas vastas planícies (as estepes) simbolizavam o *Lebensraum* dos sonhos de Hitler.
- » A Ucrânia também tinha extensos recursos minerais que a Alemanha poderia explorar no futuro.

Como sempre fizera, Hitler rejeitou as opiniões dos seus generais e confiou em seu instinto. Os generais encaminharam as unidades panzer para longe de Moscou e iniciaram um vasto cerco à Ucrânia, pelo norte e pelo sul.

Em meados de setembro, duas forças alemãs se encontraram em um ponto 160km a leste de Kiev. Duas semanas depois, o grupo de 1 milhão de soldados soviéticos que defendia a Ucrânia foi derrotado. Em todos os aspectos, foi uma vitória impressionante para os alemães: quatro exércitos soviéticos foram destruídos e 665 mil soldados foram capturados. Porém, mais de 100 mil alemães morreram, tanques e tripulações ficaram esgotados e era outubro.

Stalin mobiliza o povo soviético

Nos primeiros dias após o ataque alemão, Stalin parecia entorpecido. Só uma semana depois, as diretrizes de defesa nacional foram comunicadas. Stalin só se dirigiu aos cidadãos soviéticos pelo rádio no início de julho. Nessa ocasião, o homem que assassinou e prendeu dezenas de milhares de inocentes, que confiscou propriedades e exterminou a liderança do Exército Soviético e que não preparou a nação para a guerra falou aos cidadãos soviéticos. Segundo ele, eram seus irmãos e irmãs.

Deixando de lado a propaganda soviética, Stalin invocou o espírito da Mãe Rússia e um senso histórico de patriotismo que nem mesmo ele, em seus piores momentos, conseguira erradicar totalmente. Felizmente, o patriotismo ainda estava vivo; caso contrário, a URSS não teria sobrevivido ao ataque alemão. Em muitas regiões, a população iniciou uma resistência generalizada diante dos invasores. Os homens se alistaram, e mulheres, crianças e idosos foram trabalhar nas fábricas. (Em locais como a Ucrânia, onde Stalin havia feito milhões de vítimas, os alemães foram recebidos como libertadores.)

O *Comitê de Defesa do Estado* foi criado para coordenar o esforço de guerra. As fábricas e os operários, ameaçados pelo avanço alemão, foram realocados bem longe no interior da URSS. Alguns nacionais (principalmente muçulmanos e chechenos) suspeitos de colaborar com os alemães foram deportados para a Sibéria.

A estrada para Moscou

No final de setembro, o clima já estava piorando; as chuvas do outono transformaram as estradas empoeiradas do verão em pântanos de lama impenetráveis. Diante dessas condições, os soviéticos acreditavam que os alemães só realizariam outra ofensiva na primavera de 1942.

Em 1º de outubro, os alemães lançaram um ataque contra Moscou. Era a *Operação TUFÃO*, que pegou os soviéticos desprevenidos. Eles haviam formado linhas de defesa muito estreitas em torno de Moscou e não estavam preparados para o ataque.

SEM PRISIONEIROS: O MARECHAL ZHUKOV

Georgi Zhukov se tornou chefe do Estado-maior da URSS em janeiro de 1941. Nascido em uma família de camponeses, Zhukov ingressou no Exército Russo durante a Grande Guerra e, como suboficial (sargento), recebeu a mais alta condecoração por bravura. Em 1918, após a revolução bolchevique, passou a atuar no Exército Soviético e combateu na cavalaria durante a guerra civil. Zhukov se saiu muito bem e chegou a comandar um esquadrão na cavalaria. Nos anos 1930, estudou o novo pensamento militar dos alemães. Também esteve na Espanha, observando o uso de tanques e aeronaves em combate. Pouco depois, na China, acompanhou a guerra entre o Exército Japonês de Guangdong e Chiang Kai-shek. Como era relativamente desconhecido e não servia no Estado-maior, Zhukov sobreviveu aos expurgos de Stalin, quando metade dos 75 mil oficiais soviéticos foi executada ou enviada para gulags (campos de trabalho forçado na Sibéria, voltados para prisioneiros políticos e outros indivíduos indesejáveis).

Zhukov se destacou no conflito intenso, mas pouco conhecido, entre as forças japonesas e soviéticas na Mongólia, um protetorado da URSS, em 1939. Ao assumir o comando, preparou suas tropas para uma ação ofensiva, conservando, porém, uma forte posição defensiva. Em agosto, com um número massivo de tanques e unidades de infantaria e cavalaria, o ataque expulsou os japoneses da Mongólia. A vitória revelava que Zhukov estava disposto a sofrer um grande número de baixas para atingir seus objetivos. Em 1940, ele participou como oficial do Estado-maior da segunda campanha contra a Finlândia. Em seguida, serviu como chefe do Estado-maior sob o comando do marechal Timoshenko, o comissário da Defesa.

Desde o início da invasão alemã, Zhukov se revelou crucial, correndo de uma zona de perigo para outra. Implacável, dava duas opções aos subordinados: obedecer às ordens ou encarar o pelotão de fuzilamento. Na crise de 1941, Zhukov era um dos poucos oficiais que conversavam livremente com Stalin sem medo de ser preso e morto. Em outubro de 1941, sua convocação para Moscou, depois de ter organizado a defesa de Leningrado, foi uma oportunidade para que ele aplicasse seus talentos em combate. Em dezembro, o contra-ataque comandado por Zhukov salvou Moscou e traçou um padrão que se repetiria pelo restante da guerra: uma preparação cuidadosa, seguida de ataques pesados com tanques e blindados, visando paralisar o inimigo e sem nenhuma preocupação com fogo amigo. Seu único objetivo era a vitória; os comandantes que fracassavam não tinham outra chance de cometer mais erros. Zhukov era o tipo de general que Stalin apreciava.

Outra vez, os tanques e aviões alemães arrasaram as unidades inimigas. Seis exércitos soviéticos foram cercados em Vyazma e Bryansk, e os alemães fizeram 600 mil prisioneiros. Mas o clima piorou de vez, impedindo os voos da Luftwaffe, interrompendo os avanços e impedindo a entrega de suprimentos às unidades de combate. Os tanques começaram a quebrar, e os alemães ficaram sem peças de reposição.

LEMBRE-SE Chegou o frio, e os alemães não tinham roupas de inverno (a guerra deveria ter acabado antes). À medida que as temperaturas caíam, a lama se transformava em concreto congelado nos trilhos e nas rodas, de onde era removida com machados, picaretas e pás. As unidades alemãs chegaram a Moscou em meio a péssimas condições climáticas; em 5 de dezembro, estavam a 24km da cidade. Dessa vez, os alemães lutariam contra os russos e contra o "general Inverno". Ventos fortes e neve dificultavam todas as atividades. A temperatura caiu para -25°C. As armas não disparavam, os rádios não funcionavam, os motores não ligavam e os feridos e doentes morriam congelados.

A centelha: Zhukov assume o comando

O marechal Georgi Zhukov assumiu o comando da defesa de Moscou em outubro. Ele tinha acabado de voltar de Leningrado, onde organizara a defesa da cidade. Em Moscou, Zhukov constatou que Stalin havia requisitado as últimas forças da reserva. Então, reuniu todos os cidadãos capazes de segurar um fuzil e esperou ansiosamente pela chegada das unidades de elite vindas da Sibéria. Ao perceber que os alemães haviam chegado ao limite, Zhukov ordenou o contra-ataque. Temendo um cerco, os alemães recuaram para Vyazma.

Hitler Toma as Rédeas em Suas Mãos

Na primeira semana de dezembro de 1941, o Exército Alemão foi forçado a recuar pela primeira vez desde o início da Segunda Guerra Mundial. Para Hitler, a retirada era insuportável: ele deu ordens impossíveis (as primeiras de muitas) aos comandantes e exigiu que nenhuma unidade recuasse. Diante do recuo inevitável, ele começou a afastar generais e, em uma jogada radical, assumiu pessoalmente a direção da guerra contra a União Soviética.

Hitler só havia visto combate como cabo nas trincheiras da Primeira Guerra Mundial; não era lá uma qualificação muito boa para comandar a maior batalha terrestre da história mundial. Porém, o cabo agora estava no comando, e seus generais só podiam assistir. Rapidamente, Hitler ficou absorto em sua cruzada, que descrevia como uma guerra de aniquilação, e passou a ignorar o panorama estratégico do conflito.

Era o confronto final de Hitler contra o bolchevismo. Ele investiria todo o poder da Alemanha naquele combate, que só terminaria com a destruição total de um dos lados. Nesse processo, Hitler também desviaria um grande volume de recursos públicos para seu programa de erradicação de judeus e eslavos.

NESTE CAPÍTULO

» Falando sobre isolamento

» Ignorando os sinais de problemas

» Distorcendo a lei

» Acordando para a realidade

Capítulo **7**

EUA à Deriva: 1933-1941

Os norte-americanos são pessoas interessantes. De certa forma, são os mais voltados para o futuro na Terra, ansiosos para deixar o passado para trás e correr o mais rápido possível para um futuro melhor. Mas, ao mesmo tempo, eles gostam de pensar que entendem o passado e podem facilmente tirar boas lições de experiências anteriores.

Assim foi com os norte-americanos nas décadas de 1920 e de 1930. Eles acreditavam que haviam aprendido e aplicado todas as lições com a experiência da Grande Guerra: entraram na guerra na Europa em 1917, em uma explosão de patriotismo e idealismo, ansiosos para corrigir os erros e fazer do mundo um lugar melhor. Mas, quando viram que a vitória não trouxe nada disso, ficaram desapontados com a política internacional e com os sistemas de alianças. Muitos deles passaram a ver a guerra como um grande erro; derramaram sangue e tesouro em um poço de cobras de rivalidades antigas e ódios étnicos.

Com essas experiências, os norte-americanos aprenderam duas coisas:

» Evitar qualquer envolvimento em assuntos europeus ou asiáticos e permanecer neutros se a guerra chegasse a qualquer parte do mundo.

» Isolados entre dois vastos oceanos, os EUA não precisavam de aliados; não precisavam depender de outra nação e poderiam perseguir seus interesses independentemente do que acontecesse em qualquer outro lugar.

Essa abordagem da política externa era o *isolacionismo*. Pura ingenuidade.

Olhando para Dentro: Um Novo Presidente e uma Postura Neutra

A depressão econômica mundial atingiu fortemente os Estados Unidos. Em 1933, os EUA elegeram um novo presidente, Franklin D. Roosevelt (veja a Figura 7-1), que prometia superar os maus tempos econômicos garantindo a prosperidade por meio do poder do governo nacional. No dia seguinte à posse de Roosevelt, Adolf Hitler tornou-se chanceler da Alemanha. Ironicamente, os destinos dos dois homens e de suas nações se entrelaçaram de modos inesperados.

FIGURA 7-1: Franklin D. Roosevelt.

Imagens Bettmann/Getty

Após sua eleição, Roosevelt trabalhou para estabilizar a economia norte-americana, até então em declínio, e, portanto, agiu pouco no tocante a assuntos internacionais. Como resultado, o Congresso tomou a iniciativa de formular a política externa. Na época, isolacionistas dominavam o Congresso, e o Senado dos EUA criou um comitê para estudar como o país acabou na Grande Guerra.

O comitê descobriu que (surpresa!) banqueiros e fabricantes de armas no país obtiveram enormes lucros com empréstimos e com a venda de materiais de guerra aos europeus, em particular aos franceses e aos britânicos. Os senadores foram ainda mais longe: idealistas chocados (como Woodrow Wilson) foram enganados pelo grande capital norte-americano para comprometer a nação na guerra com os Aliados. O motivo? Para que o grande negócio colhesse lucros ainda maiores e garantisse que franceses e britânicos pagassem suas dívidas.

FDR: LIDERANÇA PARA A VITÓRIA

Franklin Delano Roosevelt (1882-1945) lidou pela primeira vez com questões militares como secretário-assistente da Marinha na Primeira Guerra Mundial. Defendeu uma grande marinha de dois oceanos e se achava preparado para a guerra. Como candidato democrata à vice-presidência, em 1920, apoiou uma presidência forte e uma política externa ativa, incluindo a participação dos EUA na Liga das Nações. Paralisado pela poliomielite, em 1921, permaneceu ativo nas relações públicas. Foi eleito governador de Nova York em 1928.

Em 1932, Roosevelt era o único democrata com influência política suficiente para desafiar Herbert Hoover na presidência. Roosevelt tornou-se o 32º presidente dos Estados Unidos em março de 1933, em meio a uma das maiores crises do país — a Grande Depressão. Entre 13 e 15 milhões de norte-americanos estavam sem trabalho. Roosevelt tentou resolver o que pensava ser a causa raiz da Depressão, criando o estado de bem-estar e tornando o governo federal o agente da reforma social e econômica. Embora suas políticas fossem muito controversas, seu maior presente para a nação foi seu otimismo e capacidade de atingir os norte-americanos por meio de coletivas de imprensa, de discursos e de seus famosos bate-papos ao lado da lareira no rádio. Ele inspirou a confiança das pessoas no governo e em si mesmas. Como resultado, cumpriu três mandatos sem precedentes, conduzindo os EUA através da depressão econômica e da guerra.

Como diretor da política externa do país antes da guerra, Roosevelt mostrou-se mestre em acomodar o ponto de vista dominante. Mesmo assim, adaptou-se e se desdobrou de todas as maneiras para escapar das amarras dos Atos de Neutralidade quando percebeu que a Grã-Bretanha estava em perigo. Ele também pressionou o Japão por meio de um embargo econômico, um ato que, sem querer, levou o Japão a atacar Pearl Harbor. Fortemente influenciado por Winston Churchill, FDR compreendeu a importância da aliança britânica e norte-americana e equilibrou a unidade doméstica com os interesses aliados durante a guerra.

A publicidade que essas "descobertas" geraram levou o Congresso a aprovar uma legislação para impedir que os EUA incorressem no mesmo erro. Entre 1935 e 1937, o Congresso aprovou o primeiro de uma série de *Atos de Neutralidade*.

A Ato de Neutralidade de 1935 e sua extensão

O primeiro Ato de Neutralidade foi temporário. Aprovado em agosto de 1935, ele deveria expirar após seis meses, em fevereiro de 1936. Esse ato autorizou o presidente a proibir o envio de armas para nações em guerra (*beligerantes*) e declarar ausência de responsabilidade pelos cidadãos norte-americanos que viajam nos navios dessas nações.

Em 1936, o Congresso estendeu o Ato de Neutralidade por mais quatorze meses e proibiu qualquer empréstimo ou crédito a nações em guerra.

O Ato de Neutralidade de 1937

O Congresso aprovou outro Ato de Neutralidade em 1937, assim que o Japão iniciou uma guerra em grande escala contra a China e começou a bombardear cidades chinesas. Diferentemente do Ato de Neutralidade de 1935, o de 1937 era permanente. Este ato continha muitas das mesmas restrições do anterior — proibindo empréstimos a nações beligerantes e exigindo um embargo delas, por exemplo, mas continha algumas alterações:

» Enquanto a proibição de viagens em navios beligerantes era discricionária, no Ato de Neutralidade de 1937, era mandatória.

» O ato de 1937 incluiu uma proibição mandatória de armar navios mercantes norte-americanos que comercializassem com os beligerantes.

» O ato estabeleceu uma política discricionária de entrega e transporte de dois anos: isso significava que as nações em guerra podiam obter produtos, incluindo material de guerra, dos EUA, mas tinham que pagar por isso nos Estados Unidos e apenas seus navios podiam transportar a carga.

O efeito dos Atos de Neutralidade

Embora os EUA tenham promulgado essas leis com as melhores intenções, os Atos de Neutralidade, na verdade, pareceram ajudar as nações agressoras:

» Quando a Itália invadiu a Etiópia, em 1935, Roosevelt ordenou um embargo de armas a ambas as nações, embora a Etiópia tenha sido vítima de agressão.

» Em 1936, quando a Alemanha declarou que não estava mais limitada pelo Tratado de Versalhes e reocupou a Renânia, o governo ficou em silêncio.

» A estrita neutralidade dos EUA contribuiu para a posição de neutralidade francesa e britânica durante a Guerra Civil Espanhola, o que permitiu a Hitler e a Mussolini interferirem livremente no conflito. Como resultado, as forças nacionalistas do ditador espanhol Francisco Franco venceram a guerra.

Em 1936, a Alemanha, a Itália e o Japão assinaram um pacto rapidamente designado como *Eixo Roma-Berlim-Tóquio*. Embora parecesse que os militaristas estavam se unindo por uma causa comum, a opinião pública norte-americana era solidamente a favor de toda e qualquer medida para ficar fora de qualquer conflito.

> ## QUERENDO SUA PALAVRA: A EMENDA LUDLOW
>
> Louis Ludlow, um congressista de Indiana, apresentou uma proposta de emenda à Constituição dos EUA em janeiro de 1938. Ele declarou: "Exceto no caso de uma invasão dos EUA ou de suas posses territoriais... a autoridade do Congresso para declarar guerra não se efetivará até que seja confirmada por maioria de votos expressos em um referendo nacional." As pesquisas de opinião pública mostraram que 75% dos norte-americanos achavam que a Emenda Ludlow era uma boa ideia. Somente após um esforço monumental do governo Roosevelt e de seus apoiadores no Congresso, a votação para apresentar a emenda aos estados para ratificação falhou, 209 a 188. (A maioria votou a favor da emenda, mas enviar uma emenda aos estados para ratificação exige uma votação de 2/3 na Câmara e no Senado.)
>
> À luz de eventos futuros, as complicações que essa alteração teria causado são quase inimagináveis. No entanto, os norte-americanos foram tão inflexíveis em permanecer fora da guerra que estavam dispostos a mudar a lei básica do país.

Mensagem do Japão

Confrontado com o que parecia uma situação internacional em desintegração, em 1937, Roosevelt falou em Chicago, comparando a tendência atual de ilegalidade internacional a uma doença. Assim como uma comunidade deve ser colocada em quarentena para proteger sua saúde, ele deu a entender que a comunidade mundial deveria colocar o agressor em quarentena. Essas observações inócuas levaram a apelos por impeachment e por uma sólida aprovação pública da neutralidade e do não envolvimento.

Poucos meses após Roosevelt fazer esse discurso, uma aeronave japonesa atacou o navio de guerra norte-americano USS *Panay*, afundando-o, matando três norte-americanos e depois metralhando marinheiros desarmados em botes salva-vidas. Embora os japoneses neguem que o ataque tenha sido deliberado, enviaram uma mensagem aos EUA para que ficassem fora da China. Os EUA exigiram desculpas, um acordo monetário (2,2 milhões de dólares) e uma promessa de não repetição. Nos EUA isolacionistas, isso foi o máximo que a indignação alcançou.

Sinais Ruins na Europa

EXÉRCITO ALIADO

Como os eventos na Europa mudaram rapidamente para a crise do *Anschluss* ("união") com a Áustria, em 1938, até a invasão da Polônia em 1º de setembro de 1939, os EUA assistiram impassivelmente enquanto Hitler enganava a todos, alegando que a política externa da Alemanha envolvia a reincorporação do território alemão que fora injustamente tomado pelo Tratado de Versalhes. Depois que esses ajustes inocentes foram feitos, afirmou Hitler, a Alemanha não tinha outras ambições na Europa.

Mas a ocupação, em março de 1939, do restante da Tchecoslováquia e as ameaças de Hitler à Polônia revelaram que seus verdadeiros objetivos eram a conquista e a subjugação da Europa Oriental — não a restauração do povo alemão na Alemanha, como afirmava. Os norte-americanos também notaram a perseguição de Hitler aos judeus alemães, principalmente porque muitos começaram a chegar às costas norte-americanas. Entre os que escaparam da Alemanha nazista estavam Albert Einstein e outros artistas e cientistas que representavam a nata da comunidade intelectual alemã.

Em 1938, Roosevelt conseguiu fazer com que o Congresso alocasse US$1 bilhão para um aumento militar. Ele usou o dinheiro para construir navios de guerra, cruzadores e porta-aviões, bem como para expandir as forças aéreas e terrestres. Os *isolacionistas*, que se opunham a qualquer envolvimento com outras nações e eram uma força nacional a ser reconhecida, opunham-se fortemente a esse plano. Mas Roosevelt conseguiu vender seus avanços como uma simples medida de preparação. Ele argumentou que essas forças adicionais ajudariam os EUA a garantir que os problemas da Europa permanecessem na Europa.

Roosevelt Joga o Jogo da Neutralidade

Um dia após a França e a Grã-Bretanha declararem guerra à Alemanha (em setembro de 1939, após a invasão alemã da Polônia, em março), o presidente Roosevelt falou à nação. Ao declarar os EUA legalmente neutros, ele disse que os norte-americanos não podiam permanecer neutros em pensamentos: "Nem mesmo um neutro pode ser solicitado a fechar a sua mente e a sua consciência."

Após a guerra começar, a legislação de neutralidade colocou um embargo em todas as armas norte-americanas enviadas para as nações em guerra. Como isso prejudicava as democracias despreparadas, Roosevelt pediu ao Congresso que estendesse a política de cash and carry às nações em guerra (em particular, à Grã-Bretanha). E Roosevelt declarou uma zona de combate, que impedia os navios ou cidadãos norte-americanos de viajar para a costa oeste da Europa.

A política de cash and carry [uma espécie de "atacarejo"] permitia aos norte-americanos venderem produtos, incluindo suprimentos de guerra, para nações em guerra, desde que os compradores fossem aos EUA obter e pagar pelos itens e levassem os produtos de volta em seus próprios navios. Veja a seção "Olhando para Dentro: Um Novo Presidente e uma Postura Neutra" para saber mais sobre os Atos de Neutralidade.

Roosevelt involuntariamente auxiliou a guerra naval de Hitler contra a Grã-Bretanha, tornando os ataques submarinos aos navios britânicos mais eficazes. Com a zona de combate, que mantinha os navios norte-americanos fora das águas da Europa Ocidental, os alemães não precisavam mais se preocupar em descobrir se um navio era neutro ou inimigo antes de torpedeá-lo.

A Queda da França: O Alerta dos EUA

Ninguém estava preparado para o tipo de ataque que Hitler desencadeou na Grã-Bretanha e na França no verão de 1940. Dinamarca, Bélgica, Holanda, Luxemburgo e França entraram em colapso com o ataque nazista. O Exército Britânico, interrompido por forças blindadas alemãs em movimento rápido, escapou do porto de Dunkirk por pouco. Poucas semanas depois, os norte-americanos ouviram reportagens de rádio de jornalistas do país em Londres descrevendo os bombardeios alemães. (Veja, no Capítulo 5, mais informações sobre esses eventos.)

De repente, os norte-americanos ficaram com medo. O que aconteceria se a Grã-Bretanha se rendesse? O que seria da frota britânica? Não poderia ser usada contra os EUA? E se a Groenlândia (posse da Dinamarca) e a Islândia fossem ocupadas pelos nazistas? Isso não colocaria navios e aviões alemães ao alcance da costa norte-americana? O que, perguntaram-se, aconteceria se os alemães controlassem toda a Europa?!

A resposta? Os EUA estariam sozinhos e vulneráveis. E todos sabiam que as garantias de Hitler de respeitar os neutros eram o mesmo que nada.

Mexendo no vespeiro: Grã-Bretanha

Com a queda da França e a perspectiva de que a Grã-Bretanha fosse a próxima a cair, o Congresso dos EUA levou a coisa a sério, e o dinheiro começou a fluir para medidas defensivas norte-americanas. "Preparação" foi a palavra na boca de todos. O presidente conseguiu US$10,5 bilhões para a defesa nacional em 1940. (Por sete anos, as políticas internas de Roosevelt não conseguiram acabar com a Depressão; os enormes aumentos na produção militar acabaram com ela em um ano.)

Em maio, o primeiro-ministro britânico Winston Churchill fez um pedido urgente de cinquenta contratorpedeiros norte-americanos recondicionados para substituir as perdas em combate e lutar contra os *U-boats* (submarinos) alemães. Os submarinos prejudicavam a sobrevivência econômica da Grã-Bretanha — sua frota mercante, que fornecia à nação matérias-primas, alimentos e suprimentos militares.

O acordo

Roosevelt procurou um modo de contornar os Atos de Neutralidade dos EUA. Com cautela, conseguiu apoio do Congresso para um acordo com a Grã-Bretanha: os EUA dariam à Grã-Bretanha cinquenta contratorpedeiros antigos; a Grã-Bretanha, por sua vez, teria de dar aos EUA suas bases navais nas Bermudas e nas Índias Ocidentais britânicas. Foi uma pechincha. Churchill ficou chocado com o acordo, mas o aceitou pensando em uma futura cooperação entre as nações.

O efeito

O acordo entre a Grã-Bretanha e os Estados Unidos (veja a seção anterior) marcou a passagem dos EUA de neutro para beligerante.

- » Em setembro de 1940, o primeiro recrutamento para tempos de paz do país entrou em vigor; 16,5 milhões de homens norte-americanos alistaram-se para convocação militar.

- » O então presidente solicitou e obteve a prorrogação do período de serviço dos convocados, que inicialmente era de um ano.

A extensão foi amargamente debatida no Congresso enquanto os isolacionistas lutavam para evitar que os EUA fizessem quaisquer preparativos que levassem o país à guerra. A medida foi aprovada, mas por apenas um voto na Câmara dos Deputados. O sentimento isolacionista permaneceu forte na nação, mesmo com a ameaça de guerra com a Alemanha e o Japão se aproximando.

Ajudando o vizinho: Lei de Empréstimo e Arrendamento

Churchill informou a Roosevelt que a Grã-Bretanha logo estaria falida se a política vigente de transporte e entrega de armas e de munições continuasse.

Procurando uma maneira de contornar os Atos de Neutralidade, Roosevelt se deparou com uma obscura lei de 1892 que autorizava o Secretário da Guerra a arrendar propriedades não exigidas pelos militares. Roosevelt sabia que se os EUA podiam alugar material de guerra para a Grã-Bretanha, a Grã-Bretanha continuaria na luta. Mas, primeiro, tinha que vender a ideia ao povo.

"Se a casa do seu vizinho pegasse fogo e ele não tivesse mangueira", declarou para os norte-americanos, "a coisa mais prudente a fazer para evitar que o fogo se espalhasse seria lhe emprestar uma mangueira". O discurso ajudou a convencer o povo de que a sobrevivência da Grã-Bretanha era essencial para a segurança norte-americana. Para fechar o argumento, Roosevelt usou uma metáfora brilhante: os EUA seriam "o grande arsenal da democracia".

> ## PROMESSA DE FDR: NENHUM NORTE-
> ## -AMERICANO EM GUERRAS ESTRANGEIRAS
>
> Roosevelt enfrentou a reeleição em 1940, buscando um terceiro mandato sem precedentes. A eleição foi difícil, com os dois candidatos tendo que prometer manter os EUA fora da guerra enquanto defendiam o apoio à Grã-Bretanha. Quando acusado de conspirar para trazer a nação para a guerra na Europa, Roosevelt respondeu com uma promessa que se tornou famosa — "Eu já disse isso, mas repetirei: seus meninos não serão enviados para nenhuma guerra estrangeira." A propósito, Roosevelt manteve sua promessa. Quando as tropas norte-americanas entraram na guerra, ela tornara-se uma guerra norte-americana.

A legislação aprovada no Congresso, curiosamente enumerada HR 1776 (Projeto de lei número 1776 da Câmara dos Representantes), faria o seguinte:

» Conferia ao presidente autoridade para trocar, arrendar, emprestar ou dispor de qualquer material de defesa para qualquer nação que fosse vital para a segurança dos Estados Unidos.

» Alocaria US$7 bilhões para o que ficou conhecido como material de empréstimo e de arrendamento.

» Restringiria a Lei de Empréstimo e Arrendamento, impedindo os navios norte-americanos de moverem esses materiais às zonas de combate, bem como os navios de guerra de escoltarem os mercantes do próprio país.

A *Lei de Empréstimo e Arrendamento* [lend-lease] foi aprovada em março de 1941. Winston Churchill, em uma de suas clássicas frases grandiloquentes, chamou essa lei de "o ato mais não sórdido da história de qualquer nação".

O material de empréstimo e arrendamento começou a fluir para a Grã-Bretanha e para a China, ameaçados pelos japoneses. Quando os exércitos de Hitler invadiram a União Soviética, em 1941, Roosevelt estendeu o modelo aos soviéticos. Ao longo da guerra, mais de 50 bilhões de dólares em ajuda de empréstimo e arrendamento foram para as nações que lutavam contra o Eixo.

Os navios norte-americanos partem

A Grã-Bretanha estava perdendo 500 mil toneladas de remessas por mês para U-boats alemães e aviões que rondavam as Ilhas Britânicas. Isso significava que os alemães estavam afundando navios a uma taxa cerca de duas vezes maior do que os estaleiros norte-americanos e britânicos poderiam substituí-los.

EXÉRCITO ALIADO

Roosevelt ajudou a Grã-Bretanha das seguintes maneiras:

» Enviou contratorpedeiros norte-americanos no que descreveu como *"patrulhas de neutralidade"*. Os norte-americanos não atacariam os submarinos alemães, mas informariam sua localização aos britânicos.

» Instalou uma base norte-americana na Islândia. Agora, os navios de guerra norte-americanos escoltavam os outros navios e paravam na Islândia, para onde o material de empréstimo e arrendamento era transferido (a Islândia não era uma zona de combate), e os navios de guerra britânicos continuavam o comboio para a Grã-Bretanha. Muitas vezes, navios britânicos, canadenses ou outros se juntavam aos comboios norte-americanos cruzando o Atlântico.

O basta: Um neutro começa a atirar

Os alemães não podiam permitir que essa máscara de neutralidade continuasse por muito tempo. No verão de 1941, o esforço dos EUA dava efeito nas operações de submarinos alemães. Eis alguns eventos importantes que ocorreram:

» Em setembro de 1941, o USS *Greer* seguiu um submarino na costa da Islândia e o submarino alemão disparou um torpedo contra o navio norte-americano. Em resposta, Roosevelt emitiu uma ordem de tiro à vista para qualquer submarino alemão encontrado entre a costa dos EUA e a Islândia.

» No final de outubro, o USS *Reuben James* foi afundado; mais de cem homens morreram. A essa altura, Roosevelt detonava os Atos de Neutralidade.

» Em novembro de 1941, o Congresso acatou mudanças na lei de neutralidade para munir navios mercantes e admitir sua ida a portos beligerantes.

Para todos os efeitos, a guerra com a Alemanha havia começado.

A MATILHA DE LOBOS

A razão do sucesso alemão contra os navios britânicos foram as *táticas de matilha de lobos*, em que vários submarinos atacavam os comboios britânicos de diferentes direções. Esses comboios, contendo até cinquenta navios mercantes britânicos, viajavam à noite para evitar a detecção. Quando um comboio era detectado, os submarinos entravam no meio e atacavam na superfície, um ataque mais eficaz do que debaixo da água. Só os contratorpedeiros mais novos perseguiam os submarinos com eficácia. Até que novos navios para escolta fossem construídos e novas táticas para conter as matilhas, desenvolvidas, a Grã-Bretanha continuaria a sofrer.

> **NESTE CAPÍTULO**
>
> » Os planos japoneses para dominar a Ásia
> » As negociações e as preparações para a guerra
> » O ataque a Pearl Harbor
> » O início da guerra no Pacífico
> » O apoio de MacArthur nas Filipinas

Capítulo **8**

Colisão na Ásia: Japão e EUA, 1937-1941

Desde o início do século XX, o objetivo do Japão era se tornar economicamente autossuficiente, obtendo acesso direto às matérias-primas. Enquanto a China passava por um renascimento político e econômico sob a liderança de Chiang Kai-shek, na década de 1920, o Japão começou a se preocupar com o potencial da China como rival na Ásia. Entre 1931 e 1933, o Japão ocupou a Manchúria, uma região valiosa e rica em matérias-primas, e se expandiu para a província de Jehol. Em 1936, o Japão assinou um pacto com a Alemanha e com a Itália, e, em 1937, entrou em guerra com a China.

Essa agressão colocou o Japão em rota de colisão com os Estados Unidos. O Japão não apenas violou uma série de tratados com os EUA, mas também estava tentando subjugar uma nação que os EUA há muito defendiam como protetor e patrocinador. Para o governo dos Estados Unidos, a única opção do Japão era se retirar totalmente da China.

Breve História Política do Japão

O Japão passou de uma sociedade medieval de cavaleiros e senhores da guerra a uma nação moderna e industrializada em menos de sessenta anos. Instituiu um governo parlamentar à moda ocidental e um Exército e uma Marinha de alto nível. Mas as tradições históricas seculares não seriam relegadas em tão pouco tempo.

Embora existissem partidos moderados e liberais no Japão, os ministros do Exército e da Marinha sempre foram oficiais de alta patente nas Forças Armadas e tinham um poder enorme. Um primeiro-ministro civil tinha que selecionar um almirante ou general que concordasse em servir com ele. Se o oficial recusasse, o primeiro-ministro teria que renunciar. Como resultado, o Exército e a Marinha tinham poder de veto sobre qualquer governo.

Em 1936, o Exército ganhou voz dominante no governo japonês e defendeu a expansão como único meio de garantir a sobrevivência da pátria.

Construindo a Máquina Perfeita: O Japão Pensa na Guerra

Entre 1936 e 1941, o Exército Japonês cresceu em trinta divisões de combate e cem esquadrões de aeronaves. Em 1940, a Marinha do Japão era mais forte do que as frotas combinadas dos Estados Unidos e da Grã-Bretanha no Pacífico. Em 1941, o Japão tinha 300 mil soldados regulares e 2 milhões de reservistas treinados. Suas indústrias estavam em plena produção de guerra. O país não estava simplesmente construindo suas máquinas militares e de guerra; também estava fazendo um aquecimento:

» Os japoneses atacaram a canhoneira norte-americana USS *Panay* em dezembro de 1937. Eles escaparam da retaliação alegando que o ataque fora um acidente.

» Entre agosto e dezembro de 1937, as forças japonesas capturaram as principais cidades chinesas de Xangai e de Nanquim e forçaram Chiang Kai-shek a levar seu governo para o interior da China, em Hankow. As forças chinesas conseguiram deter os japoneses com uma série de contra-ataques desesperados e inundando o rio Yangtze. No entanto, Hankow-Canton caiu para os japoneses em outubro de 1938.

Embora o Japão controlasse a maior parte do leste da China e suas principais redes rodoviárias e ferroviárias, o vasto interior do país permaneceu invicto.

Sufocando a China para se render

Os japoneses ficaram surpresos com a resistência chinesa, e os custos da guerra já haviam sido muito maiores do que o esperado. A perspectiva de lutar durante anos no interior da China não era algo que alguém desejasse. Portanto, em 1939, o Japão decidiu isolar a China do apoio externo.

Cortando as linhas de abastecimento da China

O único meio de a China sustentar sua guerra contra o Japão era com a ajuda militar de outras nações, principalmente dos Estados Unidos. No final de 1939, os japoneses conseguiram bloquear os portos marítimos da China, e apenas duas rotas de abastecimento foram deixadas: uma linha ferroviária do porto de Haiphong, na Indochina Francesa (agora, Vietnã), e uma estrada perigosa e tortuosa da Birmânia controlada pelos britânicos (agora, Mianmar).

Conquistando o Sudeste Asiático

Quase todo o Sudeste Asiático estava sob o controle de três potências coloniais — britânica, francesa e holandesa —, e a área era rica em recursos naturais. A derrota da Holanda e da França pela Alemanha, em junho de 1940, e o que parecia a derrota iminente da Grã-Bretanha (abordada no Capítulo 5) abriram oportunidades para os japoneses. Eles decidiram aproveitá-las expandindo-se para o Sudeste Asiático e criando um protetorado em toda a região:

» Os japoneses ocuparam bases aéreas na Indochina Francesa, com a concordância do governo de Vichy (ajudados pela mão intimidadora da Alemanha ameaçando coisas terríveis se os Vichy não concordassem).

» O Japão cortou o acesso da China aos suprimentos de Haiphong.

» O Japão ameaçou a Grã-Bretanha com uma guerra se a linha de abastecimento de Burma permanecesse aberta. O então primeiro-ministro britânico, Winston Churchill, não querendo lutar contra dois inimigos no auge da maior crise de seu país, fechou o caminho.

A China estava sozinha.

O xadrez diplomático do Japão

No final de 1940, o Japão tinha um plano ambicioso: lançar um ataque total ao Leste Asiático. *A Esfera de Coprosperidade da Grande Ásia Oriental*, o plano, buscava:

» Deter o controle sobre todas as matérias-primas no Pacífico.

» Dominar todo o povo da Ásia.

O Japão viu o cumprimento desse plano como uma forma de garantir seu futuro. Em julho de 1941, os japoneses ocuparam toda a Indochina Francesa e obtiveram várias bases aéreas e navais para lançar ataques a Singapura, às Índias Orientais Holandesas e às Filipinas.

Opa! Tiro na água: Japão junta-se ao Eixo

Enquanto se preparavam para um ataque militar no Leste Asiático, os japoneses procuraram neutralizar os EUA com ações diplomáticas. Eis o que fizeram:

» Assinaram o Eixo Berlim-Roma-Tóquio com a Alemanha e com a Itália. Esse pacto obrigava o Japão a entrar na guerra ao lado do Eixo se os Estados Unidos se juntassem à Grã-Bretanha na guerra.

» Assinaram um pacto de não agressão de cinco anos com a União Soviética. Ao eliminá-la como uma ameaça na Ásia, o Japão indicou que tinha apenas um inimigo na Ásia — os Estados Unidos. A ideia era fazer os norte-americanos pensarem duas vezes antes de se oporem à iniciativa japonesa na Ásia.

O plano do Japão de intimidar os EUA ao assinar esses pactos saiu pela culatra. O então presidente Roosevelt deixou muito claro que os Estados Unidos tomariam "todas e quaisquer medidas necessárias" para se oporem à agressão japonesa. Para tanto, Roosevelt fez o seguinte:

» Congelou todos os ativos japoneses nos Estados Unidos. Agora o Japão não tinha o dinheiro de que precisava para comprar material de guerra.

» Vetou todo o comércio com o Japão. O Japão não podia mais comprar aço nem petróleo norte-americanos — dois materiais estratégicos dos quais o Japão dependia para continuar suas operações militares. (Naquela época, os Estados Unidos eram o maior exportador mundial de petróleo.)

A intenção de Roosevelt com esses passos era puxar as rédeas com força e fazer os japoneses pensarem duas vezes. Os japoneses pensaram duas vezes, mas não da maneira que os norte-americanos esperavam.

Um novo sujeito assume o poder

Em outubro de 1941, o Exército Japonês forçou seu primeiro-ministro moderado a renunciar e substituiu-o pelo general Hideki Tojo, que reuniu as posições de ministro da Guerra e ministro do Interior sob o cargo de primeiro-ministro.

Com o embargo do petróleo reduzindo as reservas do Japão e apenas cerca de quatorze meses de suprimentos restantes, a escolha do Japão foi simples: ceder às demandas dos EUA e retirar-se da China ou ir para a guerra. Então, o novo primeiro-ministro, Tojo, decidiu se preparar para a guerra contra os EUA assim:

» Treinamento das forças terrestres japonesas para a guerra na selva.

» Os aviões japoneses realizaram missões de patrulhamento na Malásia e nas Índias Orientais Holandesas.

» O almirante Isoroku Yamamoto (veja a Figura 8-1) e sua equipe trabalharam em um plano para atacar a Frota do Pacífico dos Estados Unidos em Pearl Harbor, no Havaí.

FIGURA 8-1: Almirante Isoroku Yamamoto.

Imagens históricas / Getty

Aposta do Japão: Como seria a guerra

Entre outubro e dezembro de 1941, os japoneses concordaram com um plano de ataque para cumprir sua estratégia. Com recursos limitados disponíveis para continuar as operações militares, os japoneses decidiram o seguinte:

> » Fazer um ataque simultâneo aos centros de poder na Ásia, à base naval britânica em Singapura, à importante base aérea e naval norte-americana nas Filipinas, e às bases norte-americanas menores em Wake e Guam.

> » Destruir ou incapacitar a Frota do Pacífico dos Estados Unidos em Pearl Harbor, usando aeronaves lançadas de porta-aviões. Esse ataque impediria qualquer resposta imediata dos norte-americanos.

> » Ao atacar simultaneamente, os japoneses pretendiam tomar uma ampla faixa de território, obter o controle das matérias-primas e, então, construir fortes defesas para destruir o inimigo (Estados Unidos e Grã-Bretanha) e proteger a pátria japonesa.

> » Depois de capturar essas áreas, os japoneses combinariam suas forças e atacariam as Índias Orientais Holandesas.

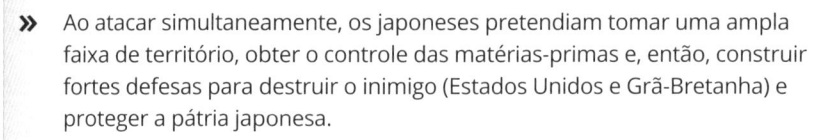

Ao cumprir esses objetivos, os japoneses acreditavam que, quando os britânicos e os norte-americanos conseguissem lançar um contra-ataque, os custos de recuperação do território perdido seriam altos demais para prosseguir. E a guerra terminaria com as nações ocidentais negociando e aceitando o controle japonês da Ásia.

Japão e EUA: Dois para lá e dois para cá

O plano japonês (veja a seção anterior) tornou-se mais atraente devido aos ganhos que os alemães obtinham contra a União Soviética desde o verão de 1941 (abordado no Capítulo 6). Na verdade, parecia que os exércitos de Hitler estariam em Moscou antes de dezembro. Os japoneses pensaram que, com a União Soviética fora da guerra, nem a Grã-Bretanha nem os Estados Unidos se concentrariam na luta contra o Japão. Em vez disso, direcionariam todos os recursos para salvar a Grã-Bretanha. Quando os EUA e a Grã-Bretanha pudessem negociar com o Japão, os japoneses já teriam construído um sólido perímetro defensivo.

Apesar do apelo cada vez maior do plano, a guerra entre os japoneses, a Grã--Bretanha e os EUA não era inevitável. As negociações com os EUA continuaram mesmo enquanto os planejadores japoneses se preparavam para a guerra:

» Os japoneses queriam que os EUA aceitassem as condições vigentes da Ásia, deixando que o Japão determinasse o futuro da China. Os japoneses também tinham interesses especiais na Indochina.

» Os norte-americanos queriam que os japoneses retirassem todas as forças da China e da Indochina e reconhecessem o governo da República da China.

Apesar da dança diplomática, havia pouca esperança de que as negociações fossem bem-sucedidas, de modo que ambos os lados continuaram a se preparar para a guerra: os japoneses se prepararam enviando a força de ataque para Pearl Harbor; os norte-americanos, passando alertas às forças no Pacífico para se prepararem para *alguma coisa*.

Os EUA haviam quebrado o código diplomático militar secreto japonês. Todas as indicações apontavam para um ataque, mas não estava claro quando e onde ocorreria.

A Guerra Chega aos EUA: Pearl Harbor

Os embaixadores do Japão entregaram a primeira parte da nota diplomática japonesa final ao secretário de Estado dos Estados Unidos, Cordell Hull, em 6 de dezembro de 1941. Na manhã de 7 de dezembro, a parte final chegou de Tóquio aos embaixadores japoneses. A nota quebrou relações diplomáticas com os EUA e forneceu instruções para destruir as máquinas de código na embaixada japonesa. Os embaixadores deveriam entregar a nota no início da tarde. Enquanto os embaixadores japoneses receberam essas informações, o mesmo aconteceu com a inteligência norte-americana. Todos entenderam o significado da nota: a guerra seria declarada naquela tarde.

Logo após o recebimento da nota, foram enviados avisos aos comandantes norte-americanos no Havaí, nas Filipinas, no Panamá e em São Francisco com a informação de que o ultimato seria entregue às 13h, horário padrão do leste. Mensagens separadas foram enviadas ao Exército e à Marinha dos Estados Unidos. De alguma forma, as mensagens de alerta com destino ao Havaí acabaram sendo transmitidas por telégrafo comercial e rádio. Um mensageiro de bicicleta, a caminho de Honolulu para entregar as mensagens codificadas, viu-se no meio de uma guerra.

O ataque

A guerra chegou aos EUA às 7h55 de uma tranquila manhã de domingo, em Pearl Harbor, no Havaí. A base na Ilha de Oahu era o lar da Frota do Pacífico dos Estados Unidos e de cerca de 50 mil soldados norte-americanos. Em Pearl Harbor, estava a maior concentração de forças dos EUA no Pacífico.

UMA QUESTÃO DE TEMPO (PERDIDO)

Os embaixadores japoneses deveriam entregar a mensagem de ultimato rompendo relações com os Estados Unidos às 13h, horário de Washington, D.C., que eram 7h30, horário do Havaí. O ataque a Pearl Harbor começaria por volta das 7h55. Legalmente falando (de acordo com as leis de guerra aceitas), os EUA seriam notificados de que existia um estado de guerra *antes* de as bombas japonesas começarem a cair na Frota do Pacífico. Mas os embaixadores estavam atrasados, chegando às 14h20 no horário de Washington, que eram 8h30 no do Havaí. O ataque a Pearl Harbor já estava em andamento há quase meia hora quando o ultimato foi entregue.

O secretário de Estado Cordell Hull tinha as instruções interceptadas e, de fato, acabara de receber uma ligação do presidente informando-o do ataque. Para os norte-americanos, parecia que os japoneses atrasaram deliberadamente a entrega da mensagem. Hull, profundamente zangado, disse aos diplomatas japoneses: "Em todos os meus cinquenta anos de serviço público, nunca vi um documento tão repleto de falsidades e distorções infames [...] em uma escala tão grande que nunca imaginei até hoje que algum governo deste planeta fosse capaz de pronunciá-los." Sem dizer uma palavra, os japoneses saíram do escritório.

Para os norte-americanos, o choque de um ataque-surpresa foi agravado pela indignação de que os japoneses ignoraram intencionalmente as regras das nações civilizadas. Ironicamente, nenhum dos diplomatas sabia que sua nação havia atacado Pearl Harbor quando entregaram a mensagem, tarde demais.

Uma frota de seis porta-aviões japoneses e navios de escolta estacionou a 370km de Oahu e lançou sua primeira onda de 183 caças, bombardeiros e aviões-torpedo. Eles deveriam infligir o máximo de danos possível à frota. Seu alvo deveria ser especialmente os oito navios de guerra e os dois porta-aviões dos EUA. Eles também procuraram destruir aeronaves estacionadas no solo.

ESTRATÉGIA MILITAR

A primeira leva de bombardeiros japoneses encontrou muitos pontos para atacar. Cerca de duzentos navios norte-americanos e embarcações menores estavam ancorados no porto, e centenas de aviões de guerra estavam estacionados asa a asa nos campos de aviação (aviões dispostos dessa forma são mais fáceis de proteger contra sabotagem).

Uma segunda onda de 170 aeronaves japonesas seguiu e encontrou o porto obscurecido por colunas gigantes de fumaça preta e fogo antiaéreo. Durante essa onda, os japoneses perderam dezenove aeronaves devido ao fogo terrestre e aos caças norte-americanos que conseguiram voar.

Todo o ataque durou apenas cerca de 1h50min.

O SUCESSO DO JAPÃO

Os navios e os aviões da frota japonesa haviam conduzido uma das operações militares mais bem-sucedidas da história. Do ponto de vista do Japão, o ataque foi um sucesso completo. Uma combinação de falta de preparação e surpresa dos EUA e uma execução soberba dos japoneses combinaram-se para fazer de Pearl Harbor uma vitória significativa para os japoneses.

As consequências

EXÉRCITO ALIADO

O ataque a Pearl Harbor matou 2.400 norte-americanos e feriu outros 1.200. Desses mortos, foram 1.103 marinheiros e fuzileiros navais quando uma bomba japonesa penetrou no *carregador* (o compartimento no qual a munição de um navio é armazenada) do encouraçado *USS Arizona*, afundando o navio e os homens a bordo. O *USS Oklahoma*, outro navio de guerra, também foi afundado com grande perda de vidas. Os outros seis navios de guerra foram danificados, assim como vários cruzadores e contratorpedeiros. Mais de 340 das 400 aeronaves de Oahu também foram destruídas ou danificadas.

Os ganhos japoneses

Em curto prazo, os japoneses alcançaram seu objetivo. Eles tiraram a Frota do Pacífico dos Estados Unidos de ação temporariamente. Mas o que temporariamente significava era a grande questão. Em longo prazo, os Estados Unidos foram capazes de superar os danos em Pearl Harbor pelos seguintes motivos:

» Os porta-aviões não foram tocados. Eles se provariam ser a arma decisiva da guerra naval no Pacífico, não o encouraçado, como todo estrategista naval antes de 1941 pensava.

» Os submarinos não foram atacados. Os submarinos se tornaram uma das armas mais potentes dos EUA, incapacitando as linhas vitais de abastecimento do Japão.

» Os estaleiros de reparo e os tanques de armazenamento de óleo combustível não foram danificados. Assim, Pearl Harbor foi capaz de cumprir seu importante papel em tempos de guerra, como base de reparos e reforma da Frota do Pacífico. Na verdade, a maioria dos navios norte-americanos danificados no ataque foi reparada e entrou em ação contra os japoneses no final de 1942 e 1943.

Mesmo assim, Pearl Harbor foi uma derrota amarga para os EUA. O território norte-americano foi atacado, e vidas norte-americanas foram perdidas. Pearl Harbor unificou a dividida e incerta população norte-americana como nenhuma ação anterior conseguiu.

Os EUA declaram guerra ao Japão

O Japão subestimara os norte-americanos, que acreditavam preferir negociar em vez de lutar. Ao contrário, os EUA queriam vingança.

Embora profundamente divididos sobre questões de guerra e neutralidade antes de Pearl Harbor, o Congresso dos EUA estava agora unido na busca por uma declaração de guerra. Conforme descrito na Constituição dos Estados Unidos, o presidente deve pedir ao Congresso uma declaração desse tipo, o que Roosevelt fez de bom grado. Em sua mensagem ao Congresso, Roosevelt capturou as emoções do dia:

"Ontem, 7 de dezembro de 1941 — data que viverá na infâmia —, os EUA foram súbita e deliberadamente atacados pelas Forças Navais e Aéreas do Império Japonês [...] Toda a nossa nação sempre se lembrará do caráter violento do ataque contra nós. Não importa quanto tempo demore para superar essa invasão premeditada, o povo norte-americano, em seu justo poder, lutará até a vitória absoluta."

O então primeiro-ministro britânico, Winston Churchill, não tinha dúvidas do que as palavras de Roosevelt significavam para os britânicos. "Nós tínhamos vencido, afinal!", escreveu. "Depois de dezessete meses de lutas solitárias e de dezenove meses de minha responsabilidade em terrível estresse, tínhamos vencido a guerra. A Inglaterra sobreviveria; a Grã-Bretanha sobreviveria; a Comunidade das Nações e o Império sobreviveriam."

A Guerra Japonesa

No Pacífico, os japoneses empregavam seu próprio estilo de guerra-relâmpago (blitzkrieg), atacando sem piedade simultaneamente em postos avançados importantes. Os norte-americanos não foram as únicas vítimas de ataques surpresa nos dias após Pearl Harbor. Os britânicos e os holandeses também sofreram derrotas militares surpreendentes nas mãos das forças japonesas. Enquanto a frota japonesa atingia Pearl Harbor, aeronaves japonesas e forças terrestres atacaram Hong Kong, a cidade controlada pelos britânicos na China. A guarnição de 12 mil homens foi presa e forçada a se render no dia de Natal. (Veja no Capítulo 5 uma explicação sobre como os alemães usaram o blitzkrieg.)

Malásia: A pior derrota da história britânica

A Malásia, uma colônia britânica, fornecia quase metade da borracha do mundo e quase um terço de seu estanho. Ambos os materiais estratégicos foram essenciais para a estratégia japonesa de controle da Ásia.

No final da Península Malaia, em Singapura, ficava a base naval britânica. Ao controlar Singapura, os japoneses controlariam o acesso ao Pacífico do oeste através do estreito de Sumatra. Mas os britânicos eram um alvo difícil; tinham um grande exército e excelentes defesas portuárias, protegidas por dois poderosos navios da Marinha, o HMS *Prince of Wales* e o HMS *Repulse*.

No entanto, os japoneses exibiram uma mistura quase perfeita de poder aéreo e terrestre contra os defensores surpresos. Uma série de aterrissagens anfíbias na península malaia, seguida por infiltração de infantaria no que se supôs ser uma selva impenetrável, quebrou rapidamente as defesas britânicas. Quando o HMS *Prince of Wales* e o HMS *Repulse* foram convocados para atacar os navios anfíbios de apoio, foram atacados por aeronaves japonesas de bases na Indochina.

Pela primeira vez na história, os navios lutaram contra ataques aéreos sozinhos. Até então, poucos acreditavam que o ataque aéreo sozinho poderia causar danos suficientes aos navios de guerra. Em duas horas, os navios britânicos e suas tripulações foram perdidos.

Em janeiro de 1942, os japoneses haviam derrotado completamente os britânicos e os prendido em Singapura. O cerco continuou por mais um mês antes que 130 mil soldados britânicos finalmente se rendessem, em fevereiro. Os militares britânicos nunca sofreram uma derrota maior.

Índias Orientais Holandesas

Seguindo o exemplo que os alemães deram na Noruega, na Holanda e na Bélgica (veja detalhes no Capítulo 5), paraquedistas japoneses pousaram em Bornéu, na Indonésia, em dezembro e em janeiro, para tomar instalações e campos de aviação importantes. Uma escolta naval então trouxe navios de guerra protegidos por um denso guarda-chuva de aeronaves de combate.

Uma coleção fragmentada de forças norte-americanas, britânicas, holandesas e australianas tentou impedir a invasão. Quatro contratorpedeiros norte-americanos surpreenderam e afundaram um comboio japonês em janeiro. Mas, em fevereiro, o poderio naval e aéreo japonês superior cobrou seu tributo aos navios aliados que tentavam defender o labirinto de canais e estreitos que dividia as ilhas.

Por acaso, os Aliados encontraram uma grande força anfíbia na ilha de Java, na Indonésia. Embora em menor número e com menos armas, os Aliados atacaram e afundaram vários navios de tropas antes de serem dizimados pela força-tarefa japonesa. Cerca de 93 mil homens das forças terrestres aliadas que defendiam Java se renderam em 9 de março de 1942, completando a primeira fase da ofensiva japonesa. Os japoneses agora tinham o controle do petróleo de que precisavam para continuar a guerra (veja a Figura 8-2).

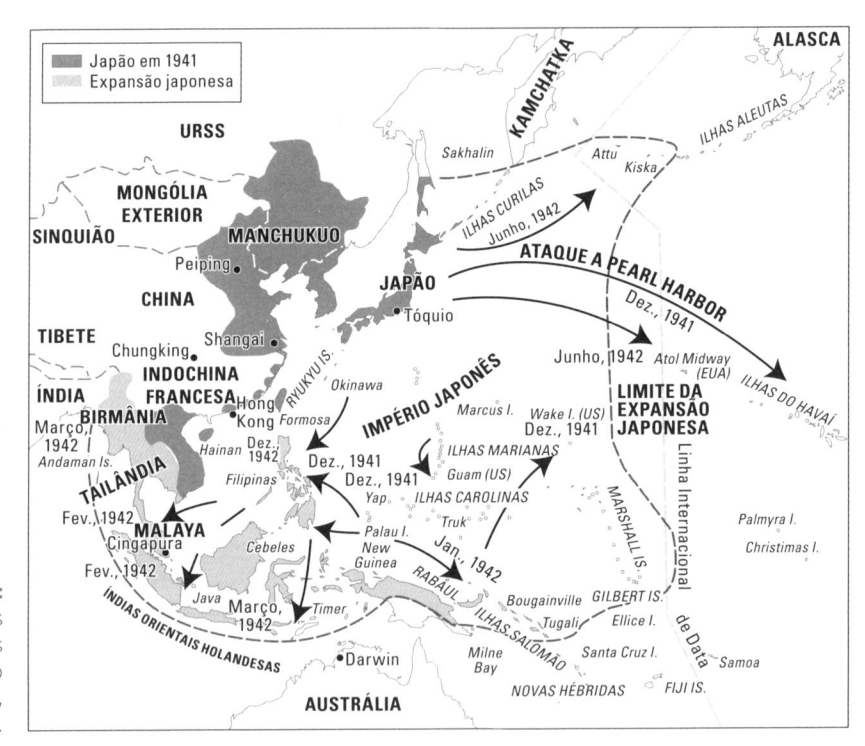

FIGURA 8-2: Conquistas japonesas no Extremo Oriente, 1941–1942.

OS "TIGRES VOADORES"

Em 1937, um piloto de caça aposentado do Exército Norte-americano, capitão Claire Chennault, tornou-se conselheiro do governo chinês. Nascido na Louisiana, esse homem de rosto sulcado organizou o Grupo de Voluntários Americanos para lutar pelos chineses contra os japoneses. Os homens recebiam US$600/mês e US$500 a cada morte. Por pilotarem os caças P-40 norte-americanos, com uma distinta boca rosada de dentes afiados pintados no nariz, ficaram conhecidos como "Tigres Voadores".

"Uma baita surra" na Birmânia

Em janeiro, um exército japonês, apoiado por um grande número de caças e de bombardeiros, desembarcou no extremo sul da colônia britânica da Birmânia e capturou a capital e o porto estratégico de Rangoon, em março. Os defensores britânicos — uma coleção de unidades britânicas, indianas e birmanesas — foram duramente pressionados pelas táticas de infiltração japonesas, que escapavam constantemente de suas linhas defensivas.

Quando os britânicos começaram uma retirada para a península, as forças britânicas receberam o apoio bem-vindo de 30 mil soldados chineses organizados em dois pequenos exércitos liderados por um oficial norte-americano, o tenente-general Joseph W. Stilwell. Este serviu como conselheiro oficial do líder nacionalista chinês Chiang Kai-shek e como chefe de gabinete. Chiang despachou algumas de suas melhores unidades para a Birmânia sob o comando de Stilwell para evitar que as forças japonesas cortassem a estrada da Birmânia, a última rota de abastecimento aberta para a China.

Em maio, os japoneses, agora reforçados com unidades vitoriosas de Singapura e das Índias Orientais Holandesas, derrotaram os exércitos britânico e chinês por meio de uma rápida manobra ofensiva. Os britânicos cruzaram a fronteira com a Índia, perdendo quase um terço de sua força. Os chineses recuaram para a China com perdas mínimas.

Wake, Guam e as Filipinas

Pearl Harbor foi apenas a primeira de uma série de derrotas dolorosas que os norte-americanos suportariam em uma fúria impotente enquanto os japoneses atacavam vários alvos em todo o Pacífico.

O ataque à Ilha Wake

A pequena Ilha Wake fica no Pacífico, a cerca de 3.200km da costa mais próxima. Ainda assim, na era do avião, foi uma importante estação intermediária para aeronaves norte-americanas que se deslocavam de Pearl Harbor para as Filipinas.

No dia seguinte a Pearl Harbor, aeronaves japonesas atacaram a Ilha Wake, que era defendida por 450 fuzileiros navais dos EUA e por 12 caças. Ao capturar a Ilha Wake, os japoneses poderiam isolar as Filipinas e ganhar um importante posto avançado para suas próprias aeronaves e marinha.

Quando uma força de desembarque japonesa se aproximou da ilha, os artilheiros da marinha afundaram dois contratorpedeiros, forçando os atacantes surpresos a recuarem. Poucos dias depois, a força de invasão voltou, apoiada pelos dois porta-aviões que lideraram o ataque a Pearl Harbor. Pouco antes do Natal, após uma forte resistência, os fuzileiros navais foram derrotados.

A batalha em Guam

Como a Ilha Wake, a grande ilha de Guam serviu de escala para navios e aeronaves que viajavam pelo Pacífico entre as Filipinas e o Havaí. Os japoneses atacaram Guam no mesmo dia em que atacaram a Ilha Wake.

Por causa de um tratado de 1922 com o Japão, que proibia a fortificação de Guam em troca de uma frota japonesa menor, os quinhentos fuzileiros navais dos Estados Unidos estacionados ali não tinham defesas. Embora tenham lutado contra a esmagadora força naval japonesa e contra 5 mil soldados japoneses, os fuzileiros navais dos EUA não tiveram chance de vitória. Em poucas horas, a ilha estava em mãos japonesas.

A luta nas Filipinas

Em 1941, o presidente Roosevelt retirou da aposentadoria o general norte-americano Douglas MacArthur, mostrado na Figura 8-3, e o colocou no comando de todas as forças filipinas e norte-americanas nas Filipinas. (MacArthur foi uma escolha óbvia para essa atribuição porque ele estava passando sua aposentadoria trabalhando para o governo filipino, que o contratou para organizar e treinar seus militares em preparação para sua prometida independência dos EUA.)

FIGURA 8-3: General Aliado Douglas MacArthur.

Imagens históricas / Getty

As forças que MacArthur comandaria agora incluíam 13 mil soldados norte-americanos e cerca de 12 mil batedores filipinos altamente treinados. (O restante do Exército Filipino somava cerca de 100 mil homens, mas eram parcamente treinados e mal armados.) MacArthur também tinha 140 aeronaves de combate norte-americanas à disposição.

Mais tarde, em 1941, como a guerra contra o Japão parecia certa, MacArthur recebeu reforços terrestres adicionais da Guarda Nacional dos EUA e modernos bombardeiros pesados, o B-17 (veja, no Capítulo 25, uma lista de armas formidáveis da Segunda Guerra Mundial). Essas tropas e armas eram de pouco valor para MacArthur, que precisava de forças terrestres adicionais e apoio naval. Mas, em dezembro, não havia frota norte-americana nem tropas do Exército Regular disponíveis em número suficiente para fazer qualquer diferença. MacArthur estava preso em uma situação invencível.

Ignorando o Óbvio: Lutas de MacArthur

As forças japonesas atacaram as Filipinas quase ao mesmo tempo que atacaram Pearl Harbor. A Força Aérea Norte-americana nas Filipinas foi eliminada antes do tempo, e os desembarques anfíbios japoneses começaram alguns dias depois. Ignorando os desembarques que pretendiam desviar suas forças, MacArthur preparou-se para se defender do ataque principal. O general Jonathan Wainwright tentou conter os desembarques iniciais, mas as forças filipinas não eram páreo para os veteranos do Exército Imperial Japonês.

As forças filipinas começaram a retirada para a península de Bataan (nas Filipinas), enquanto MacArthur abandonou a capital Manila e mudou-se para a ilha-fortaleza de Corregidor, nas Filipinas, na baía de Manila. O plano de MacArthur era resistir em Bataan e Corregidor até que chegassem reforços dos Estados Unidos. Mas, com a destruição da frota em Pearl Harbor, nenhuma ajuda viria. As tropas de MacArthur estavam sozinhas. Em fevereiro, a batalha pelas Filipinas se tornara uma batalha brutal de desgaste na península de Bataan. As tropas filipinas e norte-americanas estavam ficando sem comida e munição, enquanto as forças japonesas eram reforçadas e reabastecidas.

Dando esperanças aos Aliados: "Voltarei"

A dura verdade é que as Filipinas foram perdidas. Os EUA sofreram nas mãos dos japoneses por três árduos meses. MacArthur se tornara mais do que um comandante nesse ponto: ele se tornou um símbolo de determinação para o povo norte-americano. Sua perda só aumentaria a magnitude do desastre que se aproximava, ao paralisar o moral da nação.

DOUGLAS MACARTHUR

Douglas MacArthur (1880-1964), filho de um veterano da Guerra Civil que ganhou a Medalha de Honra por bravura, estudou em West Point e começou seu serviço como engenheiro nas Filipinas. Pouco antes de os EUA entrarem na Primeira Guerra Mundial, MacArthur participou da expedição para apreender Vera Cruz como um aviso aos mexicanos. Em 1917, MacArthur ajudou a organizar e treinar a 42ª Divisão Arco-íris para o combate na França. Nas trincheiras, MacArthur ganhou a reputação de líder de combate destemido. Ele comandou uma brigada na divisão e, no final da guerra, era seu comandante. Voltou aos EUA como o soldado norte-americano mais condecorado da Grande Guerra. Após seu sucesso, obteve nomeações como superintendente de West Point e chefe do Estado-maior do Exército. Nesse meio-tempo, comandou as forças dos EUA nas Filipinas. Vendo o Exército em tempos de paz sufocante, aposentou-se e voltou às Filipinas para moldar seu exército.

MacArthur, sob todos os aspectos, era um homem brilhante e um líder de combate excepcional. Sua experiência e sua habilidade como administrador em tempos de paz eram incomparáveis no Exército. Mas tendia a ser tenso e excessivamente dramático. Tinha sede de glória militar de uma forma que parecia fora de sintonia com a guerra moderna. Podia ser controverso, mas era um manobrador político hábil. Após o ataque a Pearl Harbor — e apesar de alguma hesitação —, Roosevelt sabia que MacArthur era indispensável para a defesa norte-americana das Filipinas. A partir de 1941, MacArthur teria sua chance de glória em tempo de guerra de uma forma que muitas vezes ousou sonhar, mas achava improvável. Em pouco tempo, ele se tornaria uma das figuras mais reconhecidas do mundo.

Em março, o presidente Roosevelt decidiu agir, enviando a MacArthur uma ordem pessoal para escapar do bloqueio às Filipinas e fugir para a Austrália. (A Austrália, parte da Comunidade Britânica de Nações, lutava contra os alemães desde 1941. Agora, com a guerra no Pacífico em andamento, a Austrália era o último bastião Aliado no Pacífico que os japoneses não controlavam.)

MacArthur deixou o general Wainwright no comando e partiu com relutância. Escapando por pouco da captura, chegou a Port Darwin, na Austrália, onde fez uma breve declaração à imprensa: "O presidente dos Estados Unidos ordenou que eu rompesse as linhas japonesas [...] com o propósito, pelo que entendi, de organizar a ofensiva norte-americana contra o Japão, cujo objetivo principal é o socorro às Filipinas. Eu vim e voltarei." Da noite para o dia, MacArthur se tornou um herói nacional, e a última palavra de sua declaração se tornou sua marca registrada e uma prova de fé.

A derrota e a Marcha da Morte

Quando o general MacArthur chegou à Austrália, esperava assumir o comando de um exército em crescimento que ajudaria as forças filipino-americanas pressionadas. Ele encontrou 25 mil soldados de apoio, mas nenhuma força de combate. (Nenhuma estava disponível devido à baixa preparação do Exército dos EUA antes de 1941.) MacArthur, como a maioria dos norte-americanos nos primeiros meses da entrada dos EUA na Segunda Guerra Mundial, ficou de lado, impotente, enquanto o drama final se desenrolava nas Filipinas.

Em 7 de maio de 1942, após uma determinada defesa, primeiro de Bataan e depois do Corregidor, o general Wainwright rendeu 11 mil defensores doentes e famintos. Alguns defensores, porém, não se renderam. Um grande número de norte-americanos e de filipinos adentrou a selva para travar uma guerrilha contra os japoneses. A rendição em Corregidor foi a maior derrota da história das unidades norte-americanas.

Cerca de 75 mil prisioneiros (incluindo 12 mil norte-americanos) foram conduzidos aos campos de prisioneiros de guerra, mas apenas 54 mil chegaram ao destino. Cerca de 600 norte-americanos e quase 10 mil filipinos morreram ao longo do caminho, como resultado de extrema crueldade, doença e exaustão. Esse evento ficou conhecido como a *Marcha da Morte de Bataan*. Na esteira do ataque surpresa a Pearl Harbor, as histórias de maus-tratos a soldados norte-americanos serviram para fortalecer a determinação norte-americana contra os japoneses.

Hitler Declara Guerra à Raça Mestiça

Com toda a confusão e as más notícias que rolaram do Pacífico nos últimos dias de 1941, muitas vezes é esquecido que a Alemanha declarou guerra aos Estados Unidos. Garantindo a destruição de Hitler e do nazismo, sua decisão foi suicida — por que adicionar mais um inimigo à sua lista? As decisões de Hitler, como sempre, tiveram origem em sua ideologia.

A seus olhos, os norte-americanos eram uma *raça mestiça*, incapaz de enfrentar a Raça Superior em igualdade de condições. Ele também desconsiderou a capacidade dos EUA de fazerem guerra ou de ameaçarem as ações alemãs. Os Estados Unidos eram, como a Grã-Bretanha, apenas uma potência naval e não seriam capazes de afetar as operações terrestres alemãs. Além disso, os *U-boats* (submarinos) alemães cuidariam da frota norte-americana. Sem dúvida, Hitler ignorou o fato de que a mão de obra norte-americana havia virado a maré da Primeira Guerra Mundial contra a Alemanha.

Hitler acreditava fervorosamente no mito de que o Exército Alemão nunca havia sido derrotado no campo de batalha durante a Primeira Guerra Mundial, mas havia sido traído por políticos obstinados e judeus traidores. Essa fantasia tocou tanto em seu ódio pelos judeus quanto em sua raiva pela derrota militar da Alemanha na Primeira Guerra Mundial. Portanto, ele declarou a guerra quase como uma reflexão tardia. Hitler descobriria o efeito total de seu erro colossal em breve.

Agora, a Guerra É Mundial

Os Estados Unidos responderam à declaração de guerra da Alemanha com uma empreitada própria, garantindo que não lutariam apenas contra o Japão no Pacífico, mas também ajudariam a Grã-Bretanha a derrotar Hitler na Europa.

Para completar, a Itália, a Romênia, a Bulgária e a Hungria também declararam guerra aos Estados Unidos. Roosevelt fez abordagens diplomáticas aos três países do Leste Europeu para que retirassem suas declarações. Quando isso não deu certo, os Estados Unidos responderam na mesma moeda, quase como se dissessem: "Tudo bem, vocês pediram." Agora, todos estavam na mesma salada.

3
Por Trás das Linhas Inimigas: Nações em Guerra

NESTA PARTE...

Entenda a contribuição dos cidadãos.

Saiba como as nações mobilizam populações inteiras para encher fábricas, cultivar alimentos e satisfazer às burocracias necessárias para manter a guerra.

Conheça os métodos nada democráticos dos tiranos da União Soviética e da Alemanha nazista.

Descubra como o estado nazista realizou os sonhos loucos de Hitler de extermínio racial para preparar o caminho para uma nova Alemanha.

> **NESTE CAPÍTULO**
> » Organizando a nação com armas
> » Elevando o moral
> » Lutando dentro de outra guerra
> » Sobrevivendo

Capítulo 9
Mantendo o Básico: O Eixo

As forças do Eixo — da Alemanha nazista, do Japão imperial e da Itália fascista — enfrentaram problemas singulares nos trilhos da Segunda Guerra Mundial. Diferentemente dos Aliados, as potências do Eixo não cooperaram no esforço de guerra. Cada uma lutou amplamente sua própria guerra contra os Aliados. Devido à falta de matérias-primas importantes, a estratégia do Eixo se concentrava em obter ou proteger o acesso às matérias-primas de que precisavam. Para as nações do Eixo, a guerra se tornou uma luta constante para adquirir os recursos necessários para sustentar as Forças Armadas. À medida que o poder das forças aliadas desgastava as nações do Eixo, a guerra pelos civis no front doméstico tornou-se uma luta pela sobrevivência.

Como os Aliados, as potências do Eixo tiveram que mobilizar suas populações para apoiar a produção e o abastecimento de guerra, bem como para manter o moral. O Japão e a Alemanha usaram uma variedade de métodos — alguns implacáveis e brutais — para atender às demandas da guerra total. A Itália nunca esteve preparada para tais demandas e caiu rapidamente no ostracismo.

Alemanha Nazista

Adolf Hitler rearmou e militarizou a Alemanha antes do início da guerra na Europa, em 1939. No processo, unificou o povo alemão sob sua liderança, dando-lhe um senso de nacionalidade e de orgulho. O nacional-socialismo (nazismo), com seu foco na expansão territorial alemã à custa dos judeus e dos eslavos, "racialmente inferiores", tornou-se o credo do novo Estado de Hitler e a força motriz por trás de todas as decisões estratégicas que tomou.

Diferentemente das outras nações em guerra, a Alemanha pouco mobilizou sua economia e recursos antes de 1942. Até aquele ponto, Hitler tentou travar uma grande guerra sem sobrecarregar a nação ou o povo alemão (pelo menos os alemães membros da Raça Superior). Mas, por causa das pesadas perdas de homens e material na União Soviética, os nazistas foram forçados a tomar medidas para aplacá-las. No entanto, no início da guerra, 6 milhões de alemães estavam uniformizados nas Forças Armadas ou no aparato de segurança (como a SS).

O pão de cada dia lhes dou

Então, por que Hitler — que queria controlar tudo — não insistiu na mobilização total da economia? A resposta vem de 1918, a última vez que a Alemanha travou uma guerra. Os nazistas acreditavam que o colapso do governo e da sociedade em 1918 não resultava da derrota do Exército Alemão, mas da escassez de alimentos e de combustível, que colocou os civis à beira da fome. A revolta que derrubou o *Kaiser* (imperador) e instituiu um governo revolucionário pronto para negociar para acabar com a guerra resultou desse sofrimento.

Os nazistas, portanto, decidiram manter o fardo sobre a população o mais leve possível. Durante a maior parte da guerra, o racionamento foi moderado. Os nazistas não impuseram controles governamentais severos sobre alimentos, salários e preços até 1944. Além disso, a comida era racionada de forma que os civis tivessem acesso à comida primeiro. Tudo o que sobrava era entregue à força de trabalho escravo. Assim, os alemães comiam razoavelmente bem apenas porque milhões de outros morriam de fome.

Liderando o processo de produção

Enfrentando uma nova guerra em 1942, Hitler organizou um escritório de produção de guerra para mobilizar a economia alemã sob o comando de Albert Speer. Speer realizou feitos prodigiosos nos últimos dois anos da guerra, organizando a produção para atender às demandas da guerra. De muitas maneiras, Speer teve sucesso, mas o salto na produção veio tarde demais.

> Nos primeiros quatro anos da guerra, a Alemanha produziu uma média de 10 mil aeronaves por ano. Entre 1943 e 1944, essa média disparou para 32 mil.

> Para tanques, a produção média foi de pouco mais de 5 mil por ano entre 1940 e 1942; entre 1943 e 1944, a média era de 23 mil por ano.

Usando trabalho escravo (exceto os trabalhadores qualificados, praticamente todos que trabalhavam nas fábricas de guerra alemãs eram escravos), Speer conseguiu esse aumento na produção em face do cenário vigente:

> Os Aliados bombardeavam a Alemanha noite e dia.

> A intromissão de Hitler afetou a operação eficiente do processo de produção. Ele decidia o que seria feito e quando e frequentemente mudava as prioridades, dependendo da nova arma que desejasse.

Trabalho escravo e outros trabalhadores

A Alemanha, diferentemente da União Soviética e da Grã-Bretanha, não tinha muitas mulheres na força de trabalho — elas nem eram incentivadas a isso. No Terceiro Reich, as mulheres eram consideradas geradoras de filhos, com responsabilidades domésticas. Para uma nação em guerra, essa isenção é um luxo. Se os homens lutavam e as mulheres não trabalhavam fora, quem o fazia?

Na Alemanha nazista, a resposta eram os trabalhadores escravizados. Forçando quase 7 milhões de pessoas dos territórios conquistados a trabalharem em suas fábricas, os nazistas não precisavam mobilizar os alemães. O trabalho escravo também permitiu que mais homens alemães fossem convocados para o Exército.

A maioria dos trabalhadores escravizados eram prisioneiros de guerra da Polônia, França e União Soviética. Após a rendição da Itália, em 1943, os soldados italianos capturados também se tornaram trabalhadores escravos. Os russos constituíam o maior grupo de prisioneiros de guerra — 5 milhões, dos quais 3 milhões morreram: foram assassinados ou trabalharam até a morte.

As políticas raciais nazistas determinavam quão bem ou quão mal os prisioneiros e os trabalhadores escravizados eram tratados. As raças menos "inferiores" eram tratadas ligeiramente melhor do que as mais. Portanto, de acordo com a hierarquia racial nazista, os russos e os eslavos eram os mais maltratados, seguidos pelos poloneses e depois pelos europeus ocidentais.

Sob a ilusão: Moral

Os nazistas usaram propaganda, filme, música e rádio para manter o moral elevado. Porque, afinal, manter as pessoas felizes fazia parte da estratégia geral de guerra nazista. Hitler era popular entre o povo alemão: ele lhes deu uma doce vingança sobre seus antigos inimigos. E colocar sorrisos nos rostos dos alemães era fácil entre 1939 e 1941, com as vitórias na Polônia, Noruega, Dinamarca, Holanda, Bélgica, Holanda e França. Mas os bons tempos não seriam eternos:

- » Os desastres, um após o outro, depois que Hitler invadiu a União Soviética dificultaram convencer o povo de que a Alemanha estava ganhando a guerra.
- » Stalingrado e a rendição das forças alemãs no norte da África tiveram um impacto especialmente negativo no moral da sociedade.
- » As campanhas de bombardeio lideradas pelos Aliados também afetaram o moral, mas não do modo como esperavam: os cidadãos alemães suportaram e seguiram sua rotina, assim como os londrinos fizeram na Batalha da Grã-Bretanha, em 1940, e nos ataques V-1 e V-2, em 1944.
- » O sistema de terror de Himmler ajudou a sustentar (pelo menos em público) o ódio aos Aliados e o apoio à guerra.
- » Himmler e o *Schutzstaffel* (SS) — a organização de segurança do Estado — controlavam a segurança interna e podiam prender qualquer um por subversão. A prisão levava ao campo de concentração ou à execução. (Sobre Heinrich Himmler e outros nomes do partido nazista, veja o Capítulo 2.)

Depois de 1944, os alemães enfrentaram a terrível possibilidade de as tropas soviéticas invadirem a Alemanha. Foi nessa época que Hitler se tornou uma figura distante, fazendo poucos discursos e raramente aparecendo em público. À medida que a confiança na vitória diminuía, também diminuía a confiança no *Führer*. Hitler foi relegado a segundo plano, já que as pessoas se concentravam na sobrevivência e em como lidar com o que uma falsa paz de vingança acarretaria. Apesar do que realmente estava acontecendo na guerra, a propaganda de Joseph Goebbels, o ministro da Propaganda alemão, continuou até o fim, proclamando a vitória do povo alemão nas dificuldades e nos sofrimentos.

Resistindo a Hitler dentro da Alemanha

É difícil de acreditar, mas Hitler tinha muitos inimigos na Alemanha. Muitos alemães, em particular soldados e pessoas de famílias bem instruídas, odiavam Hitler e o regime nazista. A resistência aberta a Hitler e aos nazistas desapareceu cedo, porém, com a prisão de líderes importantes e a intimidação de outros. O crescimento da polícia secreta nazista e do aparato de segurança interna dos nazistas dificultou o desenvolvimento de qualquer movimento secreto ou clandestino de resistência. No entanto, com o avanço da guerra, pequenos grupos de conspiradores expressaram um ensejo patriota, na esperança de salvar a Alemanha do desastre. A demanda dos Aliados por rendição incondicional levou esses grupos a tomarem medidas desesperadas para impedir que Hitler e os nazistas permitissem que a Alemanha fosse completamente destruída.

Hitler deve morrer!

Parar os nazistas exigia a morte de Adolf Hitler. Com o *Führer* fora de cena, um golpe faria outra pessoa assumir o poder e um novo governo seria estabelecido para negociar com os Aliados em termos diferentes para encerrar a guerra. Em março de 1943, conspiradores militares plantaram uma bomba na aeronave de Hitler, mas um cronômetro defeituoso salvou sua vida. Ele nunca soube o quão perto esteve da morte naquele dia.

Outro enredo mais elaborado foi desenvolvido em 1944. Uma bomba plantada em seu quartel-general durante a guerra na Prússia Oriental mataria Hitler. Ele sempre comparecia a uma reunião diária do Estado-maior militar em um bunker de concreto. Uma bomba colocada ali mataria quase todos no espaço completamente fechado. Uma vez que Hitler estivesse morto, os conspiradores planejavam sequestrar edifícios importantes em Berlim, declarar um novo governo e reunir a nação para apoiá-los. Infelizmente, esse plano também falhou.

Em 20 de julho de 1944, o coronel Claus von Stauffenberg participou do briefing diário. Ele ficou surpreso ao descobrir que a reunião fora realizada em uma estrutura de madeira frágil. Stauffenberg plantou a bomba sob a mesa do mapa perto de Hitler. Ela explodiu, mas, por um milagre perverso, Hitler não foi morto, apenas ligeiramente ferido. Acreditando que Hitler estava morto, Stauffenberg voltou a Berlim, onde outros conspiradores anunciavam a morte de Hitler e ordenavam ao Exército que prendesse oficiais nazistas. Em pouco tempo, Hitler apareceu na rádio nacional e anunciou que estava vivo e bem. Embora tenha havido confusão e incerteza por algumas horas, apenas um punhado de alemães saiu em apoio ao golpe. Os conspiradores debandaram. Depois que se revelaram, eles foram rapidamente cercados. Stauffenberg e outros patriotas foram fuzilados assim que capturados. Outros, ainda, foram presos mais tarde e sofreram mortes agonizantes.

Hitler fecha o cerco

Como resultado dessa tentativa fracassada de assassinato (veja a seção anterior), os nazistas intensificaram o controle da guerra dos soldados profissionais, comprometendo a nação à destruição total em vez de à rendição.

Hitler também reprimiu seus inimigos — reais e imaginários. Entre os conspiradores acusados, estava o marechal de campo Irwin Rommel, o soldado mais famoso da Alemanha. Apesar de saber da trama, Rommel não participou. Ainda se recuperando dos ferimentos sofridos em um ataque de um avião aliado, Rommel estava em casa quando recebeu um ultimato: cometa suicídio e receba todas as honras militares em seu enterro ou seja julgado e ponha em risco a segurança de sua esposa e de seu filho. Rommel escolheu o suicídio. A máquina de propaganda nazista anunciou que Rommel morrera devido aos ferimentos. A família de Rommel foi deixada sozinha, e ele teve um funeral oficial.

Ousadia e Alegria: Itália Fascista

Com a possível exceção dos EUA, nenhuma nação estava menos preparada para a guerra do que a Itália — apesar de lutar na Espanha, na Albânia e na Etiópia desde meados da década de 1930. Mas as batalhas nesses países eram espetáculos secundários, com o objetivo de aumentar o prestígio da Itália e os sonhos de império de Mussolini. Quando a verdadeira guerra começou, com a declaração de guerra à França e à Grã-Bretanha em 1940, Mussolini fez pouco esforço para preparar a população aos sacrifícios que viriam. Ele acreditava que personificava a vontade do povo, mas, na realidade, o apoio popular perdurou apenas enquanto as coisas corriam bem. Na verdade, muitos italianos não tinham interesse na guerra, e, embora a dissidência tenha sido rapidamente anulada, o humor do povo era de terrível preocupação. Quando as coisas começaram a azedar, Mussolini perdeu o controle do esforço de guerra.

Produção de guerra

A Itália tinha poucas matérias-primas estratégicas necessárias para manter um esforço de produção de guerra. Nos três anos em que esteve na guerra, os italianos produziram 10.500 aeronaves, 64 navios (incluindo um encouraçado, mas nenhum porta-aviões), 3 mil tanques, 7 mil peças de artilharia e cerca de 60 mil outros veículos. Muitos dos equipamentos que produziram durante a guerra estavam desatualizados e obsoletos, já no momento que saíam da fábrica ou do estaleiro.

Um dos problemas era a natureza independente das indústrias italianas de armamento. Os fascistas não assumiam o controle da produção; como resultado, cada indústria decidia o que produzir. Os grandes déficits governamentais limitavam a alavancagem econômica. Os italianos se viram derrotados no campo de batalha; o colapso do Exército Italiano se relacionava diretamente às ineficiências da produção em tempo de guerra.

Lutando por trabalho

A Itália nunca se recuperou dos problemas duplos de baixos salários e alto desemprego que sobraram da Grande Depressão. Grande parte da população italiana dedicava-se à agricultura de pequena escala, não à indústria pesada. A inflação estava alta, reduzindo os salários, que haviam sido congelados durante os últimos anos da guerra. Esses fatores, combinados com a escassez de importações devido ao bloqueio dos Aliados, limitaram a capacidade da Itália de desenvolver uma economia de guerra totalmente mobilizada.

Descobrindo o que fazer: Moral

O moral italiano durante a guerra nunca foi forte. Muitos questionavam a necessidade da guerra, duvidavam dos objetivos da Alemanha na aliança e viam pouca vantagem no território capturado pelo Exército Italiano. O racionamento (que se tornou cada vez mais restritivo), combinado com a entrada dos norte-americanos na guerra, em 1941, deixou a população inquieta quanto ao rumo da guerra.

Quando a derrota em El Alamein se tornou conhecida (veja o Capítulo 5), os italianos imediatamente tiraram todo o dinheiro dos bancos, criando uma crise financeira que fez com que o Banco da Itália imprimisse 40 bilhões de liras para cobri-la.

O golpe final foi o desastre em Stalingrado no final de 1942, onde as forças soviéticas, ao cercar a cidade, esmagaram as tropas italianas da linha de frente. A confiança em Mussolini se evaporou, o que se refletiu em uma série de greves que prejudicaram ainda mais seu prestígio e o esforço de guerra. Após o desembarque dos Aliados em Anzio, em 1944 — e com os bombardeios aliados ocorrendo —, os italianos buscavam uma saída da guerra.

Acreditando na Vitória: Japão Imperial

Para o Japão, a guerra começou em 1937, e a nação havia sido quase totalmente mobilizada vários anos antes. O rápido avanço no Pacífico contra os britânicos e contra os norte-americanos aumentou o moral público e levou ao excesso de confiança entre os líderes que acreditavam que a guerra já estava ganha. Mas a guerra na China estendeu a capacidade de guerra do Japão, assim como a necessidade de defender a vasta extensão do Pacífico que estava sob o controle japonês. Muito dependente das importações estrangeiras de matérias-primas, o calcanhar de Aquiles do Japão era sua capacidade limitada de produção de guerra, que o obrigaria a entregar a iniciativa aos Aliados depois de 1943.

Assumindo o controle: Produção

O Japão possuía uma tecnologia moderna avançada e uma força de trabalho disciplinada e coesa. Antes da guerra com a China, o governo japonês assumiu o controle de todas as indústrias estratégicas, como eletricidade e petróleo. Na agricultura, a produção do arroz — o alimento básico do país — também ficou sob controle e racionamento do governo. A produção industrial aumentou rapidamente, e, em 1938, 75% do orçamento nacional do Japão foi gasto na produção de guerra. Esses gastos levaram a dívidas e a empréstimos pesados do governo, que, por sua vez, levaram à inflação.

Apesar do estoque de matérias-primas (em particular, o petróleo) antes da guerra, o Japão logo se esgotou. Mesmo com um esforço agrícola em grande escala, o país precisava importar alimentos. O racionamento evitou dificuldades para a população até o final da guerra, quando a destruição da frota mercante do Japão e o bombardeio estratégico causaram escassez de alimentos.

Entre 1941 e 1945, o Japão produziu 18 porta-aviões, 6 cruzadores, 64 contratorpedeiros e 130 submarinos. Com exceção de alguns submarinos e contratorpedeiros, o Japão não produziu navios de guerra depois de 1944. A produção de tanques foi modesta, com média de menos de mil por ano. A produção de aeronaves aumentou de 5 mil em 1941 para o pico de mais de 28 mil em 1944. Esses números de produção caíram depois de 1944, principalmente porque o Japão esgotou seu suprimento de matérias-primas. Mesmo em plena capacidade, as fábricas japonesas, por mais modernas e eficientes que fossem, não podiam igualar a produção da indústria de guerra norte-americana. Os norte-americanos produziam mais em um mês do que o Japão em um ano.

A força de trabalho japonesa

Uma nação em guerra geralmente tem muitos trabalhadores mudando de fazendas para fábricas. Mas, diferentemente de outros países, grande parte da força de trabalho total do Japão permaneceu nas fazendas. Depois de 1943, para lidar com a escassez de mão de obra, o governo japonês deu um passo sem precedentes de recrutar mulheres para a força de trabalho. Em 1944, 33 milhões de japoneses — homens e mulheres — trabalhavam em fábricas 11 horas por dia.

O governo promoveu a produtividade das seguintes maneiras:

> As organizações enfatizaram a solidariedade dos membros dentro da fábrica.

> Um Ministério do Bem-Estar procurou maneiras de melhorar a saúde geral e a preparação física da população, acreditando que trabalhadores saudáveis seriam mais eficientes e melhores soldados quando convocados.

O problema era que os homens eram convocados para as Forças Armadas, independentemente de habilidades. Assim, muitos trabalhadores cujas habilidades eram necessárias nas fábricas foram enviados para o exército. Como resultado, mulheres, trabalhadores coreanos e até crianças eram deixados nas fábricas.

Uma das histórias desconhecidas da guerra foi o uso de prisioneiros de guerra pelo Japão como trabalhadores escravos. Muitos prisioneiros norte-americanos saíam das Filipinas para o Japão para realizar trabalhos perigosos (em minas, por exemplo), em condições brutais. Da mesma forma, os japoneses usaram prisioneiros britânicos como trabalho escravo para construir estradas e ferrovias na Birmânia. Milhares de homens morreram de excesso de trabalho, doenças e fome nas mãos de seus captores.

As roupas novas do imperador: Moral

Os objetivos de guerra indefinidos do governo japonês criaram alguns problemas no moral, mas um programa agressivo de exibições patriotas e apoio às tropas ajudou a colocar as dúvidas sobre o esforço de guerra em segundo plano. Os grupos de esquerda foram monitorados de perto. A cultura e as ideias ocidentais, como o individualismo e o liberalismo, foram atacadas por serem consideradas antipatriotas. Depois de 1943, o número cada vez maior de bombardeios nas principais cidades do Japão enfraqueceu o moral dos civis, fazendo com que um grande número de refugiados fosse para o campo e desfalcasse as fábricas de guerra. Mas a lealdade ao imperador encorajou a população a se preparar para a invasão e apelou a cada homem, mulher e criança para repelirem os invasores.

NESTE CAPÍTULO

» Os desafios e as tensões da preparação para a guerra

» Faltando mão de obra

» Sacrificando-se pelo bem comum

» Mantendo o moral alto

Capítulo 10
Aquela Parceria: Os Aliados

Uma guerra moderna é total, o que significa que as nações envolvidas direcionam todos os seus recursos para a produção de material para ela. Os civis contribuem tanto quanto os militares. Em outras palavras, os civis também sofrem o impacto da guerra. A estratégia da Segunda Guerra Mundial envolveu não apenas a destruição das forças militares inimigas, mas também a criação e a manutenção de fábricas e de centros populacionais para produzir veículos, alimentos, combustível, uniformes e armas de que as forças militares precisavam.

Em geral, a Grã-Bretanha, a União Soviética e os EUA usaram métodos semelhantes para mobilizar seu povo e manter o moral para atender às demandas da guerra total. Em essência, realizaram três tarefas principais:

» Forneceram comida suficiente para os militares e as forças de trabalho.

» Usaram suas fábricas de tempos de paz (produtos como geladeiras) para a produção em tempos de guerra (produtos como tanques).

» Mantiveram a fibra e o moral nacionais.

Como democracias, os EUA e a Grã-Bretanha instituíram medidas com o apoio e o consentimento do povo. A União Soviética, sob o controle de um homem e de um partido, coagia e obrigava os cidadãos a atenderem a qualquer necessidade que o Estado exigisse.

Reinando Unido: O Reino Unido

A Grã-Bretanha suportou as exigências da guerra por mais tempo do que qualquer outra nação. O governo britânico ganhou um poder extraordinário para dirigir a atividade dos cidadãos britânicos e assumir o controle das propriedades necessárias para os esforços de guerra. Pesados impostos financiavam a guerra e impediam que certas empresas obtivessem lucros excessivos com a produção de material de guerra. Ainda assim, os britânicos tiveram que racionar:

» Em 1939, a Grã-Bretanha institui medidas para racionar o combustível.

» Incapaz de alimentar o povo de forma independente em tempos de paz, muito menos nos de guerra, a Grã-Bretanha racionou alimentos em 1940 enquanto lutava nos dias sombrios da guerra, sozinha contra a Alemanha, quando os U-boats alemães atacaram navios britânicos.

   Os fazendeiros britânicos começaram a cultivar recursos adicionais, mas itens básicos como carne, açúcar, ovos e leite eram indisponíveis para os civis. O chá foi racionado, só havia pão, batatas e peixe.

» Em 1942, o governo também começou a racionar roupas e alimentos.

Os ianques estão voltando

Os soldados norte-americanos chegavam à Grã-Bretanha em grande número em 1942 e assim foi até a invasão da Normandia, em junho de 1944, quando mais de 1,5 milhão de homens viviam e treinavam na Grã-Bretanha. Embora alguns britânicos se ressentissem da presença dos norte-americanos, o povo britânico aceitou os soldados norte-americanos em prol da busca da vitória.

Além dos hábitos e modos diversos, os norte-americanos levavam comida. Alimentaram os famintos britânicos, primeiro por gentileza e depois por política:

» As tropas norte-americanas bem abastecidas tinham mais comida do que podiam comer, então dividiam sua ração com a população britânica.

» Após 1943, com o declínio da ameaça dos U-boats alemães, os navios norte-americanos começaram a fornecer alimentos também ao povo britânico.

Mobilizando mão de obra: O trabalho e o esforço de guerra

A Grã-Bretanha mobilizou sua força de trabalho como nenhuma outra nação. Dos 15 milhões de homens que a compunham em 1944, 4,5 milhões eram militares. O desemprego era inexistente e alguns tinham mais de um trabalho. Quase 7 milhões de mulheres foram mobilizadas para o trabalho de guerra. Mais de 400 mil também foram empregadas nas Forças Armadas. O maior sucesso na produção de guerra britânica foram os aviões de combate. Entre 1940 e 1943, a Grã-Bretanha produziu mais aeronaves por ano do que a Alemanha.

Postura inabalável: O moral britânico

O povo da Grã-Bretanha não estava preparado para a guerra moderna e se iludiu com a inércia dos primeiros meses. Mas, entre 1940 e 1941, os civis tornaram-se alvos legítimos dela. No período, 43 mil deles morreram em bombardeios alemães. Mais tarde, outros 17 mil foram mortos com bombas e ataques de foguetes V-1 e V-2. Apesar dessas perdas, o moral britânico nunca oscilou.

Crianças e idosos foram transferidos para o campo, e os cidadãos de Londres dormiam nos túneis do metrô. As pessoas de outras cidades costumavam deixar Londres antes da noite, quando acontecia a maioria dos bombardeios. Então, elas voltavam ao trabalho ou voltavam para casa durante o dia.

O povo britânico permaneceu unido em seu compromisso com a vitória total. O então primeiro-ministro, Winston Churchill, merece o crédito por conduzir os esforços de guerra e por encorajar o povo britânico enquanto enfrentava a maior provação da história de seu país.

Pegando Pesado: Os Estados Unidos

Embora inseguros sobre o que fazer enquanto o mundo entrava em guerra em 1939, os EUA entraram na guerra em 1941 com uma determinação implacável de corrigir vários erros. O ataque a Pearl Harbor, a derrota humilhante nas Filipinas e o ataque alemão a seus navios mercantes e de guerra levaram os norte-americanos a aceitarem sacrifícios enquanto se preparavam para a guerra.

Os EUA permaneceram terrivelmente despreparados, apesar de todo o dinheiro alocado para o fundo de guerra (pelo menos em 1940), dos controles de preços e do recrutamento de homens para o serviço militar em tempos de paz. A economia ainda sentia os efeitos da Grande Depressão. O desemprego era alto e a produção industrial, baixa. Essas circunstâncias significaram que os norte-americanos teriam que trabalhar pesado para aumentar a força de seus militares se quisessem derrotar a Alemanha e o Japão.

Construindo o arsenal: O triunfo dos EUA

Você pode argumentar que a Segunda Guerra Mundial não foi vencida no campo de batalha mais do que nas fábricas e nas fazendas dos EUA. Quase todos se envolveram e fizeram o que puderam para ver o sucesso do país.

» Os fazendeiros, estimulados pelos altos preços de seus produtos e pela isenção do recrutamento, produziram o suficiente para alimentar, além das tropas e dos cidadãos norte-americanos, a Grã-Bretanha e a União Soviética. Embora carne, manteiga, açúcar, café, gasolina, pneus e sapatos fossem racionados, os norte-americanos careciam de pouco. Na verdade, comiam melhor e tinham mais variedade de alimentos do que antes da guerra.

» As fábricas empregavam milhões no trabalho de guerra, tanto homens quanto mulheres. Atraídos por altos salários e trabalho estável, milhões de norte-americanos se mudaram para trabalhar no oeste (a população da Califórnia aumentou em 2 milhões de pessoas durante os anos de guerra), as grandes cidades do meio-oeste e do sul. As fábricas operavam dia e noite, e os trabalhadores construíam navios, aviões e tanques em tempo recorde.

Construindo armamentos: Mulheres e afro-americanos trabalhando

Conforme mais e mais homens entravam no exército (ao final da guerra, quase 12 milhões de homens e 250 mil mulheres estavam nas Forças Armadas), a demanda por trabalhadores nas fábricas de armamentos levou as mulheres para a força de trabalho como nunca. Em 1943, com a produção de guerra em seu nível mais alto, 36% das mulheres trabalhavam, representando um terço da força de trabalho. Os bombardeiros e caças que governaram os céus do Pacífico e da Europa foram quase inteiramente construídos por mulheres. Em 1944, uma fábrica de Michigan podia produzir uma aeronave por hora. Com mais de 12,5 milhões de pessoas empregadas no trabalho de guerra, o desemprego quase sumiu.

LEMBRE-SE

As mulheres não foram relegadas às fábricas ou ao lar. Também serviram nas Forças Armadas. Durante a guerra, 86 mil membros do *Voluntárias Para Serviço de Emergência* (WAVES) apoiaram o esforço de guerra em casa para a Marinha, e quase 100 mil membros do *Exército Feminino* (WAC) serviram em todas as partes do globo nas quais as forças do Exército dos EUA atuavam.

O ARSENAL DA DEMOCRACIA

Ao final da guerra, os EUA haviam produzido 181 bilhões de dólares em material de guerra, representando quase metade da produção total anual do país. O poder da economia industrial norte-americana era impressionante. Em 1944, no auge da produção, foram produzidas 96 mil aeronaves (1/3 a mais do que a Alemanha e o Japão juntos). Eles construíram 61 mil tanques entre 1942 e 1944, em comparação com 48 mil tanques alemães durante o mesmo período. Os EUA também construíram 147 porta-aviões e quase mil outros navios de guerra durante a guerra, superando a produção do Japão durante o mesmo período. Para todos os desembarques anfíbios necessários no Pacífico e na Europa, mais de 60 mil embarcações de desembarque foram construídas. Para transportar carga e petróleo em todo o mundo, os estaleiros norte-americanos construíram 5.600 navios mercantes e petroleiros. Mais de 10 milhões de rifles foram produzidos para abastecer não só as forças norte-americanas, mas também outras forças aliadas. Em 1940, o então presidente Roosevelt chamou os EUA de "arsenal da democracia". Naquela época, suas palavras destinavam-se a inspirar seu povo. Em 1945, não havia dúvida de que elas haviam se tornado realidade.

Os afro-americanos e os novos imigrantes também se beneficiaram drasticamente durante os anos de guerra. O número de afro-americanos empregados na indústria aumentou de 500 mil para 1,2 milhão. Embora a discriminação permanecesse um fato, o governo federal a proibiu nas indústrias de defesa.

A vida boa: O vislumbre do que está por vir

Para todos os norte-americanos, os salários semanais aumentaram 70% durante a guerra, e as oportunidades aumentavam à medida que a indústria acomodava tanto trabalhadores qualificados quanto não qualificados para cumprir os cronogramas de produção.

Durante a guerra, os trabalhadores norte-americanos desfrutavam de benefícios que não conheciam há mais de uma década. A mudança geral no padrão de vida estabeleceu o cenário para o crescimento econômico futuro e a prosperidade, incomparáveis na história mundial.

Eu quero uma casa no campo: Moral

Diferentemente do resto das nações aliadas, os Estados Unidos continentais nunca sofreram bombardeios, invasões nem ocupação. Assim como a maior parte da sua população masculina não foi para a guerra. Para a maioria dos norte-americanos, a Segunda Guerra Mundial foi boa, dando muito mais benefícios do que perdas.

> ## BRAÇO DE REBITADOR
>
> Trabalhar nas fábricas durante a guerra não era tão fácil. Uma média de duzentas mulheres ficavam feridas por dia. O ícone da cultura norte-americana "Rosie, a Rebitadeira", com seu macacão, grandes botas de segurança desajeitadas, capacete de soldagem e uniforme, tornou-se um estereótipo da guerra. Hoje, é claro (com exceção do capacete de soldagem), o uniforme de Rosie é o padrão usado pelas mulheres na maioria dos *campi* universitários. No entanto, durante a guerra, mulheres que rebitavam dia após dia durante longas horas reclamavam de dores nos braços, daí o diagnóstico ser chamado de "braço de rebitador".

Os norte-americanos desfrutavam de um espírito de união diante de um inimigo comum. Em grande medida, essa união — pelo menos no que diz respeito ao papel e ao propósito dos EUA na guerra — transcendeu fronteiras regionais e classes sociais. Para colaborar com os esforços de guerra, os norte-americanos tomaram estas atitudes:

- » Compraram títulos de dívida de guerra. (Compraram *grandes quantidades*, basicamente emprestando 135 bilhões de dólares ao governo dos EUA.)
- » Realizaram campanhas para coletar sucata, alumínio, papel usado e, sim, até gordura de cozinha.
- » Plantaram hortas de "vitória", pequenas hortas que cultivavam produtos suficientes para sustentar suas famílias.

Hollywood também ajudou a manter o moral elevado:

- » Emprestou seus atores e atrizes (aqueles que ainda não estavam no serviço) para apoiarem campanhas de compras dos títulos e entreterem os militares.
- » Os filmes feitos durante os anos de guerra muitas vezes tinham temas patriotas e retratavam os norte-americanos como sempre desejaram ser vistos: honestos, fortes, corajosos e generosos.

O lado obscuro do zelo norte-americano: Os campos de internamento

Após o ataque japonês a Pearl Harbor, os norte-americanos temiam que o Japão atacasse a costa oeste dos Estados Unidos. Dois meses depois de Pearl Harbor, o presidente Roosevelt assinou a Ordem Executiva 9066, que lhe permitiu definir áreas militares e, em seguida, remover quem quisesse delas. O alvo? Nipo-americanos. Corriam rumores de que os nipo-americanos eram mais leais ao imperador do Japão do que aos EUA, e de que ajudariam as forças de desembarque japonesas. A reação pública ao ataque a Pearl Harbor fez de cada japonês um inimigo. Infelizmente, o governo seguiu cegamente a opinião pública.

Usando informações do censo dos EUA para descobrir onde estavam as grandes concentrações de nipo-americanos, Roosevelt declarou grande parte da Costa Oeste como área militar. Dessas áreas, os EUA iniciaram a evacuação forçada de milhares de nipo-americanos. Roosevelt afirmou que o internamento foi necessário para evitar a espionagem e para proteger os nipo-americanos de outros norte-americanos com forte sentimento contra os japoneses.

Em março de 1942, a convocação começou. Algumas pessoas tiveram apenas 48h para deixar suas casas. Muitas foram levadas para *centros comunitários*, onde permaneceram até que pudessem ser transferidas para acampamentos permanentes, os *campos de internamento* ou *centros de detenção*. Cercas de arame farpado fechavam esses campos e soldados armados os protegiam. Os nipo-americanos tiveram que se submeter não apenas à detenção forçada longe de suas casas e meios de subsistência, mas também a restrições de viagens e toques de recolher. Ao todo, mais de 120 mil nipo-americanos — sendo a maioria composta de cidadãos norte-americanos e mais da metade, crianças — foram realocados para campos de internamento. O governo continuou a política de internamento muito depois de desaparecer a ameaça de um ataque direto japonês ao continente.

O chefe do Comando de Defesa Ocidental, John DeWitt, expressou de maneira sucinta a crença equivocada e ilusória do governo de que, ao restringir a liberdade de alguns, estava protegendo a segurança de muitos. Em vez disso, esse pensamento permitiu que o governo ignorasse a Constituição dos Estados Unidos e os princípios nos quais foi fundada: "Um japonês é um japonês", disse DeWitt em defesa da política, "e isso basta".

Curiosamente, durante todos os anos da guerra, apenas dez pessoas foram condenadas por espionagem para o Japão. Todas eram caucasianas.

É *DAÍ* QUE VEM ESSE IMPOSTO?

Para ajudar a financiar a guerra, o governo dos EUA aumentou os impostos. Nos anos de guerra, quase metade da população começou a pagar imposto de renda. Antes da guerra, apenas 5% o fazia. Portanto, as nocivas retenções que todo norte-americano encontra em seu contracheque hoje datam da Segunda Guerra Mundial, quando o governo instituiu esse processo de dedução automática.

A União Soviética Se Desmorona

De alguma forma, a União Soviética desempenhou muitos papéis na Segunda Guerra Mundial. Ela travou uma guerra quase em larga escala com o Japão na Mongólia, no verão de 1939; abriu a guerra na Europa como aliada de Hitler, em 1939; travou guerra contra a Finlândia; ocupou os Estados Bálticos; e foi vítima da agressão alemã em junho de 1941. Então a URSS tornou-se parceira dos Aliados e foi a principal força de combate que derrotou a Alemanha nazista, capturando Berlim para encerrar a guerra. A União Soviética também invadiu grandes partes da China em 1945, forçando a rendição do Japão. No geral, bastante vira-casaca. Poucas pessoas além do ditador soviético Joseph Stalin conseguiriam fazer isso. Como líder do Partido Comunista — e ajudado por uma eficiente organização da polícia secreta —, Stalin detinha o poder absoluto sobre o Estado e seu povo.

Apesar de se envolver nessa atividade militar, Stalin e a União Soviética não estavam preparados para uma guerra total. Em grande parte pego de surpresa, o povo soviético lutou pela sobrevivência. Os alemães travavam uma guerra de aniquilação contra os soviéticos. As opções eram bastante rígidas: escravidão e morte nas mãos dos nazistas ou repressão e um mínimo de conforto com Stalin.

Sobreviver: Produzir

A União Soviética desenvolveu a indústria pesada durante os anos 1930 e, em 1940, começou a estocar as matérias-primas necessárias. Apesar disso, no entanto, a URSS ainda era atormentada pela produção inadequada de alimentos e pelas redes de transporte deficientes. O país sofreu contratempos adicionais quando os alemães o invadiram, em 1941. Em 1942, os alemães haviam conquistado quase metade do povo soviético, mais da metade da sua produção industrial e a maior parte das terras férteis do país. Os soviéticos tomaram todas as medidas possíveis para manter vivos o povo e sua esperança de sobreviver à guerra:

> » Com o avanço dos nazistas, milhões de pessoas fugiram ou foram evacuadas pelo governo soviético.
>
> » O governo realocou cerca de 3 mil fábricas (e a maioria dos trabalhadores) para evitar sua captura. Essas fábricas foram demolidas tijolo por tijolo e reconstruídas centenas de quilômetros atrás das linhas.

> O governo solicitou apoio de empréstimo e arrendamento dos EUA e material de guerra da Grã-Bretanha. No entanto, a produção parou enquanto os soviéticos esperavam que essas coisas chegassem. (Veja, no Capítulo 7, informações sobre o programa de empréstimo e arrendamento.)

> Quando o apoio dos EUA e da Grã-Bretanha finalmente chegou, junto com a produção doméstica, mal cobria as perdas no campo de batalha.

Apesar desses contratempos e problemas, em 1942, o poder industrial soviético começou a ser sentido:

> Nenhuma outra nação produziu tantos tanques como a União Soviética. A produção do tanque T-34 de alta qualidade disparou de 6.500, em 1941, para uma média de 26 mil por ano entre 1943 e 1944.

> A produção de aeronaves ficou atrás apenas da dos Estados Unidos, crescendo de 25 mil, em 1942, para 40 mil em 1944.

As armas soviéticas eram rudes, pouco duráveis e fáceis de fabricar. A abordagem soviética da produção de guerra era simples: quantidade em vez de qualidade. Se quebrasse ou fosse destruído, refaziam e reenviavam para a batalha.

Embora a produção industrial fosse monitorada de perto, a agricultura soviética não tinha supervisão. A força de trabalho diminuiu quando os homens foram convocados para o exército ou para as fábricas. As poucas pessoas que ficaram na terra trabalhavam sem ferramentas ou equipamentos suficientes para cultivar lavouras em grande escala. A produção de alimentos diminuiu drasticamente. Nas cidades, havia racionamento. Os operários e os trabalhadores das indústrias pesadas e da mineração recebiam a maior parte dos alimentos; todo o resto do povo era considerado improdutivo e recebeu muito menos. Isso era intencional, visava forçar as pessoas a trabalharem nas fábricas sob a ameaça da fome. A maioria das pessoas se alimentava de pequenos lotes privados de terra.

Trabalhando até a morte: Mão de obra soviética

Cidadãos soviéticos, acostumados à privação e ao terror, trabalhavam muitas horas sob condições muitas vezes primitivas e perigosas. As moradias eram superlotadas e inadequadas, e os suprimentos de comida, sempre limitados. Nenhum bem de consumo era fabricado ou estava disponível. Quem reclamasse poderia ser preso como subversivo e enviado a um gulag (veja o Capítulo 6).

Na verdade, Stalin enviou 2 milhões de pessoas para os campos, onde foram escravizadas, produzindo munições, roupas e máscaras de gás. Também trabalhavam em minas e construíam estradas e ferrovias. A escassez de mão de obra foi tão aguda durante a guerra que, dos 30 milhões de pessoas que serviram no exército soviético, 800 mil eram mulheres. As mulheres serviam em todas as funções, dentro e fora de combates. Também se tornaram as principais agricultoras à medida que os homens partiam para o serviço militar.

Os nazistas eram parcialmente culpados pela escassez de mão de obra soviética. Deportaram 2,4 milhões de cidadãos soviéticos para a Alemanha como escravos. Mas Stalin ordenou a deportação de seu próprio povo também. Quando muitas pessoas nos Estados Bálticos e na Ucrânia deram as boas-vindas aos alemães como libertadores da tirania stalinista em 1941, Stalin voltou o poder do Estado soviético contra seu povo mais uma vez. Ele ordenou a deportação de 950 mil alemães étnicos para a Sibéria para impedi-los de ajudar o inimigo. Quando o Exército Alemão atacou ao sul nas montanhas do Cáucaso, em 1942, Stalin deportou outro 1,5 milhão de pessoas para impedi-las de dar ajuda aos nazistas. Dos enviados, 25% morreram.

Virando uma potência mundial: Moral

Discutir o moral do povo soviético é difícil. Em uma extremidade do país, os alemães exterminavam pessoas aos milhares e enviavam milhões de volta para a Alemanha escravizados. Na outra, Stalin deportava mais de 1 milhão de pessoas para a Sibéria, e outros 1,5 milhão estavam nos campos do gulag (concentração). Ao longo da guerra, o Exército Soviético perdeu mais de 84% de seus soldados devido a ferimentos, doenças, congelamento e captura. Civis morreram aos milhões de doenças, desnutrição, excesso de trabalho e ações de combate. No entanto, apesar de todos esses eventos terríveis, para aqueles que sobreviveram, a guerra foi uma experiência unificadora.

O Partido Comunista ficou em segundo plano em relação à Mãe Rússia (o antigo conceito patriota estimado por muitos russos), e a Igreja Ortodoxa recebeu mais liberdade para consolidar o patriotismo antiquado entre as pessoas. Stalin foi o líder, o pai da pátria, que guiou o povo soviético pelo teste mais terrível — as privações, os perigos e os custos da guerra. No entanto, o povo soviético triunfou e conquistou os nazistas, e se tornou uma potência mundial no processo. Para eles, a Segunda Guerra Mundial foi uma guerra tão boa quanto para os Estados Unidos. Ainda hoje, os russos a chamam de "A Grande Guerra Patriota" e a consideram um dos momentos de glória da história russa.

NESTE CAPÍTULO

» O confronto com o impensável

» O plano nazista: A solução final

» O mal que os homens fazem

Capítulo 11
A Guerra contra os Judeus

O que torna a Alemanha nazista tão repreensível é este simples fato: o governo de Hitler planejou e se organizou cuidadosamente para erradicar todo um grupo de pessoas. O assassinato em massa em escala industrial nunca havia sido realizado na história. Mas o poder do Estado moderno, combinado com a tecnologia, permitiu que os sonhos perversos de Hitler se tornassem uma realidade horrível.

A perseguição de Hitler aos judeus é conhecida como *Holocausto*, *Guerra contra os Judeus* e *Solução Final*. Cada nome representa um acontecimento singular que fez parte não só da Segunda Guerra Mundial, mas que mudou para sempre a Europa e o mundo e que nos obriga, tal como obrigou o mundo há cinquenta anos, a encarar o mal.

A Justificativa: O Pensamento Nazista

A guerra contra os judeus foi uma consequência direta das ideias distorcidas de Hitler, que definiu em *Mein Kampf* (Minha Luta), em 1923. O que não passava do discurso de um filósofo frustrado tornou-se a política nacional. Para entender o ódio de Hitler pelos judeus, é preciso entender as seguintes ideias nazistas sobre raça:

» A raça é uma característica fundamental. Supera as experiências, a educação, a nacionalidade — tudo — para determinar o lugar que um povo ocupa no mundo.

» Dado que raças diferentes têm papéis diferentes, algumas são mais valiosas do que outras. Na hierarquia racial nazista, a ordem era esta: ariana (a Raça Superior), outros caucasianos não arianos, asiáticos e afro-americanos.

» Caso as pessoas negassem a verdade disso, independentemente do grupo em que se encaixassem, estariam negando seu destino.

(Veja no Capítulo 2 uma discussão mais detalhada sobre o pensamento nazista.) Para cumprir seu destino como a Raça Superior, os nazistas tinham que controlar e subjugar raças "inferiores" a fim de obter o espaço de vida que seu grande império (o Terceiro Reich) precisava. Para esse fim, os alemães travaram a guerra como um meio de impor sua vontade aos estrangeiros. Eles tinham como alvo os eslavos e os russos, por exemplo, que poderiam ser removidos à força de suas terras para que os verdadeiros herdeiros do futuro, a Raça Superior alemã, assumisse o controle.

Os judeus, no entanto, eram outra questão. O ódio de Hitler por eles ia além do veneno que vomitava sobre as raças "inferiores". Para Hitler, os judeus eram a fonte do mal no mundo. Eles eram parasitas que traíam e se alimentavam do povo alemão. A missão de Hitler, segundo o próprio, era ser a arma de sua destruição.

A Perseguição Começa: Judeus na Alemanha

Em *Mein Kampf*, Hitler deixou claro (veja o Capítulo 2) quais eram seus planos, mas só quanto obteve o controle total do governo alemão sua atenção se voltou para a implementação deles. Em sua busca por *Lebensraum* (veja o Capítulo 2), os nazistas precisavam remover os judeus da Alemanha (que pertencia à Raça Superior) e realocá-los em outro lugar. Para esse fim, Hitler tornou os judeus alemães alvos de ódio e suspeita, e iniciou uma perseguição sistemática que acabaria por privá-los de tudo. Durante aqueles anos, alguns judeus deixaram a Alemanha. Mas muitos, apesar da retórica de Hitler e das primeiras ações contra eles, não viram toda a extensão do perigo até que fosse tarde demais.

» No final de 1933, Hitler forçou a aposentadoria dos trabalhadores não arianos do governo (exceto nas Forças Armadas). Os nazistas começaram a prender os judeus e a enviá-los para campos de concentração.

» No final de 1935, os nazistas aprovaram as Leis de Nuremburg, que destituíam os judeus de sua cidadania alemã, proibiam-nos de participar da política e baniram os casamentos entre judeus e cidadãos alemães. (Judeus e alemães que não eram casados, mas que continuaram a relação, foram considerados "profanadores raciais" e enviados para campos de concentração.)

» No final de 1937, os judeus não podiam mais obter passaportes nem viajar para fora da Alemanha, exceto sob certas condições.

» No final de 1938, os judeus tinham que portar carteiras de identidade; crianças judias foram expulsas das escolas alemãs; e estudantes judeus foram banidos das universidades. Além disso, os judeus tiveram que registrar todas as propriedades acima de um determinado valor. Médicos e advogados judeus perderam suas licenças.

» No final de 1939, os judeus tiveram que entregar todo o ouro e prata que tinham ao governo.

» No final de 1941, judeus com mais de seis anos não podiam sair de casa sem permissão da polícia e, quando saíam, tinham que usar a estrela de Davi.

No início desse período, meio milhão de judeus viviam na Alemanha; em 1941, esse número caiu para pouco mais de 100 mil. À medida que a Alemanha invadia outras nações (Áustria, Polônia, Bélgica, França e assim por diante), levou consigo suas políticas contra os judeus.

Unidade Móvel de Matar: O Einsatzgruppen

Quando a guerra começou na Europa com a invasão da Polônia em 1939, Hitler pretendia dar continuidade ao programa de extermínio, após suas vitórias militares. Depois que as forças alemãs da linha de frente se moviam por uma área, outro elemento as seguia. Eram os Grupos de Ação, ou *Einsatzgruppen*[1]. Na esteira da invasão nazista da União Soviética, no verão de 1941, os Grupos de Ação tinham ordens para matar todos os administradores do governo soviético e todos os funcionários do Partido Comunista. Eles também deveriam ter como alvo os judeus como portadores da ideologia bolchevique (comunista) — como se os judeus fossem a fonte dessa ideologia e a carregassem como uma doença contagiosa. (Os judeus, na verdade, foram completamente desumanizados pela propaganda nazista e comparados a ratos portadores de uma praga.)

Em todas as aldeias, os Grupos de Ação cercavam judeus homens, mulheres e crianças. Eles os levavam para uma área relativamente isolada (como um bosque ou uma ravina) e então atiravam e os enterravam. No primeiro ano da ocupação nazista na União Soviética, quase 500 mil homens, mulheres e crianças foram executados assim. Em 1944, quase todos os judeus (cerca de 1 milhão) que viviam na Ucrânia antes da guerra foram mortos.

Aqueles que sobreviveram às unidades móveis de extermínio, tanto judeus quanto não judeus, pegaram em armas contra os alemães e formaram bandos partidários para desferir uma forte vingança contra os conquistadores. Sabendo o que estava reservado para eles se capturados, os soldados e os guerrilheiros soviéticos lutaram com um desespero fanático.

KRISTALLNACHT

Conhecida como a "Noite dos Cristais", a *Kristallnacht* foi a resposta nazista à morte de Ernst von Rath, o Terceiro Secretário da Embaixada da Alemanha, morto por um adolescente polonês (e judeu) vingando a família. Após a morte de Rath, Goebbels (ministro da Propaganda, de Hitler) encorajou a violência contra os judeus em Berlim. Quase cem pessoas morreram, as vitrines das lojas judias foram quebradas e as sinagogas, queimadas. Para adicionar insulto à injúria, os alemães alegaram que o dano e, portanto, o custo dele eram de responsabilidade dos judeus.

---

1 N. da T.: Também conhecidos como grupos de extermínio nazistas.

Deportação para Guetos e Campos de Concentração e de Extermínio

Já em 1933, os nazistas mandavam gente para os campos de concentração. Inicialmente, tais campos estavam localizados na Alemanha (como Dachau e Bergen-Belsen) e eram usados para pessoas "indesejáveis" para os nazistas, o que incluía comunistas, democratas, socialistas, prisioneiros políticos, homossexuais e judeus. Durante a guerra, esses campos também mantinham prisioneiros de guerra soviéticos e escravos. As execuções eram comuns, e a maioria dos internos dos campos simplesmente trabalhava até a morte. Só mais tarde, porém, os campos passaram a ser associados aos judeus. Os campos de extermínio, por outro lado, destinavam-se apenas aos judeus desde o início; esses foram os campos que os nazistas criaram para exterminá-los.

À medida que o controle nazista se espalhava pela Europa, a deportação de judeus para campos de concentração e de extermínio cresceu: entre 1939 e 1941, a Áustria, a Hungria e até a França (liderada pelo governo de Vichy; veja o Capítulo 5) deportaram judeus. Embora a Alemanha já estivesse removendo judeus da Alemanha há um tempo, foi somente em 1941 que os nazistas começaram uma deportação em massa de judeus.

Os guetos da Polônia foram outra criação nazista. Para obter o *Lebensraum* da Polônia, Hitler precisava tirar os judeus do campo polonês. Para tal, os nazistas forçaram a população judaica a se mudar para seções das cidades, das quais foram proibidos de sair. Era comum que muros cercassem essas áreas, patrulhadas por guardas fortemente armados, prendendo as pessoas nelas.

Em 1942, quando os nazistas implementaram as últimas fases da Solução Final, os judeus eram enviados de guetos, campos de concentração e *campos de trânsito* (essencialmente, estações intermediárias) para a morte.

OS "JUSTOS ENTRE AS NAÇÕES"

Os "Justos entre as Nações" eram os não judeus que corriam o risco de prisão, tortura e morte ajudando os judeus durante o Holocausto. Cerca de 10 mil homens e mulheres foram homenageados. Esconderam judeus dos nazistas; ajudaram-nos a escapar da deportação; adotaram crianças judias cujos pais foram deportados ou mortos; forneceram alimentos, suprimentos, cuidados médicos; e muito mais. Os "Justos entre as Nações" incluem pessoas de todas as esferas da vida: fazendeiros, industriais, operários, donas de casa, vendedores, enfermeiras, funcionários do governo, freiras e padres e lutadores da resistência, apenas para citar alguns.

Vida no gueto

Cada gueto tinha um conselho judaico (o *Judenrat*) responsável por garantir que as pessoas seguissem as políticas nazistas. O conselho, formado por rabinos e outros líderes da comunidade judaica, também distribuía alimentos, policiava o gueto e cuidava da saúde e do bem-estar (se pode-se dizer isso) das pessoas.

As condições de vida nos guetos eram horríveis. Privados de comida (eles recebiam as sobras da população em geral, mas não mais do que o necessário para o sustento), de cuidados médicos, de muitas das necessidades básicas da vida e escravizados extensivamente, muitos judeus morreram de desnutrição, doenças e fome. Vários foram executados por alegados crimes que não cometeram.

Como os campos de concentração, os guetos eram simplesmente uma solução temporária para o problema judeu dos nazistas. Esses guetos acabaram sendo esvaziados, e seus habitantes, assassinados.

A vida nos campos de concentração

Durante os anos em que Hitler governou a Alemanha, mais de cem campos de concentração surgiram em toda a Europa. Embora não fossem usados estritamente para fins de extermínio, as condições de vida nos campos de concentração eram brutais, e as taxas de mortalidade, altas.

A função dos prisioneiros nos campos de concentração era trabalhar, mas suas vidas não valiam nada para os guardas, os comandantes do campo e os sempre presentes SS. Qualquer um que não pudesse trabalhar era morto, e aqueles que podiam trabalhar geralmente o faziam até a morte.

Trabalhando longas horas em trabalhos forçados em todos os tipos de clima e sob surras constantes dos guardas, muitos prisioneiros morriam de exaustão e exposição. Com pouca comida por dia (geralmente um pedaço de pão e uma sopa rala), muitos morriam de desnutrição e de fome. Mesmo os prisioneiros que conseguiam evitar a fome ou a morte por exposição ainda ficavam vulneráveis à morte nas mãos dos guardas.

Assistência médica não existia. Os doentes e os fracos eram abandonados até morrer. Outros, muitos desses sendo crianças, morriam nas mãos de médicos que realizavam experimentos médicos bárbaros com eles.

Como muitos prisioneiros morreram — na verdade, o objetivo em muitos campos de concentração era "o extermínio pelo trabalho" —, a maioria dos campos tinha crematórios para que os guardas se livrassem dos corpos. Perto do fim da guerra, esses campos foram usados como áreas de retenção para judeus dos campos de extermínio que foram movidos para o oeste para evitar a detecção.

MAIS PODERIA TER SIDO FEITO

Embora não quisessem acreditar, muitas das nações aliadas sabiam das atrocidades contra os judeus no início da guerra. Afinal, antes de ela começar, as ações dos nazistas eram públicas e, consequentemente, noticiadas na imprensa. As informações ficaram mais difíceis de serem obtidas depois que a guerra começou, mas relatórios de inteligência e de informantes e membros da resistência dos países ocupados chegavam ao Ocidente. Mas os Aliados fizeram pouco em resposta.

As "fábricas de morte"

Os campos de extermínio, como Auschwitz, Birkenau, Chelmno, Treblinka e Sobibor, eram únicos porque eram simplesmente áreas de detenção temporária para o assassinato em massa de pessoas. Os judeus eram descarregados de vagões de trem e, em muitos casos, conduzidos às câmaras de gás ou aos pelotões de fuzilamento. Aqueles que escapavam da morte imediata eram escravizados no próprio campo. Eles foram colocados em turmas de trabalho que apoiavam o processo de execução (trabalhar nos crematórios, por exemplo) até que também fossem mortos. Em Auschwitz, alguns prisioneiros aptos eram mantidos vivos, como escravos, para ajudar na produção de guerra até que sucumbissem ao excesso de trabalho e à fome.

Os campos de extermínio usavam câmaras de gás como meio de assassinato e eram assustadoramente eficientes (veja a seção "A Solução Final e a Falha Derradeira" para entendê-la). Algumas, como as câmaras gêmeas em Auschwitz-Birkenau (o maior campo de extermínio), acomodavam mais de 4 mil pessoas ao mesmo tempo. As vítimas destinadas às câmaras de gás eram forçadas a tirarem as roupas; então eram empurradas para a própria câmara de morte. Cerca de vinte minutos depois que o gás (geralmente, Zyklon-B) era liberado na sala, todos dentro dela estavam mortos.

Os corpos das vítimas eram despojados de quaisquer objetos de valor remanescentes, como ouro de dentes e anéis, e depois queimados em fornos construídos para esse fim. Quando os fornos paravam, como acontecia em alguns campos de extermínio por causa do grande número de pessoas mortas, os alemães queimavam os corpos a céu aberto.

A Solução Final e a Falha Derradeira

Em 1942, trens carregados de judeus eram enviados para o leste, onde os esquadrões de execução (veja a seção anterior) os matavam imediatamente. Do ponto de vista nazista, entretanto, o processo era lento, ineficiente e problemático. As execuções ocorriam abertamente. Como tal, eram difíceis de esconder da população em geral e dos soldados e oficiais alemães, que, com poucas exceções, consideravam-nas destrutivas para o moral e para o espírito de luta. (Até mesmo alguns dos homens que matavam diretamente, ao que parece, tinham dificuldade em atirar nas mulheres e nas crianças.)

Portanto, os nazistas mudaram o modo de realizar as execuções. O marechal de campo alemão Hermann Goering ordenou que o administrador nazista Reinhard Heydrich organizasse um programa para resolver o que chamou de "a questão judaica". Heydrich iniciou um programa que usava gás venenoso (nome comercial, "Zyklon B") para matar um grande número de pessoas ao mesmo tempo. O programa, denominado *a solução final*, representava o plano dos nazistas de mover todos os judeus da Europa ocupada para centros de extermínio em áreas isoladas. Seu objetivo era eliminar todos os judeus da Europa.

Em 1942, os burocratas nazistas se reuniram para organizar seu esforço de identificação, coleta, transporte e morte de judeus de toda a Europa. Dos cantos mais longínquos do continente, os judeus foram recolhidos pela polícia e transferidos para guetos, para posteriormente transitarem para os campos de extermínio ou serem enviados diretamente para os campos de extermínio no leste da Polônia. (Veja as seções anteriores "Vida no gueto" e "As 'fábricas de morte'".)

Os nazistas agiram com terrível eficiência: antes de finalmente serem parados, assassinaram 6 milhões de judeus. Cerca de 300 mil judeus europeus sobreviveram ao horror.

Escondendo o crime

Quando ficou claro para todos que a Alemanha perderia a guerra, Heinrich Himmler, chefe da SS e diretor das atividades da Solução Final, decidiu que os nazistas precisavam manter seus crimes contra os judeus em segredo. Ele ordenou a transferência de prisioneiros de Auschwitz e de Birkenau para a Alemanha, onde seriam usados como trabalhadores escravos em fábricas subterrâneas ou enviados para campos de concentração pré-guerra — como Dachau, Bergen-Belsen e Buchenwald — destinados a prisioneiros políticos.

Milhares morreram ou foram mortos enquanto marchavam para o oeste, à frente do avanço dos exércitos soviéticos, e muitos milhares morreram de fome e de excesso de trabalho nos meses anteriores à chegada dos Aliados.

ANNE FRANK: UMA VOZ ENTRE MILHÕES

Em 1933, Otto Frank levou sua família da Alemanha para Amsterdã. Quando os nazistas começaram a deportar judeus holandeses, em 1942, a família Frank se escondeu no anexo secreto de uma casa em Amsterdã. Por dois anos, a família viveu isolada. Em agosto de 1944, ela foi traída por informantes desconhecidos e enviada ao campo de concentração de Bergen-Belsen. Lá, todos da família Frank — exceto Otto — morreram de doenças.

Depois da guerra, Otto voltou para Amsterdã e conheceu Miep Gies, uma das pessoas que protegeu a família. Ela lhe deu um diário que encontrou no anexo depois que a família foi capturada. Pertencia a Anne, filha de quatorze anos de Otto Frank. Otto publicou o diário de Anne, que se tornou um dos livros mais famosos do século XX e um testemunho da resiliência do espírito humano. Mais de 25 milhões de cópias foram vendidas em todo o mundo.

Apenas um mês antes de o esconderijo da família Frank ser descoberto, Anne escreveu: "Simplesmente não consigo criar minhas esperanças em um alicerce que consiste em confusão, miséria e morte. Vejo o mundo gradualmente se transformando em um deserto. Ouço o trovão que se aproxima, que vai nos destruir também. Posso sentir o sofrimento de milhões." Ela encerrou esse registro com as seguintes palavras: "Acho que tudo vai dar certo, que essa crueldade também vai acabar, e que a paz e a tranquilidade voltarão." Em suas palavras tristes, mas esperançosas, Anne Frank se tornou um símbolo dos milhões de judeus que morreram e a voz que lembrou ao mundo de sua humanidade.

A chegada dos norte-americanos, dos britânicos e dos soviéticos

Mas, em setembro de 1944, os exércitos soviéticos haviam invadido a Polônia, e os exércitos norte-americano e britânico estavam se aproximando das fronteiras da Alemanha. A 15ª Força Aérea, estacionada na Itália, voava em missões de bombardeio na Alemanha e na Europa Oriental. Conforme as forças soviéticas se aproximavam pelo leste, os nazistas tentavam esconder seus crimes. Mas a monstruosidade de seus atos malignos não podia ser escondida. Eles começaram a limpar os campos de concentração, destruindo as evidências e transferindo os milhares de judeus restantes para campos de concentração na Alemanha. Foi quando as tropas norte-americanas e britânicas descobriram as pessoas, já esquálidas, destinadas à execução. Os soviéticos descobriram os campos abandonados e encontraram prisioneiros deixados para trás; aqueles que estavam fracos demais para viajar e que não foram mortos pelos nazistas, temendo retaliação dos soviéticos, simplesmente fugiram. Os guardas dos campos de concentração nazistas às vezes eram baleados à primeira vista por soldados norte-americanos enfurecidos, que libertaram os campos na Alemanha. Essa visão os horrorizou. E isso horrorizou o mundo desde então.

Se os nazistas tivessem tido o tempo necessário para cumprir seus planos, a Solução Final provavelmente teria sido bem-sucedida. Hitler tinha toda a intenção de eliminar os judeus, independentemente do que mais estivesse acontecendo com a guerra. "Recuperaremos nossa saúde apenas eliminando os judeus", disse em 1942. Do jeito que estava, os nazistas não podiam simplesmente travar uma guerra contra um povo inteiro e lutar contra a União Soviética, os Estados Unidos e a Grã-Bretanha ao mesmo tempo. A derrota militar impediu que a Solução Final fosse definitiva.

4 O Contra-ataque Aliado, 1942–1943

NESTA PARTE...

Descubra o que os EUA, como retardatários, tinham muito a aprender sobre a guerra.

Entenda como foram tomadas as decisões mais importantes para direcionar o curso da guerra e por que as forças norte-americanas acabaram lutando.

Saiba como a contribuição soviética foi importante para a direção geral da guerra.

Veja como as ofensivas anglo-americanas visavam tirar a Itália da guerra.

Perceba como as forças norte-americanas e australianas enfrentaram os japoneses na Nova Guiné.

> **NESTE CAPÍTULO**
>
> » Entendendo as alianças
>
> » Reunindo as alianças
>
> » Tomando a grande decisão: Quem atacar primeiro

Capítulo 12
A Política do Compromisso, 1942

Ao longo da história, guerras significaram cooperação, alianças e acordos. Como ocorre na política, surgem parcerias improváveis. A Segunda Guerra Mundial não foi diferente. Os alemães, por exemplo, firmaram acordos com os japoneses, que, segundo a filosofia nazista, eram membros de uma raça "inferior"; com os italianos, que consideravam incompetentes; e com os soviéticos, que pretendiam conquistar. Da mesma forma, as democracias da Grã-Bretanha e dos Estados Unidos se juntaram a Josef Stalin, um ditador soviético não diferente de Hitler, para derrotar a Alemanha, o Japão e as nações que lutavam com eles.

Alianças e coalizões podem durar muito tempo (como a aliança entre os Estados Unidos e a Grã-Bretanha) ou se desmoronar rapidamente (por exemplo, a aliança entre a Alemanha e a União Soviética antes da Segunda Guerra Mundial, e a aliança entre a União Soviética e os Estados Unidos após a guerra). A duração de uma aliança depende muito de quanto tempo dura a causa a que se dedica. Quando a fonte dessa causa comum desaparece, a aliança está em perigo.

As Potências do Eixo: Negócios entre Bandidos

A parceria entre a Alemanha, a Itália e o Japão (chamada de *Potências do Eixo*) não era nada mais do que uma associação livre de Estados fora da lei. Embora a Alemanha e o Japão parecessem ter uma coordenação estratégica, na realidade pouco cooperaram durante a guerra. A Itália, é claro, seguiu o exemplo da Alemanha, fornecendo apoio e tropas por toda a Europa e pelo Mediterrâneo. Essas nações assinaram os seguintes acordos:

» **O Pacto Anticomintern:** Em 1936, a Alemanha e a Itália fizeram um pacto com o Japão, o *Pacto Anticomintern.* (Comintern deriva de *Internacional Comunista,* uma organização que promovia a revolução mundial patrocinada por Stalin e pela União Soviética.) Este tratado foi uma tentativa de unir três nações muito diferentes em uma causa comum: lutar contra a propagação do comunismo.

Outras nações que lutaram com as potências do Eixo incluíram a Tchecoslováquia (sob controle e ocupação alemães), a Romênia, a Hungria, a Bulgária e a Finlândia. Até a Espanha forneceu tropas para a Alemanha. Muitas dessas nações lutaram com a Alemanha não porque compartilhassem da ideologia de Hitler, mas porque odiavam Stalin e a União Soviética.

» **O Pacto Tripartite:** Em setembro de 1940, os países do Eixo assinaram o *Pacto Tripartite*, que unia as três nações em um acordo de cooperação. Neste pacto, o Japão concordou em aceitar a liderança da Alemanha e da Itália na Europa controlada pelos nazifascistas, e a Alemanha e a Itália concordaram em respeitar a liderança do Japão em uma Ásia controlada por japoneses. Além disso, os três países concordaram em ajudar uns aos outros em caso de ataque.

Em agosto de 1939, pouco antes de a Alemanha invadir a Polônia, a URSS e a Alemanha fizeram uma espécie de aliança, o Pacto de Não Agressão Germano-soviético. A aliança durou até junho de 1941, quando os nazistas invadiram a União Soviética. Não foi uma grande aliança, mas serviu ao seu propósito. Vá para o Capítulo 4 para saber mais sobre essa aliança, que deu aos dois ditadores sanguinários o que queriam em curto prazo: território adicional e a eliminação da ameaça de guerra.

> ## ALIANÇAS E COALIZÕES: VOCÊ SABE QUAL É A DIFERENÇA?
>
> Uma *coalizão* é um acordo em que duas ou mais nações concordam em cooperar para alcançar um objetivo comum. A *aliança* é um acordo formal entre duas ou mais nações para atingir objetivos amplos, geralmente de longo prazo. Simplificando, as coalizões são amizades necessárias e as alianças, por escolha.
>
> Do ponto de vista militar, as alianças e as coalizões exigem que as Forças Armadas das nações envolvidas trabalhem juntas. As unidades de combate, os navios e as aeronaves das várias nações devem ser capazes de lutar juntos. O pessoal responsável deve ser capaz de trabalhar em conjunto para desenvolver planos de batalha. Todos têm que concordar em questões críticas, como o que fazer primeiro, quem está no comando e quem tem responsabilidade pelo que deve ser resolvido. Os desafios são agravados por diferenças de treinamento, de equipamento, de idioma, de suprimentos e de capacidades entre as nações participantes. Organizar as unidades díspares em uma força de combate coesa e fechar acordos entre os líderes é uma tarefa monumental, e o processo não é bonito.

Cooperação Americano-britânica: Nenhum Mar de Rosas

Os britânicos e os norte-americanos tiveram um caminho difícil a percorrer para alcançar seu objetivo comum de derrotar a Alemanha e o Japão. Os contatos iniciais entre os dois países começaram em agosto de 1941, quando os Estados Unidos começaram a apoiar abertamente os comboios britânicos no Atlântico Norte.

O então primeiro-ministro britânico, Winston Churchill, e o presidente norte-americano, Franklin Roosevelt, se encontraram a bordo de um navio de guerra britânico na costa da Ilha de Terra Nova. Eles discutiram questões comuns de defesa e a coordenação da política contra o Japão. Como os Estados Unidos eram neutros e os japoneses ainda não haviam iniciado uma guerra contra nenhuma das nações, o encontro entre os dois líderes foi mantido em segredo.

A Carta do Atlântico

O resultado do encontro secreto de 1941 entre Roosevelt e Churchill na costa da Terra Nova foi a *Carta do Atlântico*, o documento que se tornou a base para a aliança americano-britânica. Mais importante ainda, a Carta do Atlântico afirmava os princípios que os dois países compartilhavam e delineou os princípios que deveriam respeitar. Os princípios da Carta do Atlântico estavam claramente em oposição aos programas dos fascistas italianos, dos nazistas e dos militaristas japoneses. Quando outras nações entraram na guerra ao lado dos Aliados, todos foram convidados a afirmar que lutavam pelos princípios delineados na Carta do Atlântico (veja a seção seguinte).

Um piquenique aliado: A Conferência Arcádia

EXÉRCITO ALIADO

Do final de dezembro de 1941 até meados de janeiro de 1942 — poucas semanas após a ofensiva japonesa na Ásia e as declarações de guerra dos Estados Unidos e da Grã-Bretanha contra o Japão —, Roosevelt, Churchill e seus conselheiros se reuniram em Washington, D.C., para organizar os planos de guerra. Essa reunião foi a *Conferência Arcádia*. Seus participantes realizaram dois importantes feitos:

» Criaram um Estado-maior Combinado para cooperar no planejamento estratégico.

» Emitiram a *Declaração das Nações Unidas,* que vinculou as nações signatárias aos princípios da *Carta do Atlântico,* com uma promessa de combinar seus recursos. (Veja o box "Os oito pontos da Carta do Atlântico" para conhecê-los.) De início, 26 nações assinaram o tratado. Posteriormente, o número chegou a 51.

OS OITO PONTOS DA CARTA DO ATLÂNTICO

Os oito pontos da Carta do Atlântico, que se seguem, refletem muitos dos Quatorze Pontos do presidente norte-americano Woodrow Wilson, emitidos em 1918 para encerrar a Primeira Guerra Mundial:

- Nenhum interesse na expansão territorial e nenhuma mudança territorial sem o consentimento das pessoas envolvidas (do conceito de Wilson da autodeterminação dos povos).
- O direito das pessoas de escolherem sua própria forma de governo e de terem seus governos restaurados (Quatorze pontos de Wilson).
- Acesso gratuito de todas as nações a matérias-primas e mercados (do conceito de livre comércio de Wilson).

- Segurança de paz e ausência de medo e necessidade (do conceito de Wilson de quatro liberdades básicas; expressão e adoração, as outras duas).
- Sem limitações para as nações que viajam livremente pelos mares e oceanos do mundo (do conceito de liberdade dos mares de Wilson).
- Um sistema permanente de segurança entre as nações e de aliviar o peso dos armamentos (uma referência clara à Liga das Nações, de Wilson, e às propostas de desarmamento).

Para obter mais informações sobre os Quatorze Pontos de Wilson e sobre a Liga das Nações, veja o Capítulo 2.

Essas 51 nações se tornaram uma coalizão militar informal, chamada coletivamente de *Nações Unidas*. Não foi uma aliança formal e nenhum tratado ou acordo formal foi assinado. No entanto, a parceria tinha a sensação e as armadilhas de uma aliança formal a tal ponto que as três principais potências — a Grã-Bretanha, os Estados Unidos e a União Soviética — ficaram conhecidas como *Aliados*, ou *Potências Aliadas*, que mais tarde incluiu a França e a China.

LEMBRE-SE

Os Estados Unidos e a Grã-Bretanha não lutaram sozinhos contra Hitler. Outros que participaram do lado anglo-americano incluíam a União Soviética (após a invasão de Hitler à URSS), a França Livre, a Polônia e a Comunidade das Nações (Canadá, Austrália, Nova Zelândia e África do Sul), além de unidades argelinas, marroquinas e brasileiras. Até a Itália, após sua rendição aos Aliados, em 1943, juntou-se à luta contra Hitler.

Estratégias de Choque: Um Debate entre Amigos

Embora os interesses britânicos e norte-americanos parecessem fáceis de coordenar, não era o caso em 1942. Embora cada país quisesse derrotar os alemães e os japoneses, o problema era como fazê-lo. Os EUA queriam ir atrás do Japão primeiro; os britânicos, de Hitler. E a União Soviética só queria uma ajudinha.

Japão primeiro?

Os norte-americanos queriam lutar primeiro contra os japoneses. O ataque surpresa aos EUA e as subsequentes perdas humilhantes que os EUA sofreram no Pacífico fizeram com que muitos estrategistas os pressionassem por um esforço completo no Pacífico (veja, no Capítulo 8, detalhes sobre o ataque japonês no Pacífico). Embora a vingança fosse o principal motivador, o argumento para se concentrar primeiro no Japão também fazia sentido estratégico: se o Japão não fosse derrotado primeiro, teria tempo de construir suas defesas na Ásia. A China já estava sem apoio dos Aliados pelas forças japonesas; os Aliados não podiam dar ao Japão tempo para solidificar o controle sobre as enormes populações e as vastas matérias-primas da Ásia.

Ou a Alemanha primeiro?

Para os britânicos, os problemas eram mais imediatos — sua sobrevivência estava em jogo. Poucos meses antes da conferência dos Aliados, Hitler quase destruiu a Grã-Bretanha. No início de 1942, com as forças alemãs nos arredores de Moscou, a União Soviética também não parecia longe do colapso. Se a União Soviética caísse, o que impediria Hitler de se voltar contra a Grã-Bretanha novamente? Além disso, a ideia de uma Alemanha intocada dominando a Europa por anos enquanto os Aliados lutavam na Ásia era impensável. Para os britânicos, os Aliados tinham que derrotar a Alemanha primeiro, o que significava que os recursos norte-americanos tinham de ser dedicados à Europa, não à Ásia.

E quanto ao norte da África?

Enquanto continuava o debate sobre contra qual inimigo lutar, Winston Churchill acrescentou algo mais à mistura. Na Conferência de Arcádia, propôs a Roosevelt um ataque conjunto para ocupar o norte da África francesa. Nesse ponto, os britânicos lutavam contra as forças do general alemão Erwin Rommel, perto de Tobruk, na Líbia (veja, no Capítulo 13, mais informações sobre as forças de Rommel no norte da África). Churchill apontou o perigo real de que, no início do verão, os alemães pudessem tomar o Cairo e fechar o Canal de Suez, a tábua da salvação da Grã-Bretanha para a Índia e seu império na Ásia. Para os britânicos, um ataque norte-africano tinha várias vantagens estratégicas.

- » Foi uma oportunidade para fechar um anel em torno da Alemanha e da Itália a partir do Mediterrâneo, que Churchill chamou de "ponto fraco" do Eixo. Os planejadores britânicos acreditavam que um ataque deveria ser lançado do sul através dos Bálcãs, da Grécia ou da Itália.

- » Os britânicos já tinham forças no Mediterrâneo (Gibraltar, Malta, Egito e Oriente Médio). E também tinham interesses históricos na região, que datavam de pelo menos duzentos anos.

- » Embora um ataque ao sul fosse uma abordagem indireta para chegar ao Eixo, ele poderia colocar a Grã-Bretanha em posição de controlar os eventos na região nos próximos anos.

> ## É POR ISSO QUE NÃO NOS DÁVAMOS BEM EM 1776?
>
> O confronto entre ingleses e norte-americanos sobre estratégia, em 1942, foi o resultado de objetivos e percepções diferentes.
>
> O plano britânico de atacar a Alemanha via norte da África colocaria as forças em batalha mais rapidamente do que o norte-americano, mas não contra a força do inimigo e em uma região deserta na qual era difícil de operar. O plano norte-americano de atacar a Alemanha pelo Canal da Mancha atingiria o inimigo com força, mas seria apenas um ponto de apoio. Além disso, as forças e os suprimentos não puderam ser reunidos o suficiente para fazer um ataque à própria Alemanha até pelo menos 1943. Para espanto dos britânicos, os norte-americanos pareciam contentes em esperar até que essa força fosse construída. Os britânicos, que acabavam de ser duramente derrotados no continente pelas forças alemãs, não estavam ansiosos para repetir a experiência. Eles consideraram os norte-americanos impetuosos e ignorantes sobre o que os esperava na Alemanha. Os norte-americanos, por outro lado, achavam que os britânicos eram muito cautelosos e excessivamente preocupados em preservar as colônias quando deveriam cumprir a tarefa em questão.
>
> Alguém quer chá?

Os norte-americanos, porém, não tinham interesse no Mediterrâneo nem no Oriente Médio. As colônias francesas e britânicas no norte da África não causaram o mínimo impacto nos planejadores norte-americanos. Sendo uma ex-colônia, os Estados Unidos não estavam interessados em ajudar nenhuma das nações a manter suas colônias. O que os norte-americanos queriam era uma abordagem direta, que lhes permitisse atingir o inimigo bem onde doía e acabar com a guerra rapidamente. Assim, eles defenderam uma estratégia de invasão da Europa pelo Canal da Mancha. Esqueça a luta à margem, disseram. Vamos lutar contra os alemães em seu próprio território.

Esquentando o debate: O pedido de ajuda de Stalin

Enquanto as discussões iam e vinham, os soviéticos gritavam por ajuda. Sem um ataque britânico-americano em 1942 para afastar as forças alemãs do leste, a União Soviética corria um grande perigo. Sempre desconfiado dos capitalistas, Stalin acreditava que os norte-americanos e os britânicos estavam propositalmente protelando para que a Alemanha e a União Soviética esgotassem todas as suas forças lutando entre si.

LEMBRE-SE

Os norte-americanos e os britânicos precisavam fazer algo para manter a União Soviética na guerra. Sem a mão de obra soviética, derrotar os nazistas seria extremamente difícil, talvez até impossível. Mas nem os britânicos nem os norte-americanos pareciam dispostos a desistir de seu plano.

Tomando a Primeira Decisão: Alemanha Primeiro

Em julho de 1942, os planejadores militares britânicos e norte-americanos não haviam feito nenhum progresso. Finalmente, o então presidente Roosevelt rompeu o impasse. Como líder, decidiu que uma força combinada de britânicos e norte-americanos desembarcaria na costa norte-africana. Os conselheiros militares de Roosevelt ficaram perplexos: ele rejeitara completamente o conselho deles e ficara do lado britânico. Com essa decisão, Roosevelt conseguiu duas coisas:

ESTRATÉGIA MILITAR

» Encerrou de uma vez por todas a questão das prioridades. Hitler seria derrotado primeiro, seguido pelo Japão.

» Comprometeu os Aliados com uma abordagem indireta. Essa decisão atrasou a invasão através do canal e a derrota decisiva da Alemanha por pelo menos um ano.

Mais importante ainda, a decisão de Roosevelt de apoiar o ataque ao norte da África cumpriu dois objetivos políticos importantes:

ESTRATÉGIA MILITAR

» **Ele colocou as tropas de combate norte-americanas na guerra o mais rápido possível.** Roosevelt não acreditava que o moral da nação pudesse suportar não fazer nada durante o ano inteiro que seria necessário para organizar uma invasão através do canal.

» **Isso manteve os soviéticos no jogo e eliminou o risco de outro acordo Hitler-Stalin.** (Veja a seção "As Potências do Eixo: Negócios entre Bandidos", no início deste capítulo, para obter mais informações sobre a aliança entre os soviéticos e os alemães antes da Segunda Guerra Mundial.) A última coisa que os Aliados queriam era outro acordo Hitler-Stalin, que permitiria à Alemanha virar todo o seu poder contra a Grã-Bretanha antes que os Estados Unidos pudessem construir sua base industrial e suas Forças Armadas. Ao enviar tropas norte-americanas rapidamente, Stalin viu que os britânicos e os norte-americanos eram sinceros em ajudar a aliviar parte da pressão sobre os soviéticos.

> **NESTE CAPÍTULO**
>
> » Vencendo o Eixo no norte da África: El Alamein e Tunísia
>
> » Vichy vai para o sul
>
> » Grandes conversas em Casablanca
>
> » Rosnando (e mordendo) mais que um Husky: A queda de Mussolini
>
> » Os Aliados avançam no país da bota

Capítulo 13
O Norte da África, a Sicília e a Bota

Se a Alemanha e a Itália queriam vencer a guerra na Europa, 1942 seria o ano ideal. Embora as forças alemãs tenham sido impedidas de tomar Moscou em dezembro de 1941 (veja o Capítulo 6), havia bons sinais de que derrotariam a URSS no verão. Apoiada no norte da África por tanques alemães, a Itália superou os britânicos em terra, ar e mar. A Grã-Bretanha resistiu, por pouco. Os U-boats alemães cobraram um preço terrível dos navios mercantes. E os EUA eram muito fracos para impactarem a Europa.

No início de 1942, os Aliados estavam contra a parede. Mas, no final do ano, haviam derrotado a Alemanha e a Itália em todas as frentes. A maré da guerra finalmente mudara.

A Derrota no Deserto: El Alamein

Em julho de 1941, os britânicos foram incapazes de libertar as forças britânicas presas em Tobruk, na Líbia, e em uma batalha de tanques com as forças alemãs e italianas de Rommel, os reforços enviados ao general Wavell foram derrotados. Retirando-se para o Egito, os britânicos descobriram que tinham um novo comandante, o general Sir Claude Auchinleck.

No Egito, Auchinleck recebeu tropas e aeronaves extras, bem como um grande número de tanques norte-americanos do *programa de empréstimo e arrendamento* (que permitiu aos Estados Unidos ajudarem no abastecimento das nações que lutaram contra Hitler; veja o Capítulo 7 para obter mais informações). Auchinleck designou seu novo comando como o *8º Exército britânico*, que se tornou uma das unidades aliadas mais famosas da guerra.

A PRIMEIRA TEMPESTADE NO DESERTO: IRAQUE E SÍRIA, 1941

Nada foi fácil para o marechal de campo britânico Archibald Wavell, que tinha o trabalho nada invejável de comandante-chefe das Forças Britânicas no Oriente Médio. Com 100 mil homens (incluindo unidades da França Livre), enfrentou 500 mil soldados italianos na Etiópia e na Líbia. No final de 1940 e meados de 1941, suas vitórias na Líbia contra os italianos foram negadas pelas ordens de Churchill para enviar tropas para conter a invasão alemã da Grécia e pela chegada da força do deserto do general alemão Rommel. Além de tudo isso, Wavell teve que lidar com atividades alemãs e italianas no Iraque e na Síria. O Iraque, uma ex-posse britânica, recebeu a independência em 1932, mas a Grã-Bretanha ainda mantinha duas bases militares no país. A Síria, uma posse francesa, estava sob controle de Vichy, com 35 mil homens guardando o país. O Eixo forneceu aeronaves, assessores e suprimentos para o líder pró-nazista iraquiano Rashid Ali, convencendo-o a atacar as bases britânicas no Iraque.

Usando um conjunto de forças aéreas e terrestres na Palestina (quase o moderno Israel), Wavell derrotou os iraquianos e capturou Bagdá, acabando com o controle de Ali sobre o país. Os alemães também se ocuparam na Síria, preparando os franceses para ameaçar a Palestina. Com suas unidades lutando simultaneamente no Iraque, na ilha grega de Creta e na Líbia, Wavell reuniu mais uma força e atacou a partir da Palestina e do Iraque, capturando Damasco e derrotando os franceses de Vichy em pouco mais de trinta dias, e entregando o país ao general Charles de Gaulle e aos franceses livres. A manobra de Wavell foi uma das conquistas mais brilhantes, mas menos conhecidas, da Segunda Guerra Mundial. O general Norman Schwartzkopf, o comandante norte-americano da Guerra do Golfo Pérsico, ficaria com inveja.

O 8º Exército enfrenta Rommel

A ofensiva britânica no norte da África começou em meados de novembro de 1941. Em janeiro de 1942, os britânicos levaram o general alemão Erwin Rommel de volta a quase 650km. Apesar da superioridade do poder de combate britânico, Rommel (apelidado de "Raposa do Deserto" por causa de suas táticas elusivas e capacidade de se esconder e reaparecer em lugares inesperados) desistiu e derrotou as unidades britânicas dispersas, fazendo incursões atrás das linhas britânicas e interrompendo o ímpeto do ataque e causando pesadas baixas.

MARECHAL DE CAMPO MONTGOMERY

Bernard Law Montgomery (1887–1976) serviu na França e na Bélgica durante a Primeira Guerra Mundial. No início da Segunda Guerra Mundial, Montgomery era major general de uma divisão. Sua divisão foi enviada para a França em 1940 e, no desastre que se seguiu, foi evacuada de Dunkirk. Em 1941, Montgomery supervisionou os preparativos para a defesa da Grã-Bretanha contra uma invasão alemã. Em agosto de 1942, Montgomery assumiu o comando do 8º Exército no Egito. Em 23 de outubro, não deixando nada ao acaso, Montgomery iniciou um ataque cuidadosamente planejado contra as forças do Eixo do general Erwin Rommel em El Alamein, no norte do Egito, e obteve a primeira vitória dos Aliados contra o exército alemão. Enquanto ainda perseguia os derrotados de Rommel na Líbia, tornou-se Sir Bernard Montgomery e foi promovido a general. Em 1943, Montgomery ("Monty", como suas tropas o chamavam) liderou o 8º Exército na Sicília e a campanha inicial na Itália. Em preparação para a invasão da França, foi enviado de volta à Grã-Bretanha em 1944 para servir como comandante de todas as forças terrestres do general Dwight Eisenhower, o comandante supremo das forças aliadas. Ele se tornou marechal de campo, o posto mais alto do Exército Britânico.

Montgomery não tinha dúvidas de que era o melhor general dos exércitos aliados. Nunca contestou a impressão de que os soldados e líderes norte-americanos eram amadores inveterados, nem sequer hesitava expressá-la. Suas características o tornavam difícil de lidar. Ele foi um excelente motivador e organizador com uma personalidade magnética, que inspirava seus homens. Amava seus soldados e cuidava de seu bem-estar, nunca os expondo a perigos desnecessários. Mas carecia da centelha do campo de batalha que outros oficiais aliados possuíam. As batalhas que travava eram bem-sucedidas porque ele não corria riscos e sabia esperar até que tudo corresse a seu favor. Na melhor das hipóteses, Montgomery conseguia forçar um inimigo a partir de uma posição, mas não conseguia encontrar os meios de impedi-lo de se reformular e defender outra posição. No entanto, essa abordagem se adequava a seu estilo de guerra — avançar, mas com escopo e objetivos limitados. Montgomery tinha uma confiança suprema, às vezes equivocada, em seus planos e preparações. Essa falha levou a grandes reveses a favor dos Aliados nas fases posteriores da guerra.

Embora o general britânico Auchinleck pudesse reivindicar o seu sucesso, não havia derrotado as forças de Rommel completamente, e este voltaria para lutar. Mesmo assim, passar Rommel para trás foi uma vitória, e qualquer sucesso era uma boa notícia para os britânicos. Mas Auchinleck teve pouco tempo para aproveitar sua vitória. Em outras partes do mundo, as coisas iam muito mal, em particular à luz dos ataques do Japão às posses britânicas na Ásia e as más notícias da Rússia, enquanto os exércitos de Hitler avançavam.

Rommel retorna, e Montgomery chega

Em janeiro, Auchinleck ainda buscava se recompor; Rommel, por outro lado, foi reabastecido e reforçado mais rápido. Naquele mês, lançou sua própria ofensiva, pegando os defensores britânicos mal preparados e sem suprimentos. Rommel agia com tanta rapidez que os britânicos em retirada encontravam seus depósitos de suprimentos nas mãos dos alemães. Em junho, Rommel se moveu quase 500km e recapturou Tobruk, Líbia e 25 mil prisioneiros britânicos. Em julho, após conduzir suas tropas e tanques na perseguição do inimigo derrotado, Rommel atingiu seu limite de comida, combustível e munição. Também estava sob constante ataque da Força Aérea Real (RAF) e foi parado por fortes defesas britânicas em El Alamein, Egito. A apenas 100km de Alexandria, Egito, e 160km aquém do Canal de Suez, Rommel aguardou reabastecimento em El Alamein.

A situação no Egito era crítica o suficiente para que Churchill voasse ao Cairo para discutir estratégias e fazer mudanças. Caminhando para cima e para baixo na sala na reunião, Churchill gritou: "Rommel, Rommel, Rommel, Rommel! O que mais importa, exceto vencê-lo?" Churchill substituiu Auchinleck pelo general Harold Alexander, e o novo comandante do 8º Exército tornou-se o general Bernard Law Montgomery. Estimulados pelo primeiro-ministro, eles começaram a reorganizar o exército e a prepará-lo para um ataque.

Entre a cruz e a espada: Rommel

O general alemão Rommel ainda aguardava perto de El Alamein para ser reabastecido. Ele precisava de combustível, munição e tanques extras. Porém, nada recebeu, porque Hitler apostou todas as suas fichas onde não deveria. Essa aposta era a Rússia, na ofensiva de verão. Em suma, Rommel estava preso.

Ele não podia atacar porque não tinha os suprimentos necessários, e a posição defensiva britânica em El Alamein, no Egito, tinha 60km de comprimento. A costa mediterrânea ancorou a posição no norte; uma depressão intransponível ancorou no sul. Além disso, as forças britânicas estavam bem preparadas:

ficaram atrás de arame farpado e campos minados, e Montgomery cuidadosamente colocou tanques e artilharia atrás da linha defensiva principal para impedir qualquer avanço alemão.

E embora Rommel acreditasse que deveria recuar para a Líbia, Hitler ordenou que não o fizesse. Assim, incapaz de atacar e ordenado a não recuar, Rommel preparou suas defesas o melhor que pôde.

Derrota de Rommel: Montgomery dá início à perseguição

O general britânico Montgomery atacou Rommel em 23 de outubro de 1942. A batalha durou 10 dias. Os britânicos tinham quase o dobro de tropas de Rommel, e as aeronaves britânicas controlavam os céus sobre o campo de batalha. Mesmo assim, Rommel e suas tropas lutaram habilmente e infligiram grandes danos ao 8º Exército. No processo, entretanto, Rommel perdeu a maioria de seus tanques. Depois de ferozes combates pelas divisões da Austrália e da Nova Zelândia, os britânicos finalmente romperam as linhas alemãs. Rommel não teve escolha a não ser recuar, apesar da ordem de Hitler de não o fazer.

INFORMAÇÕES HISTÓRICAS

Em El Alamein, Egito, Montgomery venceu uma das batalhas decisivas da Segunda Guerra Mundial. Nunca mais as forças do Eixo ameaçariam o Canal de Suez ou o Oriente Médio. Essa batalha fez de Montgomery, mostrado na Figura 13-1, uma das maiores figuras militares da história britânica.

FIGURA 13-1: Marechal de campo general Bernard Montgomery.

Bettmann/Getty Images

CAPÍTULO 13 **O Norte da África, a Sicília e a Bota**

Depois de El Alamein, o Exército Britânico nunca mais experimentaria outra retirada ou derrota humilhante nas mãos dos alemães. El Alamein, no Egito, apontou o caminho para a vitória. Montgomery a conquistou com uma preparação cuidadosa, ensaio e coordenação e planejamento detalhados. Nada se moveria até que tudo estivesse pronto. Essa abordagem cuidadosa e intermediária para o combate continuaria a ser o padrão de Montgomery em todas as batalhas que travou pelo resto da guerra — mesmo que suas táticas enfurecessem e frustrassem seus aliados norte-americanos.

Passando a Tocha: O Ataque dos Aliados no Norte da África

Enquanto o 8º Exército britânico travava sua batalha decisiva contra o exército do general alemão Rommel em El Alamein, Egito, uma força de invasão anglo-americana convergia para o norte da África. O planejamento da campanha começou em julho de 1942, depois que o presidente Roosevelt determinou que as forças norte-americanas invadissem o norte da África.

GENERAL DWIGHT D. EISENHOWER

Dwight D. Eisenhower (1890–1969) foi capitão na Primeira Guerra Mundial, mas, em vez de ir para a França lutar na Segunda Guerra Mundial, permaneceu nos EUA para treinar soldados norte-americanos. De 1933 a 1939, Eisenhower trabalhou para o general Douglas MacArthur. Entre 1940 e 1941, desempenhou funções importantes no Estado-maior enquanto o Exército se preparava para a guerra. Uma de suas responsabilidades incluía planejar as manobras em nível do exército em 1941, um marco no desenvolvimento do moderno Exército dos EUA. Em um ano, Eisenhower havia passado de tenente-coronel a brigadeiro-general.

Após a entrada dos EUA na guerra, Eisenhower foi colocado na Divisão de Planos de Guerra. Suas habilidades valeram-lhe outra promoção, a major-general. Ele foi então promovido a tenente-general e enviado a Londres para assumir o comando do esforço de planejamento conjunto britânico-americano para a Operação Tocha (veja a seção "Passando a Tocha: O Ataque dos Aliados no Norte da África"). Eisenhower comandou a armada aliada que invadiu o norte da África em 1942 e a Itália em 1943. No final do ano, voltou a Londres para assumir o comando da *Força Expedicionária Aliada do Quartel-general Supremo* (SHAEF) e planejar a invasão da França.

Eisenhower foi uma escolha brilhante para esses papéis difíceis. Tinha a capacidade fantástica de fazer com que oficiais que nunca haviam cooperado finalmente trabalhassem juntos — uma habilidade crítica para o sucesso de uma coalizão. Embora sempre quisesse liderar tropas em combate, suas habilidades como

> estrategista o tornavam mais valioso no quartel-general. Ele foi meticuloso, incisivo e analítico, cortando as complexidades para ver o cerne de um problema militar. Também foi capaz de compartilhar suas ideias e construir consenso entre os Aliados. Sua personalidade aberta e amigável refletia uma honestidade e sinceridade que dificultava não gostar dele. De muitas maneiras, o segredo do sucesso dos Aliados era sua capacidade de ver além das preocupações medíocres e se concentrar no objetivo final — a derrota da Alemanha nazista. O homem que fez isso acontecer foi Dwight Eisenhower.

O líder da invasão foi o tenente-general Dwight D. Eisenhower (veja a Figura 13-2), que comandou um batalhão de infantaria como tenente-coronel em 1939. Em menos de quatro anos, Eisenhower avançou para liderar a maior invasão anfíbia da história — a Operação Tocha —, embora tivesse recebido apenas 12 semanas para organizá-la. Eisenhower enfrentou um fardo quase inimaginável: todo o plano de guerra aliado para 1942 dependia do sucesso da Operação Tocha. Se seu plano falhasse, os Aliados enfrentariam os seguintes problemas:

» Os espanhóis e franceses de Vichy (o novo governo francês formado após a derrota alemã pela França, em 1940) poderiam se juntar ao Eixo, acrescentando enormes forças navais e terrestres à poderosa máquina de guerra de Hitler.

» Qualquer esperança de uma invasão através do Canal da Mancha seria adiada por anos.

FIGURA 13-2: General Dwight Eisenhower.

Biblioteca do Congresso/Getty Images

A POLÍTICA FAZ ALIANÇAS IMPROVÁVEIS, MAS PRECISAMOS COLOCÁ-LAS NO DEDO?

Em Argel, os Aliados encontraram um visitante surpreendente: o almirante Jean Darlan, comandante de todas as Forças Armadas de Vichy, estava na cidade visitando o filho. Pego de surpresa pela invasão, Darlan tornou-se prisioneiro dos Aliados. Darlan era um oportunista, e sua captura foi um golpe de sorte extraordinário para os Aliados. Percebendo que poderia conseguir um acordo melhor com os Aliados do que com os alemães, concordou em ordenar que suas tropas parassem de lutar. As forças de Vichy obedeceram à ordem de cessar-fogo de Darlan, o que levou a invasão de Argel a um fim rápido. Mais tarde, ele deu a ordem de cessar-fogo aos franceses de Vichy, que lutavam contra os Aliados em Casablanca, pondo fim à resistência na cidade.

Darlan era pró-nazista e tinha uma notória antipatia pelos judeus. No entanto, os Aliados o colocaram no comando do norte da África francesa como expediente para manter o povo sob controle e influenciar as forças francesas na Tunísia a se renderem aos Aliados. Politicamente, a situação era complicada, e Roosevelt e Churchill tiveram dificuldade para explicar. Se os Aliados lutavam contra o Eixo, por que um francês pró-nazista foi colocado no comando de um país recém-capturado? A verdade era que ninguém gostava de Darlan, mas, naquele momento sua presença era essencial para aquietar a colônia francesa. É, a política faz alianças improváveis.

Organizando: A invasão toma forma

O primeiro objetivo ao criar o plano era fazer com que os norte-americanos e os ingleses concordassem com a estratégia:

- » Os britânicos queriam um desembarque na costa africana no interior do Mediterrâneo, mais perto de onde as forças britânicas lutavam e mais perto do Egito e da linha de vida crítica do Canal de Suez.

- » Os norte-americanos queriam pousar na costa atlântica da África, fora do Estreito de Gibraltar. Eles estavam receosos de comandar uma enorme força de invasão no Mediterrâneo e notaram, com alguma preocupação, que apenas um ano antes, os submarinos alemães afundaram dois navios britânicos e danificaram seriamente dois outros.

As forças norte-americanas e as britânicas finalmente determinaram um plano para a invasão do norte da África. Foi um acordo que envolveu três forças-tarefa:

» **A Força-Tarefa Ocidental:** Com 35 mil homens, liderada pelo general George S. Patton (veja a Figura 13-3) — um oficial mercurial e brilhante de tanque e veterano da Primeira Guerra Mundial —, o grupo pousaria perto de Casablanca, a principal cidade do Marrocos. A força-tarefa de Patton faria a perigosa jornada pelo Atlântico, evitando os submarinos alemães. Seu desembarque seria apoiado por 47 navios de guerra da Marinha dos EUA.

» **A Força-Tarefa Central:** Com 39 mil homens, liderada pelo oficial norte-americano não testado major general Lloyd Fredendall, esta força partiria da Grã-Bretanha e pousaria perto de Oran, a segunda maior cidade da Argélia. Vinte e um navios de guerra britânicos a apoiariam.

» **A Força-Tarefa Leste:** Liderada pelo veterano da Primeira Guerra Mundial altamente condecorado e amigo de Eisenhower, o general Charles W. Ryder, esta força também partiria da Grã-Bretanha. Com 33 mil soldados britânicos e norte-americanos, apoiada por 22 navios de guerra britânicos, Ryder deveria capturar Argel, a capital da Argélia.

FIGURA 13-3: General George Patton.

Bettmann/Getty Images

A operação começa

Em 8 de novembro de 1942, as três forças-tarefa fizeram seus desembarques:

- » Em Argel, tudo correu bem: as forças francesas declararam seu apoio ao general De Gaulle depois que o almirante Jean Darlan, comandante de todas as Forças Armadas de Vichy, foi capturado em Argel pelos Aliados.
- » Em Oran, as tropas de Vichy resistiram até 10 de novembro, quando Darlan ordenou que parassem de resistir.
- » Em Casablanca, as forças terrestres e navais francesas lutaram de maneira particularmente árdua, atrasando o avanço norte-americano mais de um dia. Após receber ordens de Darlan, porém, renderam-se, em 11 de novembro.

O fim da França de Vichy

Enfurecido com a cooperação do almirante Darlan, de Vichy, com os Aliados (veja a seção anterior, "A operação começa") e em reação à ocupação aliada do norte da África francesa, Hitler eliminou o controle do governo de Vichy sobre a França e colocou os nazistas no comando. Em uma tentativa vã de apaziguar Hitler, o general Henri Pétain, de Vichy, tentou cancelar as ordens de Darlan às Forças Armadas de Vichy. Mas Hitler ordenou a ocupação da França em novembro de 1942, de qualquer maneira.

As tropas alemãs também tentaram capturar a Frota Francesa em Toulon, pensando em combinar os navios franceses com os alemães para atacar os Aliados. Mas os nazistas foram parados pelas ações corajosas de alguns patriotas franceses que *sabotaram* (afundaram propositalmente) a frota francesa no porto, tornando-a inútil para os alemães. O governo de Vichy tornou-se pouco mais do que um títere pelo resto da guerra.

Galã feio: A curva tortuosa de aprendizado dos Estados Unidos

A invasão aliada do norte da África foi bem-sucedida. Os norte-americanos começaram com a mais complexa das operações militares — o desembarque anfíbio — e se saíram bem. Mas mostraram parcas habilidades de planejamento:

> » Os paraquedistas que deveriam tomar os aeródromos de Oran foram lançados a 32km do alvo.
>
> » Os soldados de infantaria verdes norte-americanos, entrando em combate com treinamento limitado, gastaram toda a munição cedo e beberam toda a água que havia (era o deserto, afinal), e não puderam ser reabastecidos porque os navios estavam carregados incorretamente.
>
> » As limitadas embarcações de desembarque não puderam ser poupadas e foram deixadas na praia. A maré alta as danificou e até destruiu algumas.
>
> » Comando e controle foram perdidos no início dos pousos. O general Patton se preparava para desembarcar quando sua nau capitânia se envolveu em um tiroteio com um encouraçado francês. Por muitas horas na batalha, Patton não teve comunicações com Eisenhower e com suas tropas no solo.

Diante dos erros que os norte-americanos cometeram, foi uma sorte que a resistência inimiga tenha sido leve. No entanto, eles ganharam uma experiência valiosa que colocaram em prática nos dias que se seguiriam.

Virando-se para a Tunísia

O próximo campo de batalha significativo entre os Aliados e o Eixo foi a Tunísia. Caracterizada por um deserto árido e montanhas escarpadas, era um lugar indefinido, mas o país, com excelentes instalações portuárias e a uma curta distância aérea e marítima da Sicília e da península italiana, revelou-se importante para os dois lados:

> » Para os alemães, a Tunísia era um lugar crucial para reunir o exército de Rommel para ajustes e reabastecimento, e era um lugar conveniente para proteger a Itália e o Mediterrâneo central.
>
> » Para os Aliados, a Tunísia era o lugar lógico para encerrar a invasão do norte da África. Eles também queriam estabelecer uma base de operações no país para futuras ações ofensivas contra as forças do Eixo.

Hitler envia reforços

Hitler reagiu à invasão dos Aliados ao norte da África despejando reforços aéreos e terrestres, e toneladas de suprimentos na Tunísia. A primeira onda levou 50 mil alemães e 18 mil soldados italianos; Hitler finalmente enviou mais 100 mil soldados alemães e 10 mil italianos. Ele também colocou o general Juergen von Arnim no comando da nova organização, o *5º Exército Panzer*.

O general von Arnim contra-atacou as forças aliadas que tentavam capturar duas cidades portuárias da Tunísia — Túnis e Bizerte. Em dezembro de 1942, Arnim chegou a um impasse. Para ele, era o melhor cenário possível. Já Hitler imaginava que, de alguma forma, as forças de Arnim destruiriam os invasores aliados e tomariam o norte da África. Hitler ignorou a crescente base de abastecimento dos Aliados no norte da África e o fluxo contínuo de reforços que chegavam diariamente dos EUA, o que logo ultrapassou a capacidade alemã de reforçar a Tunísia e, portanto, tornou seu plano impossível de realizar.

Rommel retorna... novamente

O exército de Rommel chegou ao sul da Tunísia depois de recuar mais de 2.400km do Egito (veja a seção "Derrota de Rommel: Montgomery dá início à perseguição"). Mesmo após uma derrota desastrosa para os britânicos, Rommel reorganizou as forças restantes em uma unidade de combate confiável. Eles se prepararam para o ataque do 8º Exército britânico. Mas Rommel preferiu não esperar e abriu fogo. Os planos dele eram:

- » Atacar o inexperiente II Corpo, que incluía soldados da Operação Tocha e alguns saídos do treinamento básico dos EUA. Esses soldados ocuparam as principais passagens nas montanhas no centro-sul da Tunísia.

- » Acompanhar o ataque ao II Corpo norte-americano com um ataque à retaguarda aliada. O objetivo de Rommel era interromper as comunicações e o fornecimento, e, assim, desferir um golpe severo na tênue coalizão aliada das forças britânicas, francesas e norte-americanas.

Batalha do Passo Kasserine: A primeira

Em fevereiro de 1943, Rommel atacou a passagem da montanha em Kasserine, Tunísia, contra elementos do II Corpo. O ataque foi um desastre para os norte-americanos. Os veteranos de combate de Rommel fizeram um trabalho rápido com as tropas inexperientes. Seu avanço ameaçou a retaguarda dos exércitos aliados e seu principal depósito de suprimentos, que, se capturado, os teria forçado a abandonar a Tunísia e a recuar para a Argélia. O ataque falhou, entretanto, porque o general alemão von Arnim não lançou ataques de apoio para imobilizar as forças britânicas enquanto Rommel varria o noroeste.

Como resultado, uma divisão blindada norte-americana e aeronaves aliadas concentraram-se exclusivamente na força de Rommel. Com pouco combustível e percebendo que havia feito tudo o que podia, Rommel desistiu, mas deixou os norte-americanos abalados e desmoralizados. A operação Kasserine atrasou os Aliados em pelo menos um mês de seu cronograma e deu aos alemães um controle maior sobre a Tunísia.

Os EUA se reagrupam e atacam

Para os norte-americanos, Kasserine foi uma dura lição de guerra. Expôs suas fraquezas em treinamento, tática e comando. Assim, Eisenhower logo tratou de tornar o II Corpo uma boa força de combate. Ele colocou o general George Patton no comando e ordenou que organizasse a força. Em março, Patton havia preparado as tropas para Eisenhower lançar um ataque coordenado para capturar as cidades portuárias da Tunísia que mantinham os alemães abastecidos e prender o Exército Alemão contra a costa. Apoiado pelo 8º Exército britânico, do general Montgomery, atacando do sul, Eisenhower enviou o Corpo de exército de Patton em um ataque violento contra a costa africana. O ataque Montgomery-Patton forçou Rommel a recuar para o norte ao longo da costa tunisiana. O general Eisenhower teve a ajuda valiosa do general britânico Alexander, comandante de Montgomery, que se tornou seu vice e integrou o 8º Exército britânico no ataque à Tunísia.

Em função do seu sucesso, Patton foi promovido a comandante de um exército que se preparava para um ataque à Itália, e o general Omar Bradley tornou-se o novo comandante do II Corpo.

No início de maio, Eisenhower ordenou um ataque geral contra as defesas alemãs. Os alemães lutaram bem, mas, com o mar em suas costas, não tinham muito para onde ir. Em 13 de maio, 248 mil soldados do Eixo se renderam às forças Aliadas. A maioria desses 248 mil soldados do Eixo capturados fazia parte das melhores tropas de combate do exército alemão; o general alemão Arnim também foi capturado. Os alemães perderam tanques, artilharia, aeronaves e navios de transporte, todos insubstituíveis.

Noite e Dia Se Completam em Casablanca: O Plano Aliado

Após a batalha na Tunísia, decisões tiveram que ser tomadas para determinar a direção estratégica da guerra. Em janeiro de 1943, em Casablanca, o presidente Roosevelt e o primeiro-ministro Churchill se reuniram com os chefes de Estado-maior para planejar os próximos passos. (Casablanca, Marrocos, foi uma das primeiras cidades capturadas pelas forças norte-americanas na invasão da África do Norte, em novembro de 1942; veja a seção "Passando a Tocha: O Ataque dos Aliados no Norte da África".) Os dois líderes tomaram estas decisões:

» Acompanharam a destruição das forças do Eixo na Tunísia com uma invasão da Sicília em junho ou julho de 1943 para tentar tirar a Itália da guerra e manter a segunda frente de apoio à União Soviética.

» Sustentaram a ofensiva britânica de bombardeios destinada a destruir a indústria de guerra da Alemanha e a enfraquecer o moral alemão.

» Aumentaram a assistência à China e uniram forças para operações ofensivas no Pacífico Central e no sudoeste e na Birmânia (hoje, Mianmar), no sudeste da Ásia.

» Asseguraram uma declaração de rendição incondicional do inimigo.

Operação HUSKY: Invadindo a Sicília

Enquanto a ofensiva contra a Tunísia estava em andamento (veja a seção "Passando a Tocha: O Ataque dos Aliados no Norte da África"), Eisenhower começou a formar o núcleo de outro exército para se preparar para a invasão da Sicília, uma grande ilha na ponta da península italiana, em forma de bota. A apenas 145km da Tunísia, a ilha servia como ponto de estrangulamento para o tráfego marítimo, e uma excelente base aérea e naval para ataques contra navios aliados no Mediterrâneo. Capturar a ilha daria aos Aliados o controle aéreo e marítimo dessa passagem crucial. Foi também um ponto de partida perfeito para um ataque contra a península italiana, que acabaria levando, ao norte, à Alemanha.

Para essa operação, denominada HUSKY, os Aliados formaram o 15º Exército. Comandado pelo general britânico Alexander, o grupo consistia no 7º Exército, comandado pelo general norte-americano Patton, e no 8º Exército, do general britânico Montgomery.

ESTRATÉGIA MILITAR

O 15º Exército totalizou 160 mil homens, 600 tanques e 1.800 peças de artilharia, enquanto as forças do Eixo que defendiam a Sicília consistiam em 350 mil soldados alemães e italianos, 260 tanques e 1.400 aeronaves.

Embora as forças do Eixo superassem as aliadas e parecessem lhes dar uma vantagem, esses números altos não refletiam o moral dos italianos: o Exército Italiano estava cheio da guerra e estava claro para todos eles — do âmbito público ao privado — que era muita areia para seu caminhão. A luta principal foi, portanto, deixada para 75 mil soberbos soldados alemães de infantaria e blindados (tanques), que estavam em desvantagem numérica.

Vitória dos Aliados, rendição italiana e confusões

A Operação HUSKY foi uma invasão anfíbia: 3 mil navios britânicos e norte-americanos e quase 4 mil aeronaves apoiaram as forças terrestres.

ESTRATÉGIA MILITAR

Na madrugada de 10 de julho de 1943, o 8º Exército britânico, de Montgomery, desembarcou na costa sudeste da Sicília, perto de Siracusa, e o 7º Exército norte-americano, de Patton, alguns quilômetros a oeste (veja a Figura 13-4). Após uma defesa inicial rígida, os alemães decidiram que uma retirada oportuna era melhor do que terminar em campos de prisioneiros de guerra com seus aliados italianos. Voltando às montanhas, os alemães seguraram o avanço de Montgomery, enquanto Patton avançava lentamente ao longo da costa norte, buscando ficar atrás das defesas alemãs. Patton finalmente forçou os alemães a saírem de suas posições, fazendo vários desembarques anfíbios na costa, diretamente atrás dos alemães. Já era o bastante para os alemães. Em 17 de agosto, eles escaparam pelo Estreito de Messina para o continente italiano, deixando os italianos, desmoralizados, renderem-se aos vitoriosos Aliados.

A vitória dos Aliados na Sicília foi insatisfatória. Apesar da superioridade numérica dos Aliados e de sua vitória sobre os alemães e sobre os italianos, a operação provou que os britânicos e os norte-americanos ainda estavam tendo um pouco de dificuldade em descobrir tudo:

» Imitando um ataque alemão anterior à ilha grega de Creta, em 1941 (veja o Capítulo 5), as tropas aerotransportadas norte-americanas e britânicas foram lançadas na ilha para interromper os defensores. Mas, devido ao mau tempo, à incompetência e a um erro do piloto, os Aliados lançaram os paraquedistas longe dos alvos, o que reduziu seus efeitos.

» As forças navais aliadas confundiram a segunda onda de planadores e de aeronaves com o inimigo e atiraram em muitos deles.

» Embora a maioria dos italianos tivesse se rendido, os Aliados deixaram escapar tropas de combate alemãs veteranas de alto nível, embora os Aliados tivessem controle total do mar e do ar e pudessem ter prendido as forças alemãs quando quisessem — o inimigo estava em uma ilha, afinal.

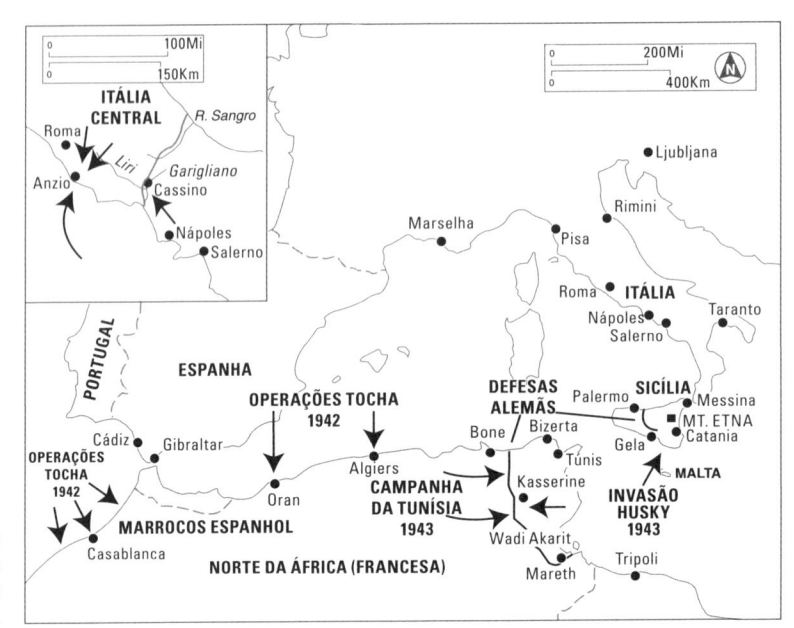

FIGURA 13-4: A invasão aliada à Itália, 1943.

Em suma, apesar da vitória, os Aliados não conseguiram pensar no futuro e aproveitar as vantagens. É claro que, nos últimos dias da campanha, eles receberam uma boa notícia para animá-los: Mussolini havia partido.

Ele se foi! Mussolini é dispensado

Já enfrentando uma pressão cada vez maior do próprio partido fascista para renunciar, Mussolini se encontrou com Hitler no norte da Itália em 19 de julho de 1943. Hitler disse a Mussolini para conduzir uma defesa de vida ou morte da Sicília. Não se podia mais esperar que a Alemanha lhe fornecesse ajuda, afirmou Hitler, porque tudo estava comprometido na frente russa.

Com aquela mensagem otimista do Führer, Mussolini voltou a Roma para enfrentar seu Grande Conselho, formado pelos membros do mais alto escalão do partido fascista. O Conselho deu a Mussolini um voto de censura e declarou que o rei da Itália deveria reafirmar sua autoridade. Mussolini foi até o rei Victor Emmanuel III, que o informou que a Itália não poderia mais continuar com a guerra e que um novo governo deveria ser formado. Quando Mussolini deixou o palácio, a polícia armada o cercou e o colocou sob custódia. O homem que havia declarado que "lutaria até o último italiano" partiu em silêncio. As suposições descuidadas de Mussolini sobre as capacidades da Itália e as fraquezas de seus inimigos levaram diretamente à sua queda.

Nem precisa de inimigo! A Itália declara guerra à Alemanha

O novo primeiro-ministro, marechal Pietro Badoglio, iniciou imediatamente negociações secretas de paz com os Aliados para tirar a Itália da guerra. Em 3 de setembro de 1943, um acordo foi assinado. Ele foi anunciado ao mundo em 8 de setembro. Em resposta, Hitler moveu tropas para a Itália e enviou aeronaves alemãs para atacar a frota italiana. O novo governo da Itália declarou guerra à Alemanha em 13 de outubro de 1943.

O que se seguiu foi basicamente a queda da Itália para a Alemanha. Enquanto o novo governo italiano hesitava em relação aos Aliados, as forças terrestres alemãs tomaram Roma. Aviões alemães afundaram navios italianos com destino a Malta para que se rendessem. O Exército Alemão substituiu as tropas italianas nas linhas de frente.

Nesse ínterim, os Aliados chegaram ao continente italiano.

Melhor um na Mão: Invadindo o Continente Italiano

Como fizera na Sicília, o general Alexander permaneceu no comando da força de invasão do 15º Exército aliado. O 8º Exército do general britânico Montgomery também permaneceu parte da força de invasão. O 7º Exército norte-americano, não; foi enviado à Inglaterra para treinar para a invasão pelo canal, programada para 1944. O 5º Exército, comandado pelo general norte-americano Mark Clark, assumiu o lugar do 7º.

Em 3 de setembro de 1943, o 8º Exército cruzou o Estreito de Messina e, no legítimo estilo de Montgomery, permaneceu no local até que os suprimentos se acumulassem a ponto de permitir um movimento de avanço comedido. Após vários dias, Montgomery finalmente começou a se mover para o norte.

Enquanto isso, o exército de Clark desembarcou em Salerno, em 9 de setembro, um dia após o anúncio da rendição da Itália. Porém, a força anglo-americana não encontrou italianos dispostos a se render nas praias. Uma divisão alemã esperava por eles.

O marechal de campo alemão Albert Kesselring estava encarregado das tropas em espera e tinha ordens para dificultar ao máximo o avanço aliado. Kesselring, o ex-comandante das forças do Eixo no Mediterrâneo e no norte da África, foi um comandante de combate excepcional e um soldado astuto. Os Aliados enfrentaram um oponente formidável.

Salerno para a Linha de Inverno

Os primeiros dias em Salerno foram difíceis. Os alemães quase conseguiram expulsar os Aliados da praia. O esforço combinado de apoio aéreo aliado e tiroteio naval mais a resistência determinada, quase desesperada, das tropas aliadas impediram o sucesso alemão. Quando o exército de Montgomery começou a se aproximar de Salerno, Kesselring, cujos recursos eram limitados, retirou-se. Em grande parte, ele tinha feito seu trabalho: infligir o máximo de dano possível às forças aliadas, atrasando seu avanço enquanto preservava o poder de combate das suas próprias forças.

O 5º e o 8º Exércitos se uniram em 16 de setembro, e começaram a se mover para o norte lado a lado. Em 1º de outubro de 1943, o 5º Exército capturou o porto de Nápoles, na Itália.

Na esteira da vitória

Após a captura de Nápoles, várias divisões do 8º e do 5º Exército foram despachadas para a Inglaterra para treinamento de invasão. As divisões de substituição eram uma mistura de unidades norte-americanas, britânicas, canadenses, indianas, neozelandesas, polonesas e francesas. Essa confusão de soldados não era apenas difícil de comandar e de controlar, mas a maioria das unidades também não tinha experiência de combate. A reorganização e a preparação para o combate levaram tempo. Nesse ínterim, os alemães fortaleceram suas posições defensivas.

Os ataques aliados à *Linha de Inverno* (nome dado à linha defensiva alemã na Itália) começaram no final de novembro e duraram quase um mês, mas não lograram êxito. O clima extremamente frio, as defesas alemãs habilmente construídas e a inexperiência das unidades aliadas puseram fim ao avanço ininterrupto das forças terrestres, aéreas e navais britânicas e norte-americanas, que começara nas praias do norte da África um ano antes.

> **NESTE CAPÍTULO**
>
> » As vitórias da União Soviética em Stalingrado e em Kursk
>
> » O efeito dos bombardeios aliados na Alemanha
>
> » A batalha pelo Atlântico

Capítulo **14**

Pior de Três: Derrota Alemã na Rússia, em Casa e no Atlântico

Você pode se surpreender ao descobrir que Hitler teve a chance de vencer a guerra contra a União Soviética em 1942 com um plano ambicioso, de tirar o fôlego, para destruir o Exército Soviético e conquistar objetivos geográficos cruciais. O plano de Hitler levantou duas grandes questões: o exército alemão poderia cumprir todos os seus objetivos antes que os recursos para sustentar as ofensivas se esgotassem? Os eventos no norte da África e no Mediterrâneo se provariam ter sido distrações fatais? Ao mesmo tempo, Hitler empregava seus submarinos para destruir o fluxo marítimo de suprimentos dos Estados Unidos para a Grã-Bretanha e para a União Soviética de modo a mantê-los na guerra. Isso também era uma questão de tempo e uma lógica cruel. Será que os U-boats poderiam afundar os navios de abastecimento mais rápido do que os Aliados os produziriam?

Confrontados com poucas opções para levar a guerra diretamente para o território alemão, os Aliados iniciaram ataques aéreos diurnos e noturnos às cidades e às indústrias alemãs. Os Aliados depositaram muitas esperanças nessa campanha, e muitos estrategistas acreditavam que ela encurtaria a guerra ao paralisar as cruciais indústrias de defesa e o moral dos civis alemães. Neste capítulo, avalie as chances de vitória de Hitler em 1942 e as origens do conceito de vitória por meio do poder aéreo.

A Ofensiva de Hitler na Rússia, 1942

Desde o início, Hitler tinha como alvo a União Soviética. Apesar do pacto que firmou com Stalin — O Pacto de Não Agressão Germano-soviético (veja o Capítulo 4) —, ele sempre teve a intenção de invadir a URSS. A Europa Oriental e a URSS forneceriam o *Lebensraum* (veja o Capítulo 3), de que a Raça Superior de Hitler e o grande império precisariam.

O plano original de Hitler era invadir a União Soviética e conquistá-la em cinco meses (veja, no Capítulo 6, mais informações sobre a invasão da Rússia pela Alemanha). Esse plano não saiu como Hitler esperava, entretanto, e as tropas alemãs ficaram presas na Rússia durante o inverno. Assim, sofreram no rigoroso inverno russo e esperaram pelo verão, quando a ofensiva alemã recomeçaria.

Plano de Hitler: Ousado, mas falho

Hitler via o sul e o centro da Rússia como o lar das futuras gerações alemãs. A estratégia dele para retomar a ofensiva contra o Exército Soviético visava ocupar a parte centro-sul da URSS — a Ucrânia e as montanhas do Cáucaso. A Ucrânia tinha um solo rico e fértil, que poderia alimentar a população, e o Cáucaso tinha recursos naturais (principalmente, petróleo), que abasteceria os exércitos mecanizados de Hitler. O benefício imediato agregado para os alemães, é claro, era que essas áreas valiosas seriam negadas aos soviéticos para uso na guerra.

No papel, o plano de Hitler parecia certeiro (veja a Figura 14-1), mas exigia que estendesse suas linhas de frente mais de 900km ao sul e colocasse lá a maior parte de suas forças mais capazes. Esse plano deixou as unidades menos capazes defendendo a metade norte.

Os generais de Hitler aconselharam que o ataque principal continuasse em direção a Moscou, de acordo com o plano original. Moscou era o coração e o cérebro da resistência soviética, argumentaram. Para vencer, disseram, Moscou deveria cair.

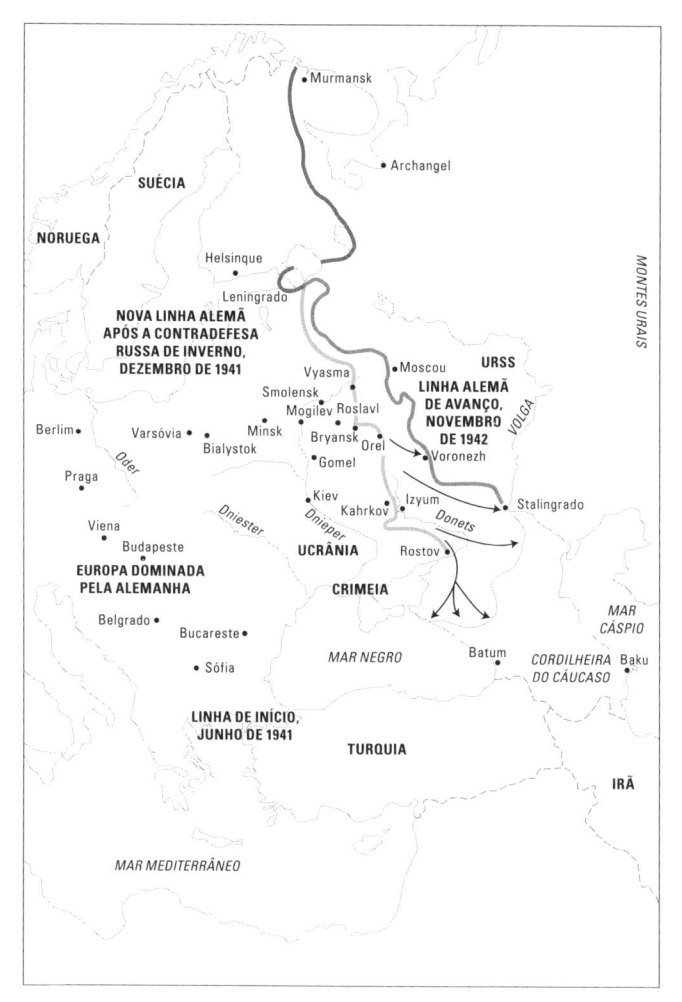

FIGURA 14-1: Ofensiva de verão alemã, 1942.

Mas Hitler estava cego em suas opiniões peculiares e não tinha mais fé em seus generais. Assim, os melhores exércitos da Alemanha seguiram para o sul, em direção à cidade industrial de Stalingrado, no rio Volga, e aos campos de petróleo do Cáucaso. (Hitler acreditava que a captura de Stalingrado interromperia o fluxo de petróleo para o resto da URSS.)

Resposta soviética

Como bons estrategistas, os soviéticos sabiam que Moscou era a chave para a vitória alemã. Colocaram a nata de suas forças na capital, esperando que os alemães os atacassem. Mas foram pegos de surpresa com os *panzers* (tanques) alemães indo em direção ao sul. As primeiras semanas pareceram uma repetição do verão de 1941 — as divisões de tanques alemãs abriram enormes lacunas nas linhas de frente, as unidades soviéticas foram aprisionadas e cercadas, e milhares de soviéticos tornaram-se prisioneiros. (Veja, no Capítulo 6, mais informações sobre a invasão da Rússia por Hitler em 1941.)

Como acontecia desde 1939, Hitler parecia estar certo e seus generais, errados. Parecia que os exércitos alemães poderiam avançar à vontade contra os soviéticos e que o Exército Soviético talvez estivesse dando seus últimos suspiros.

Os primeiros sucessos no campo de batalha deram ao alto comando alemão uma impressão errada das próprias capacidades, ao mesmo tempo que subestimavam a resiliência soviética:

» Os alemães lutaram com divisões menos fortes e suprimentos limitados — não se recuperaram das terríveis perdas do inverno anterior e já não tinham as capacidades de apenas um ano antes.

» A Lei de Empréstimo e Arrendamento (veja o Capítulo 7) e as fábricas nos Montes Urais arcaram com a maior parte das perdas materiais soviéticas. E a vasta reserva de mão de obra lhe permitiu substituir as perdas em combate.

» Conforme a Alemanha avançava pelas infindas planícies do sul da Ucrânia, suas linhas de abastecimento se ampliavam e se expunham a ataques, em particular de guerrilheiros, que visavam sistemas rodoviários e ferroviários.

Hitler condena suas tropas

Em operações de grande escala, como a ofensiva alemã na URSS, os especialistas em suprimentos desempenham o papel principal no sucesso. (Embora isso tenda a insultar o comandante, sempre focado em se mover e atirar, ainda assim é verdade.) Com seus exércitos avançando 500km para o sul no primeiro mês da ofensiva, Hitler não deu ouvidos às recomendações de seus generais para diminuir a velocidade. Então, quando os suprimentos acabaram, Hitler não conseguiu decidir a qual exército dar prioridade para receber o combustível, a comida e a munição que mantinham as unidades em batalha. Então empurrou todos para a frente, igualmente. Essa decisão teve dois efeitos:

» Enviou um exército frágil e faminto à cidade fortificada de Stalingrado.

» Enviou um exército forte às montanhas do Cáucaso em busca de campos de petróleo, que os soviéticos destruíram antes da chegada alemã.

Em suma, Hitler ganhou um terreno vazio e alongou suas linhas de abastecimento em mais de 900km. Sua grande ofensiva resultou não no colapso final da União Soviética, mas em um impasse nas montanhas do Cáucaso e em um desastre iminente para os alemães em Stalingrado.

"NÃO HÁ TERRA ALÉM DO VOLGA"

Stalingrado, que se espalhava por cerca de 32km ao longo dos altos penhascos do rio Volga, era um importante centro ferroviário e centro de fabricação de armas. Tinha fábricas de tanques, aço e produtos químicos. Originalmente Tsaritsyn, foi renomeado por Stalin em 1928. A cidade se tornou o modelo para a transformação da União Soviética em uma potência industrial moderna; era também a alegoria do paraíso dos trabalhadores comunistas. Por causa do grande significado simbólico, Stalin ordenou que não houvesse retirada da cidade. Toda a população, de meio milhão de pessoas — homens, mulheres e crianças —, foi pressionada a servir para defender a cidade. Ninguém estava isento.

Stalin nomeou o general Jukov, o salvador de Moscou durante a invasão alemã de 1941, como subcomandante supremo e o instruiu a supervisionar a defesa de Stalingrado. O general Vasily Ivanovich Chuikov comandou o 62º Exército soviético e foi o responsável pela defesa da cidade. Embora tivesse apenas 55 mil homens e alguns tanques, tinha toda a intenção de fazer os invasores alemães pagarem por cada metro de terreno. "Salvaremos a cidade", disse a seus superiores, "ou morreremos lá!"

O slogan soviético era: "Não há terra além do Volga", o que significava que Stalingrado era a última linha de defesa; os alemães não avançariam mais.

A agonia de Stalingrado

Quando o 6º Exército alemão se aproximou de Stalingrado, em setembro de 1942, a Luftwaffe bombardeou e devastou a cidade na esperança de esmagar o moral dos defensores. Embora o ataque tenha transformado a cidade em escombros e matado 40 mil civis, deu aos defensores mais lugares para se esconder, tornando o ataque alemão por solo mais difícil de conduzir.

Os alemães atacaram com infantaria e forças de tanques, totalizando quase 200 mil homens. Seu objetivo era capturar a cidade e aproveitar as travessias de balsa no Volga. (Os soviéticos as usavam para levar reforços e suprimentos aos defensores maltratados da cidade.) Ao longo de setembro, a batalha pela cidade foi travada. Os alemães capturaram as principais travessias de balsa e tinham 90% da cidade sob controle. Os soviéticos sofreram 80 mil baixas. Mesmo assim, continuaram lutando, reforçados e abastecidos por barcos e jangadas da margem oposta do rio.

> ### VALEU A PENA?
>
> A fábrica de tratores de Stalingrado, convertida para a montagem de tanques um ano antes, permaneceu em operação enquanto os combates prosseguiam por fora e, em muitos casos, por dentro dela. Assim que seus trabalhadores completavam um tanque, iam às ruas lutar. Os próprios trabalhadores, principalmente mulheres e adolescentes, paravam de trabalhar nos tanques para se juntarem à infantaria que defendia a fábrica. Como resultado desse esforço heroico, os alemães não conseguiram capturar a fábrica de tratores de Stalingrado.

Bombardeios aéreos constantes e fogo de artilharia escureceram o céu e criaram uma sensação de noite permanente dentro da cidade. A batalha se deteriorou de um exército de combate a confrontos violentos e implacáveis entre grupos de 15 a 25 homens. Eles lutaram com granadas, lança-chamas, metralhadoras e pás sobre cômodos de casas em ruínas e sobre pilhas de entulho nas esquinas. Por oitenta dias e oitenta noites, sem descanso, essas pequenas mas terríveis batalhas continuaram. Os alemães lutavam o dia todo para limpar as ruas do inimigo, apenas para encontrar soldados russos de volta nos mesmos lugares no dia seguinte.

Preparando a armadilha para os alemães

No final de outubro, os alemães controlavam tudo, exceto uma faixa de terreno de 15km ao longo da margem do rio Volga. A vitória parecia estar em suas mãos. No entanto, as tropas alemãs estavam exaustas e maltratadas. Haviam concentrado todo o seu poder em uma investida estreita como uma faca em Stalingrado. Ao norte e ao sul da cidade, as divisões romena e italiana (lutando com os nazistas) se espalharam para se defender de qualquer contra-ataque soviético. Os alemães estavam tão concentrados na Batalha de Stalingrado que não perceberam outra atividade ao longo do front.

O general Jukov reuniu reforços soviéticos, sendo a maioria transferida de Moscou (onde a atividade era baixa). Logo contava com mais de 1 milhão de soldados em 9 exércitos, 13 mil peças de artilharia, 1.000 aeronaves e 900 tanques posicionados em cada flanco ao norte e ao sul de Stalingrado. Jukov pretendia mudar o curso da guerra em um ataque maciço, cercando Stalingrado com suas forças, prendendo um exército alemão inteiro e abrindo uma lacuna gigante na linha de frente alemã.

Na época em que Hitler deu o segundo aperto na União Soviética, os exércitos alemães não eram todos alemães. As pesadas baixas tornavam as substituições às vezes difíceis de encontrar. Para cobrir a enorme linha de frente, essencialmente estendendo-se pelo continente europeu, Hitler precisava de tropas. Ele as obteve de unidades italianas e romenas. A Itália, é claro, era uma parceira de longa data, e Mussolini forneceu tropas italianas para apoiar a guerra contra Stalin. A Romênia, ocupada pelas forças alemãs desde o início de 1941, forneceu tropas na Rússia também. Essas unidades estavam muito menos prontas para o combate do que as unidades alemãs, mas permitiam que as unidades alemãs se dedicassem às áreas nas quais o combate era mais pesado. Durante a ofensiva de Stalingrado, mais e mais tropas alemãs foram puxadas para a batalha na cidade, deixando as linhas de frente acima e abaixo da cidade ocupadas por unidades italianas e romenas, menos capazes. Era para lá que os soviéticos dirigiriam seu ataque.

A armadilha se fecha: O ataque soviético

Em meados de novembro, o clima ficou frio e com neve. Nas primeiras horas da manhã de 19 de novembro, as tropas romenas foram destruídas por ataques de artilharia pesada, seguidos por massas de soldados de infantaria soviéticos vestidos com camuflagem branca de inverno e apoiados por tanques T-34. Os romenos, tendo apenas equipamentos obsoletos, não eram páreo para os soviéticos. Os romenos que não foram mortos nem capturados fugiram. Os italianos não estavam em uma situação muito melhor. Em menos de um dia, os exércitos soviéticos fecharam o cerco, 65km atrás do exército nazista.

Quando Paulus, o general encarregado das tropas que lutavam por Stalingrado, solicitou que Hitler ordenasse uma retirada, Hitler recusou. Ele e Hermann Goering, o nazista chefe da Luftwaffe, iludiram-se de que o exército de Paulus não precisava recuar. Eles ordenaram que continuasse lutando em Stalingrado e fosse reabastecido pelo ar. Essa decisão foi péssima por alguns motivos:

LEMBRE-SE

» **Os nazistas não conseguiram fornecer os suprimentos necessários.** Hitler fora cabo de infantaria na Primeira Guerra Mundial, e Goering, piloto de caça. Nenhum deles tinha a menor experiência em planejamento de *surtidas* (ataques rápidos aos invasores por parte dos invadidos), incluindo quantos aviões ou aeródromos eram necessários todos os dias para fornecer a milhares de homens comida, combustível e munição suficientes para conduzir operações ofensivas. Como resultado, Hitler e Goering subestimaram grosseiramente as necessidades das unidades que lutavam em Stalingrado, não conseguiram fornecer os suprimentos prometidos e condenaram seus homens.

» **Reabastecer as tropas em Stalingrado foi um desperdício de esforços e recursos.** Stalingrado não tinha mais significado militar para os alemães. Um exército soviético de 1 milhão de homens estava a 65km atrás das linhas alemãs, e os romenos e os italianos haviam partido, deixando um enorme buraco nas linhas alemãs.

A MATEMÁTICA NAZISTA

Caso esteja se perguntando, eis os fatos: por dia, o 6º Exército alemão precisava de 120 toneladas de combustível e 250 toneladas de munição, além de pelo menos 150 toneladas de comida. Isso exigia 235 carregamentos de aviões diariamente.

Antes de dizer ao general Paulus que o Exército Alemão não poderia recuar de Stalingrado, Hitler e Goering deveriam ter se feito as seguintes perguntas: quantos aviões os aeroportos de Stalingrado acomodam? Onde a Luftwaffe pode colocar 520 toneladas de suprimentos todos os dias? Quem pode mover o material para as tropas da linha de frente? Quanto tempo a Luftwaffe pode sustentar tal esforço? O que acontecerá se o tempo piorar ou se perdermos os aviões?

Bem, ninguém fez essas perguntas, e os resultados foram trágicos. Os alemães podiam enviar apenas de trinta a quarenta aeronaves para apoiar as tropas em Stalingrado (que tinha apenas duas bases aéreas). Muitos aviões foram abatidos por caças soviéticos ou se perderam com o mau tempo e nunca entregaram os suprimentos. De novembro a janeiro, a Luftwaffe perdeu quinhentas aeronaves de transporte e trezentos caças e bombardeiros em sua tentativa de reabastecer a cidade. Na melhor das hipóteses, o 6º Exército recebeu 140 toneladas de suprimentos em um determinado dia. Essa curta lição de logística nunca foi aprendida por Hitler.

Estrategistas mais prudentes teriam cortado suas perdas e se reagrupado para buscar outras prioridades. Mas Hitler foi seduzido a esperar um sucesso espetacular de seus exércitos. Não acostumado à derrota, não conseguiu avaliar a magnitude do desastre que acabara de acontecer no Volga.

Stalingrado: A vitória soviética decisiva

Em dezembro de 1942, os panzers alemães tentaram romper as linhas soviéticas para libertar as tropas de Stalingrado. Na verdade, chegaram a 50km das tropas de Paulus. Este, no entanto, recusou-se a deixar a cidade e a se conectar com a coluna de ajuda sem uma ordem de Hitler. O Führer não tinha intenção de dar tal ordem. Enquanto os tanques recuavam sob um contra-ataque soviético, os homens do 6º Exército alemão foram abandonados à própria sorte. Famintos, congelados e destruídos, 108 mil alemães se renderam em 2 de fevereiro de 1943. Desse número, não mais do que 5 mil retornaram à Alemanha.

Em março de 1943, os alemães no sul foram empurrados de volta mais de 320km, expulsos das montanhas do Cáucaso, e lutavam pela cidade de Kharkov. No norte, os soviéticos rechaçaram as forças alemãs que ocupavam posições avançadas perto de Moscou e abriram um estreito corredor para Leningrado, cercado pelas forças alemãs e finlandesas desde 1941.

Sem uma reserva estratégica para conter esses ataques e enfrentando outro inverno rigoroso, os exércitos alemães foram forçados a ceder terreno para retardar o ataque soviético.

Ao todo, a Batalha de Stalingrado custou a cada lado 750 mil baixas. Mas foi o ponto de virada na guerra na Europa. Hitler nunca mais seria capaz de superar o poder terrestre soviético. Ele havia desperdiçado grande parte de suas insubstituíveis forças aéreas e terrestres, e os seis meses de toda a produção de guerra da Alemanha foram canalizados para uma luta inútil.

Stalingrado se tornou a defesa épica do povo soviético contra os invasores fascistas. A vitória mostrou que a Alemanha poderia ser derrotada. Amparados por montanhas de armas, munições e equipamentos fornecidos por mar pelos EUA e pela Grã-Bretanha, os exércitos soviéticos estavam ficando mais fortes.

Juntando Tudo em Kursk

Na primavera de 1943, os alemães estavam praticamente no mesmo lugar em que estavam na primavera de 1942. Agora Hitler enfrentava outro dilema estratégico: considerando o desastre da grande ofensiva do sul na Rússia, haveria algo a ser feito para vencer a guerra? Ou, mais importante, o que ele poderia fazer para evitar perdê-la? Os Aliados estavam indo para a Itália, a ofensiva de bombardeiros estratégicos aliados paralisava as indústrias de guerra alemãs e a possibilidade de um ataque do outro lado do Canal da Mancha sempre existiu.

Mais uma vez, Hitler ignorou o conselho de seus generais, que queriam ficar na defensiva. Em vez disso, decidiu atacar no centro, em uma tentativa de quebrar as linhas soviéticas e avançar para o interior da Rússia. (Ironicamente, isso é o que seus generais o aconselharam a fazer no ano *anterior*.)

Hitler concentrou-se nos 580km soviéticos da linha defensiva em Kursk. (Em termos militares, uma protuberância chamada de *proeminência*.) Lá, os soviéticos ficavam vulneráveis a um *movimento de pinça*, em que os flancos se movem simultaneamente para se aproximar de um inimigo. As tropas soviéticas que defendiam a área teriam os suprimentos cortados e seriam destruídas (da mesma forma que o 6º Exército alemão em Stalingrado), deixando um raio de 80km vazio nas linhas soviéticas para os exércitos alemães passarem.

Hitler buscou uma vitória decisiva. Mas a Alemanha não podia mais conduzir tal operação sem organizar forças e recursos cuidadosamente. Isso levou tempo, que foi suficiente para os soviéticos descobrirem o plano de Hitler e fazerem seus próprios preparativos para defender Kursk. Em julho, os alemães haviam reunido cerca de 1,5 milhão de homens e 3 mil tanques (a maioria, os modelos mais novos), apoiados por cerca de 10 mil peças de artilharia e 1.800 aeronaves. Os soviéticos, no entanto, esperavam-nos com 1 milhão de homens, 3 mil tanques e 13 mil peças de artilharia, organizadas por 30km e protegidas por uma série de trincheiras, obstáculos e minas. Mais importante, os soviéticos tinham 400 mil soldados de reserva. Os alemães não tinham reservas com que contar.

A mira de Stalin: Operação Zitadelle

O plano de ataque a Kursk foi chamado de *Zitadelle* (cidadela). Os alemães começaram seu ataque em 5 de julho de 1943, mas os soviéticos não foram pegos de surpresa. Durante anos, agentes da inteligência soviética na Suíça recrutaram espiões com acesso aos planos militares do exército alemão. *Zitadelle* já estava na mira de Stalin. Assim, trinta minutos antes do início do ataque alemão, os soviéticos abriram a batalha com uma monstruosa enxurrada de fogo de artilharia, pegando as tropas alemãs em campo aberto enquanto se moviam para suas posições de ataque. A batalha só piorou.

Enquanto os aviadores alemães e soviéticos lutavam pelo controle dos céus, os tanques alemães e soviéticos lutavam à queima-roupa de um lado para outro nas colinas. Embora os alemães conseguissem abrir caminho em terreno aberto, os soviéticos lançaram contra-ataques eficazes. O 4º Exército Panzer perdeu 350 tanques e 10 mil homens somente em um deles.

Kursk: Outra grande vitória soviética

Em 12 de julho, ficou óbvio que os soviéticos eram muito fortes, muito bem preparados e muito habilidosos para os alemães. O último *blitzkrieg* no Oriente havia falhado. (Para obter informações sobre a estratégia de batalha blitzkrieg, veja o Capítulo 5.) Pela primeira vez, a Força Aérea Soviética se manteve firme contra a Luftwaffe, e o tanque soviético provou seu valor. A Batalha de Kursk foi uma vitória soviética decisiva, e, daquele ponto em diante, os alemães estavam na defensiva no leste.

O TANQUE SOVIÉTICO: T-34

O *Tanque T-34* provou sua capacidade como melhor veículo de combate para todos os fins da guerra. Com seu canhão principal de 76mm e duas metralhadoras, era baixo e largo, projetado para a lama e a neve das planícies russas. Mecanicamente confiável e bem blindado, tinha velocidade máxima de 50km por hora e podia viajar 300km antes de ser reabastecido. Este tanque, junto com a tripulação bem treinada, venceu a Batalha de Kursk e mudou todo o equilíbrio da guerra. A partir de então, os alemães começaram a fugir.

ESTRATÉGIA MILITAR

A Batalha de Kursk foi a maior batalha de tanques da história e uma das maiores já travadas na história mundial. Além disso, os alemães dispararam mais granadas de artilharia nela do que nos ataques contra a Polônia (1939) e contra a França (1940) combinados.

Nas Ruas: Bombardeando a Alemanha

A campanha de bombardeio dos Aliados foi o segundo ataque da Alemanha, já recuperada de duas grandes derrotas na guerra contra a Rússia (veja as seções anteriores "A Ofensiva de Hitler na Rússia, 1942" e "Juntando Tudo em Kursk"). Enquanto as forças de combate alemãs eram marteladas pela máquina de guerra soviética, Hitler teve outra distração; dessa vez, vinda do ar.

Quando os alemães desencadearam o *blitzkrieg* na Holanda, na Bélgica e na França, em maio de 1940, Winston Churchill ordenou que bombardeiros britânicos atacassem alvos industriais na Alemanha. Durante a Batalha da Grã-Bretanha (explicada no Capítulo 5), Churchill ordenou ataques aéreos de retaliação a Berlim depois que bombardeiros alemães atacaram Londres, em agosto de 1940. Principalmente para manter o moral britânico e como forma de contra-atacar diretamente a Alemanha, os ataques continuaram contra alvos industriais alemães. As defesas alemãs eram sofisticadas e robustas, equipadas com radares, holofotes, caças noturnos e armas antiaéreas.

Em 1942, a Força Aérea Real (RAF) recebeu instruções para começar ataques regulares contra redes de transporte alemãs e outros alvos que enfraqueceriam o moral dos civis, em particular, dos trabalhadores industriais. As greves começaram em fevereiro. Os britânicos organizaram bombardeios noturnos em massa contra cidades alemãs na Bacia industrial do Ruhr. Logo, a RAF enviava mais de mil aviões ao mesmo tempo para lançar bombas incendiárias e altamente explosivas nas principais cidades alemãs, como Colônia, Essen e Bremen.

À luz do dia: Norte-americanos unidos

Após a declaração de guerra à Alemanha, em dezembro de 1941, os norte-americanos queriam desferir um golpe direto e rápido contra o país. Aviões bombardeiros eram o meio mais rápido de fazer isso. O general Henry Arnold (apelidado de "Hap") acreditava, assim como os britânicos, que os pesados bombardeios encerrariam a guerra mais rapidamente, destruindo as indústrias de guerra da Alemanha e atacando o moral dos civis. Arnold acreditava que os britânicos preferiam os ataques diurnos, porque eram mais precisos. Os norte-americanos também levaram duas aeronaves, que, equipadas com a mira de bomba mais precisa do mundo, podiam bombardear alvos durante o dia:

- » **O B-17:** Chamado de Fortaleza Voadora, por causa de seu armamento para se proteger contra os caças alemães (veja a Figura 14-2).
- » **O B-24 Liberator:** Um bombardeiro menor, rápido e fortemente armado.

FIGURA 14-2: A Fortaleza Voadora B-17.

Universal History Archive/Universal Images Group/Getty Images

Os B-17s e B-24s norte-americanos começaram a chegar à Grã-Bretanha em julho de 1942. Organizados como a 8ª Força Aérea dos EUA e comandados pelo tenente-general Carl Spaatz, esses bombardeiros começaram os ataques diurnos, enquanto os britânicos continuavam a atacar à noite. Como a maioria dos aviões produzidos foi enviada para apoiar a Operação Tocha (veja o Capítulo 13) no norte da África, a 8ª Força Aérea tinha poucas aeronaves no início e fez apenas ataques limitados contra alvos na França. O primeiro grande ataque foi contra as docas de submarinos alemães, em junho de 1943.

No final de 1943, os norte-americanos estavam construindo aviões para abastecer a 8ª Força Aérea com bombardeiros suficientes para se juntar à Grã-Bretanha em um ataque concentrado à Alemanha. Os britânicos haviam conduzido ataques pesados em Hamburgo; agora, bombardeiros norte-americanos atacavam a cidade durante o dia, depois que os britânicos o faziam à noite. Mais de 44 mil civis alemães morreram na tempestade de fogo que envolveu a cidade. Os alemães a chamaram de "bombardeio terrorista". O ministro da Propaganda, Joseph Goebbels, pela primeira vez não estava mentindo quando chamou os ataques de "uma catástrofe".

"BOMBER" HARRIS

Os alemães libertaram o gênio da garrafa quando bombardearam Londres, tornando os civis alvos de guerra. Até então, os ataques aéreos nunca haviam sido dirigidos contra civis (outro infeliz ineditismo da Segunda Guerra Mundial). Em seus ataques aéreos às cidades alemãs, os britânicos retribuíram o "favor".

O general britânico Arthur "Bomber" Harris, contundente e obstinado, assumiu o Comando de Bombardeiros (a força de bombardeiros estratégica britânica) em fevereiro de 1942. Embora os britânicos aparentemente aceitassem o fato desconfortável de que os civis eram alvos legítimos durante a guerra, Harris permaneceu uma figura controversa durante e após a guerra e, após 1945, foi preterido por sucessivos governos britânicos.

Mudando a estratégia dos Aliados

Embora os bombardeiros britânicos e norte-americanos tenham causado danos, sofreram pesadas perdas no processo. Essas perdas só aumentaram à medida que os alemães se adaptaram às táticas aliadas. Para quase todos os ataques realizados, quase metade dos bombardeiros foi perdida ou seriamente danificada. O ataque a Hamburgo sozinho custou cem aeronaves à 8ª Força Aérea. Inicialmente, os norte-americanos acreditavam que bombardeiros fortemente armados voando em formação próxima seriam capazes de se defender de ataques de caças inimigos, mas estavam errados. Os lutadores inimigos encontraram várias maneiras de abater os bombardeiros com pouca ameaça para si próprios. Os resultados foram muito caros para tripulações e aeronaves.

O problema era que os Aliados não tinham aviões de caça capazes de escoltar os bombardeiros depois que cruzavam o Canal da Mancha para a Alemanha. Embora os EUA tivessem caças capazes de servir como cães de guarda para eles — sua capacidade de manobra e poder de fogo eram iguais aos dos caças alemães —, não tinham combustível suficiente para voar para a Alemanha com os bombardeiros que escoltavam. Como resultado, os bombardeiros foram deixados sozinhos na Alemanha. Os caças alemães, sem serem desafiados pelos caças aliados, atacaram as formações e seguiram atrás deles até o alvo e depois por todo o caminho de volta até que os caças aliados retomaram a formação.

> ## A BATALHA DO ATLÂNTICO
>
> Com frequência, os narradores da Segunda Guerra Mundial se fixam nas batalhas terrestres a ponto de se esquecerem de que, apesar de todas as batalhas travadas entre 1942 e 1943, nenhuma foi talvez mais importante para a vitória dos Aliados do que a do Atlântico. Essa luta foi travada acima, abaixo e no mar. A sobrevivência econômica da Grã-Bretanha e a capacidade da União Soviética de permanecer na guerra estavam em jogo. Os alemães podem não ter sido capazes de derrotar os britânicos em combate, mas poderiam eliminá-los como um inimigo eficaz, cortando a linha de vida econômica da Grã-Bretanha: a frota mercante que levava alimentos, matérias-primas e outros bens essenciais para manter a nação insular funcionando. Cortar a linha de abastecimento soviética limitaria a capacidade da União Soviética de sustentar os exércitos que lutavam contra as tropas alemãs. Quem quer que ganhasse essa batalha no Atlântico acabaria por vencer a guerra.

Em junho, os Aliados mudaram o foco de seus ataques aéreos de bombardear cidades alemãs para atacar e destruir o poder aéreo alemão. Vantagens:

» Enquanto os caças alemães estivessem no ar, os bombardeiros continuariam a sofrer enormes baixas (a razão mais óbvia).

» Os Aliados precisavam alcançar a superioridade aérea antes que pudessem invadir a Alemanha pelo Canal da Mancha.

Em suma, os Aliados tiveram que colocar os caças alemães fora de ação. Assim, os bombardeiros norte-americanos se concentravam nas instalações de produção de aeronaves, enquanto a RAF se dedicava a outras indústrias alemãs.

Invadindo Ploesti e Schweinfurt

Como parte da campanha para paralisar a produção de aeronaves alemãs, os norte-americanos lançaram dois ataques espetaculares:

» Contra as refinarias de petróleo em Ploesti, Romênia, onde grande parte do suprimento de combustível alemão era produzido.

» E contra uma fábrica de rolamentos de esferas em Schweinfurt, Alemanha.

Ploesti

Em 1º de agosto de 1943, 178 B-24 Liberators voaram do norte da África em direção à Romênia, a quase 1.600km. Nunca antes um ataque aéreo foi lançado a tamanha distância. Os aviões desceram ao nível das copas das árvores, na esperança de evitar o radar e o fogo antiaéreo. Porém, os alemães estavam prontos e os norte-americanos levaram uma surra terrível. Quarenta e seis dos 178 aviões foram abatidos e 58 foram gravemente danificados; 310 norte-americanos foram mortos e 110, capturados. Pior, os danos à refinaria foram pequenos.

Schweinfurt

Em outubro de 1943, centenas de B-17 norte-americanos atacaram Schweinfurt na esperança de destruir uma importante instalação de produção de guerra. Os resultados foram deprimentemente semelhantes aos de agosto, em Ploesti: os alemães abateram ou danificaram fortemente quase metade dos bombardeiros aliados. Os alemães perderam poucos combatentes, e a produção não foi seriamente comprometida.

As tripulações de bombardeiros aliados sofreram taxas de baixas mais altas do que qualquer outra força de combate e tinham pouco a mostrar, apesar de toda sua coragem e sacrifício. Durante o inverno de 1943-1944, os norte-americanos desaceleraram a campanha de bombardeio até que encontrassem um caça de escolta de longo alcance para protegê-los dos ataques de caças inimigos.

Avaliação das invasões: Valeram a pena?

Na campanha de bombardeio de 1941 a 1943, a RAF lançou cerca de 21 mil toneladas de bombas. Os norte-americanos, a partir de 1943, lançaram cerca de 38 mil. São muitas bombas. Valeu a pena? A resposta é "não exatamente".

» Embora milhares de alemães tenham sido mortos e feridos, os ataques tiveram pouco efeito geral na indústria ou no moral alemão.

» As perdas entre as tripulações e aviões aliados foram extremamente pesadas. Apenas 30% das tripulações de bombardeiros sobreviveram a uma rodada completa de 25 (mais tarde, 30) missões.

Maré Alta para o U-boat: A Batalha do Atlântico

O terceiro ataque contra o esforço de guerra alemão foi o sucesso das forças navais e aéreas aliadas contra os U-boats alemães (veja a Figura 14-3). A Alemanha dependia deles para paralisar o esforço de guerra britânico, afundando navios mercantes que se dirigiam à Grã-Bretanha com suprimentos muito necessários. Enquanto a taxa de sucesso dos U-boats permanecesse alta, afundando muitos navios mercantes, os Aliados não conseguiram reunir forças para uma invasão através do canal. Mas o esforço aliado no Atlântico começou a dar frutos, e o poder dos U-boats começou a diminuir.

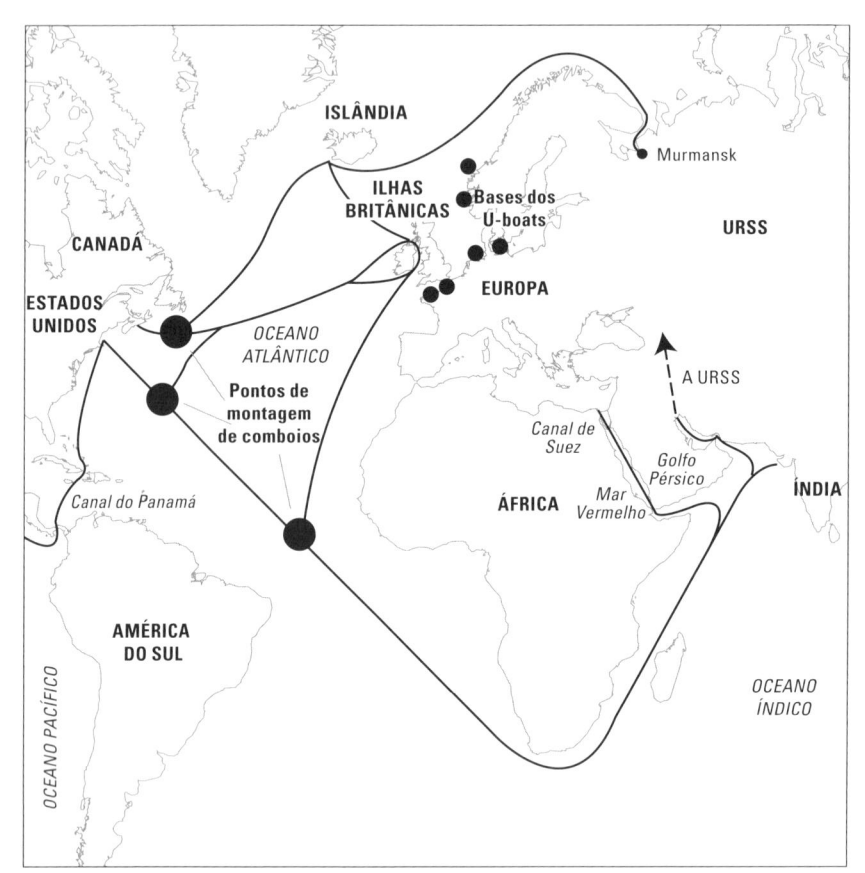

FIGURA 14-3: A Batalha do Atlântico.

Os temíveis U-boats

Os U-boats alemães eram um adversário temível dos Aliados. Caçando em grupos, perseguiram os comboios aliados até o porto, eliminando os alvos mais vulneráveis. Essa tática foi muito bem-sucedida e, embora as perdas fossem em média menos de 20 por ano, novos U-boats eram produzidos rapidamente para substituí-los. (Veja, no Capítulo 7, informações sobre a técnica da matilha de lobos, desenvolvida pelo almirante alemão Karl Doenitz.)

Contentando-se com menos: A Grã-Bretanha

Com a entrada oficial dos EUA na guerra, a guerra de tiros não reconhecida com a Alemanha, no Atlântico, tornou-se oficial. Para levar comboios de suprimentos para a Grã-Bretanha e para a União Soviética com segurança e em número suficiente para que ambas as nações continuassem lutando, os norte-americanos tiveram que cooperar com a Grã-Bretanha e com o Canadá. Embora uma grande parte da frota de U-boats tenha sido desviada para o Mediterrâneo e para a Noruega para outras operações de combate, e mesmo que os britânicos e os norte-americanos soubessem o paradeiro da maioria dos U-boats alemães no Atlântico por meio de transmissões de rádio decodificadas, os alemães mataram muitos. Um dos motivos era que os U-boats alemães estacionados na costa leste dos EUA torpedeavam os navios quando deixavam os portos para montar comboios.

Por causa dos U-boats, os navios mercantes britânicos podiam fornecer apenas 23 milhões de toneladas de suprimentos, em 1942. O problema era que eles estavam perdendo mais navios mercantes do que podiam construir.

Alvo fácil na costa leste: Os EUA

Na maior parte de 1942, os alemães fizeram a festa — afundaram centenas de navios norte-americanos até que estes e os britânicos pudessem construir e montar navios e aeronaves suficientes para patrulhar a costa leste dos EUA e expulsar os submarinos.

Bem no Atlântico

Quando os U-boats se afastaram da costa, em setembro de 1942, concentraram-se no meio do Atlântico. Era o melhor lugar para os U-boats atacarem porque a cobertura aérea era quase inexistente e quase todos os comboios para a Grã-Bretanha tinham que cruzar a área, que os U-boats patrulhavam facilmente dia e noite. Os alemães também começaram a concentrar seus U-boats em matilhas novamente.

O resultado foi terrível para os Aliados, que perderam 1.700 navios mercantes, o equivalente a cerca de 8 milhões de toneladas de suprimentos. As perdas foram agravadas porque os Aliados não conseguiram fazer a reposição.

Força à URSS: A corrida de Murmansk

Em 1941, logo ficou claro que sem a ajuda dos britânicos e dos norte-americanos, a União Soviética seria derrotada. Sem os suprimentos de que precisavam (os soviéticos haviam desmantelado e movido a maior parte de sua base industrial por centenas de quilômetros para os montes Urais para evitar a captura alemã; veja o Capítulo 6), a ajuda aliada era crucial. Os soviéticos precisavam de tudo, de botas a tanques, e levar os suprimentos para eles era difícil e perigoso:

» No Oceano Ártico, a URSS tinha apenas um porto que permaneceu sem gelo e aberto durante todo o ano: Murmansk, localizado na costa norte da URSS. Ele se tornou a tábua de salvação da URSS.

» Os comboios para a URSS tinham que passar pela Noruega, ocupada pelos alemães, uma importante base de superfície e submarina.

As matilhas de U-boats cobraram um preço terrível dos navios aliados (em particular, dos britânicos) entre 1941 e 1942. Mas quando os comboios devastados chegaram a Murmansk, os soviéticos se recusaram a acreditar que os alemães destruíram tantos navios mercantes. Os soviéticos acusaram os Aliados de reter suprimentos propositalmente e de inventar histórias de perdas para que a URSS perdesse a guerra. No entanto, o que os Aliados foram capazes de fornecer manteve o Exército Soviético no campo e ganhou tempo até que colocassem sua própria produção de guerra novamente em funcionamento.

Afundando os U-boats: A virada, 1943

EXÉRCITO ALIADO

A eliminação da ameaça dos U-boats pelos comboios aliados equivale à vitória da batalha terrestre em Stalingrado em termos de efeito decisivo no curso da guerra. Vários fatores se combinaram para virar a maré a favor dos Aliados:

» A construção de navios ultrapassou os afundamentos alemães em quase cinco para um: os estaleiros norte-americanos produziam um navio por semana.

» Avanços tecnológicos em radar, sonar e armas — como cargas de profundidade e o bombardeiro de longo alcance (em particular, o B-24 Liberator) — levaram ao afundamento de U-boats a uma taxa mais rápida do que os estaleiros navais alemães poderiam substituí-los. Isso significou a perda de tripulações qualificadas e quase insubstituíveis.

» Interceptações de instruções de U-boats alemães chegavam regularmente aos navios aliados, permitindo que os comboios fossem redirecionados para longe dos submarinos.

» As técnicas de comboio dos navios tornaram-se mais bem coordenadas e eficientes.

» Os porta-aviões de escolta acompanhavam os comboios de navios para fornecer cobertura aérea.

ESTRATÉGIA MILITAR

O avião se tornou o maior inimigo do U-boat. Os Aliados construíram aeronaves capazes de voar distâncias maiores e com melhor tecnologia, como o radar, para proteger os navios. Assim que um submarino levantava seu periscópio ou disparava um torpedo, o ataque aéreo era certo. Em maio de 1943, o almirante alemão Doenitz teve que admitir a derrota para os Aliados e deixar o Atlântico.

Em 1944, apesar de algumas melhorias drásticas no design e nas capacidades dos submarinos, a perda da França e do Mediterrâneo por portos seguros condenou os U-boats a operações perigosas, mas limitadas. Depois de 1943, eles deixaram de ser uma grande ameaça ao esforço de guerra. (Considere que, embora os U-boats tenham afundado 2 milhões de toneladas de navios em 1944, a produção dos navios aliados no ano foi igual a 14 milhões de toneladas.) A derrota dos submarinos de Doenitz abriu o caminho para a libertação da Europa.

Os alemães perderam quase 700 U-boats — pouco mais de 80% de sua frota. Isso se traduz em três quartos de chance de ser morto ou capturado pelos Aliados. Nenhuma outra força na guerra teve uma taxa de baixas tão alta. Ainda assim, o pequeno mas determinado bando de 41 mil homens quase chegou perto de encerrar a guerra entre 1941 e 1942. Não haveria invasão através do canal e nenhuma vitória na Europa sem uma vitória primeiro no Atlântico.

O QUE OS SOVIÉTICOS CONSEGUIRAM

Entre 1941 e 1945, a URSS recebeu os seguintes suprimentos dos Estados Unidos e da Grã-Bretanha:

- 25 mil aeronaves.
- 12 mil tanques.
- 3 milhões de toneladas de combustível.
- 375 mil caminhões.
- 114 mil toneladas de borracha.
- 15 milhões de pares de botas.

Depois da guerra, o governo soviético recusou-se a reconhecer o apoio dado a eles.

NESTE CAPÍTULO

» Grandes batalhas no Pacífico

» A luta para salvar a Austrália

» O fim do Japão como grande potência naval

» Estratégias em todas as frentes

Capítulo 15

Guadalcanal, Nova Guiné e Midway: Três Perdas do Japão

Para os japoneses, 1942 prometia a vitória total. O Japão estava pronto para cumprir seus objetivos no Extremo Oriente. A Austrália e a frota norte-americana pareciam precisar de apenas mais um golpe para terminar a guerra. Ainda assim, em poucos meses, as forças terrestres e navais japonesas se recuperavam das perdas devastadoras em Guadalcanal, Midway e Nova Guiné. Esses três ataques tiraram os japoneses de cena, colocando-os na defensiva estratégica e no caminho para a derrota inevitável.

Rope-a-Dope: O Japão Luta por Tempo

O campeão dos pesos-pesados Muhammad Ali usava uma tática que chamou de *rope-a-dope*. Nos primeiros rounds de uma luta, Ali propositalmente se fechava e recuava contra as cordas do ringue, convidando o oponente a esmurrá-lo até a exaustão. Embora absorvesse um pouco dos golpes, Ali preservava sua força e de repente contra-atacava com a rapidez de um raio ao sentir que seu oponente havia se cansado. Essa foi basicamente a estratégia do Japão no final de 1942. Ao se apoderar de tanto território, os japoneses perturbaram os Aliados. Enquanto os Aliados se reorganizavam, os japoneses procuravam capturar os últimos postos avançados restantes e, em seguida, agachar-se e esperar em suas defesas que os Aliados atacassem e se exaurissem, permitindo que a frota japonesa e as aeronaves japonesas contra-atacassem (veja a Figura 15-1).

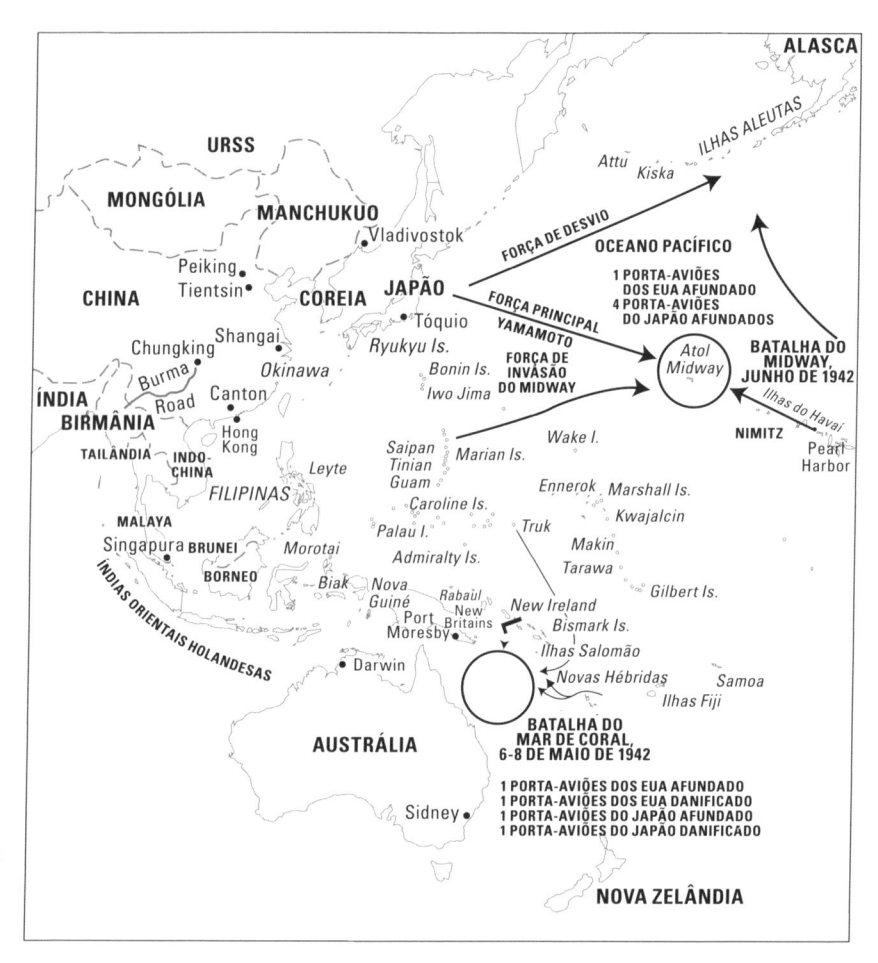

FIGURA 15-1: Operações no Pacífico, 1942.

Essa estratégia dependia de os Aliados levarem vários meses ou mesmo um ano para responder aos múltiplos choques que absorveram entre dezembro de 1941 e maio de 1942. Com base no que tinham visto até então dos Aliados, os japoneses estavam confiantes de que teriam o tempo necessário.

Elevando o moral norte-americano: O contra-ataque aliado

Embora tenha sofrido um golpe severo em Pearl Harbor (veja o Capítulo 8), a Marinha dos EUA ainda tinha muito combate pela frente. Seus três porta-aviões (USS *Lexington*, USS *Saratoga* e o USS *Enterprise*) foram poupados de ataques no dia em que o Japão detonou Pearl Harbor. O porta-aviões USS *Yorktown* foi transferido da frota do Atlântico, dando ao almirante norte-americano Chester Nimitz (veja a Figura 15-2) um poder de combate móvel significativo.

FIGURA 15-2: Almirante Chester Nimitz.

Historical/Getty Images

Nos primeiros três meses de 1942, Nimitz usou seus porta-aviões para invadir bases japonesas em todo o Pacífico. Embora os ataques tenham tido efeitos insignificantes, levantaram o moral norte-americano e mantiveram os japoneses desequilibrados. Os japoneses nunca tinham certeza de onde os aviões de guerra norte-americanos voariam, repentinamente, para atacar.

Insatisfeitos com os ataques a bases japonesas periféricas em ilhas espalhadas do Pacífico, os EUA decidiram atacar o continente japonês, em particular Tóquio, capital e residência do imperador Hirohito. O problema era enviar bombardeiros norte-americanos ao Japão e voltar com segurança. Os japoneses certamente mostraram como as aeronaves baseadas em porta-aviões eram eficazes contra alvos despreparados, mas só o Exército dos EUA (não a Marinha) tinha bombardeiros capazes de transportar cargas de bombas pesadas. Os planejadores tiveram que resolver dois problemas básicos: de onde lançar os bombardeiros (nenhuma ilha do Pacífico estava perto o suficiente) e onde pousá-los.

A solução? Um plano ousado para lançar 16 bombardeiros da Força Aérea do Exército dos EUA de um porta-aviões que moveria os bombardeiros dentro do alcance do Japão. Depois de largar as *bombas incendiárias* (que ateiam fogo, em vez de explodir) nas cidades japonesas visadas, os bombardeiros continuariam a voar para o oeste, cruzando em território amigo na China.

Os bombardeiros não podiam retornar aos porta-aviões por dois motivos:

>> Eram grandes e pesados demais para pousar de volta nos porta-aviões.

>> O porta-aviões tinha que partir assim que os aviões partiam para o ataque; do contrário, seria um alvo fácil para os japoneses.

Incendiando Tóquio: Ataque de Doolittle

O comandante da missão era o tenente-coronel James H. Doolittle. Conhecido como "Jimmy", tinha a reputação de intrépido e parecia ser a escolha natural para o trabalho.

Conforme o porta-aviões *Hornet* navegava em direção ao Japão levando os bombardeiros de Doolittle, deparou-se com barcos de patrulha japoneses a cerca de 1.200km do Japão. Esse encontro forçou os invasores a lançarem ataques à luz do dia (foram planejados como noturnos) no limite do alcance do B-25.

Em 18 de abril, Doolittle liderou seus bombardeiros em direção ao Japão. Os bombardeiros apareceram sobre Tóquio no momento em que um treino de ataque aéreo estava em andamento. Os caças japoneses ignoraram os bombardeiros norte-americanos, pensando que faziam parte do exercício. Os aviões norte-americanos voavam baixo sobre seus alvos e lançavam bombas.

Rumo à China e com pouco combustível, as tripulações tinham que saltar de paraquedas antes de chegarem a qualquer base aérea. Embora os bombardeiros tenham causado poucos danos físicos no continente japonês, acarretaram um grande dano psicológico à liderança japonesa, que agora sabia que a pátria japonesa não estava segura. Os norte-americanos, ao que parecia, planejavam levar guerra diretamente para os japoneses.

EXÉRCITO ALIADO

O Ataque de Doolittle foi um presságio do que estava por vir. O moral norte-americano, então gravemente ferido, disparou com a notícia do ataque. O presidente Roosevelt, conduzindo uma conferência de imprensa triunfante, foi questionado sobre a origem dos bombardeiros do Exército. Sorrindo maliciosamente, disse aos repórteres que tinham saído de Shangri-La, um lugar ideal e mítico que se tornou popular em um filme que passava nos EUA à época. Doolittle ganhou uma Medalha de Honra por seu feito de coragem.

Inovação Militar: A Batalha do Mar de Coral

Nos primeiros meses da guerra no Pacífico, os japoneses tinham vantagens. Detendo o poder aéreo e naval na região, os japoneses buscavam expandir suas conquistas e construir suas defesas para o contra-ataque Aliado, que certamente viria. Aqui está uma lista de áreas que o Japão queria controlar:

- » **Ilhas Salomão:** Uma cadeia de ilhas que se estende por cerca de 1.600km ao largo da ponta nordeste da Austrália. O controle delas cortaria o apoio norte-americano à Austrália, isolando-a e fazendo com que os japoneses forçassem os australianos a se submeterem ao controle japonês.

- » **Ilha Midway:** Uma ilha no Pacífico Central e a última base norte-americana fora do Havaí. Ao tomá-la, os japoneses completariam o anel de ilhas que bloqueavam a ação ofensiva naval norte-americana.

    Sem a Midway, os norte-americanos teriam que usar Pearl Harbor como base de todas as operações contra o Japão, porque o Havaí estava muito longe para montar qualquer ataque em grande escala sem que os japoneses soubessem, e teriam que atacar longe do perímetro defensivo principal.

- » **Papua:** Uma posse australiana no sudeste da Nova Guiné. O objetivo era a captura de Port Moresby, uma cidade que poderia ser usada como base naval e aérea japonesa. Com Port Moresby, os japoneses controlariam o Mar de Coral e quase toda a costa norte da Austrália. Com bases japonesas em Java e Bornéu, a Austrália seria efetivamente neutralizada, deixando os norte-americanos sem escolha a não ser montar ofensivas do Havaí.

Interceptando informações: Dica crucial

Em abril de 1942, os Aliados pareciam incapazes de impedir os japoneses de atingir esses objetivos. O problema para os norte-americanos era que os japoneses brincavam de esconde-esconde no vasto Pacífico. Os porta-aviões norte-americanos e seus navios de apoio não poderiam causar danos ao inimigo até que o encontrassem. Todas as áreas eram vulneráveis a ataques: a Austrália estava indefesa e poderia ser invadida facilmente; os japoneses poderiam atacar Midway a qualquer momento. A questão para o almirante Nimitz era descobrir o que os japoneses planejavam fazer.

Mais uma vez, a sorte sorriu para os norte-americanos. Os códigos navais japoneses interceptados indicavam que pretendiam tomar Port Moresby, na Nova Guiné, e a ilha de Tulagi, em Salomão. Uma força de ataque formidável de 2 porta-aviões com 123 aeronaves, 4 cruzadores e 6 contratorpedeiros cobriria as forças de assalto anfíbio (soldados entregues por embarcações a uma praia para um ataque). Nimitz enviou os dois únicos porta-aviões disponíveis — *Yorktown* e *Lexington*, com 141 aeronaves apoiadas por 5 cruzadores e 11 contratorpedeiros — para enfrentar a força japonesa.

Lanchando a caminho de Port Moresby

Aeronaves de porta-aviões norte-americanos começaram a atacar a força de invasão japonesa em Tulagi em 4 de maio, mas tiveram pouco efeito. O que os norte-americanos queriam eram os porta-aviões japoneses da força de ataque, que sabiam que estavam nas proximidades de Port Moresby.

Na verdade, os porta-aviões japoneses estavam mais próximos do que se pensava. O mau tempo havia mascarado sua presença dos aviões de observação norte-americanos, que os procuravam. As forças navais norte-americanas e japonesas estavam navegando uma em direção à outra no Mar de Coral. Ambos tinham dificuldade em reconhecer quais navios pertenciam a quem e exatamente para que tipo de navio olhavam:

- » Em 7 de maio, os japoneses lançaram um ataque contra o que pensavam ser dois porta-aviões dos EUA. Eram um petroleiro e um contratorpedeiro.
- » Os norte-americanos lançaram um ataque contra dois cruzadores japoneses e dois contratorpedeiros. Pensavam que estavam mirando dois porta-aviões.
- » Aviões bombardeiros norte-americanos da Austrália confundiram navios deles com japoneses e os bombardearam. Nenhuma bomba atingiu o alvo.
- » À medida que escurecia, 21 aviões japoneses tentaram pousar no USS *Yorktown*, pensando que era um porta-aviões amigável. Dez foram abatidos e os outros bateram em retirada.

Enquanto os bombardeiros de mergulho do USS *Lexington* iam atacar o que pensavam ser dois porta-aviões japoneses, desviaram-se do curso e acidentalmente acharam um porta-aviões *realmente* japonês, o *Soho*, cobrindo a força de invasão de Port Moresby. Embora feito para velocidade, o *Soho* não era páreo para os bombardeiros de mergulho: capotou e afundou dez minutos após o ataque.

Ir atrás dos porta-aviões

No dia seguinte (8 de maio), os japoneses decidiram adiar o ataque a Port Moresby e mirar um alvo muito mais importante — os porta-aviões norte-americanos. Embora os japoneses não tivessem certeza de quantos havia nas proximidades (estimaram até cinco), sabiam a localização geral de pelo menos dois. Os norte-americanos também tinham planos para a força de porta-aviões japonesa. Ambas as forças lançaram aeronaves, procurando o outro porta-aviões. Os norte-americanos avistaram os porta-aviões japoneses quase ao mesmo tempo que os japoneses os deles. Cada lado infligiu dano. Um porta-aviões japonês foi seriamente danificado e retirou-se da batalha. O USS *Lexington* foi atingido por bombas e torpedos, mas continuou a lançar e a receber aeronaves até as explosões internas o destruírem.

Êxito japonês, triunfo norte-americano

A perda dos dois porta-aviões japoneses encerrou o ataque do Japão a Port Moresby. Os norte-americanos também se retiraram, prejudicados pela perda do USS *Lexington*, que teve que ser torpedeado por um contratorpedeiro norte-americano depois que sua tripulação foi resgatada.

Os japoneses poderiam considerar a Batalha do Mar de Coral como uma *vitória tática*. Afinal, afundaram um porta-aviões insubstituível (na verdade, eles acreditavam que haviam afundado os dois) e abateram 66 aeronaves. Mas os japoneses perderam 77 aeronaves e um porta-aviões menor.

Na verdade, o Mar de Coral foi uma *vitória estratégica* para os norte-americanos, que interromperam momentaneamente a ameaça de invasão a Port Moresby e colocaram dois pesados porta-aviões japoneses fora de ação por meses.

Mais importante ainda, a Batalha do Mar de Coral marcou um novo capítulo na guerra. Pela primeira vez na história, uma batalha naval foi travada sem que nenhuma das forças se visse. Todos os combates foram realizados por aeronaves lançadas por porta-aviões.

Midway: A Hora da Aviação Naval

Os almirantes das Marinhas norte-americana e japonesa acreditavam que a ação naval decisiva no Pacífico seria uma saída direta da idade da vela — duas grandes frotas de batalha lutando à vista uma da outra, com o encouraçado fortemente blindado e armado fornecendo a vantagem decisiva. Por quase uma geração, os planos de guerra de ambas as nações previam tal envolvimento — é por isso que o Japão e os Estados Unidos construíram grandes navios de guerra, e os esforços de desarmamento da década de 1920 se concentraram em reduzir o tamanho e o número de navios de guerra nas frotas mundiais.

Mas o naufrágio do encouraçado britânico *Prince of Wales* por aeronaves japonesas e a Batalha do Mar de Coral provaram que o futuro da guerra naval estava nas mãos do *aviador naval*, não nas do capitão do navio de guerra. Se a Batalha do Mar de Coral (abordada na seção anterior) ensinou alguma coisa a alguém, foi que a era dos navios de guerra havia acabado. Qualquer lado que descobrisse isso primeiro venceria a guerra no Pacífico.

Preparando a armadilha: A abordagem japonesa em três frentes

O almirante japonês Yamamoto tentou tomar Midway, a última base norte-americana no Pacífico fora do Havaí. Não só a posse da Midway expandiria a zona defensiva japonesa, mas também forçaria os norte-americanos, que não podiam perder a ilha, a reagir. Yamamoto esperava que os norte-americanos respondessem levando seus porta-aviões para deter os japoneses ou tentando retomar a ilha. Como resultado, ele montou a maior frota de batalha já usada no Oceano Pacífico — 160 navios (sendo 8 porta-aviões) e 400 aeronaves. Essa enorme frota esperaria até que os norte-americanos se aproximassem de Midway, e então o porta-aviões japonês e os gigantescos couraçados acabariam com eles de uma vez por todas.

Em seu plano, Yamamoto dividiu a frota em quatro forças:

- » Uma força conduziria um ataque às Ilhas Aleutas para desviar a atenção norte-americana do ataque a Midway.
- » O próprio Yamamoto comandaria a principal frota de batalha japonesa na batalha climática contra a frota norte-americana.
- » Uma terceira frota faria o desembarque anfíbio para capturar Midway.
- » Uma tela de submarinos vasculharia as águas entre Pearl Harbor e Midway para detectar sinais da frota norte-americana.

CHESTER W. NIMITZ

O almirante Chester W. Nimitz (1885-1966) queria ser artilheiro do Exército, mas não conseguiu entrar em West Point. Em vez disso, foi indicado para a Academia Naval dos Estados Unidos. Após uma viagem inicial com a Frota Asiática, Nimitz foi transferido para um novo braço da Marinha — os submarinos. Comandou vários submarinos e se tornou especialista em guerra submarina. Entre as guerras mundiais, construiu a base de submarinos de Pearl Harbor, fundou uma das primeiras unidades do Corpo de Treinamento de Oficiais da Reserva Naval e subiu para comandar a nau capitânia da Frota Asiática e uma divisão de navios de guerra.

Após o desastroso ataque à Frota do Pacífico, em Pearl Harbor, o presidente Franklin Roosevelt enviou uma mensagem ao secretário da Marinha: "Diga a Nimitz para ir a Pearl e ficar lá até que a guerra seja vencida." Nimitz se tornou Comandante da Frota do Pacífico dos Estados Unidos em 31 de dezembro de 1941. Em 1942, tornou-se comandante-chefe da Frota do Pacífico. Imediatamente, Nimitz usou seus pontos fortes contra as fraquezas do inimigo, contando com o poder de ataque do porta-aviões para obter vitórias nas Batalhas do Mar de Coral, Midway e Guadalcanal. Ele conduziu um avanço através das ilhas Gilbert, Marshall, Marianas e Palau, usando o poder naval e anfíbio para dominar as defesas japonesas.

Nimitz apoiou a reconquista do general MacArthur das Filipinas em 1944 e dirigiu a frota na Batalha do Mar das Filipinas e do Golfo de Leyte, que encerrou o poder naval japonês no Pacífico. Em 1945, Nimitz havia dirigido a captura das ilhas principais de Iwo Jima e Okinawa para apoiar ataques de bombardeiros contra as ilhas do Japão. Nimitz era famoso por permitir a seus oficiais subordinados uma ampla liberdade na execução de seus planos e ordens. Nimitz foi um excelente juiz de homens e subordinados selecionados que guiariam a Marinha dos Estados Unidos por quase uma geração. Nunca apressado nem efusivo, Nimitz era a calma na tempestade da guerra, inspirando confiança mesmo na crise mais grave.

Dois ases na manga: A sacada de Nimitz

O plano do almirante japonês Yamamoto era bom, mas o almirante norte-americano Nimitz tinha a vantagem, pelo menos inicialmente:

» **Ele conhecia o plano japonês.** Mais uma vez, os códigos japoneses interceptados deram-lhe uma compreensão detalhada do plano japonês e muito tempo para preparar um contraplano para Midway. Nimitz também soube que os japoneses haviam espalhado sua frota em pequenos grupos dispersos para evitar a detecção.

Nimitz decidiu que nenhum confronto naval gigante ao largo de Midway ocorreria, como Yamamoto esperava (veja a seção anterior). E percebeu que seus navios de guerra não seriam de nenhuma ajuda para ele. A vantagem eram os porta-aviões, que atingiam alvos a longas distâncias. Nimitz confiava na surpresa e na habilidade de seus aviadores navais para contrabalançar a força japonesa em números.

» **Tinha mais porta-aviões do que os japoneses imaginavam.** Além dos dois porta-aviões conhecidos pelos japoneses, Nimitz também tinha outro — USS *Yorktown* — que os japoneses pensavam que afundaram na batalha do Mar de Coral. Apesar dos extensos danos ao navio, que levariam três meses para ser consertados, as tripulações de Pearl Harbor realizaram um milagre ao torná-lo digno de batalha novamente em apenas 72 horas.

Mas, mesmo com essas vantagens, os norte-americanos ainda não estavam na dianteira. Yamamoto tinha números superiores e muito oceano no qual se esconder. Nimitz comprometeria todos os porta-aviões, doze cruzadores, quatorze contratorpedeiros e dezenove submarinos nessa batalha — algo ínfimo frente à frota japonesa rumo a Midway. Para a Marinha dos EUA, Midway era uma enorme aposta.

No meio do caminho havia uma bomba

A Batalha de Midway seria decisiva no Pacífico na Segunda Guerra Mundial e, no final, mudaria tanto o curso da guerra quanto o futuro da guerra naval.

Primeira fase: 3 de junho

Em 3 de junho de 1942, os japoneses iniciaram a primeira fase da batalha com ataques aéreos a bases norte-americanas nas Aleutas. As forças japonesas desembarcaram nas ilhas Aleutas de Kiska em 6 de junho e, no dia seguinte, em Attu. Aviões japoneses realizaram ataques em todas as ilhas.

Embora Nimitz tivesse enviado uma força naval para lidar com a invasão, aeronaves baseadas em terra mantiveram a frota japonesa à distância. Para Yamamoto, parecia que seu desvio para a Ilha Aleuta funcionou. Mas, na realidade, a frota norte-americana de porta-aviões se dirigia para Midway — um fato que Yamamoto não sabia. Avisado pelas interceptações, Nimitz despachou sua frota dias antes de os submarinos japoneses chegarem a procurando. Os japoneses estavam no escuro. Para eles, parecia que tudo ia de acordo com o plano.

Segunda fase: 4 de junho

Yamamoto começou a próxima fase com um ataque a Midway em 4 de junho. Mandou metade das aeronaves do seu porta-aviões contra Midway, enquanto segurava a outra para o caso de a frota norte-americana aparecer. Quando as aeronaves japonesas retornaram do ataque em Midway, ficou claro que outro era necessário.

UM NEGÓCIO ARRISCADO

Pilotar um avião do convés de lançamento de um porta-aviões é perigoso. Aterrissar um avião em um espaço assustadoramente pequeno em todos os tipos de clima é ainda mais. Hoje, as Marinhas modernas têm equipamentos e navegação sofisticados, e aeronaves multimilionárias de alta capacidade — e ainda é perigoso! Em 1942, os pilotos tinham seus olhos e muita esperança. Recebiam orientações gerais para seus alvos e tinham que observar cuidadosamente o oceano em busca de sinais de um navio. Uma vez que localizassem seus alvos, fariam o ataque (se sobrevivessem aos aviões inimigos e ao fogo antiaéreo) e então voltariam para encontrar seus próprios porta-aviões antes que o combustível acabasse.

Atacar um navio pelo ar com um torpedo ou uma bomba era uma habilidade particular. O piloto do torpedo tinha que se aproximar do navio o mais próximo possível da água e, em seguida, soltar o torpedo a apenas centenas de metros de distância. Enquanto isso, o navio-alvo disparava todas as armas que podia diretamente contra ele, e os aviões de combate inimigos tentavam abatê-lo.

Um piloto de bombardeiro de mergulho começava a milhares de pés diretamente sobre o alvo e fazia um mergulho vertical, caindo a 500km por hora a poucas centenas de pés do alvo. Então lançaria a bomba — precisamente no momento para que ela o atingisse e explodisse — enquanto jogava o avião de volta para cima. Se tivesse sorte, os atacantes não o derrubariam, o fogo antiaéreo não o mataria e suas bombas atingiriam o alvo para ele não precisar repetir essa manobra insana.

Se o piloto retornasse do ataque e tivesse sorte, seu porta-aviões estava praticamente no mesmo local. Se não, tinha que procurar até que: a) pousasse com segurança no convés de tábuas de madeira, em um acidente controlado de quebrar os ossos; ou b) ficasse sem combustível e jogasse seu avião no oceano. Essa era uma maneira difícil de lutar uma guerra, e esses pilotos — tanto norte-americanos quanto japoneses — eram bastante acima da média.

Enquanto os japoneses armavam os aviões para outro ataque, o almirante japonês Nagumo recebeu notícias perturbadoras: um dos aviões de observação relatou ter avistado navios inimigos, possivelmente um porta-aviões. No momento em que Nagumo tomou conhecimento dos navios norte-americanos, aeronaves do USS *Hornet*, *Enterprise* e *Yorktown* já estavam a caminho para atacá-los.

Nagumo tirou bombas de seus aviões e rearmou-os com torpedos para atacar a ameaça mais perigosa. Assim, no momento em que os aviões norte-americanos surgiram, os porta-aviões japoneses tinham mais de cem aviões nos conveses, abastecidos, com pilhas de bombas e torpedos acima e abaixo do convés de voo.

Aviões torpedeiros norte-americanos começaram o ataque. Os pilotos dos lentos aviões torpedeiros mantiveram o curso e logo foram abatidos um após o outro pelos caças japoneses que protegiam os porta-aviões. Os poucos que foram capazes de lançar torpedos erraram o alvo. A aniquilação dos aviões torpedeiros dos EUA significava que os porta-aviões dos EUA estavam ao alcance dos aviões torpedeiros de Nagumo. Em poucos minutos, Nagumo seria capaz de lançar seu próprio ataque contra os norte-americanos — minutos que ele não tinha.

Fora da rota: O milagre de McClusky

O tenente-comandante norte-americano Wade McClusky liderou 33 bombardeiros de mergulho do USS *Enterprise* em busca dos porta-aviões japoneses. Os aviões de McClusky, ficando sem combustível, teriam que voltar logo. Por capricho, McClusky saiu da rota prescrita para procurar outro lugar. Minutos depois, ele os encontrou. Na verdade, ele os encontrou assim que o último dos aviões torpedeiros terminou sua corrida fatal (veja a seção anterior, "Segunda fase: 4 de junho"). Todos os caças japoneses estavam perto da água, permitindo que os bombardeiros de mergulho de McClusky entrassem sem qualquer interferência. Bombardeiros de mergulho do USS *Yorktown* então apareceram, e McClusky sinalizou para o ataque. O resultado foi devastador.

Pegos de surpresa, com aeronaves desprotegidas e convés totalmente carregados com combustível e armas, os porta-aviões japoneses eram alvos fáceis. Em minutos, dois porta-aviões foram envolvidos pelas chamas. Outro foi pego em seguida. O último porta-aviões japonês teve sorte: evitou o ataque aéreo e lançou seus aviões contra o *Yorktown*, danificando-o com bombas e torpedos até que o porta-aviões morresse na água; os norte-americanos abandonaram o navio. No entanto, os aviões norte-americanos rearmados e reabastecidos encontraram o último porta-aviões japonês e o destruíram.

Yamamoto tentou continuar a luta com seus couraçados, mas os norte-americanos não estavam interessados em lutar. Eles se retiraram, deixando os japoneses sem escolha a não ser abandonar o ataque a Midway.

Um cruzador japonês foi perdido no ataque aéreo, e um submarino japonês afundou um contratorpedeiro norte-americano e o casco abandonado do USS *Yorktown*. Não houve mais perdas na batalha. Os EUA perderam 137 aeronaves e 300 homens, e os japoneses, mais de 330 aeronaves e 3.500 homens, muitos deles altamente qualificados e experientes pilotos de combate.

Midway: Uma análise estratégica

A história da Batalha de Midway é basicamente o choque entre os velhos e os novos métodos de travar a guerra naval. O almirante japonês Yamamoto representava o antigo método de combate em batalhas navais. Ele queria enfrentar a frota norte-americana em uma batalha de superfície, usando navios de guerra. O almirante Nimitz deixou seus navios de guerra para trás e confiou em um novo estilo de guerra naval, em que os navios não lutavam à vista uns dos outros. Em vez disso, aeronaves, lançadas dos navios, seriam o fator decisivo.

Na Batalha de Midway, o novo conceito de guerra venceu. Os norte-americanos demonstraram sua fé no porta-aviões, e Yamamoto, apesar da crença neles, havia colocado a maior parte de sua força em navios de guerra, que, no fundo, eram inúteis. A perda de quatro porta-aviões e o fato de os Estados Unidos construírem mais desses navios do que os japoneses (treze para seis, respectivamente) acabaram com o domínio japonês no Pacífico.

Nova Guiné: Inferno Verde

A grande ilha da Nova Guiné é provavelmente o último lugar na Terra no qual alguém gostaria de lutar uma guerra. Em 1942, era uma selva montanhosa e febril, varrida constantemente pela chuva de nuvens pesadas. Descendo pelo centro da península do leste da Nova Guiné, como uma espinha, está a cordilheira Owen Stanley, atingindo uma altura de mais de 2.100 metros. No lado leste da coluna vertebral, há a pequena cidade de Buna, e, do outro lado, Port Moresby, uma posição estratégica: quem controlava Port Moresby controlava a iniciativa ao norte da Austrália.

Os japoneses tentaram tomar Port Moresby uma vez (como explicado na seção "Inovação Militar: A Batalha do Mar de Coral"), mas os Aliados os impediram na Batalha do Mar de Coral. Em julho de 1942, os japoneses tentaram novamente. Dessa vez, desembarcaram cerca de 4.400 soldados em Buna, com a intenção de viajar na trilha Kokoda que conduzia ao longo da cordilheira Owen Stanley e, em seguida, atacar Port Moresby por trás. Tal abordagem impediria a Marinha dos Estados Unidos e a australiana de interferirem.

No início da guerra, a Austrália enfrentou os japoneses sozinha. Embora forças norte-americanas tenham sido enviadas para apoiar os australianos, eles não foram treinados nem preparados para o combate nas selvas proibitivas da Nova Guiné. Além disso, desde 1940, os soldados australianos lutaram com a Grã-Bretanha, principalmente no norte da África e na Grécia. Com seu país ameaçado, essas tropas experientes em combate foram enviadas de volta para a Austrália para enfrentar a ameaça japonesa de mudança para a Nova Guiné.

Luta na selva: Os australianos detêm os japoneses

ESTRATÉGIA MILITAR

Em suas campanhas militares desde 1941, os japoneses aproveitaram sua habilidade de luta na selva. Soldados aliados não treinados evitavam a selva, e os comandantes erroneamente acreditavam que ela era intransitável para os japoneses. Muitas vezes, ficavam surpresos quando os soldados japoneses se moviam facilmente pelas áreas montanhosas da selva e emergiam prontos para lutar em lugares inesperados, forçando as unidades aliadas a recuarem para evitar a destruição. Isso aconteceu na Malásia, na Birmânia e nas Filipinas (veja, no Capítulo 8, o *blitzkrieg* japonês na Ásia).

O desembarque da força japonesa em Buna tinha toda a intenção de usar as montanhas e a selva a seu favor. Mas o que eles descobriram quando fizeram a escalada perigosa e exaustiva na lamacenta trilha Kokoda foi que os soldados australianos também foram treinados para a guerra na selva. A selva se tornou um território neutro. As chances agora eram iguais.

EXÉRCITO ALIADO

Entre agosto e setembro, os australianos mantiveram os japoneses na trilha Kokoda, mantendo-os longe de Port Moresby e, eventualmente, empurrando-os de volta para a cordilheira Owen Stanley. Pequenas unidades travaram batalhas brutais em selvas turvas, muitas vezes no meio de chuvas torrenciais. A doença e a fome perseguiam os homens constantemente. Os únicos suprimentos que podiam ser levados às cordilheiras superiores eram os que as mulas ou os homens podiam carregar nas costas. Em novembro, os japoneses desistiram e começaram a recuar em direção a Buna.

Buscando os norte-americanos: MacArthur e suas tropas

Como comandante aliado responsável pela defesa da Austrália e do sudoeste do Pacífico, o general norte-americano Douglas MacArthur tinha pouco disponível para conter os japoneses. Enquanto a 7ª Divisão australiana lutava na trilha Kokoda, MacArthur reuniu todas as forças que podia solicitar, pedir emprestadas ou afanar dos EUA. O que conseguiu foram duas divisões de infantaria da Guarda Nacional mal treinadas e um número limitado de aeronaves. MacArthur estava determinado a colocar os norte-americanos na luta e colocou tropas na batalha sem o devido treinamento ou apoio.

Os japoneses se retiraram de volta para Buna e outra pequena cidade chamada Gona, e aguardaram o inimigo. Esses soldados experientes estabeleceram uma das posições defensivas mais formidáveis de toda a guerra. Posições defensivas cuidadosamente camufladas e protegidas por toras formavam uma rede entrelaçada dominada por metralhadoras. Para a infantaria, atacá-las sem artilharia ou sem tanques era pura loucura, mas os australianos e os norte-

-americanos passaram seis semanas fazendo exatamente isso. O solo era baixo e pantanoso, e o tempo, úmido e quente. Os japoneses estavam tão bem escondidos que as baixas aumentaram a uma taxa alarmante.

EXÉRCITO ALIADO

MacArthur enviou o general Robert L. Eichelberger para assumir o comando do ataque aliado. Os defensores japoneses lutaram por cada metro de terreno. Gona caiu no início de dezembro e Buna, um mês depois. Essas vitórias foram terrivelmente custosas:

» De MacArthur em diante, todo líder norte-americano cometeu erros terríveis ao lutar contra inimigos cheios de recursos e determinados.

» Vítimas de doenças e ferimentos reduziram as unidades em mais de 90%.

» O suprimento era aleatório e inadequado, assim como o suporte aéreo, e as improvisações se tornaram a norma.

Mas os norte-americanos aprenderam com as suas experiências e se tornaram adeptos da guerra na selva. Os Aliados tiveram sua primeira vitória sobre os japoneses na Nova Guiné (veja a Figura 15-3). De janeiro de 1943 em diante, eles nunca mais olharam para trás.

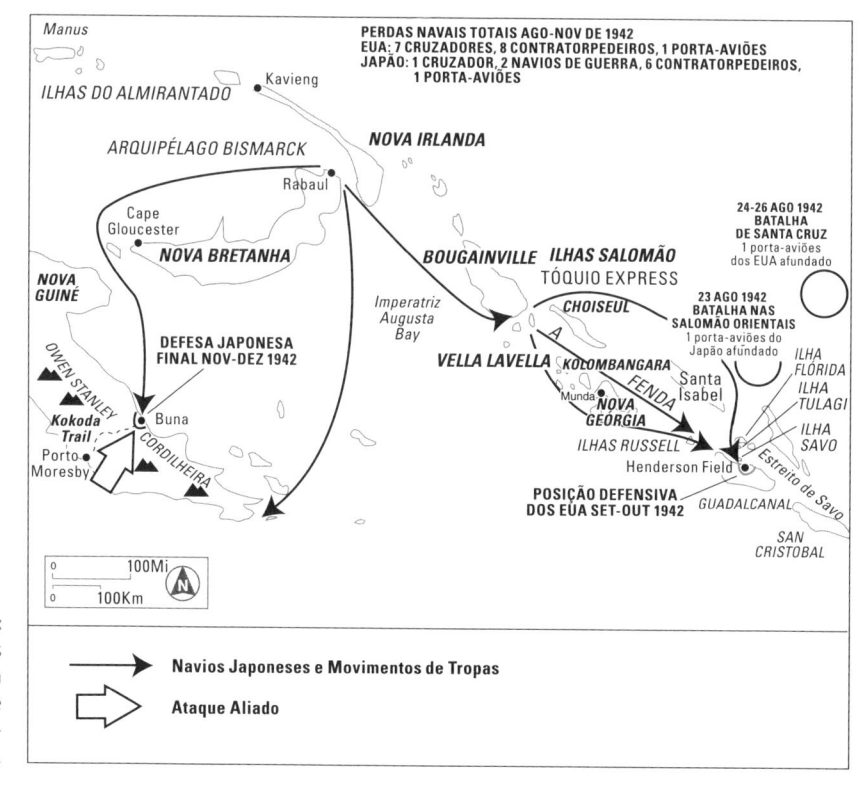

FIGURA 15-3: Ofensivas da Nova Guiné e de Guadalcanal, 1942.

CAPÍTULO 15 **Guadalcanal, Nova Guiné e Midway: Três Perdas do Japão**

Protegendo a Austrália: A Estratégia Aliada no Pacífico

Depois de Midway, a estratégia geral para 1942 era proteger a Austrália empurrando os japoneses de volta de sua base naval e aérea em Rabaul, na Ilha da Nova Bretanha, a nordeste da Nova Guiné nas Índias Orientais. Enquanto o general Douglas MacArthur expulsava os japoneses da Nova Guiné, o almirante Chester W. Nimitz deveria expulsar os que estavam nas Ilhas Salomão, onde um grande campo de aviação japonês estava sendo construído na ilha de Guadalcanal.

Os norte-americanos tomam a ofensiva

O almirante Nimitz estava encarregado de expulsar os japoneses de Guadalcanal. A força de infantaria para cumprir essa missão foi a Primeira Divisão de Fuzileiros Navais, do major-general Alexander A. Vandegrift. Os fuzileiros navais de Vandegrift foram treinados parcialmente, a maioria era de novos voluntários. No entanto, eram as únicas tropas disponíveis nos primeiros meses de 1942.

Em 7 de agosto de 1942, os fuzileiros navais desembarcaram em Guadalcanal, expulsaram as tropas de trabalho e capturaram a pista de pouso, que renomearam *Henderson Field* em homenagem ao aviador da Marinha que morreu em Midway.

Uma força-tarefa naval japonesa chegou sem ser detectada e danificou gravemente os navios norte-americanos que apoiavam a operação, que incluía três porta-aviões (*Saratoga*, *Wasp* e *Enterprise*); os japoneses então escaparam ilesos. Além disso, aeronaves japonesas também ameaçaram os porta-aviões, forçando a frota norte-americana a se retirar, deixando os 10 mil fuzileiros navais dos EUA isolados em Guadalcanal sem suprimentos e traçados em uma linha defensiva apertada em torno de Henderson Field.

Os japoneses despejaram reforços em Guadalcanal. Os navios japoneses moveram-se pelo corredor marítimo formado pelas muitas pequenas Ilhas Salomão para bombardear os fuzileiros navais e as tropas terrestres. Os aviões japoneses lutaram contra os Aliados pelo controle dos céus de Guadalcanal.

Reforços e suprimentos também chegaram para os norte-americanos. Os fuzileiros navais, em uma fenda a apenas 1,5km de Henderson Field e apoiados por trinta aeronaves e vários tanques, lutaram contra vários ataques japoneses. Em outubro, o cenário estava montado para a batalha decisiva pela ilha.

COMANDO COMPARTILHADO: MACARTHUR E NIMITZ

O Pacífico representava problemas para os Aliados: era grande demais para ser supervisionado por um comandante, e os diferentes serviços aliados enfrentavam um impasse: se a Marinha tivesse o comando do Pacífico, o Exército ficaria louco; se o Exército o tivesse, a Marinha que ficaria. Os Aliados, portanto, decidiram dividir a responsabilidade entre dois exércitos norte-americanos:

- **General Douglas MacArthur:** Ele comandou as forças aliadas em uma área que incluía Austrália, Nova Guiné, Índias Orientais Holandesas e Filipinas. Estava encarregado principalmente das forças terrestres e aéreas. (A Marinha teve dificuldade em permitir que um general do Exército comandasse uma frota — embora até isso tenha acontecido.)
- **Almirante Chester W. Nimitz:** Comandante da Frota do Pacífico, Nimitz era também o comandante aliado responsável pelo resto do Pacífico, desde a costa oeste da América do Norte até as costas da China e da União Soviética. Ele não tinha forças terrestres além dos fuzileiros navais, que faziam parte da Marinha, de qualquer maneira. Suas forças aéreas eram da frota. (Nimitz posteriormente teria forças do Exército sob seu comando na guerra.)

A bifurcação na estrada: Batalhas na terra e no mar por Guadalcanal

A captura e o controle de Guadalcanal tiveram um grande significado estratégico para os japoneses. Eles pareciam sentir que essa batalha frente a frente entre as forças navais e terrestres determinaria o futuro da guerra no Pacífico. Assim, os japoneses a chamaram de "A bifurcação na estrada". O lado que prevalecesse venceria a guerra.

Os japoneses sinalizaram sua determinação com seus ataques de infantaria contra as posições dos fuzileiros navais na ilha. Eles também enviaram uma grande frota para desafiar os norte-americanos pelo controle do mar. (A frota continha 3 porta-aviões, 8 navios de guerra e 27 cruzadores e contratorpedeiros.)

Esse confronto, a Batalha das Salomão Orientais, bem como as Batalhas do Mar de Coral e de Midway, antes dela, foi decidido por aviões em porta-aviões. As duas frotas nunca se viram. Os japoneses perderam um porta-aviões, enquanto o *Enterprise*, dos EUA, sofreu graves danos. Os japoneses também perderam noventa aviões e pilotos quase insubstituíveis nas Ilhas Salomão.

O almirante Nimitz comparou a vitória norte-americana com a de Midway. Na verdade, a vitória em Midway resultou em uma perda tão catastrófica de aviões e pilotos que os japoneses ficaram com pouco.

A sangrenta Batalha de Ridge: Os norte-americanos detêm Guadalcanal

Embora os fuzileiros navais, agora reforçados por tropas do Exército, tivessem mantido o perímetro de Henderson Field, em Guadalcanal, desde agosto de 1942, o pior estava por vir. De 25 a 28 de outubro, assistidos por chuvas torrenciais que pararam os combatentes norte-americanos e auxiliados por um pesado bombardeio de artilharia, os japoneses lançaram uma série de ataques determinados. Dia e noite, os japoneses atacaram bravamente a crista ocupada pelos fuzileiros navais. Embora os japoneses estivessem perto de quebrar a linha, os fuzileiros navais e os defensores do Exército resistiram. Os japoneses foram forçados a recuar. Os fuzileiros navais nomearam sua posição defensiva *Ridge Sangrenta*, por um motivo: os japoneses perderam quase 3.500 soldados.

EXÉRCITO ALIADO

Em novembro, os japoneses desembarcaram forças adicionais, mas eram fracos para desafiar os norte-americanos, que lançaram um ataque e prenderam a força inimiga assim que ela começou a sair da praia. Apenas metade da força original escapou. Novas unidades da Marinha e do Exército chegaram para aliviar a destruída Primeira Divisão da Marinha. Em dezembro de 1942, as tropas dos EUA estavam na ofensiva. No início de fevereiro de 1943, as tropas japonesas restantes foram retiradas da ilha e os EUA tinham o controle de Guadalcanal.

Outros confrontos nas Ilhas Salomão

Entre outubro e novembro de 1942, as Marinhas norte-americana e japonesa se enfrentaram mais três vezes nas águas ao redor de Guadalcanal:

» Uma noite, navios de guerra norte-americanos enfrentaram os japoneses enquanto estes tentavam levar reforços para Guadalcanal em segredo. Esse confronto envolveu contratorpedeiros e cruzadores.

» Duas outras batalhas envolveram grandes frotas baseadas em porta-aviões.

- No primeiro, os EUA perderam um; o Japão, quase cem aeronaves, com três porta-aviões danificados.

- O segundo combate — que durou três dias — acabou com a ameaça japonesa nas Salomão. Os japoneses usaram uma grande frota para proteger doze navios de transporte de tropas com destino a Guadalcanal. Na batalha que se seguiu, dez dos porta-aviões (e as tropas que carregavam) foram perdidos, com dois navios de guerra, um contratorpedeiro e dois cruzadores. Os norte-americanos perderam dois cruzadores e sete contratorpedeiros. (Essa foi a primeira vez que os navios de guerra dos EUA e os do Japão se encontraram em um combate direto.)

Olhando para Guadalcanal golpe a golpe

Como os japoneses sabiam, Guadalcanal foi a bifurcação na estrada, a batalha decisiva que mudou o rumo da guerra. Os EUA pararam o avanço japonês no Pacífico, e os Aliados ficaram na ofensiva. Tendo sido expulsa das Ilhas Salomão, a Marinha Japonesa e sua linha de abastecimento ficaram mais vulneráveis aos ataques dos Aliados.

Guadalcanal também marcou o início do domínio da Marinha dos EUA. Embora muitas vezes superada por navios e armas superiores, a Marinha Norte-americana lutou com determinação e venceu, e o porta-aviões provou ser um dos recursos mais valiosos na guerra naval.

Os norte-americanos e os japoneses jogaram quase tudo o que tinham uns nos outros pelo controle de Guadalcanal. Nenhum dos lados queria desistir, mas o poder naval dos EUA foi decisivo, assim como as habilidades de combate dos fuzileiros navais norte-americanos e dos soldados que defendiam Henderson Field. Quando os japoneses finalmente desistiram, suas chances de vitória em Guadalcanal tornaram-se mínimas.

Os custos para os japoneses e para os norte-americanos foram pesados: ambas as marinhas perderam muitos navios e milhares de marinheiros e pilotos. Na verdade, as águas ao norte de Guadalcanal passaram a ser conhecidas como "Iron Bottom Bay" [Baía de Ferro] por causa dos navios afundados.

Ainda hoje, o patch de ombro do uniforme dos fuzileiros navais da Primeira Divisão tem um número 1 azul com a palavra "Guadalcanal" em branco costurada verticalmente sobre ele. É um modo de lembrar e homenagear aqueles homens tomados por chuva, febre e exaustão que mudaram o curso da guerra e incorporaram o espírito de luta dos fuzileiros navais dos Estados Unidos.

Nimitz Assume a Ofensiva

O almirante norte-americano Nimitz, comandando operações militares no Pacífico, recebeu a missão de atacar os postos avançados defensivos japoneses no Pacífico Central. Especificamente, tinha como alvo os aglomerados de ilhas denominadas Marshall, Carolinas e Marianas. Essas ilhas formavam uma barreira para as operações navais e aéreas dos Aliados no Pacífico e precisavam ser neutralizadas. Uma vez nas mãos dos Aliados, estes poderiam usar as ilhas como suprimentos e bases aéreas para apoiar as operações da frota.

Essas ilhas também marcaram uma espécie de trampolim em direção às ilhas japonesas e às Filipinas. Eis por que isso é tão importante.

- » O general Douglas MacArthur já pretendia usar a Nova Guiné como base para iniciar a invasão das Filipinas em 1944.
- » A ofensiva de Nimitz contra as ilhas do Pacífico Central forçaria os japoneses a lutarem em dois lugares ao mesmo tempo, reunindo o poder aéreo e marítimo norte-americano para lidar com a pátria japonesa.

O primeiro trampolim na campanha foram as Ilhas Gilbert, localizadas a meio caminho entre a Austrália e o Havaí. O ataque seria dirigido contra duas ilhas dominadas por japoneses: Makin e Tarawa.

Defensores suicidas do Japão em Tarawa

As guarnições japonesas que defendiam essas ilhas eram pequenas. Em Tarawa, havia cerca de 4.600 homens; em Makin, apenas cerca de 800. Mas os defensores japoneses receberam ordens de Tóquio de que fizessem parte da "zona de defesa absoluta" e defendessem suas posições até o último homem. Eles deveriam se sacrificar sem o apoio da marinha japonesa para que o Japão ganhasse tempo de reconstruir seu poder aéreo naval e construir mais navios para um futuro contra-ataque estratégico. Os japoneses juraram obedientemente morrer em vez de render as ilhas. Em Tarawa, construíram defesas camufladas de concreto, conectadas por trincheiras, cavando tanques na areia de forma que apenas suas torres se destacassem. Cavaram quatro pesados canhões de defesa costeira capturados dos britânicos em Singapura e 25 peças de artilharia mais leves e metralhadoras colocadas para atingir atacantes de qualquer ângulo.

Encalhar: Uma surpresa amarga

Antes do pouso de 21 de novembro de 1943, aviões norte-americanos e tiros navais de três navios de guerra e 21 contratorpedeiros bombardearam as ilhas de Makin e Tarawa. Em Makin, as unidades do Exército superaram as defesas japonesas. Em Tarawa, no entanto, a 2ª Divisão da Marinha encontrou resistência. Embora a ilha de 3km de extensão estivesse saturada de bombas e projéteis, pouca coisa havia sido destruída.

Quando os fuzileiros navais se aproximaram da ilha em pequenos barcos, os japoneses os atacaram com fogo de artilharia. Pior do que isso, porém, foi a descoberta de que a água não era profunda o suficiente para levar o barco de desembarque para a costa. A maioria dos barcos encalhou em um recife de coral a mais de 700m da praia. Os fuzileiros navais não tiveram escolha a não ser pular para o lado e nadar carregando armas, munições e equipamentos. As metralhadoras japonesas cobraram um preço terrível. As unidades que pousaram na praia ficaram sob fogo pesado. Incapazes de avançar, eles abraçaram a pequena faixa de areia e esperaram por ajuda.

Os fuzileiros navais tomam a ilha

Foi necessário fogo quase à queima-roupa de contratorpedeiros e um bombardeio aéreo certeiro para destruir as posições defensivas japonesas. Enquanto isso, reforços pousaram, dando aos fuzileiros navais força suficiente para começarem a rastejar e enfrentar as defesas bem escondidas. Pequenos esquadrões de homens eliminaram as posições japonesas, uma a uma, com granadas, lança-chamas e metralhadoras. Após quatro dias, a ilha pertencia aos fuzileiros navais.

Apenas um oficial japonês e dezesseis soldados sobreviveram à batalha. Os fuzileiros navais haviam perdido 3 mil homens. A experiência dos EUA nessas ilhas os ajudou a se prepararem para as batalhas posteriores. Mas com os japoneses preparados para lutar até o último homem e totalmente alertas para um ataque, não haveria maneira fácil de tomar as próximas ilhas. Os fuzileiros navais enfrentaram uma tarefa difícil em 1944.

As batalhas no Pacífico foram campanhas do tipo tudo ou nada para japoneses e norte-americanos. Nenhuma das batalhas entre 1942 e 1943 foi brilhante, limpa ou elegante da maneira como foram planejadas ou travadas. Elas nasceram da simples exigência de parar o inimigo, mesmo que isso significasse lutar até o último homem e até o último navio. Quem conseguisse aguentar por mais tempo venceria e ganharia o impulso estratégico.

> **NESTE CAPÍTULO**
>
> » O encontro entre Churchill, Roosevelt e Stalin
>
> » O Eixo: Avaliando o momento e perdendo as esperanças
>
> » Os Aliados: Avaliando o progresso da guerra e planejando o futuro

Capítulo **16**

Planejando o Resto da Guerra, 1943

O ano de 1943 marcou um grande progresso para os Aliados, bem como uma virada fatal para o Eixo. A Itália estava fora da guerra; os norte-americanos e os britânicos expulsaram os alemães do norte da África e estavam na Itália. Os soviéticos pararam o grande ataque alemão em Kursk, na Rússia, e se preparavam para montar sua própria grande ofensiva. Os japoneses perderam as energias nas Batalhas do Mar de Coral, Midway e Guadalcanal. Além disso, em 1943, o poder industrial norte-americano se tornava colossalmente forte, construindo navios, aviões, veículos de combate, rifles e balas suficientes para equipar não apenas as necessidades militares das suas Forças Armadas em rápida expansão, mas também de todas as outras forças aliadas.

Para os Aliados, as primeiras ofensivas foram um sucesso. Mas um inimigo habilidoso mostrou que as forças norte-americanas não estavam preparadas para conduzir operações em grande escala. Uma mistura de sorte e força avassaladora encobriu alguns grandes erros de planejamento e de execução que os Aliados cometeram. As decisões sobre o que fazer a seguir seriam difíceis.

A Trindade: Conferência em Teerã

A conferência em Teerã, no Irã, começou em 28 de novembro e terminou em 1º de dezembro de 1943. Foi a primeira vez que Churchill, Roosevelt e Stalin — os três grandes líderes da coalizão Aliada — encontraram-se pessoalmente para traçar estratégias futuras. Aquilo não seria fácil. Cada país tinha ideias diferentes sobre o que deveria acontecer a seguir na guerra:

- Os soviéticos queriam uma segunda frente na Europa para aliviar a pressão sobre a União Soviética.
- Os britânicos queriam continuar a abordagem estratégica no Mediterrâneo.
- Os norte-americanos ainda queriam lançar uma invasão pelo Canal da Mancha o mais rápido possível.

O presidente norte-americano Roosevelt esperava ansioso por seu encontro com o ditador soviético Josef Stalin, a quem insistia em chamar de "Tio Joe". Roosevelt acreditava que seu charme e *savoir-faire* fariam Stalin concordar com o ponto de vista norte-americano. Até disse a um de seus conselheiros que não teria problemas para lidar com Stalin, a quem se referia como o "velho abutre".

Na luta que se seguiu sobre o que fazer, os três líderes chegaram aos seguintes acordos:

- Os Aliados realizariam uma invasão de canal cruzado (codinome OVERLORD) em maio de 1944. Os Aliados também invadiriam o sul da França ao mesmo tempo, uma ideia que Stalin pressionou muito para ser adotada.
- Stalin comprometeu a União Soviética a participar da guerra contra o Japão depois que a Alemanha foi derrotada. (Este foi o único compromisso que Stalin assumiu.)
- A campanha italiana continuaria, mas teria um alcance limitado.

> ## UM VISLUMBRE DO QUE ESTÁ POR VIR
>
> As partes mais importantes da direção estratégica para 1944 foram elaboradas em Teerã. Mas, no fundo, havia questões políticas preocupantes sobre o futuro da Europa. Stalin pensava a respeito da Europa do pós-guerra:
>
> - Ele acreditava que a Alemanha precisava ser dividida e que milhares de alemães deveriam ser executados.
>
> - Queria que a então fronteira polaco-soviética fosse mantida, mas acreditava que a fronteira oeste da Polônia deveria se expandir à custa da Alemanha.
>
> Ele se recusou a discutir a futura liberdade dos Estados Bálticos da Letônia, Lituânia e Estônia, que a URSS havia conquistado em 1940.

Embora os líderes não tenham obtido tudo o que desejavam, isoladamente, na conferência, cada um conseguiu algo. Essa é a importância do compromisso em alianças que lutam em guerras.

Ventos de Mudança em 1943: A Perspectiva do Eixo

Para as potências do Eixo, 1943 demonstrou o crescente poder dos Aliados, em particular no ar e no mar. Embora os esforços de bombardeio estratégico estivessem causando problemas, o Eixo foi mais prejudicado pela superioridade dos caças aliados sobre os campos de batalha da Europa e da Ásia. Os caças e os bombardeiros aliados trabalhando em estreita colaboração com as forças terrestres eram quase imbatíveis. No Atlântico e no Pacífico, o número de navios aliados era impressionante. Os norte-americanos produziam mais (e melhores) navios do que o Eixo podia afundar — um mau presságio tanto para os U-boats alemães quanto para a frota imperial japonesa.

Jogando dos dois lados: Os japoneses

Para os japoneses, as coisas pareciam sombrias, mas não desesperadoras. A guerra contra a China estava emperrada, sem nenhum vencedor definido à vista. Grande parte da força terrestre japonesa na China teria de ser desdobrada contra os norte-americanos. O Japão ainda controlava Burma, Singapura, Filipinas e as Índias Orientais Holandesas, embora tivesse abandonado as Aleutas e perdido Tarawa. A chave para a sobrevivência do Japão era dupla:

- » Tinha que manter os norte-americanos e os britânicos longe, basicamente para lutar por um impasse. Para fazer isso, tinha que manter Rabaul (as bases navais e aéreas japonesas nas Índias Orientais) e proteger os acessos ao Japão a partir do Pacífico Central.
- » Tinha que manter a União Soviética fora da guerra. Para conseguir isso, os japoneses tiveram que acomodar a União Soviética, mesmo à custa da Alemanha.

O Japão estava inquieto com a queda da Itália e com a derrota que os alemães estavam sofrendo na União Soviética. Embora tivessem um pacto de não agressão com a URSS, os japoneses temiam que à medida que os soviéticos se fortalecessem, eles se voltassem contra o Japão, que parecia se tornar mais fraco e vulnerável a ataques. Assim, os japoneses não fizeram nenhum esforço para impedir os soviéticos de tomar unidades da fronteira chinesa e enviá-las para lutar contra os alemães.

Resistindo por um tempo: Os alemães

Para os alemães, as boas notícias eram só menos ruins do que as realmente ruins.

- » Os alemães seguravam as linhas contra os soviéticos, mas apenas temporariamente: tinham que suportar mais um terrível inverno russo enquanto esperavam pelo que prometia ser uma grande ofensiva soviética na primavera.
- » A linha alemã se mantinha na Itália, mas era um dreno de recursos extremamente necessários para combater os soviéticos.

A má notícia era ainda mais sombria:

» A guerra submarina ia mal, e os bombardeios de cidades alemãs continuavam dia e noite.

» Embora as fábricas alemãs produzissem armas e equipamentos novos e melhores, a demanda por mão de obra e materiais aumentava.

» Acima de tudo, eles tinham que assistir a uma invasão aliada da França, o que era uma possibilidade cada vez maior.

Se os alemães conseguissem impedir essa invasão, pelo menos seriam capazes de manter o *status quo* por mais um ano.

O Panorama de 1943: A Perspectiva dos Aliados

Os Aliados passaram a maior parte de 1943 lutando entre si quase tanto quanto lutaram contra o Eixo. Os britânicos e os norte-americanos, em particular, tiveram grandes dificuldades para chegar a um acordo sobre questões estratégicas, e nenhum dos lados ficou totalmente satisfeito. Porém, o que os Aliados aprenderam é que, quando cooperavam, as coisas corriam bem.

Embora ainda não tivessem aberto a segunda frente real contra a Alemanha, os britânicos estavam fazendo um certo progresso na Birmânia, e os norte-americanos e os australianos pareciam ter encontrado a fórmula para operações contra redutos japoneses nas Ilhas Salomão e na Nova Guiné.

Aumentando a produção: Os EUA

Para os norte-americanos, a guerra ia bem, mas não rápido o suficiente:

» A invasão através do canal tinha que começar logo para que os EUA pudessem derrotar a Alemanha e voltar todos os esforços para o Japão.

» O bombardeio estratégico da Alemanha continuaria, não apenas para enfraquecer a determinação alemã, mas também para paralisar a formidável indústria de armas e impedir o país de desenvolver armas avançadas (como os foguetes V-1 e V-2), que ameaçariam a Grã-Bretanha.

A principal questão para os norte-americanos era como coordenar as duas investidas Nimitz-MacArthur contra os japoneses no Pacífico (veja mais detalhes sobre o comando conjunto das forças do Pacífico no Capítulo 15). Eles deveriam se encontrar nas Filipinas ou em Formosa (hoje Taiwan)? Todos concordaram que as ilhas japonesas eram o próximo alvo.

Embora uma vitória aliada ainda fosse incerta em 1943, os Aliados já haviam vencido a batalha de produção contra as potências do Eixo. Naquele ano, os Aliados, juntos, produziram 100 mil aeronaves e 58 mil tanques; em comparação, o Eixo produziu 26 mil aeronaves e 11 mil tanques. Esse sucesso deveu-se em grande parte aos norte-americanos.

A produção industrial norte-americana disparou, com quase três quartos de tudo o que era produzido indo para a guerra. As fábricas produziram 125 mil aviões, 75 mil tanques e 10 milhões de toneladas de navios mercantes. Os estaleiros dos EUA produziam 3 navios mercantes de 10.500 toneladas por semana. Em 1942, a Marinha planejava construir 17 navios de guerra, 12 porta-aviões, 54 cruzadores, 201 contratorpedeiros e 150 outros navios até 1945; no final de 1943, a maioria já havia sido construída, muitos a uma taxa de um a cada três dias. Nenhuma nação na Terra era capaz de igualar tal esforço.

Preservando e restaurando o Império Britânico

Para os britânicos, os preparativos para a invasão através do canal aconteceriam em sua ilha natal. Seu foco estratégico em manter o Atlântico seguro de U-boats alemães continuou, assim como seu interesse no bombardeio estratégico da Alemanha.

Na Europa, porém, os britânicos ainda preferiam uma abordagem mediterrânea, mesmo à custa da invasão pelo canal. Tal abordagem avançaria as forças aliadas na península italiana para atacar a Alemanha a partir do sul através da Áustria.

Grande parte da preocupação estratégica da Grã-Bretanha no Pacífico centrava-se na montagem de uma ofensiva no sudeste da Ásia para preservar e finalmente restaurar o Império Britânico. Churchill estava profundamente preocupado com a força japonesa na Birmânia, por exemplo, e sua ameaça potencial para a Índia, outra colônia britânica.

Criando uma nova função para si mesma: A União Soviética

Para os soviéticos, o objetivo era expulsar os alemães da União Soviética e esmagar a ameaça nazista. Se Stalin tinha sido cruel com o povo soviético, as barbáries alemãs conduzidas nas partes ocupadas da União Soviética pareciam muito piores. O Exército Soviético havia resistido, e, com a ajuda de um empréstimo-arrendamento, a Rússia estava agora pronta para lançar uma grande ofensiva.

A indústria soviética produzia grandes quantidades de equipamento militar, excelente e em quantidades que os alemães não conseguiam igualar. Toda a nação havia se mobilizado para lutar na guerra, e o povo soviético tinha muito orgulho de ser a única nação a lutar contra os alemães até a paralisação.

À medida que o poder militar soviético crescia e se refinava, as oportunidades para a União Soviética exercer um novo papel na Europa começaram a surgir. A vitória geraria novamente mudanças no mapa da Europa. A Alemanha pagaria caro por começar a guerra, e o Exército Soviético ajudaria a garantir que a URSS nunca mais fosse ameaçada.

Contendo a tempestade: China

As forças nacionalistas do líder chinês Chiang Kai-shek foram prejudicadas pela ineficiência e corrupção dentro do governo. A maioria era de forças militares apenas no nome, mais interessadas em saquear e explorar os camponeses do que em lutar contra os japoneses. O controle nacionalista foi limitado a uma parte relativamente pequena do interior da China. O restante pertencia aos japoneses ou aos guerrilheiros comunistas do líder comunista chinês Mao Tse-tung.

A grande preocupação compartilhada por Chiang Kai-Shek e pelos outros Aliados era a de que os comunistas eliminassem os nacionalistas depois que a guerra terminasse. Dado o controle limitado de Chiang Kai-shek sobre o esforço de guerra e sobre suas próprias tropas, bem como a falta de qualquer forte pressão japonesa, Chiang contentou-se, em 1943, em apenas manter os padrões de subsistência, levando todos os suprimentos que chegassem, por terra ou pelo ar, até que os norte-americanos derrotassem os japoneses.

5 A Saga Interminável, 1944

NESTA PARTE...

Obtenha uma visão geral das campanhas brutais de retomada dos territórios ocupados pelo Eixo.

Aprenda sobre os combates na selva e os ataques anfíbios nas ilhas fortificadas do Pacífico.

Leia sobre a invasão da Europa.

Confira o clímax da guerra russo-alemã.

Veja como os Aliados tiraram a Itália da guerra.

Conheça as grandes batalhas no Pacífico e na Europa.

NESTE CAPÍTULO

» As frustrações dos Aliados na Itália

» A batalha de Anzio

» A queda de Roma

» Os soviéticos pressionam os alemães na Rússia

Capítulo **17**

A Campanha Italiana e as Vitórias Soviéticas no Leste

Quando a Itália se rendeu, em 1943 (veja o Capítulo 13), os alemães a invadiram e tomaram Roma. Abrindo caminho pela península italiana, os Aliados se depararam com as experientes tropas alemãs. Os alemães sabiam como manter distância das forças aliadas, evitando todos os ataques até comprometer a mobilização. Para os Aliados, a Itália era uma grande bagunça que só atrasava a cooperação anglo-americana. Nesse momento, a maior parte do poder dos Aliados estava se concentrando na Grã-Bretanha, seguindo os preparativos para a invasão da Europa (a Operação OVERLORD).

Enquanto os Aliados e os alemães lutavam na Itália e a Operação OVERLORD era preparada, o Exército Soviético obteve avanços incríveis, expulsando os alemães da URSS e liberando as nações do Leste Europeu. Desesperados, os alemães tentavam em vão conter a maré vermelha.

Mudança de Planos: Perdendo a Linha (de Inverno)

Frustrados com a estagnação na Itália, os Aliados mudaram seus planos para 1944. Eles optaram por um ataque anfíbio na costa oeste da península italiana para contornar a *Linha de Inverno*, a robusta linha defensiva dos alemães nas montanhas 200km ao sul de Roma. O ataque anfíbio tinha duas vantagens:

» Colocaria as forças aliadas na retaguarda dos alemães, forçando um recuo ou um combate em duas direções (uma opção difícil para qualquer comandante).

» Os Aliados ficariam mais próximos de Roma, a capital da Itália e um importante símbolo de vitória.

O local escolhido para o ataque foi Anzio, uma cidade litorânea 80km ao sul de Roma.

A estratégia e os possíveis problemas

Uma força anglo-americana formada por duas divisões, apoiadas por tanques e grupos de elite, desembarcaria em Anzio. Simultaneamente, as forças aliadas atacariam a Linha de Inverno para impedir a movimentação dos alemães. Após o desembarque, o grupo se moveria pela retaguarda do inimigo e capturaria Roma.

Claro, nada é tão simples na guerra. Primeiro, os Aliados tinham que resolver dois problemas:

» **Como colocar as tropas em terra.** O principal problema era a falta de embarcações pequenas para transportar os soldados até a costa. Os barcos dos Aliados estavam na Grã-Bretanha devido aos preparativos da Operação OVERLORD e ao treinamento das tropas. Em poucas embarcações, as forças chegariam em pequenos grupos. Logo, sem um desembarque massivo para consolidar o poder de combate, o destacamento ficaria vulnerável a um ataque intenso dos alemães. (Para mais informações sobre o Dia D, veja o Capítulo 18.)

» **Como distrair os alemães.** O segundo problema estava em atrair as forças de reserva dos alemães para a defesa da Linha de Inverno, esvaziando a possibilidade de reação aos desembarques em Anzio.

Para que o desembarque em Anzio desse certo, os Aliados teriam que mobilizar suas tropas e os alemães teriam que destacar suas reservas para proteger a Linha de Inverno. Porém, nada correu como planejado, e os Aliados se viram em um impasse com os alemães em Anzio e Cassino.

Cassino, mas sem a diversão

A primeira parte do plano dos Aliados consistia no ataque à Linha de Inverno. O objetivo era atrair mais reforços, distraindo os alemães do desembarque nas praias de Anzio. Para isso, o ataque devia ser forte a ponto de chamar a atenção dos alemães, mas não tão intenso a ponto de mobilizar totalmente os Aliados para a batalha. O foco da ação era viabilizar o ataque principal em Anzio.

Alguns dias antes do desembarque, tropas norte-americanas e francesas lançaram um ataque no rio Rapido em direção a Cassino, que, infelizmente, era o local mais guarnecido pelas defesas alemãs (a *Linha Gustav*). Para piorar, a reação dos alemães não correspondeu às expectativas dos Aliados: eles suprimiram facilmente o ataque e não mobilizaram suas reservas.

A batalha de Cassino ficou mais intensa do que os Aliados queriam, e nenhum dos objetivos foi concretizado. Só o que eles conseguiram foi uma extensa lista de baixas.

Desembarcando em Anzio: Surpresas para todos

No dia dos desembarques em Anzio, em 22 de janeiro de 1944, era difícil dizer quem estava mais surpreso: os Aliados ou os alemães. Anzio estava abandonada.

O objetivo do major-general John P. Lucas, comandante das forças aliadas, era desembarcar rapidamente e tomar posse da cabeça-de-praia para viabilizar um desembarque seguro para as tropas e suprimentos. Tudo correu bem, mas Lucas achava que os alemães haviam permitido a operação, disseminando uma falsa sensação de segurança para pegá-lo desprevenido depois. O general Mark Clark, superior de Lucas, concordou e lhe concedeu o tempo solicitado para consolidar forças e suprimentos antes de avançar. Essa decisão foi ruim por alguns motivos:

> » **Os alemães não sabiam do desembarque dos Aliados em Anzio.** Na verdade, eles estavam esperando por uma invasão ao norte de Roma. No tempo solicitado por Lucas para se preparar, os surpresos alemães se organizaram para um forte contra-ataque. Dois dias depois, Lucas contava com tropas e suprimentos suficientes. Mas os alemães também.
>
> » **Hitler decidiu usar a batalha de Anzio para enviar uma mensagem aos Aliados.** Pensando na iminente invasão da França, Hitler resolveu mostrar o que os Aliados teriam que encarar se invadissem o país. Ele mobilizou unidades alemãs estacionadas na França, Alemanha e Iugoslávia para auxiliar as forças de defesa em Anzio. Com esses reforços, os alemães estabeleceram posições consistentes ao longo da praia.

A batalha na praia de Anzio

Durante a batalha, os alemães repeliram todos os ataques dos Aliados. A artilharia alemã mirou a praia e promoveu um bombardeio constante em fevereiro. Em 16 de fevereiro, oito divisões atacaram as forças aliadas na cabeça-de-praia.

De costas para o mar, as tropas norte-americanas e britânicas lutaram desesperadamente e suprimiram o ataque alemão. No dia seguinte, os Aliados contra-atacaram, iniciando semanas de intensos combates. Como os alemães, os Aliados só avançavam poucos quilômetros a cada movimento. A cabeça-de-praia foi salva, mas os alemães mantiveram a pressão sobre os Aliados.

A batalha da Linha Gustav

A cidade italiana de Cassino está situada em um vale cercado por montanhas escarpadas. O local era crucial para a posição defensiva dos alemães (a *Linha Gustav*) no centro da Itália. Sobre a cidade, no alto do Monte Cassino, havia um antigo mosteiro beneditino, que abrigava uma biblioteca repleta de manuscritos de valor inestimável.

A destruição da cidade e do mosteiro de Cassino

Os Aliados suspeitavam que os alemães usavam o mosteiro como posto de observação e classificaram o prédio como um alvo militar. Na verdade, os alemães haviam cavado postos nas encostas do Monte Cassino. Eles não estavam ocupando o mosteiro; era um esconderijo muito óbvio, e os alemães sabiam que logo se tornaria um alvo. Eles estavam certos.

> ## COPO MEIO CHEIO OU MEIO VAZIO?
>
> A campanha italiana inspirava argumentos otimistas e pessimistas: o copo estava meio vazio ou meio cheio, dependendo de como você olhava para ele. Para os pessimistas, a campanha era um terrível desperdício de recursos que só consolidava os pontos fortes dos alemães e não contribuía para o fim da guerra. Já os otimistas diziam que a campanha italiana, embora fosse fastidiosa, forçava os alemães a mobilizarem suas forças de elite e tirava a Itália da guerra. Esse debate continua ocorrendo, e defender uma posição ou outra pode ser bem divertido. Mas não vá fazer isso na presença de um veterano da guerra na Itália.

Indianos, britânicos e neozelandeses atacariam a Linha Gustav em março, mas o comandante se recusou a lançar a ofensiva enquanto o mosteiro de Monte Cassino não fosse destruído. O general Harold Alexander, comandante em chefe das forças aliadas na Itália, autorizou o bombardeio do patrimônio cultural, que foi destruído junto com a cidade de Cassino.

Consequências dos erros de cálculo

Para a surpresa dos Aliados, o bombardeio massivo não alterou as posições defensivas dos alemães. Eles suprimiram facilmente o ataque, e o alto comando dos Aliados saiu com a imagem de estúpido e imprudente, devido ao grande número de baixas.

Os alemães ocuparam os escombros da cidade e do mosteiro e construíram posições defensivas bem melhores. O general Mark Clark, comandante dos Aliados, ansiava por uma vitória e continuava pressionando Cassino. Mas aquele era o pior local para uma ofensiva de grandes proporções.

No ataque seguinte, as forças aliadas encararam um inimigo que, escondido nas ruínas, saíra quase ileso após o intenso bombardeio da artilharia. Logo, os Aliados sofreram baixas pesadas e conquistaram bem pouco terreno.

Os Aliados rompem a Linha Gustav

Em maio, com a chegada de reforços pesados (mais de 14 divisões e 3 mil veículos, entre aeronaves e tanques) e após uma semana de combate, os Aliados romperam a Linha Gustav em Cassino. A honra da conquista coube à tropa polonesa, formada por soldados que escaparam da invasão alemã em 1939 e ansiavam por vingança.

Em muitos aspectos, foi uma vitória vazia. Os Aliados romperam a Linha Gustav, mas a um alto custo.

Roma Acaba em Pizza

A tomada de Cassino, em 18 de maio de 1944, abriu uma rota até Roma e o terreno atrás das montanhas, mais amplo e aberto. Em 23 de maio, os Aliados superaram as linhas defensivas de Anzio e avançaram, junto com as forças comandadas pelo general Mark Clark. Os soldados se infiltraram pelas montanhas de Cassino e, enfim, concretizaram o plano de janeiro: forçaram os alemães a combaterem em duas direções.

O marechal de campo Albert Kesselring recuou para o norte, deixando o general Clark com um dilema interessante: ordenar a captura de Roma ou perseguir e destruir o inimigo? Clark escolheu Roma.

Quem tem boca...

Em 4 de junho de 1944, soldados norte-americanos entraram em Roma. Mas foi outra vitória vazia. O mundo comemorou por exatas 48 horas. Para a grande frustração do general Clark, o foco geral se voltou para a maior invasão anfíbia da história mundial: os desembarques do Dia D na Normandia (veja o Capítulo 18).

Clark cometeu outro grande erro. Ele de fato havia chegado a Roma, mas os alemães ainda estavam na Itália, aproveitando o tempo desperdiçado por Clark para construir uma linha defensiva nas montanhas 250km ao norte de Roma. Os ataques a posições fortificadas teriam que recomeçar.

Outro impasse

Os Aliados avançaram lentamente para o norte, pois pontes e estradas importantes haviam sido destruídas. Em combates inteligentes, eles forçaram o recuo das forças alemãs, mas registraram baixas pesadas. Em outubro de 1944, todos estavam exaustos. Diante da altitude elevada, do terreno acidentado e do início do inverno, os Aliados decidiram manter a posição em vez de lançar ataques inúteis. Essa decisão também considerou a transferência de muitos veteranos para a França, que resultou na formação de uma tropa com soldados de várias nacionalidades, e diferentes níveis de qualidade, que ainda não haviam atuado em conjunto.

Passando o Rolo Compressor no Exército Alemão na Rússia

EXÉRCITO ALIADO

O Exército Alemão sofreu uma pressão intensa na primeira metade de 1944. Na época, o jogo virara claramente a favor dos soviéticos: eles tinham duas vezes mais soldados que os alemães, quatro vezes mais aeronaves e quase três vezes mais tanques. A situação dos alemães na Rússia era crítica:

» A queda de Kiev, em novembro de 1943, havia rompido a linha alemã.

» Na primavera de 1944, os soviéticos encerraram o cerco a Leningrado, ao norte, e empurraram os alemães até a fronteira da Estônia.

» Ao sul, as forças alemãs haviam saído da Ucrânia e estavam na fronteira com a Romênia. Após essa retirada, 250 mil soldados do Eixo ficaram ilhados na península da Crimeia. Hitler emitiu mais ordens bizarras, determinando que as tropas morressem guardando a posição.

» No início de maio, os soviéticos, com controle total do espaço aéreo, 600 tanques e 500 mil soldados, haviam capturado ou destruído a maior parte do exército alemão na Crimeia.

Na metade do verão de 1944, o Grupo de Exércitos Centro era a única força alemã que não se deslocara muito desde 1941; era o último grande exército dos alemães. O grupo ocupava a Bielorrússia, instalado em fortes posições defensivas que formavam um paredão de 480km, penetrando 1040km no território da URSS.

Blitzkrieg, no passinho soviético

O aniversário da invasão à União Soviética foi um dia ruim para o Grupo de Exércitos Centro. Nesse dia, o mundo conheceu o blitzkrieg soviético (veja a Figura 17-1). A operação recebeu o codinome BAGRATION em homenagem ao general que combatera a invasão de Napoleão à Rússia. A ofensiva seria uma amostra do poder militar e da expertise operacional dos soviéticos. Em três meses, eles elaboraram um plano sofisticado que ludibriou totalmente os alemães, que moveram seus tanques para bem longe do ponto real do ataque.

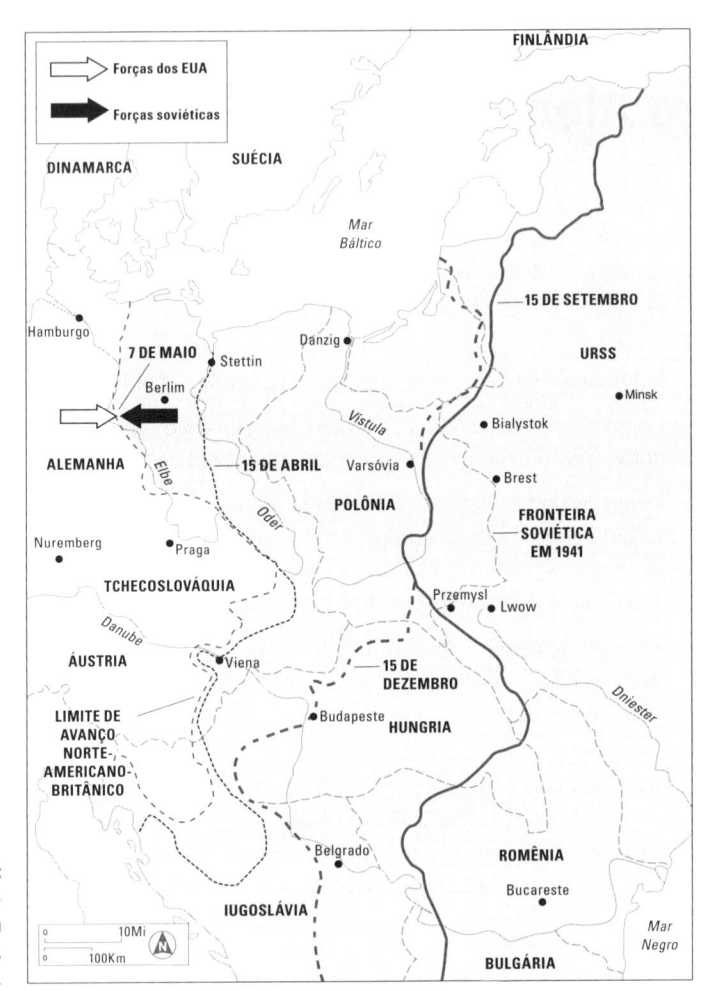

FIGURA 17-1:
Os soviéticos atacam a Alemanha, 1944.

ESTRATÉGIA MILITAR

Os soviéticos lançaram um ataque devastador, com disparos massivos de artilharia em uma faixa de 400km, seguidos pelo avanço de 5 mil tanques, 1,2 milhão de soldados e 6 mil caças e bombardeiros.

Os números inviabilizavam qualquer esforço da defesa alemã no sentido de conter o ataque soviético. Naturalmente, Hitler emitiu ordens proibindo a retirada, mas, duas semanas depois, as tropas alemãs estavam voltando para a Polônia e lutando pela sobrevivência. Quase meio milhão de soldados se renderam.

Em agosto, as tropas soviéticas estavam na Polônia, a poucos quilômetros de Varsóvia, mas pararam para lidar com a falta de suprimentos e uma força de defesa improvisada. A Operação BAGRATION, concebida para complementar a invasão do Dia D, foi um grande sucesso e impôs uma derrota esmagadora à Alemanha.

ABRINDO OS PORTÕES DO INFERNO

Durante o avanço até a Polônia, as tropas soviéticas se depararam com um campo abandonado em Majdenek, 160 quilômetros a sudeste de Varsóvia. Todos ficaram horrorizados com o que encontraram lá. Nos prédios cercados por arame farpado, havia câmaras de gás, fornos e pilhas de corpos (de homens, mulheres e crianças), alguns parcialmente cremados, outros não. Era a primeira evidência da Solução Final de Adolf Hitler: a aniquilação dos judeus europeus. Para saber mais sobre a guerra de Hitler contra os judeus na Europa, veja o Capítulo 11.

Entrando nos Bálcãs: O domínio dos soviéticos

Para Hitler, as notícias do front oriental só pioraram em agosto de 1944. Os soviéticos enviaram 1 milhão de soldados e 1.400 tanques para a Romênia. As forças alemãs, reduzidas a poucas centenas de tanques durante a ofensiva Bagration (veja a seção anterior), foram esmagadas.

- » Foram capturados 400 mil soldados alemães, e Bucareste foi tomada pelo exército soviético.
- » A Romênia se rendeu, e Stalin logo estabeleceu um governo pró-soviético e colocou o exército romeno sob o controle da URSS.

Prevendo o desastre, a Bulgária tentou convencer os britânicos e norte-americanos de que sua declaração de guerra de 1941 não havia sido para valer. Porém, embora o país não tivesse declarado guerra à União Soviética, Stalin, que não ligava muito para dilemas jurídicos, declarou guerra e invadiu a Bulgária. Para barganhar na nova situação, o governo búlgaro declarou guerra à Alemanha. Mas o implacável Stalin estabeleceu um governo comunista e pró-soviético na Bulgária. Após a "liberação", os búlgaros e romenos suspeitos de simpatizar com os alemães (ou com tendências democráticas) foram presos ou mortos.

Para Stalin, quem ocupava um território tinha o direito de impor seu sistema social nele, até onde seu exército conseguisse dominar. Ele não tinha nenhuma intenção de abrir mão das conquistas do Exército Soviético. No outono de 1944, o poder militar da União Soviética estava prestes a entrar na Alemanha, saindo da Polônia, da Iugoslávia e da Hungria.

Um bravo levante em Varsóvia

Após o desastre das forças alemãs na Rússia, o Exército Nacional Polonês (formado por 40 mil combatentes da resistência) iniciou uma batalha com os alemães pelo controle de Varsóvia. Com poucas armas roubadas e bastante esperança, esse grupo tomou a maior parte da cidade em agosto de 1944, antecipando a ajuda do Exército Soviético, que se aproximava.

Os alemães reagiram com brutalidade extrema. Para esmagar o levante, Heinrich Himmler, o temido líder da segurança interna do Reich, mobilizou soldados com ordens para matar à vontade. Essas unidades eram notáveis pelas atrocidades que cometiam contra a população civil na Europa ocupada. Himmler também empregou prisioneiros russos que atuavam mais ou menos como mercenários e faziam tudo que os alemães mandavam.

Os cidadãos de Varsóvia lutaram bravamente contra essas terríveis adversidades. O ódio pelos alemães animava os combates, travados em cada rua e prédio. Garotos de dez anos lutavam pelas ruas, e as meninas transportavam mensagens pelo sistema de esgoto. Mas o Exército Soviético nunca chegou. Em outubro, sem comida, água ou munição, a épica resistência dos cidadãos de Varsóvia terminou. Mais de 215 mil poloneses e 26 mil soldados alemães morreram. Enquanto eram conduzidos para campos de prisioneiros, 15 mil membros do Exército Nacional Polonês (incluindo 2.500 mulheres e crianças) cantavam o hino nacional.

NESTE CAPÍTULO

» Abrindo o segundo front na Europa

» Problemas no abastecimento

» Atravessando o Reno rumo à Alemanha

» A Batalha do Bulge

Capítulo **18**

Insaciável: Paris, Normandia e Mais

A invasão da Europa era o evento mais aguardado da Segunda Guerra Mundial. Desde que as tropas britânicas e francesas escaparam de Dunkirk, em 1940, estava claro que os Aliados retornariam ao continente europeu. Por sua vez, os alemães entendiam que a invasão era iminente, só não sabiam quando e onde ela ocorreria. Os Aliados queriam manter essa indefinição. Fosse como fosse, a invasão traria a batalha que determinaria o vencedor da guerra na Europa.

Após o desembarque nas praias da Normandia, os Aliados travaram combates com algumas das melhores unidades alemãs, liberando a França e avançando até bem perto da Alemanha. A guerra teria acabado ali se o sistema que transportava grãos, munição e combustível para mais de 1 milhão de soldados e milhões de veículos tivesse funcionado. Mas isso não ocorreu. O general Dwight Eisenhower, comandante supremo das forças aliadas, tomou decisões muito complexas no outono de 1944. Uma dessas escolhas levou as tropas aerotransportadas dos britânicos a um desastre; outra permitiu que Hitler lançasse sua última ofensiva para evitar a invasão da Alemanha.

Definindo a Estratégia: OVERLORD

O general Eisenhower comandou a invasão da Europa, que recebeu o codinome OVERLORD. Ele era auxiliado pelos seguintes militares:

» General Bernard Montgomery, comandante das primeiras cinco divisões (formadas por britânicos, norte-americanos e canadenses) que desembarcariam na França.

» Almirante Bertram Ramsay, britânico comandante das Forças Navais.

» Marechal do ar Trafford Leigh-Mallory, britânico comandante das Forças Aéreas.

A equipe de planejamento encarou muitos obstáculos durante a preparação da invasão. Os militares optaram pela Normandia porque as praias estavam na área de atuação dos caças que dariam cobertura para as tropas e perto de portos importantes.

LEMBRE-SE

A OVERLORD não era apenas uma invasão, mas uma forma de os Aliados conquistarem território para alocar suprimentos em instalações adequadas. Para isso, eles tinham que executar três tarefas:

» **Suprimir o inevitável contra-ataque dos alemães após os primeiros desembarques.**

» Executar a invasão dentro da janela favorável de clima, maré e Lua. Assim, aproveitariam as seguintes condições da Mãe Natureza:

- Maré alta para a chegada das embarcações às praias.
- Lua nova (sem iluminação) para que as aeronaves, paraquedistas e planadores pousassem em meio à escuridão.
- Céu límpido para que aeronaves de combate dessem cobertura para a invasão.
- Mar calmo para agilizar a movimentação das tropas e equipamentos.

    Para complicar, essa combinação de marés e lua só ocorria em três dias a cada mês.

» Ludibriar os alemães, simulando um ataque a Pas de Calais, na costa norte da França, uma importante cidade portuária a poucos quilômetros do Canal e a opção mais óbvia para uma invasão massiva vinda da Inglaterra. Focados em Pas de Calais, os alemães esqueceriam a tranquila e isolada Normandia.

O grande plano dos Aliados

O plano dos Aliados era relativamente simples:

- As embarcações disponíveis levariam cinco divisões a cinco praias da Normandia (com os codinomes Sword, Juno e Gold para os britânicos e canadenses; Omaha e Utah para os norte-americanos). No mesmo dia, mais quatro divisões chegariam às praias nas embarcações.
- Após o desembarque inicial, uma divisão chegaria a cada dia com toneladas de suprimentos para as forças.
- Antes do desembarque, três divisões de paraquedistas (duas norte-americanas e uma britânica) pousariam no local. Os paraquedistas atacariam as defesas e os reforços do inimigo atrás das praias.
- As forças navais e aéreas também atacariam antes dos desembarques e, depois, dariam cobertura para as tropas nas praias.

As seções a seguir explicam como os planejadores da invasão executaram três tarefas cruciais: suprimir a reação dos alemães, coordenar o desembarque com base na melhor combinação de clima e maré e ludibriar os alemães com a simulação de outro ponto para a invasão.

Suprimindo o contra-ataque alemão

Os britânicos e os norte-americanos tinham caças suficientes para afastar os aviões alemães das praias. O problema estava no avanço das tropas para o interior do território. As restrições de combustível dificultavam a cobertura dos caças aliados em grandes distâncias. Portanto, em vez de usar apenas caças para suprimir o contra-ataque, os Aliados enviaram bombardeiros para atacar as estradas e ferrovias utilizadas pelos alemães para chegar à Normandia. Eles também destruíram fábricas e refinarias importantes para reduzir o acesso das forças de defesa alemãs a equipamentos e combustível.

Levando as tropas até as praias

O plano dependia essencialmente das pequenas embarcações, mas os Aliados não tinham barcos suficientes. Por isso, os planejadores da OVERLORD adiaram o desembarque de maio para junho, quando chegariam mais embarcações dos Estados Unidos. Só havia três dias propícios para a invasão em junho (5, 6 e 7), com boas condições de maré, lua e clima. Se a operação não ocorresse nesses dias, seria necessário esperar mais um mês.

UMA LIÇÃO DOLOROSA

Em 19 de agosto de 1942, mais de 6 mil soldados de elite canadenses e britânicos lançaram um ataque anfíbio contra várias fortificações alemãs em Dieppe, uma cidade na costa francesa. A operação visava fazer prisioneiros e testar o desempenho das defesas alemãs contra uma invasão vinda do Canal da Mancha. Unidades de apoio britânicas atacariam as posições de artilharia nas proximidades de Dieppe para eliminar ameaças à ofensiva principal. A infantaria canadense seria a principal força de ataque e protegeria a praia para que as embarcações trouxessem os tanques. Infelizmente, o ataque foi descoberto antes do desembarque; uma unidade de apoio se atrasou, e a outra obteve resultados razoáveis.

O ataque principal nunca deveria ter acontecido. Repleta de pedras arredondadas e lisas, a praia era inadequada para o desembarque das tropas e veículos. Além disso, havia altos penhascos no local, de onde os alemães, totalmente cientes do ataque, lançaram rajadas de metralhadora e artilharia sobre os canadenses. As tropas que desembarcaram na praia principal e nas proximidades sofreram baixas pesadas. Os tanques chegaram, mas não conseguiram se mover na praia nem superar as defesas. Encurralados, os canadenses resistiram, mas sem esperança de vitória. A bordo de um contratorpedeiro britânico, o comandante do ataque não percebeu a escala do desastre e enviou as unidades de reserva para aproveitar o que, a seu ver, era um avanço. A maioria dos soldados morreu no desembarque. A ordem de retirada só foi emitida seis horas depois. Cerca de 1.600 canadenses voltaram; mais de 3.300 homens foram mortos, feridos ou capturados.

Enganando os alemães

Os alemães estavam tão certos de que a invasão ocorreria em Pas de Calais que construíram fortificações na área. Para confirmar essa certeza, os Aliados elaboraram um plano: dois exércitos foram criados, ambos falsos. Um deles iria para a Noruega, e o outro, para Pas de Calais. Comunicações falsas foram trocadas via rádio entre quartéis-generais também falsos. Comandantes reais, como o general Patton, foram designados para algumas das unidades falsas.

Os alemães foram ludibriados. De fato, logo no início da invasão da Normandia, eles tinham certeza de que se tratava de um artifício para afastá-los.

Os alemães reforçam suas defesas

Hitler queria impedir a invasão das praias a qualquer custo. Com tempo suficiente, ele mandou milhares de operários para construir defesas na França. Eles criaram um complexo de concreto, paredes, trincheiras, arame farpado, campos minados (com um total de 2,5 milhões de minas!), obstáculos em cursos de água, valas antitanque e artilharia pesada ao longo da costa norte do país. Essa imensa fortificação ficou conhecida como a Muralha do Atlântico de Hitler. O marechal de campo Erwin Rommel, um dos grandes heróis do Exército Alemão, supervisionou a construção. Hitler também enviou para a França 58 divisões, incluindo 5 divisões com 1.800 tanques. Essas unidades, essenciais na guerra contra os soviéticos, estavam entre as melhores do Exército Alemão e tinham vários anos de experiência em combate.

Para criar seu plano de defesa, os alemães consideraram dois fatores:

» Eles contavam com um número limitado de aeronaves para se defender dos Aliados durante uma invasão.

» Além dos veteranos, eles tinham um grande número de unidades terrestres com pouco treino e mal equipadas.

Então, os alemães elaboraram o seguinte plano:

» Mal treinadas e mal equipadas, as unidades defenderiam as praias, mesmo que isso reduzisse a capacidade de resistência dos alemães diante dos desembarques iniciais.

» As divisões de infantaria e tanques mais experientes, bem equipadas e bem treinadas ficariam na retaguarda. Elas se encarregariam dos contra-ataques que empurrariam os invasores de volta para o mar.

De fato, era um plano muito bom, pois a maioria das tropas que desembarcariam nas praias seria da infantaria. Sem cobertura de tanques ou artilharia e com armas leves, elas seriam alvos fáceis para as robustas divisões mecanizadas dos alemães.

O único problema era o controle pessoal de Hitler sobre as divisões. Ninguém podia mover nada sem ordens do Führer. Naturalmente, ele estava muito distante dali, chefiando o desastre militar que criara na URSS, bem pouco informado sobre a situação no front ocidental. Essa negligência deixou as forças de defesa da Normandia à deriva por vários dias críticos.

Negócio arriscado: Eisenhower toma a decisão

A invasão da Normandia (o *Dia D*, no jargão dos planejadores militares) ocorreria em 5 de junho de 1944. Porém, o clima obrigou Eisenhower a adiar a operação por 24 horas. Diante da iminente descoberta da esquadra e da possibilidade de esperar mais um mês pela próxima oportunidade, Eisenhower enfim tomou a decisão crucial. Depois de uma pausa longa e deliberada, compreendendo a importância do evento, ele ergueu os olhos e disse: "Ok, vamos lá." O Dia D ocorreria em 6 de junho (veja a Figura 18-1).

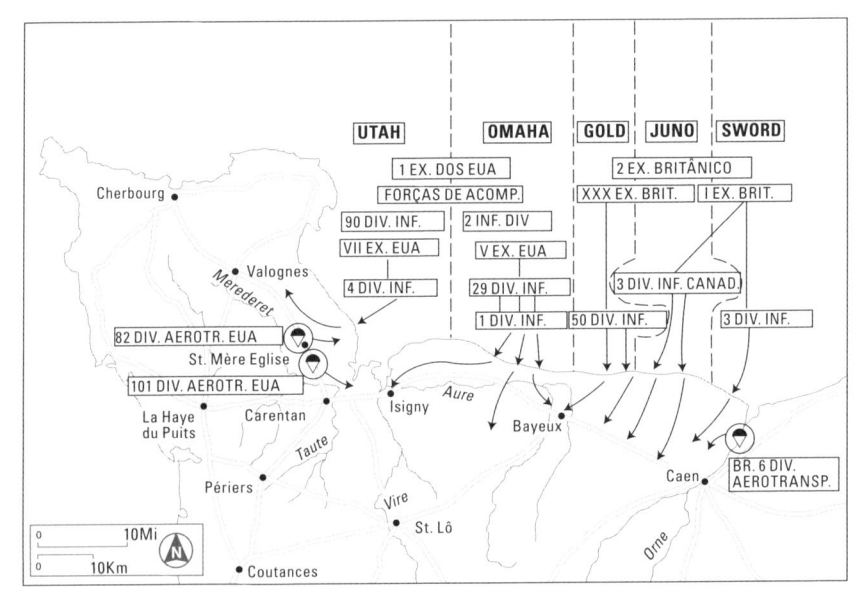

FIGURA 18-1: Os desembarques do Dia D, 6 de junho de 1944.

Dia D: Invasão e Avanços

Às 2h de 6 de junho, paraquedistas norte-americanos e britânicos foram as primeiras forças aliadas a pousarem na Europa ocupada pelos alemães. Os britânicos tomaram pontes cruciais que viabilizariam o avanço das forças britânicas e canadenses para o interior; os paraquedistas norte-americanos pousaram atrás da praia UTAH para sabotar as estradas que os alemães usariam no contra-ataque. As defesas de Hitler agora tinham rachaduras! Logo depois, os navios aliados lançaram um pesado bombardeio contra as fortificações na costa. Às 6h30, as embarcações começaram a chegar à praia.

Assustadas com a intensidade do bombardeio, as forças de defesa alemãs (formadas, no geral, por soldados inexperientes e mais adequados a tarefas ordinárias) esboçaram uma lenta reação diante do perigo.

Bons resultados para canadenses e britânicos nas praias Gold, Juno e Sword

Ao final do Dia D, os Aliados haviam desembarcado 156 mil homens nas praias da Normandia.

Na praia Sword

Na praia Sword, soldados de elite britânicos e franceses (em grupos com dez a vinte combatentes) limparam os pontos de desembarque e as posições defensivas alemãs, abrindo caminho para a infantaria e os tanques que chegavam.

Os britânicos se encontraram com os paraquedistas que controlavam as pontes de saída das praias, mas seu objetivo principal (avançar até Caen, uma cidade grande a poucos quilômetros dali) foi prejudicado pela chegada de tanques alemães. Por acaso, algumas unidades de tanques estavam realizando um exercício na área e reagiram com rapidez para evitar a captura da cidade.

Naquela noite, mais de quinhentos aviões soltaram provisões e planadores repletos de reforços ao redor de Caen, em uma demonstração do poder dos Aliados que deixou as defesas alemãs de boca aberta. Não demorou até que o avanço foi interrompido antes de Caen, conforme os reforços alemães bloquearam qualquer avanço.

Na praia Gold

Na praia Gold, a maioria das unidades aliadas encontrou pouca resistência e avançou rapidamente para o interior. Ao final do dia, 25 mil soldados britânicos haviam desembarcado e mantinham posições firmes a 13km da costa. Eles logo tomariam a cidade de Bayeux (lar da famosa tapeçaria comemorativa da invasão da Inglaterra pelos normandos, em 1066), que se tornou um importante centro de abastecimento.

Os britânicos que desembarcaram na praia Gold tinham que agradecer aos paraquedistas pela sorte. Mais cedo, os paraquedistas atraíram os reforços alemães para pontos mais distantes, deixando o setor da praia Gold com poucas defesas. Porém, nos dias seguintes, os alemães enviariam mais tropas para defender a área, aproveitando melhor o terreno e contendo o avanço dos britânicos.

MÍSSEIS E BOMBAS

Poucos dias após o Dia D, para definir a vitória, a Alemanha lançou suas primeiras armas estratégicas contra a Inglaterra. Para Hitler, eram *armas de vingança*. Para os Aliados, eram *bombas de zumbido*. O V-1 era uma bomba voadora acionada por um motor pulsojato que crepitava com um alto ruído ao cruzar os céus. Atingindo uma velocidade de 650km/h e carregando 860kg de explosivos, essas bombas tinham uma potência terrível. Para Hitler, centenas de lançamentos diários durante várias semanas enfraqueceriam o moral britânico e obrigariam o país a sair da guerra. Entre junho de 1944 e março de 1945, os alemães lançaram 6 mil mísseis V-1 da costa da França e da Holanda. Quase dois terços foram abatidos por caças ou por canhões antiaéreos guiados por radar. Além de Londres e do sul da Inglaterra, as bombas também eram lançadas contra a Antuérpia. Na Inglaterra, 24 mil pessoas morreram ou ficaram feridas nos bombardeios. O V-2, o primeiro míssil balístico de curto alcance do mundo, era ainda mais perigoso. Com uma carga explosiva de uma tonelada, esses foguetes viajavam em grandes altitudes, sem ruído. Mais de mil mísseis V-2 caíram na Inglaterra, causando danos massivos entre setembro de 1944 e março de 1945. Porém, apesar do medo despertado por essas armas, o moral dos britânicos não foi prejudicado.

Na praia Juno

Na praia Juno, os canadenses se depararam com obstáculos e minas que aumentaram bastante o risco dos desembarques. As defesas eram fortes, e os canadenses tiveram muitos problemas. Eles formaram pequenos grupos de combate e lutaram contra cada uma das forças defensivas. As baixas foram pesadas; quase mil combatentes morreram nos desembarques. Mas os canadenses atravessaram a linha e, ao anoitecer, penetraram mais longe no território. No interior, eles encararam contra-ataques e derrotaram as forças alemãs, mas não avançaram mais. Logo sobreveio um impasse.

O sucesso dos norte-americanos na praia Utah

Na praia Utah, o primeiro grupo de norte-americanos desembarcou no lugar errado. Porém, o que poderia ter sido um problema, acabou se revelando positivo.

Ao perceber que as tropas haviam desembarcado no lugar errado e que o segundo grupo estava se aproximando da praia, o general Theodore Roosevelt Jr. (filho do presidente Theodore Roosevelt e primo de FDR) teve que tomar uma decisão: As tropas deveriam se deslocar 1,5km para o norte até o local correto ou iniciar o combate no ponto onde estavam? "Vamos começar a guerra aqui mesmo", disse ele aos oficiais. Foi a decisão certa. A praia tinha poucas defesas. Apoiados pelos tanques, os norte-americanos logo cruzaram a praia e entraram na França. Às 11h, eles haviam se encontrado com os paraquedistas. À tarde, havia milhares de veículos e soldados atravessando a praia Utah, formando uma cabeça-de-praia com cinco quilômetros de extensão.

Perto do desastre em Omaha

As tropas que desembarcaram na praia Omaha não tiveram a mesma sorte que os soldados em outras praias (veja as seções anteriores). Uma divisão de elite alemã protegia Omaha com estruturas sofisticadas e consistentes. Transportando cargas pesadas, os soldados de infantaria norte-americanos não conseguiam cruzar a faixa de 270m na areia em meio ao fogo inimigo, brutal e preciso.

A batalha apresentou outras dificuldades e escapou ao controle dos generais. Pequenos grupos de combatentes se encarregaram de vencer ou morrer. Muitos tiveram esses dois destinos. Nas palavras do coronel Charles Canham, do 116º Regimento de Infantaria, formado por Guardas Nacionais da Virgínia: "Estão nos matando aqui! Vamos para o interior para morrer lá!" Mas, ao final do dia, os norte-americanos haviam saído da praia, subido os penhascos e avançado pelo território. Esse percurso de 1.400 metros custou 2 mil baixas, mas o esforço valeu a pena.

De mal a pior: Hitler vacila de novo

Os Aliados se saíram bem na Normandia porque venceram as unidades alemãs que defendiam as praias e não tiveram que encarar reforços. A previsão de um contra-ataque massivo nunca se concretizou. Isso ocorreu pelos seguintes motivos:

- » O comando alemão não sabia se o ataque na Normandia era real (veja a seção anterior). Em meio à confusão, os generais decidiram esperar em vez de lançar contra-ataques pesados. Na verdade, eles só enviaram a maioria das unidades de tanques para a Normandia seis semanas depois.

- » Hitler, que fora informado sobre as grandes dificuldades das tropas norte-americanas em Omaha, estava muito confiante e se recusava a abrir mão das divisões mais robustas sob seu controle.

Claro, quando a situação chegou ao conhecimento dos alemães, as ordens vieram, mas já era tarde demais. Os Aliados consolidaram suas posições nas praias mais rápido do que a reação dos alemães. Em dez dias, havia mais de meio milhão de soldados em terra, e as forças aliadas controlavam o espaço aéreo. Com bombardeios constantes, os Aliados inutilizaram as redes rodoviárias e ferroviárias que os alemães usavam e atacaram todas as unidades que se dirigiam para as praias.

Expandindo o Domínio das Praias

Os Aliados escolheram a Normandia principalmente porque a área tinha poucas defesas. Mas não havia nenhum porto grande na região para receber as toneladas de suprimentos necessárias para a manutenção das muitas divisões que chegavam. Os Aliados colocaram estruturas pré-fabricadas (codinome Mulberry) no Canal da Mancha até as praias Gold e Omaha para facilitar o fluxo de pessoas e materiais, mas essas soluções eram apenas temporárias. Para resolver isso, eles decidiram capturar o porto de Cherbourg depois de consolidar a cabeça-de-praia.

Os Aliados tomaram a cidade de Cherbourg em 27 de junho; quatro divisões norte-americanas foram mobilizadas no combate. Houve um grande número de baixas e, para complicar ainda mais a situação, o porto foi tão avariado durante o ataque que só voltaria a operar no final do outono de 1944.

Os alemães entenderam que, se impedissem os Aliados de tomar os portos, poderiam restringir sua presença à cabeça-de-praia da Normandia. No entanto, 30 mil toneladas de suprimentos e 30 mil soldados cruzavam as praias todos os dias. Em julho de 1944, havia várias divisões norte-americanas na Normandia, sob a liderança de alguns dos melhores generais das forças aliadas: o general Omar Bradley (EUA), o general George Patton (EUA), o general Courtney Hodges (EUA) e o general-marechal de campo Bernard Montgomery (britânico).

A batalha de Caen

Caen deveria ter sido tomada no Dia D. Sem a cidade, os britânicos e canadenses não conseguiriam se afastar da praia. Infelizmente, os tanques alemães chegaram antes dos Aliados. O general Montgomery e suas tropas passaram a maior parte do mês de julho em combate para capturar a cidade.

Um ataque aéreo massivo reduziu a escombros a antiga cidade de Guilherme, o Conquistador (líder da invasão normanda à Inglaterra, em 1066), mas obteve poucos resultados. Como fizeram em Cassino, na Itália, um ano antes (veja o Capítulo 17), os alemães aproveitaram as ruínas da cidade, construindo posições defensivas nos prédios destruídos. Quando os blindados alemães chegaram a Caen, os britânicos começaram a sofrer baixas pesadas.

Em 18 de julho de 1944, os Aliados lançaram um ataque (Operação Goodwood) para suprimir as defesas alemãs em Caen usando apenas poder de fogo. Mas os militares que controlavam a área eram veteranos da guerra contra os soviéticos e, apesar dos bombardeios devastadores de aeronaves e artilharia, os alemães interromperam o avanço dos britânicos e canadenses, destruindo 200 tanques em um só dia e matando milhares de soldados de infantaria. Em 20 de julho, os Aliados já haviam concluído que o ponto de entrada teria que ser em outro local.

Os Aliados avançam para o interior

Enquanto os tanques mantinham os britânicos e canadenses fora de Caen, 80km a oeste, os alemães tentavam conter as forças norte-americanas que se aproximavam das defesas e se preparavam para penetrar no território, atravessando a linha inimiga. Os alemães sabiam que, se isso ocorresse, não haveria nenhum obstáculo entre os Aliados e a fronteira alemã. Se as tropas não interrompessem o avanço das forças aliadas, o front inteiro entraria em colapso.

Apesar das desvantagens, os alemães conduziram uma defesa habilidosa, usando pântanos e rios para afastar os norte-americanos e protegendo os campos. As condições climáticas limitaram a atuação da Força Aérea dos Aliados, beneficiando os alemães. Ainda assim, em 18 de julho, os norte-americanos tomaram a importante cidade de Saint-Lô, mas a um alto custo: nas duas primeiras semanas de julho, as unidades sofreram mais de 40 mil baixas.

Enquanto a força de combate crescia e as tropas recebiam suas toneladas de suprimentos, começaram os preparativos da Operação COBRA. Nessa ofensiva, os Aliados lançaram uma combinação de ataques aéreos e terrestres em larga escala para destruir as restrições do terreno e abrir caminho para suas unidades de tanques. Antes do ataque, 1.500 aviões lançaram 3.400 toneladas de bombas na estreita faixa do front, explodindo os alemães. Os blindados então atravessaram a linha e avançaram pelo território. No início de agosto de 1944, o general Patton, comandante do 3º Exército, cruzou a faixa e começou a cercar a linha defensiva dos alemães.

Forçando os alemães a recuarem: O desastre de Falaise

Embora a situação na Normandia fosse ruim, ainda havia algumas esperanças para os alemães. Com sua mobilidade e as vantagens do terreno difícil, eles podiam realocar forças e conter os ataques norte-americanos, como já haviam feito com os britânicos. Agora, os alemães só precisavam da aprovação de Hitler para reorganizar as reservas e bloquear os Aliados nas proximidades de Caen e Saint-Lô.

Quando finalmente deu a permissão, Hitler não se conteve. Ele também determinou exatamente quais unidades de reserva seriam mobilizadas e como: ordenou que as divisões de tanques contra-atacassem no que, a seu ver, era uma faixa vazia entre os norte-americanos e os britânicos. Na verdade, o local não era uma lacuna; eram mandíbulas fatais formadas pelo avanço gradual e constante dos Aliados. Entrar nessa faixa seria como enfiar a cabeça na boca de um leão, um ato nada inteligente nem prudente. No entanto, as ordens do Führer tinham que ser obedecidas. Os melhores soldados e tanques do Exército Alemão se dirigiram para sua destruição.

Pressionados pelos britânicos em Caen, pelos canadenses em Falaise e pelos norte-americanos em Argentan (próxima parada das tropas depois de Saint--Lô), os alemães lançaram um ataque que logo se transformou em uma retirada desesperada, diante da armadilha que se apresentou. Milhares de homens e veículos tentavam chegar à abertura de um longo corredor de 67km para escapar das mandíbulas. As aeronaves aliadas bombardeavam as colunas constantemente, gerando uma desordem total.

O general Omar Bradley (EUA) havia concebido a operação, aproveitando uma oportunidade de ouro que só surgia uma vez a cada cem anos para um comandante. Porém, ele não atingiu a meta da destruição total do inimigo. Bradley interrompeu o avanço do general Patton para evitar fogo amigo com britânicos e canadenses e deixou uma lacuna de 24km no corredor (que tinha 67km), salvando 40 mil alemães.

Os Aliados capturaram 100 mil soldados inimigos e mataram 10 mil. Das 50 divisões alemãs que lutaram na Normandia em junho, apenas 10 sobreviveram. No final das contas, os alemães perderam 500 mil soldados (incluindo os 200 mil feitos prisioneiros) do Dia D até aquele momento.

Liberando Paris

Enquanto os alemães corriam desesperados para o leste, os exércitos aliados, liderados pelo general Patton, seguiam no seu encalço. Em 25 de agosto, os Aliados libertaram Paris. Felizmente, o general Charles de Gaulle e a 2ª Divisão de Blindados da França encontraram a cidade intacta (o comandante alemão no local desobedeceu às ordens de Hitler para destruir Paris e a entregou aos Aliados). Ignorando as balas que ainda voavam, de Gaulle caminhou entre os parisienses eufóricos e deu os primeiros passos na restauração do prestígio da França.

Longe Demais, Rápido Demais: Novas Decisões

À medida que avançavam pelo interior (um ponto positivo), os Aliados se afastavam dos centros de abastecimento: as praias da Normandia (um ponto negativo). Logo, o general Eisenhower trazia boas e más notícias. A boa notícia era que os alemães estavam recuando abertamente e o avanço dos Aliados na França havia superado bastante as expectativas. A má notícia era que os Aliados estavam ficando sem combustível, sem munição e sem comida. Para enviar suprimentos até as linhas de frente, seria necessário reconstruir as estradas e ferrovias totalmente destruídas pelos aviões dos Aliados em junho.

Durante a reconstrução das estradas, as unidades de combate na vanguarda pararam por falta de combustível. Esse atraso deu aos alemães tempo para reagrupar e organizar uma defesa. Antes da guerra, a Alemanha havia construído uma série de fortificações e obstáculos ao longo da fronteira com a França. Era a *Linha Siegfried* (ou *Muralha Ocidental*). Essas defesas agora seriam um ponto de encontro para as divisões alemãs e uma grande barreira para impedir o avanço dos Aliados.

O EXPRESSO RED BALL

Diante da destruição do sistema de transporte francês pelos bombardeios e da ausência de portos próximos da vanguarda dos Aliados, os suprimentos teriam que vir pelas estradas. Para abastecer as rápidas divisões, os especialistas em logística dos EUA criaram um sistema de comboios de caminhões. Saindo de Saint-Lô, 6 mil caminhões totalmente carregados seguiriam por uma estrada estreita até o 3º Exército, comandado pelo general Patton. Depois de descarregar, os motoristas voltavam por outra estrada. Durante duas semanas, esse fluxo ocorreu dia e noite. As tropas chamavam os comboios de "Expresso Red Ball", uma gíria para trens que transportavam passageiros ou cargas sem parar. O Expresso Red Ball passou a simbolizar o espírito arrojado dos especialistas em logística do Exército, que atendiam a todas as demandas das forças de combate.

As escolhas difíceis de Eisenhower

O general Eisenhower se viu diante de um dilema: os Aliados só tinham suprimentos para um movimento ofensivo. Quem executaria a operação, os norte-americanos ou os britânicos? Ele considerou dois fatores:

- » Os Aliados controlavam a maior parte da França, Bélgica e Luxemburgo e estavam ocupando a Antuérpia.
- » A fronteira alemã estava perto do 1º e do 3º Exércitos dos EUA, estacionados a 90km do rio Reno. Do outro lado, estavam o coração da Alemanha — sua base industrial no Ruhr — e a vitória.

O general Eisenhower precisava resolver o problema do abastecimento, e a Antuérpia, um porto importante, era a solução. Mas não seria fácil, pois as tropas alemãs controlavam os arredores da cidade, que, por isso, tinha pouca utilidade para os Aliados. Combinando uma ofensiva para expulsar os alemães da Holanda e a abertura do porto na Antuérpia, o general Eisenhower conservaria o ritmo da ofensiva e atenderia às demandas dos exércitos.

Porém, Eisenhower não podia atingir esse objetivo *nem* manter os exércitos em ação com o mesmo nível de intensidade em todas as linhas de frente. Na época, não havia munição e combustível suficientes na Europa. Portanto, ele teria que tomar outra decisão difícil: definir quem ficaria parado e quem usaria os suprimentos para executar o grande ataque.

Eisenhower fez sua escolha com base em uma estratégia razoável para preservar a Aliança sem ofender os britânicos. Ele decidiu o seguinte:

- » Definiu como prioridade o fornecimento de suprimentos ao general Bernard Montgomery e ao Exército Britânico. Os britânicos lançariam uma ofensiva para atravessar rios na Holanda e atacar um setor vulnerável ao norte para desestabilizar os alemães.
- » As forças norte-americanas receberam ordens para manter a posição.

A ofensiva britânica: O erro de Monty

O general Montgomery ("Monty") recebeu os presentes do general Eisenhower e elaborou uma ação grandiosa que, para ele, encerraria a guerra com um só golpe. Por que expulsar o inimigo da Antuérpia se era possível atravessar o Reno na Holanda e flanquear todas as defesas alemãs no front ocidental? O plano de Montgomery recebeu o codinome MARKET GARDEN.

O plano: A Operação MARKET GARDEN

O general Montgomery planejava usar o Exército Aerotransportado, formado por duas divisões norte-americanas, uma divisão britânica e uma brigada polonesa estacionada na Inglaterra, para tomar pontes importantes ao longo de um trecho de 96km da rodovia que suas forças terrestres percorreriam para cruzar a Holanda, atravessar o rio Reno e entrar na Alemanha. Era um plano ousado e dependia de um timing perfeito, um inimigo fraco e desorganizado, boas condições climáticas e sorte:

- » Os paraquedistas precisavam de boas condições climáticas para pousar nas zonas indicadas e viabilizar o abastecimento aéreo.
- » Contando apenas com armas leves, eles tinham que encontrar logo as forças mecanizadas, que se moviam rapidamente.
- » O inimigo deveria ser surpreendido, estar bastante fraco e não resistir muito.
- » Finalmente, tudo tinha que correr exatamente como planejado. Um atraso em qualquer ponto atrapalharia todo o plano.

Apesar da expectativa de harmonia em meio a tantas peças, o general Eisenhower permitiu a execução da MARKET GARDEN. Infelizmente, Montgomery teve dificuldades com um timing ruim, azar, mau tempo e um inimigo muito experiente.

Uma ponte distante demais

Entre 17 e 18 de setembro de 1944, usando 2.800 aviões e 1.600 planadores, o Exército Aerotransportado pousou perto dos seus alvos. Os paraquedistas norte-americanos conquistaram um objetivo, mas se depararam com uma forte resistência em outra ponte importante. Isso atrasou o avanço das forças terrestres britânicas. A cerca de 95km, na cidade de Arnhem, a Primeira Divisão Aerotransportada Britânica descobriu que o general Montgomery não havia contado com duas divisões de tanques alemãs, que estavam descansando e fazendo consertos.

Tanques e paraquedistas com armas leves não estão na mesma categoria. Para segurar a ponte, os britânicos lutaram com unhas e dentes, dispondo de poucas granadas e balas de fuzil. Mas, sem reforços, os paraquedistas tinham poucas chances. Cercados e em menor número, eles se renderam em 21 de setembro. No dia seguinte, os tanques britânicos chegaram à ponte, mas não avançaram.

Apesar do heroísmo e dos sacrifícios, a MARKET GARDEN obteve poucos resultados:

- As forças aliadas avançaram, mas os alemães ainda controlavam as faixas mais importantes do território.
- A Antuérpia permaneceria inviável até o final de novembro de 1944.
- Os alemães controlavam a Holanda e as proximidades do rio Reno.

No final das contas, os suprimentos continuaram chegando aos poucos, frustrando os Aliados, limitados a ofensivas contidas e arriscadas contra defesas experientes, habilidosas e cheias de determinação.

Arrastando a cara inimiga no chapisco

Enquanto a Operação MARKET GARDEN prosseguia (veja a seção anterior), as forças norte-americanas travaram batalhas exaustivas nas cidades alemãs de Aachen e de Metz durante o mês de outubro. Aachen, a primeira cidade alemã capturada pelos Aliados, caiu em 21 de outubro. Mas a emenda ficou pior do que o soneto quando os EUA entraram na Floresta Hümuertgen, a leste da cidade.

Quatro divisões norte-americanas levaram quase um mês para limpar 50km de árvores à custa de mais de 20 mil vítimas. Para piorar as coisas, o tempo fechou. Como resultado, os EUA começaram a sofrer baixas fora da batalha, como pé de trincheira, o que enfraqueceu ainda mais as divisões. O clima também impediu que as aeronaves aliadas voassem em missões de apoio às forças terrestres.

Os norte-americanos finalmente capturaram Metz em novembro, mas a batalha os esgotara, e os alemães resistiam firmemente na Linha Siegfried, as defesas pré-guerra construídas para proteger a Alemanha de um ataque da França.

Só a sinfonia da destruição

O 6º Grupo de Exército dos EUA, composto por unidades dos exércitos norte-americano e francês, continuou a avançar até se encontrar com o 12º Grupo de Exército de Bradley, que vinha avançando do norte da França. O 6º Grupo lutava ao sul, com o 3º Exército do general Patton, e chegou a Estrasburgo em novembro. Mas as unidades aliadas na área expandiram suas forças perigosamente escassas, deixando um grande número de tropas alemãs na área de Colmar, na França.

Em dezembro, muitas divisões dos EUA em todas as linhas de frente haviam perdido grande parte de sua eficácia em combate. A maioria de seus soldados e líderes experientes fenecera. Substituições com zero ou pouca experiência em combate enchiam as fileiras. Além disso, o avanço de outubro a dezembro abriu uma lacuna entre o 1º e o 3º Exércitos. No meio dela, ficava a Floresta das Ardenas, um setor silencioso coberto por unidades de baixa resistência. Toda a frente estava atolada por mau tempo, resistência inimiga determinada e falta de experiência de combate nas divisões da linha de frente.

Alemanha Tombando

Sem o apoio de caças e bombardeiros, os Aliados não teriam se afastado muito da Normandia. A fuga da Normandia foi apenas isso — uma fuga, em grande parte devido ao uso esmagador de bombardeiros que abriram brechas nas defesas alemãs largas o suficiente para as unidades de tanques aliadas passarem. À medida que as forças aliadas avançavam para o campo aberto, caças e bombardeiros novamente atormentavam os alemães.

INFORMAÇÕES HISTÓRICAS

Com o controle total do ar, nada se movia durante o dia fora da mira aliada. O general Rommel, que viajava em um carro oficial em uma estrada francesa, foi atacado e ferido por um combatente norte-americano. O comandante alemão mais hábil foi retirado da batalha em um ponto crucial da campanha.

Ataques aliados às fábricas

A campanha de bombardeio estratégico dos Aliados contra a Alemanha se desacelerou no início de 1944 para se concentrar em alvos na França, especificamente nas redes de transporte que seriam usadas para reforçar a frente na Normandia. O sucesso dessa campanha impediu os alemães de se moverem rapidamente e limitou sua capacidade de sustentar e suprir adequadamente suas unidades nas semanas cruciais após a invasão.

Nos primeiros três meses de 1944, os Aliados continuaram seus ataques profundos no coração da Alemanha, atacando Berlim (destruíram 810 hectares da cidade) e atingindo as principais fábricas de produção de guerra.

A ofensiva fica, de fato, ofensiva

Em 1944, a 15ª Força Aérea, saindo de bases na Itália, voou por todo o sul da Alemanha e por partes da Europa Oriental. Embora os alemães tivessem dispersado as instalações de produção para evitar danos causados por ataques de bombardeiros em 1943, os B-17 norte-americanos podiam atingir alvos em praticamente qualquer lugar que quisessem.

O AVIÃO QUE PODERIA TER VENCIDO A GUERRA

Os alemães testavam um novo design de aeronave desde o final dos anos 1930. Usavam propulsão a jato em vez de um motor movido a pistão. Em 1943, um protótipo de caça a jato foi desenvolvido. Hitler observou seu teste de voo e imediatamente vislumbrou o que tal aeronave poderia fazer à massa das formações de bombardeiros aliados. Com uma velocidade máxima de 900km/h, nenhuma outra aeronave de combate na Terra se igualaria. Esquadrões dessas aeronaves dariam à Alemanha o controle dos céus da Europa em questão de semanas. O Führer ordenou que a aeronave fosse colocada em produção imediatamente, o que foi uma excelente ideia. Infelizmente, a ideia teve uma *contraparte* péssima: ele ordenou que o avião fosse um caça e um bombardeiro.

Essa exigência estúpida levou a reprojetos e a consequentes atrasos na fabricação. Enquanto isso, a campanha de bombardeio dos Aliados se tornava mais eficaz. Na época em que o Me 262 (como a nova aeronave era conhecida) foi a combate, no final de 1944, os números eram muito pequenos para o efeito ser decisivo, e as bases aéreas eram vulneráveis à captura. A escassez de combustível e os pilotos inexperientes, que não dominavam as capacidades de tal arma, agravaram o problema. O Me 262 marcou o fim de uma era, inaugurando a era do avião a jato.

LEMBRE-SE

Antes, os caças norte-americanos não tinham capacidade de combustível para escoltar os bombardeiros para o interior da Alemanha. Mas, com os aeródromos na França e com as novas aeronaves que transportavam tanques, o alcance limitado (por causa do combustível) deixou de ser um problema para as escoltas de caça. Eles poderiam enfrentar a Luftwaffe (veja o Capítulo 3) durante as missões de bombardeio. Eles não precisavam mais deixar os lentos bombardeiros para continuar seu caminho para a Alemanha sozinhos.

Chegando a conta

ESTRATÉGIA MILITAR

Em 1944, os bombardeiros aliados lançaram 750 mil toneladas de bombas na Alemanha. Totalizando 1.000 aviões, eles quase interromperam a produção alemã de combustível e fecharam as redes de transporte urbano cruciais para o movimento e o apoio das unidades de combate. A Alemanha foi bombardeada dia e noite para deter e, por fim, interromper a produção de guerra. Quase 1,4 milhão de cidadãos alemães foram mortos ou feridos nessas incursões. Entre fevereiro e março de 1944, os alemães perderam quase 1.000 caças em combate aéreo. Essas perdas, junto com os limites de combustível e pilotos e tripulações mal treinados, causaram o declínio da Luftwaffe, o que foi uma séria ameaça.

Os Aliados perderam quase 500 bombardeiros por mês em 1944, e cerca de 100 mil tripulantes britânicos e norte-americanos morreram. O custo era alto. Mas, no final de 1944, as forças militares alemãs morriam de fome por falta de combustível e suprimentos por causa do bombardeio. A Luftwaffe foi derrotada.

Hitler Cheio dos Joguinhos: O Bulge

Em setembro de 1944, mesmo enquanto a MARKET GARDEN entrava em colapso (veja a seção anterior "A ofensiva britânica: O erro de Monty"), Hitler fazia grandes planos. Como se o tempo tivesse parado, ele decidiu que o caminho para a vitória seria uma ofensiva surpresa contra as forças aliadas no Ocidente. O avanço, como ocorrera em 1940, viria pela Floresta das Ardenas. Em vez de o Canal da Mancha ser o alvo, seria Antuérpia (para isolar os Aliados da sua base de abastecimento em potencial).

Mas os dias da vitória alemã haviam passado. Os homens e as máquinas de 1940 se foram, enterrados na lama e na neve da Rússia ou nos campos da Normandia. Os generais de Hitler estavam céticos, vendo o plano como um exercício de nostalgia. No mínimo, argumentaram, os exércitos aliados deveriam ser o objetivo da ofensiva. Mas Hitler se fixou em Antuérpia como a chave para a vitória. Apesar de suas reservas, os comandantes alemães reuniram uma força razoavelmente confiável e apta de 24 divisões (sendo 10 delas divisões de tanques) a partir de partes de unidades e aguardaram a oportunidade de atacar.

Pela estrada afora (das Ardenas) de novo

Assim como os franceses em 1940, os norte-americanos, em 1944, ignoraram a floresta de Ardenas como uma rota de ataque confiável. Sua linha de tropas se estendia por quase 1.600km na fronteira entre a França e a Alemanha. O general Eisenhower, com os suprimentos em dia, considerava o norte e o sul das florestas acidentadas das Ardenas como pontos de ataque. Embora ainda precisasse da defesa das Ardenas, não queria usar suas melhores divisões de combate para isso. Então, Eisenhower deu a área de 120km de largura para apenas quatro divisões, que estavam se recuperando e se reabilitando de batalhas anteriores ou eram novas na guerra e não tinham experiência em combate.

> ## ENTENDI DIREITO?
>
> O general Sepp Dietrich foi um colaborador próximo de Hitler desde os primórdios do partido nazista e fundou o sistema de guarda-costas de Hitler. Dietrich serviu como suboficial na Grande Guerra (Primeira Guerra Mundial), mas mostrou habilidades suficientes para se tornar comandante de um Exército na Segunda Guerra Mundial. Quando informado do plano de Hitler para a ofensiva nas Ardenas, Dietrich proferiu palavras bem escolhidas. "Tudo o que Hitler quer que eu faça é cruzar um rio (o Mosa), capturar Bruxelas e ir para a Antuérpia. E tudo isso na pior época do ano, pelas Ardenas, quando a neve chega à cintura [...] quando só amanhece às 8h e escurece às 16h, e com divisões reformadas compostas principalmente de crianças e idosos doentes — ah, e isso no Natal."

Em dezembro de 1944, o tempo piorou, eliminando qualquer cobertura aérea dos Aliados. Em 16 de dezembro, com uma esmagadora barragem de artilharia ao amanhecer, as divisões alemãs avançaram, pegando os norte-americanos desprevenidos. Para ter sucesso, os alemães precisavam de três coisas:

- » O mau tempo teria que persistir para manter as aeronaves aliadas no solo. Sem os Aliados controlando o ar, os alemães tinham uma chance igual contra as forças terrestres aliadas.

- » As unidades alemãs tinham que se mover rapidamente. As Ardenas tinham poucas estradas e milhares de veículos de combate precisavam viajar por elas. Os alemães tinham que controlar várias rotas importantes para que pudessem mover suas divisões para terreno aberto. O combustível era limitado, então entrar nas áreas de retaguarda aliadas rápido significava capturar suprimentos de combustível para continuar a ofensiva.

- » O avanço tinha que ser amplo o suficiente para romper a linha inimiga a ponto de as forças aliadas não conseguirem fechar a lacuna e prender as divisões alemãs.

No final das contas, os alemães não atenderam a esses requisitos cruciais. Como falharam, a Batalha do Bulge, como ficou conhecida, estava fadada ao fracasso (veja a Figura 18-2).

FIGURA 18-2: A Batalha do Bulge, de dezembro de 1944 a janeiro de 1945.

Não passa nem ar

A Batalha do Bulge [protuberância, em inglês] leva esse nome por um bom motivo: entre 16 e 26 de dezembro, as divisões alemãs abriram um buraco nas linhas norte-americanas que, nos mapas de batalha (e nos jornais), parecia um bulbo. O Bulge, embora tivesse 80km de largura, estreitou-se rapidamente para apenas 57km em seu ponto mais profundo de penetração. Houve vários motivos para isso:

» Primeiro, os norte-americanos, embora em menor número e exaustos, seguraram o avanço alemão. Na verdade, várias rotas importantes, como Saint Vith e Bastogne, tornaram-se pontos fortes que os alemães não conseguiram contornar, embora gastassem tempo e combustível preciosos tentando conquistá-los. Os alemães acabaram capturando Saint Vith, mas perderam Bastogne.

» Os alemães não ampliaram o avanço. Os 80km pareciam muito, mas com o número de veículos e tropas envolvidos, encheram-se rápido, em particular por causa das fortes nevascas que caíram antes e durante a batalha. Os Aliados foram capazes de manter a lacuna limitada, comprimindo o Bulge para apenas 57km de largura. Isso forçou os comandantes do Exército Alemão a despacharem unidades para manter a entrada.

» Os Aliados reagiram com rapidez e eficácia — com muito mais do que os alemães esperavam. À medida que o poder de combate alemão diminuía, o poder de combate aliado ficava mais forte, com as divisões mudando rapidamente de um setor da frente para o Bulge.

» Em 23 de dezembro, o tempo melhorou a ponto de permitir que as forças aéreas aliadas causassem estragos nos tanques e veículos de abastecimento alemães, incluindo as carroças puxadas por cavalos, os meios de abastecimento predominantes para o Exército Alemão.

Em 16 de janeiro, os Aliados fecharam o Bulge. Os EUA sofreram 75 mil baixas (incluindo o massacre de 85 prisioneiros norte-americanos em Malmedy).

Todo mundo vai sofrer

INFORMAÇÕES HISTÓRICAS

A Batalha do Bulge representou a maior perda de soldados norte-americanos desde Gettysburg, na Guerra Civil. Os alemães perderam 69 mil soldados, entre mortos e feridos, e tiveram outros 50 mil capturados. Aquelas tropas eram insubstituíveis, assim como os 1.400 tanques alemães e os outros veículos de combate que foram destruídos ou capturados. Hitler havia novamente jogado fora qualquer vantagem que tinha no Ocidente. Para o Exército Alemão, isso significava falta de tropas, de combustível e de esperança.

Na Barra da Saia da Alemanha

Na época em que a Batalha do Bulge começou, no oeste, os soviéticos isolaram os restos de 26 divisões alemãs do Grupo de Exércitos Norte na Letônia e entraram na Prússia Oriental, o primeiro território alemão a ser capturado pelos Aliados. Os soviéticos demonstraram um conhecimento sofisticado das operações, sempre mantendo os alemães desestabilizados. Habilmente, os comandantes soviéticos empregaram tanques, aeronaves e artilharia, dando o seu melhor, desgastando os defensores, enquanto usavam manobras para cortar e isolar bolsões de resistência. Embora os alemães lutassem com habilidade, não tinham as forças de tanques e as aeronaves necessárias para montar nenhuma contraofensiva.

Em outubro, devido à falta de suprimentos, a ofensiva soviética terminou. As distâncias entre os depósitos de suprimentos e as linhas de frente eram muito longas — assim como o foram para o exército alemão entre 1941 e 1943. Agora, as forças alemãs tinham as mesmas vantagens como defensoras que os soviéticos tiveram, estando suas forças concentradas ao longo de uma estreita linha de frente e perto dos suprimentos. Os soviéticos, por outro lado, estavam espalhados e tinham problemas para sustentar seu ataque. Em outubro de 1944, o avanço soviético parou.

Sem Perdoar a Iugoslávia e a Hungria

Enquanto os exércitos centrais soviéticos se mantinham no rio Vístula, outra frente soviética avançava para o leste da Iugoslávia, onde se unia aos guerrilheiros iugoslavos. Com o apoio da Grã-Bretanha e dos EUA, os guerrilheiros, totalizando mais de 150 mil, lutavam contra os alemães desde o verão de 1941. Eles tiveram sucesso em grande parte devido a seu líder carismático, Jossip Broz, cujo apelido era "Tito".

A mistura de ideologia comunista e patriotismo de Tito manteve o movimento unido e permitiu-lhe assumir o controle de grandes seções do país. Com a ajuda soviética, Tito formou um governo provisório que teve até a aprovação do governo exilado iugoslavo em Londres. (Os governos britânico e iugoslavo mais tarde lamentariam seu apoio entusiástico depois que Tito assumiu o poder e excluiu todos os outros participantes do novo governo.)

Os alemães e os soviéticos também lutaram pelo controle da Hungria. Em outubro de 1944, os alemães tentaram proteger os campos de petróleo húngaros; Budapeste também se tornou um alvo importante. Como resultado, Hitler desviou valiosas divisões de tanques da Polônia e do Ocidente, deixando ambas as áreas abertas ao ataque dos Aliados. Os alemães seguraram os soviéticos e defenderam Budapeste até fevereiro, mas não antes que os soviéticos estabelecessem outro governo provisório pró-comunista (como fizeram na Iugoslávia, com Tito), que determinaria o destino da Hungria no pós-guerra.

Em 13 de abril de 1945, as forças soviéticas entraram em Viena. O verdadeiro show aconteceu com os exércitos soviéticos atravessando a Polônia para o leste da Alemanha e os britânicos e os norte-americanos atravessando o rio Reno para a Alemanha central. Os Bálcãs foram esquecidos.

> **NESTE CAPÍTULO**
> » Vencendo o Pacífico, ilha por ilha
> » Voltando para as Filipinas
> » Lutando contra as frotas
> » Lutando na Birmânia, Índia e China
> » Mantendo a China na guerra

Capítulo **19**

Japão "Hashando"

Em 1944, os japoneses sabiam que deveriam manter os norte-americanos o mais distantes possível das ilhas do Japão. Onde quer que decidissem atacar, teriam que enfrentar soldados japoneses dispostos a morrer em vez de se render ou recuar, respaldados por caças e bombardeiros japoneses baseados em terra. Ao mesmo tempo, a frota japonesa procuraria ativamente a norte-americana em uma batalha aberta pelos mares. O objetivo dos japoneses era tornar as batalhas pelo território no Pacífico tão caras que os norte-americanos desistiriam e buscariam negociações para encerrar a guerra.

O objetivo dos EUA era encontrar o melhor e mais rápido caminho para as ilhas japonesas. Para fazer isso, os Aliados precisavam de bases insulares para lançar ataques de bombardeio estratégico contra cidades japonesas em um esforço para enfraquecer seu moral e indústria.

O palco estava armado para uma luta gigantesca que envolveria incontáveis forças terrestres, aéreas e marítimas em milhares de quilômetros de terra e mar.

O Plano de Assalto à Ilha: Marshall e Marianas

Para garantir uma rota para as ilhas japonesas, os Aliados decidiram que o general norte-americano Douglas MacArthur se mudaria das Ilhas Salomão, através da Nova Guiné, Índias Orientais, para estabelecer uma base para atacar as Filipinas. Ao mesmo tempo, o almirante norte-americano Chester Nimitz penetraria nas defesas japonesas nas Ilhas Marshall e Marianas no Pacífico Central, em seu caminho para as Filipinas.

Para derrotar o Japão, os Aliados tiveram que isolar suas ilhas natais, o que fizeram de duas maneiras:

» Os submarinos afundariam os navios mercantes japoneses que transportavam suprimentos entre o Japão e os outros lugares.

» Os bombardeiros estratégicos conduziriam ataques aéreos a cidades e a alvos militares japoneses.

Para aproximar os bombardeiros para o ataque ao Japão, as Ilhas Marianas no Pacífico Central eram bases aéreas essenciais. Com elas, o poder aéreo norte-americano dominaria completamente as rotas marítimas do Japão, deixando os japoneses vulneráveis a terem suas linhas de abastecimento para as Filipinas e para o sudeste da Ásia interrompidas. Mas, para chegar às Marianas, as Ilhas Marshall tiveram que ser capturadas primeiro. Nimitz partiu em janeiro de 1944 para iniciar seu primeiro passo na derrota do Japão (veja a Figura 19-1).

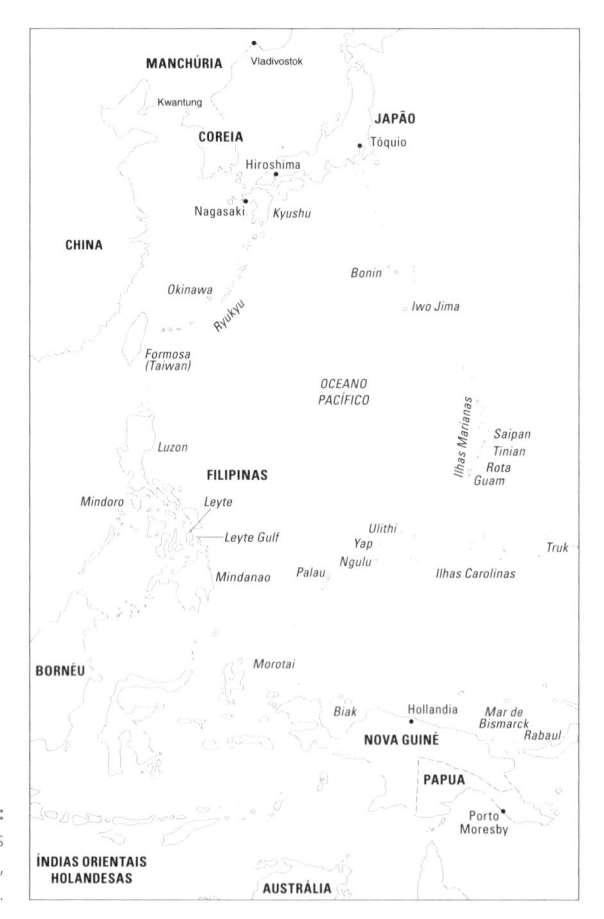

FIGURA 19-1: Operações no Pacífico, 1944-1945.

Ilhas Marshall: Dever de Casa

A Marinha e o Corpo de Fuzileiros Navais dos EUA aprenderam uma série de lições importantes da batalha de Tarawa (veja o Capítulo 15). Tarawa, um alvo norte-americano por causa da localização estratégica, foi altamente fortificado pelos japoneses. O desembarque mal preparado dos Aliados e a feroz resistência japonesa resultaram em um alto número de baixas, que, quando divulgadas pela mídia, chocou o povo e os planejadores norte-americanos da invasão. Para evitar outro desastre como o de Tarawa, o ataque às duas das principais Ilhas Marshall (Eniwetok e Kwajalein) foi estruturado com base no que os planejadores Aliados haviam negligenciado ou falhado em fazer em Tarawa. Dessas lições, resultaram-se as seguintes questões de planejamento:

» A força de pouso nas Ilhas Marshall teria uma força esmagadora contra os japoneses (era quase seis para um).

» Os soldados e os fuzileiros navais norte-americanos teriam muito poder de fogo, incluindo lança-chamas, armas automáticas, tanques e artilharia.

» Antes mesmo que as tropas norte-americanas pousassem, as ilhas sofreram um terrível bombardeio naval e aéreo por quase um mês para destruir as defesas japonesas.

Probabilidades esmagadoras: Os Aliados tomam as ilhas

Em 31 de janeiro de 1944, 42 mil soldados e fuzileiros navais desembarcaram em Kwajalein (uma das ilhas visadas pelos Aliados). Eles foram apoiados por mais de 200 navios e 700 aeronaves. Os japoneses lutaram com ferocidade, mas foram esmagados pelo número superior e pelo poder de fogo. Apesar de serem mais que os japoneses em homens e poder de fogo, os norte-americanos levaram quase 8 dias e 1.500 baixas para limpar a ilha (e duas ilhas menores).

EXÉRCITO ALIADO

As forças do Exército e da Marinha desembarcaram em Eniwetok em 19 de fevereiro e a capturaram quatro dias depois. Quase todos os defensores japoneses foram mortos; setecentos norte-americanos foram mortos ou feridos.

As lições aprendidas em Tarawa tornaram os norte-americanos mais eficazes na batalha, mas pouco fizeram para mudar o padrão real de luta. Assim como em Tarawa, as forças aliadas se viram avançando metro a metro em uma batalha constante contra a obstinada resistência dos japoneses. A única maneira de a batalha ser vencida seria matando todos os inimigos encontrados. Esse fato preocupante não mudara desde Tarawa nem mudaria no ano seguinte.

Um pouco basta: As Marshall vão para os Aliados

Os comandantes do almirante norte-americano Nimitz pensaram que todas as Ilhas Marshall deveriam ser tomadas. Nimitz pensava de forma diferente: pegue apenas o que é importante para as operações futuras e deixe os defensores japoneses nas outras ilhas se sentarem e assistirem. Uma vez contornados, os japoneses não seriam mais perigosos, então por que gastar tempo e mão de obra para capturá-los? Nimitz estava certo.

O comandante japonês também acreditava que os norte-americanos tomariam todas as ilhas. Então, na esperança de derrotá-los antes que alcançassem as ilhas principais de Kwajalein e Eniwetok, os japoneses moveram a maioria de suas forças para as ilhas menores da frente. Kwajalein e Eniwetok foram deixadas parcamente defendidas.

Nimitz assegurou-se de que os aviões japoneses não ameaçassem os porta-aviões dos EUA: quando as forças terrestres pousaram, todos os aviões japoneses haviam sido destruídos. Nimitz também atacou a base de apoio japonesa em Truk, cerca de 1.200km a sudoeste de Eniwetok. Bombardeiros e caças norte-americanos devastaram a área, afundando navios mercantes e explodindo 120 aeronaves no solo.

Com Truk neutralizado e as duas maiores das Ilhas Marshall servindo como bases aéreas e de apoio, Nimitz agora podia se concentrar nas Marianas.

Maltratando as Marianas

As Ilhas Marianas estavam a 1.600km de Eniwetok, a 2.400km das principais ilhas japonesas e a 1.900km das Filipinas. Os norte-americanos tinham como alvo duas ilhas principais: Saipan (incluindo a ilha menor de Tinian) e Guam.

Os japoneses esperavam o próximo movimento de Nimitz e reforçaram as ilhas, enviando tropas e aeronaves e preparando uma força naval com porta-aviões para atacar a frota norte-americana assim que estivesse ao alcance.

O ataque norte-americano começou como nas Marshall, com intenso bombardeio aéreo e naval. Aviões japoneses de Saipan e Tinian atacaram a frota, mas eles foram quase totalmente destruídos e causaram danos mínimos. Assim começou o ataque dos Aliados, ilha por ilha.

LUTANDO ATÉ O FIM: A CARGA BANZAI

Na guerra do Pacífico, os soldados de infantaria e os fuzileiros navais dos EUA se depararam com uma tática japonesa incomum — a *carga banzai*. O termo vem das palavras que os soldados japoneses gritavam enquanto atacavam: *"Tenno heika banzai!"*, que significa "Viva o Imperador!". Foi um ataque de infantaria em massa dirigido contra as posições defensivas norte-americanas sem levar em conta as baixas. Os japoneses atacariam quando ficasse claro que a derrota era iminente. Uma reminiscência dos dias de Napoleão, os japoneses escolheram morrer fazendo um ataque massivo em vez de enfrentar a possibilidade de captura. A carga banzai marcava a última fase das operações de combate. Esses ataques durante as batalhas por Saipan e Guam, embora não tivessem efeito sobre o resultado dos eventos, causaram pesadas baixas norte-americanas.

Saipan

Em 15 de junho de 1944, duas divisões da Marinha desembarcaram em Saipan. Após um dia de combates intensos, uma divisão do Exército desembarcou para continuar o ataque. O campo de aviação foi capturado e, com tanques e apoio de artilharia e tiros navais, as tropas terrestres avançaram.

A luta pelo Monte Tapotcheu foi excepcionalmente difícil, porque os defensores japoneses se esconderam em cavernas e ravinas, muito difíceis de destruir com bombas ou fogo de artilharia. A única maneira de atacar essas posições era usar rifles e metralhadoras, granadas de mão, explosivos e lança-chamas. Os Aliados levaram dez dias de luta metro a metro para capturar Tapotcheu.

Em 9 de julho, os japoneses haviam cessado a resistência organizada (embora as tropas do Exército ainda estariam lutando contra pequenos grupos de soldados japoneses por quase dois meses depois). Dos 29 mil japoneses que defendiam a ilha, 27 mil foram mortos. Os outros 2 mil foram feitos prisioneiros. Os civis japoneses na ilha preferiram se matar pulando de penhascos ao mar, em vez de enfrentar a vergonha da derrota e da conquista. Os EUA sofreram mais de 16 mil baixas.

Guam

Guam foi a primeira posse norte-americana a ser recapturada no Pacífico. Foi uma batalha árdua de vinte dias contra soldados japoneses fortemente armados que defendiam ravinas íngremes e altas cristas. Diante da derrota, os militares japoneses tentaram expulsar os fuzileiros navais e os defensores do Exército da praia com um ataque suicida, a maioria gritando: "Acordem, norte-americanos, e morram!" (*Ataques suicidas* eram ataques japoneses de infantaria em massa dirigidos contra posições defensivas dos EUA sem levar em conta as baixas.)

Tinian

Os Aliados também capturaram a pequena ilha de Tinian. Os fuzileiros navais, com o apoio de navios de guerra e de outros do tipo, conseguiram conduzir os defensores japoneses a um canto da ilha, onde foram aniquilados. Os fuzileiros navais também enfrentaram os esperados ataques suicidas, mas mantiveram e protegeram a ilha após nove dias de combates pesados.

INFORMAÇÕES HISTÓRICAS

Tinian tem a duvidosa distinção de ser o primeiro lugar no qual o *napalm* (uma mistura de um agente espessante e gasolina) foi usado em combate. O napalm era usado em bombas de combustível que, quando detonadas, explodiam em bolas de fogo, queimavam lentamente e se prendiam aos alvos, resultando em destruição em massa e outras fatalidades.

Sem Dó nem Piedade: A Batalha do Mar das Filipinas

O plano japonês previa uma defesa do tipo vida ou morte do exército nas ilhas, enquanto a marinha atacava os navios de guerra norte-americanos. Portanto, enquanto os desembarques de Saipan aconteciam nas Ilhas Marianas, a Marinha Japonesa se preparava para emboscar a frota norte-americana que apoiava os desembarques nas ilhas.

ESTRATÉGIA MILITAR

A frota japonesa de 9 porta-aviões — com quase 500 aeronaves, 5 navios de guerra, 13 cruzadores e 28 contratorpedeiros — moveu-se contra a enorme frota norte-americana de Saipan, que tinha 15 porta-aviões com mais de 950 aeronaves, 7 navios de guerra, 21 cruzadores e 69 contratorpedeiros. Uma grande batalha se aproximava. O vencedor ditaria o ritmo das operações no Pacífico pelo resto de 1944. Na verdade, o comandante da frota japonesa enviou a seguinte mensagem a seus navios: "Esta operação tem uma influência imensa no destino do Império."

Mamão com açúcar

Em 19 de junho de 1944, os japoneses tinham os norte-americanos onde queriam — com foco nos pousos em Saipan, ao alcance da aeronave terrestre japonesa e vulnerável a ataques de porta-aviões. Em 1942, com os aviadores navais soberbamente treinados da Marinha Imperial Japonesa, as Marianas não teriam sido uma competição. Mas agora era 1944; os pilotos experientes haviam partido; os pilotos japoneses que agora voavam contra a frota norte-americana eram novatos, inexperientes e mal treinados. Eles enfrentaram pilotos inimigos experientes e versados.

Assim que as aeronaves japonesas decolaram, foram atacadas e destruídas por nuvens de caças que protegiam a frota. Além disso, quando os porta-aviões japoneses chegaram para atacar a frota, os norte-americanos estavam prontos e esperando. Por causa do treinamento limitado, os bravos pilotos japoneses cometeram erros básicos em seus ataques que os tornaram alvos fáceis. Aqueles que não foram abatidos no ar pelos pilotos norte-americanos caíram sob o enorme fogo antiaéreo dos navios de guerra e porta-aviões dos EUA.

Ao mesmo tempo, bombardeiros norte-americanos atingiram o campo de aviação de Guam para impedir que os japoneses o usassem como base de operações. Em oito horas, mais de quatrocentas aeronaves japonesas foram abatidas. A frota norte-americana não sofreu danos graves, apenas treze de seus pilotos foram perdidos. Pela facilidade com que seus alvos foram atingidos, os norte-americanos batizaram a batalha como "Turkey Shoot" ["tiro no peru", indicando que foi moleza].

Más notícias para a frota japonesa

Enquanto os ataques aéreos japoneses eram desastrosos, as frotas também enfrentavam as ruínas. Primeiro, os submarinos norte-americanos, que as seguiam e alertavam o que viria, torpedearam dois porta-aviões japoneses. O comandante japonês só percebeu a extensão do desastre tarde da noite. No entanto, preparou sua frota para agir no dia seguinte. Os norte-americanos localizaram a frota no final da tarde e lançaram um ataque com 240 porta-aviões antes de escurecer. Os japoneses tentaram fugir dos atacantes, mas os bombardeiros e aviões torpedeiros afundaram um porta-aviões e danificaram outros quatro antes de interromper o ataque para retornar.

O salto de ilhas de MacArthur

Enquanto Nimitz buscava a aproximação pelo leste das Filipinas, o general MacArthur seguia seu caminho para o sudoeste. Em vez de mar aberto, enfrentou uma massa de ilhas grandes e pequenas, defendidas por um grande número de tropas japonesas e apoiadas por navios e aeronaves da principal base naval de Rabaul (na Ilha da Nova Bretanha). MacArthur tinha duas opções:

- » Lutar longas, prolongadas e exaustivas batalhas por território, como a campanha da Nova Guiné para tomar Buna, em 1942 (veja, no Capítulo 15, detalhes sobre essa batalha). Isso, obviamente, é o que os japoneses esperavam. Os japoneses estavam preparados para usar seu poder naval e aéreo para apoiar as forças terrestres que defendiam áreas-chave e fazer os norte-americanos pagarem por cada metro de solo.

- » Usar a vantagem que tinha com seu próprio poder naval e aéreo para atacar onde escolheu e colocar forças terrestres onde os japoneses não esperavam que estivessem.

O objetivo da campanha de MacArthur não era capturar as posições japonesas bem defendidas e protegidas, mas controlar as áreas de terra e água que permitiriam aos norte-americanos estabelecerem bases para futuras operações contra as forças japonesas na Nova Guiné, nas Ilhas Salomão e no mar de Bismarck. Alcançar seu objetivo significava que MacArthur teria que evitar batalhas diretas e contornar um grande número de forças japonesas. Essa busca de pontos decisivos sobre as forças inimigas ficou conhecida como *salto de ilhas*.

Iniciando a Campanha na Nova Guiné

Após a derrota em Buna, em 1942, os japoneses não estavam dispostos a desistir da Nova Guiné, que tinha portos excelentes e boas localizações para aeroportos e bases de abastecimento. A Nova Guiné também serviu para proteger a principal base aérea e naval de Rabaul, na ilha da Nova Bretanha. Assim, no início de 1944, os japoneses enviaram um grande número de reforços para a Nova Guiné para estabelecer fortes posições defensivas e impedir quaisquer ataques possíveis. Essa estratégia era boa, mas se baseava em duas suposições:

» As aeronaves e a Marinha Japonesa da base de Rabaul apoiariam sua defesa da Nova Guiné.

» O alcance das aeronaves norte-americanas seria limitado.

A estratégia de MacArthur confundiu essas duas suposições. Entre janeiro e fevereiro, as forças norte-americanas avançaram em duas direções:

» Os fuzileiros navais subiram as Ilhas Salomão e garantiram bases nas ilhas, incluindo uma base a menos de 320km de Rabaul.

» As aeronaves norte-americanas eram equipadas com tanques de combustível externos, o que lhes permitia apoiar os ataques de longo alcance de MacArthur.

» O Exército começou a fazer ataques até a costa da Nova Guiné com a intenção de colocar as forças norte-americanas entre os defensores japoneses na Nova Guiné e sua base de apoio em Rabaul.

Com cada base capturada, os aviões norte-americanos realizaram ataques contra guarnições japonesas em toda a área, e as aeronaves que saíam dos porta-aviões norte-americanos voavam livremente, atacando navios japoneses e derrubando um grande número de suas aeronaves.

Rabaul cercada

Enquanto os japoneses esperavam um ataque vindo do sul, o general MacArthur atacou de uma direção inesperada e capturou um importante campo de aviação nas Ilhas do Almirantado, ao norte de Rabaul, no final de fevereiro. Os japoneses, pegos de surpresa, não puderam fazer nada. Além disso, eles enfrentaram outro problema. No início de março, as forças dos EUA desembarcaram na extremidade mais distante da Nova Bretanha, a ilha na qual Rabaul estava localizada (veja a Figura 19-1).

Superadas, as tropas terrestres japonesas recuaram em direção a Rabaul, mas rapidamente se viram presas na estreita faixa de terra perto da base japonesa. Nesse ponto, as tropas australianas entraram e serviram como a rolha na garrafa, prendendo quase 100 mil soldados na ilha. Agora, sem apoio aéreo ou naval, os japoneses não tinham mais o que fazer e se renderam, em 1945.

Dominando o ar: Hollandia

MacArthur agora se voltou para a Nova Guiné, um lugar onde ninguém queria lutar. Selvas pesadas, montanhas altas e clima terrível tornavam o local miserável tanto para o atacante quanto para o defensor. Como defensores, no entanto, os japoneses tinham a vantagem de que:

» Poderiam selecionar os melhores lugares para cavar e aguardar um ataque.

» Na defesa da costa, davam aos norte-americanos e aos australianos a perspectiva de sofrer grandes perdas se tentassem um desembarque anfíbio.

Antecipando um grande ataque terrestre, o comandante japonês reforçou suas defesas ao longo da costa, movendo a maioria das tropas terrestres da base aérea e do campo de suprimentos em Hollandia (localizado a cerca de metade da costa norte da Nova Guiné) para a praia. Como resultado, a base de suprimentos e o campo de aviação japoneses ficaram sem defesa. Os japoneses não estavam muito preocupados com isso: acreditavam que a base estava protegida contra ataques por causa do alcance limitado das aeronaves norte-americanas. Os japoneses, entretanto, equivocaram-se.

Com os australianos subindo a costa da Nova Guiné para enganar os japoneses fazendo-os acreditar que esse era o ataque principal esperado, MacArthur atingiu a Hollandia em abril de 1944. Os defensores japoneses ficaram chocados ao ver bombardeiros norte-americanos escoltados por caças, que supostamente não carregavam combustível suficiente para chegar tão longe (os caças haviam sido equipados com tanques extras de gasolina). Seguindo os caças, havia centenas de porta-aviões que atingiram aviões japoneses estacionados no solo. Em poucas horas, quinhentas aeronaves japonesas foram destruídas.

Com o domínio aéreo dos EUA, suas tropas pousaram em Hollandia e se moveram para capturar a base de abastecimento e os cinco campos de aviação na área. Mais tropas avançaram para o sul, ao longo da costa, prendendo 50 mil soldados japoneses e os australianos que avançavam pela costa. Os japoneses não tinham para onde ir: as montanhas, as selvas e as tropas aliadas os cercavam.

EXÉRCITO ALIADO

Com a Marinha dos EUA no controle total do mar e a 15ª Força Aérea no controle dos céus, os japoneses foram derrotados. Como os defensores de Rabaul, os defensores japoneses da Nova Guiné definhariam na terrível selva por meses, enfrentando a fome e a rendição. Para eles, a guerra tinha acabado.

Controlando o Mar: Biak

Com as bases aéreas de Hollandia em suas mãos, MacArthur dirigiu-se à ponta da Nova Guiné para a base aérea na ilha de Biak, 370km a nordeste de Hollandia. Biak era importante por dois motivos:

» Tinha três campos de aviação grandes o suficiente para suportar os bombardeiros pesados da 15ª Força Aérea. Com eles, os Aliados estendiam seu alcance para atacar as Índias Orientais Holandesas, as Filipinas e Saipan (que Nimitz estava prestes a atacar em junho).

» Foi a última base japonesa que ameaçou o avanço planejado de MacArthur para as Filipinas.

A Batalha de Biak, que começou em 27 de maio de 1944, foi semelhante a Saipan em muitos aspectos: as tropas desembarcaram sem oposição, mas enfrentaram um intenso combate contra os soldados japoneses bem preparados escondidos em cavernas e em posições escavadas em vales íngremes.

Mais de 28 mil norte-americanos desembarcaram para capturar a ilha de 11 mil defensores japoneses. MacArthur afirmou que a ilha fora tomada em 3 de junho, mas, na realidade, a verdadeira batalha pela ilha havia apenas começado. Demorou dez semanas para eliminar os defensores e prepará-la para os bombardeiros pesados.

Biak deu a MacArthur o controle do ar e do mar ao redor da Nova Guiné e deixou mais de 200 mil soldados japoneses presos. Mais de 1.000 aeronaves japonesas foram destruídas e 300 navios foram afundados ou danificados.

Primeiros Erros: Peleliu

A ilha de Peleliu, das Ilhas Palau, cerca de 1.300km a sudoeste de Guam, tinha apenas cerca de 10km de comprimento. Mas tinha um excelente campo de aviação, que Nimitz acreditava ser necessário para viabilizar um futuro ataque às Filipinas. Como MacArthur e Nimitz haviam feito um progresso muito melhor do que o esperado, veio de Washington a ordem de iniciar o ataque às Filipinas em outubro, quase dois meses antes do planejado. Essa mudança de planos eliminou a necessidade de usar o campo de aviação de Peleliu.

A ilha poderia ter sido contornada sem muitos problemas, mas o ataque (apoiado por oitocentos navios com uma divisão do Exército e a lendária 1ª Divisão de Fuzileiros Navais de Guadalcanal; veja o Capítulo 15) continuou mesmo assim. Todos os problemas de Tarawa pareciam voltar para assombrar os fuzileiros navais.

> » O bombardeio naval e os ataques aéreos que deveriam ter destruído a maioria dos defensores japoneses não causaram nenhum dano.
>
> » Os 10.500 defensores japoneses estavam preparados para resistir até o último homem.

Peleliu era diferente de Tarawa em um aspecto: era uma ilha de coral com muitas cavernas, o que só servia para dificultar sua captura.

Os fuzileiros navais pousaram em 15 de setembro e encontraram uma resistência inesperada que destruiu as unidades rapidamente. Em um afloramento de coral chamado "A Cordilheira Sangrenta", eles lutaram contra os japoneses dia após dia, sem fim à vista. A divisão do Exército desembarcou e finalmente completou a terrível tarefa de arrancar cada soldado inimigo da posição defensiva. Nenhum ataque suicida ocorreu em Peleliu; os japoneses não queriam mais ser alvos tão convenientes para os norte-americanos.

Em vez disso, eles permaneceram em suas posições para matar o maior número possível de norte-americanos antes de morrerem. A disposição dos soldados japoneses para morrer em vez de se render tornou a ilha muito mais difícil de capturar. Levou quase quatro semanas de esforço exaustivo para eliminar toda a resistência.

Peleliu foi uma vitória cara, com 8 mil baixas norte-americanas, igual às perdas em Tarawa. Na época em que eles capturaram a ilha, os holofotes já haviam se deslocado para o drama das Filipinas. Peleliu foi esquecida.

Preparando-se para Atacar Leyte

Enquanto os aviões da 3ª Frota, do almirante "Bull" Halsey, atacassem locais importantes nas Filipinas, MacArthur e Nimitz começaram a planejar, no início de setembro de 1944, seu ataque conjunto em outubro. As notícias dos pilotos de Halsey foram encorajadoras. Um grande número de aviões japoneses havia sido destruído, e o inimigo parecia completamente despreparado para um ataque. Halsey estava certo — e errado — pelos seguintes motivos:

- Ele estava certo ao relatar que os japoneses estavam despreparados, em particular em algumas das ilhas menores, como Leyte (onde MacArthur pretendia fazer os pousos iniciais).
- Ele estava errado em acreditar que MacArthur não precisaria da cobertura aérea dedicada para todos os seus porta-aviões.

Durante a invasão, quando MacArthur mais precisava de cobertura aérea, Halsey reduziu o número de aviões disponíveis para o Exército, o que foi um erro pelos seguintes motivos:

- Os 270 mil defensores do general japonês Tomoyoku Yamashida estavam construindo pistas de pouso para receber aeronaves adicionais.
- Os japoneses também estavam construindo defesas na ilha principal de Luzon, onde ficava a capital Manila.
- Nas proximidades, estava a frota japonesa, com o que restou de suas aeronaves nos porta-aviões.

O plano de defesa japonês era este: enquanto as forças terrestres puniam a força de invasão norte-americana, a frota atacaria e destruiria os navios dos EUA, protegendo e apoiando os desembarques. As Filipinas pareciam ser o campo de batalha perfeito para a estratégia japonesa.

Como os norte-americanos, os japoneses também cometeram um grande erro: aviões torpedeiros que atacavam os navios de Halsey alegaram ter afundado metade da sua frota, quando apenas dois cruzadores foram danificados. Essa imprecisão levou os japoneses a acreditar que poderiam derrotar facilmente os norte-americanos nas praias quando pousassem. Infelizmente para os japoneses, a suposição estava errada.

MacArthur Retorna

MacArthur escolheu Leyte, uma pequena ilha estreita situada aproximadamente no centro das ilhas Filipinas, porque serviria como um porta-aviões gigante. Como havia feito na Nova Guiné (veja a seção anterior "Dominando o ar: Hollandia"), MacArthur capturou território para estabelecer bases aéreas a partir das quais mover a infantaria sob a proteção da cobertura aérea norte-americana.

Em 19 de outubro de 1944, cerca de 700 navios e aviões aliados chegaram à costa de Leyte carregando 175 mil soldados norte-americanos. No dia seguinte, após pesado bombardeio naval e massivos ataques aéreos navais, mais 50 mil soldados norte-americanos desembarcaram. Poucas horas depois, o general MacArthur e sua equipe, com o presidente das Filipinas, caminharam pelas ondas a 50m da rampa aberta de uma embarcação de desembarque até a praia. "Eu voltei", disse MacArthur simplesmente.

Embora os norte-americanos tenham feito um bom progresso inicial, o mau tempo retardou o ataque e impediu que os engenheiros construíssem as pistas de pouso da 15ª Força Aérea, necessárias para fornecer cobertura aérea para a infantaria. Os japoneses aproveitaram o clima e enviaram reforços terrestres para Leyte e realizaram ataques aéreos de suas bases operacionais em Luzon.

O almirante norte-americano Halsey reduziu o número de porta-aviões que apoiavam MacArthur porque ele havia descoberto uma força de porta-aviões japonesa e estava ansioso para persegui-los. Enquanto isso, os norte-americanos continuaram a lutar contra uma força inimiga desorganizada, mas determinada, nas colinas de Leyte.

A Batalha do Golfo de Leyte

A Marinha Japonesa se comprometeu a ter um confronto final com os norte-americanos e dividiu sua frota em três grupos:

» **A isca.** O primeiro foi o engodo com todos os porta-aviões e o que restou de suas aeronaves. Era para ser um alvo tão convidativo que afastaria a frota do almirante "Bull" Halsey de seu apoio a Leyte e a perseguiria.

» **O grupo de ataque do norte.** Conforme a isca atraísse a frota de Halsey, o grupo de ataque do norte, com mais de trinta navios, incluindo dois dos maiores navios de guerra já construídos, partiria do norte de Leyte.

» **O grupo de ataque do sul.** Um grupo de ataque ao sul com sete navios apoiados por mais sete navios adicionais se esgueiraria pelo sul de Leyte.

Os dois verdadeiros grupos de ataque se encontrariam no meio do caminho — no Golfo de Leyte, fora da ilha de Leyte, onde centenas de navios norte-americanos vulneráveis de abastecimento e de apoio estavam ancorados — e destruiriam quaisquer navios de guerra que os protegessem. Tal ataque paralisaria a frota dos Estados Unidos, talvez permanentemente, e isolaria milhares de soldados norte-americanos em Leyte, onde poderiam ser destruídos pelo número superior. Para o plano japonês funcionar, Halsey tinha que morder a isca.

Halsey morde a isca

O grupo de ataque japonês do norte teve problemas no início, perdendo vários navios para submarinos norte-americanos em 23 de outubro de 1944, mas seguiu em frente. Em 24 de outubro, quando o grupo começou seu trânsito pelo estreito, foi atingido várias vezes pelos porta-aviões de Halsey, que danificaram vários navios e afundaram um dos enormes navios de guerra. Os aviões também danificaram navios do grupo de ataque japonês ao sul, dando aos norte-americanos um aviso da aproximação da frota em Leyte. Os aviões japoneses de Luzon atacaram e danificaram fortemente um porta-aviões norte-americano, que mais tarde afundou.

Convencido de que os navios atingidos por seus aviões não passavam de uma escolta para os porta-aviões japoneses e não representavam mais perigo, Halsey levou seus porta-aviões e navios de guerra mais rápidos em uma perseguição infrutífera por centenas de quilômetros para rastrear o engodo japonês: os quatro porta-aviões que tinha sido localizado longe ao nordeste. Enquanto isso, o grupo de ataque do sul continuou em direção a Leyte (veja a Figura 19-2).

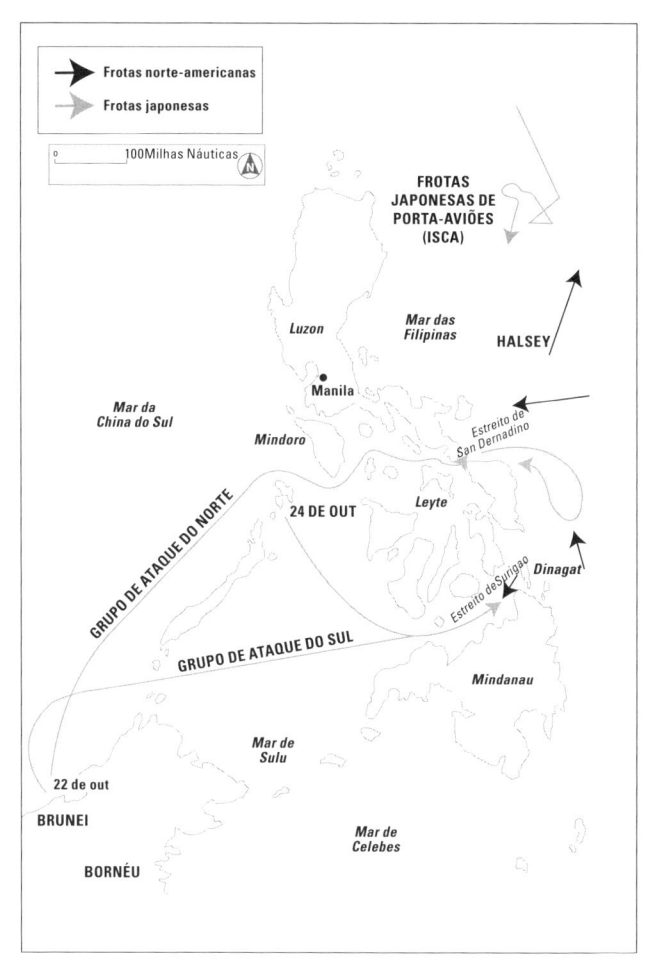

FIGURA 19-2: A Batalha do Golfo de Leyte, outubro de 1944.

Uma noite selvagem em Leyte: Os Aliados repelem os japoneses

O grupo de ataque sul japonês, com dois navios de guerra, um cruzador e quatro contratorpedeiros, avançou para o estreito de Leyte, exatamente como o planejado, com o grupo de apoio de três cruzadores e quatro contratorpedeiros em seguida. Eles se depararam com 39 pequenos torpedeiros que deram um aviso à coleção norte-americana de 28 contratorpedeiros, 6 cruzadores e 6 encouraçados que os esperavam no Estreito de Surigao.

Mas os navios de guerra norte-americanos eram muito especiais: todos, exceto um, estiveram em Pearl Harbor em 7 de dezembro de 1941, e cada um havia sido danificado por bombas e torpedos japoneses. Dois do grupo de seis navios de guerra, o *West Virginia* e o *Tennessee*, foram ancorados atrás do *Arizona*, que

CAPÍTULO 19 **Japão "Hashando"** 309

afundou com mais de mil homens a bordo. Ambos haviam sofrido vários golpes de bombas e torpedos japoneses. Quase três anos depois, eles enfrentavam navios japoneses em uma ação de combate para a qual foram projetados e construídos. O tiroteio combinado dos sobreviventes de Peal Harbor destruiu a força de ataque japonesa tão completamente que os outros sete navios que seguiam em apoio recuaram e não fizeram nada na batalha.

Uma manhã ainda mais selvagem em Leyte: Os japoneses surpreendem os Aliados

Na madrugada de 25 de outubro, o grupo de ataque japonês do norte fez sua abordagem para se unir à força de ataque do sul no Golfo de Leyte. (O comandante japonês não sabia que a força de ataque do sul havia sido destruída na noite anterior.) O grupo de ataque do norte surpreendeu um grupo de pequenos porta-aviões e contratorpedeiros dos EUA que apoiavam as operações de desembarque de Leyte. Os norte-americanos, que pensaram que Halsey ainda estava observando as abordagens do norte, foram pegos de surpresa.

Uma corrida louca seguiu-se enquanto os navios de guerra japoneses tentavam capturar e destruir o pequeno grupo. Os contratorpedeiros norte-americanos tentaram corajosamente proteger os pequenos porta-aviões, enquanto estes tentavam lançar aeronaves e correr para salvar suas vidas ao mesmo tempo. No corpo a corpo que durou três horas, os norte-americanos perderam um porta-aviões, mais de cem aviões, um contratorpedeiro e uma escolta de contratorpedeiro. Os outros porta-aviões e vários contratorpedeiros sofreram grandes danos. Parecia que os japoneses conseguiriam destruir uma boa parte da frota norte-americana.

Para surpresa dos tão pressionados norte-americanos, entretanto, o grupo de ataque japonês recuou. O comandante japonês, preocupado porque o grupo sulista nunca apareceu, supôs que a poderosa frota de Halsey logo retornaria da perseguição aos porta-aviões chamariz. Sem o grupo de ataque do sul, o grupo de ataque do norte enfrentaria a frota de Halsey sozinho. Portanto, o grupo de ataque japonês voltou da mesma maneira que veio.

As aeronaves do porta-aviões de Halsey, que havia chegado no final do dia, perseguiram e atormentaram o grupo japonês em retirada e continuou a atacar no dia seguinte. Os japoneses perderam três contratorpedeiros e um cruzador na fuga.

O VENTO DIVINO

Em 25 de outubro de 1944, os porta-aviões do grupo do contra-almirante Clifton Sprague tinham acabado de escapar da destruição de um grupo de ataque do norte japonês na Batalha do Golfo de Leyte. Poucas horas depois, os maltratados norte-americanos foram atacados por cerca de sessenta aviões japoneses de Luzon. Mas cerca de um terço desses aviões agiu de forma diferente, não fazendo nenhum esforço para evitar o fogo antiaéreo dos EUA e avançando diretamente sobre os seus navios, procurando colidir com eles. Os aviões se transformaram em bombas humanas, com pilotos em missão suicida. Os pilotos conseguiram afundar um porta-aviões e danificar vários outros. Essa foi a primeira missão *kamikaze*. Em japonês, *kamikaze* significa "vento divino". O termo lembra a chegada de uma grande tempestade em 1281 que destruiu uma frota de invasão mongol e salvou um Japão indefeso da conquista e da destruição de sua cultura. Na Segunda Guerra Mundial, pilotos japoneses especialmente selecionados agiram como o vento divino para salvar seu país da invasão e conquista. Com pouco treinamento ou experiência em voo, só tinham que seguir a regra principal dos kamikazes: "Não tenha pressa para morrer [...] Escolha uma morte que crie o máximo impacto possível."

Os ataques kamikaze danificaram gravemente vários navios, incluindo três porta-aviões da frota de Halsey, durante a batalha pelas Filipinas. Para proteger os porta-aviões norte-americanos do ataque kamikaze, muitos aviões foram retirados de missões de suporte terrestre, limitando a capacidade de MacArthur de se mover contra os japoneses. Os kamikazes foram uma grande ameaça para as operações navais pelo resto da guerra e destacavam a determinação dos japoneses em lutar por suas terras até o último homem.

O resultado

A Batalha do Golfo de Leyte, como esses três combates são conhecidos, foi a maior batalha naval da história moderna. O Japão perdeu 4 porta-aviões, 3 navios de guerra, 10 cruzadores, 12 contratorpedeiros e quase 10 mil homens. Os norte-americanos perderam 1 porta-aviões de frota, 3 porta-aviões leves, 4 contratorpedeiros e 3 mil homens.

O poder da Marinha Japonesa foi quebrado de uma vez por todas. Deteriorado por perdas e falta de combustível, o restante da outrora orgulhosa frota ficou impotente enquanto os norte-americanos dominavam o oceano. Sem o último dos porta-aviões, os japoneses não podiam mais desafiar os pilotos norte-americanos a protegerem as tropas japonesas que defendiam as ilhas do Pacífico. A Batalha de Leyte garantiu a derrota do Japão.

MacArthur: Atolado em Leyte

O exército do general norte-americano MacArthur enfrentou condições climáticas severas que retardaram as operações e impediram o uso de vários campos de aviação. Os japoneses também decidiram lutar por Leyte, reforçando a ilha com 20 mil soldados adicionais, incluindo algumas das suas melhores unidades do exército. Em novembro de 1944, Leyte extraía os últimos recursos do Império Japonês. Outros mil aviões de combate chegaram, bem como navios de transporte para levar reforços e suprimentos para os defensores japoneses. No entanto, os japoneses sofreram perdas terríveis, enquanto os norte-americanos bombardeavam bases aéreas e atacavam navios. O domínio aéreo e naval aliado permitiu aos norte-americanos desembarcarem tropas em praticamente qualquer lugar da ilha (basicamente forçando os japoneses a lutar em duas direções) e levarem reforços para áreas-chave isoladas, para que seus bombardeiros e caças pudessem atacar as posições defensivas japonesas.

Vitória conquistada a duras penas

No final de dezembro, a infantaria norte-americana desbancou as defesas japonesas nas montanhas e as empurrou para uma faixa de terra isolada. Os japoneses não eram mais uma força eficaz em combate.

A situação estava uma bagunça — o tempo estava terrível, os japoneses lutavam com teimosia e habilidade, e as trilhas e montanhas eram traiçoeiras. As perdas norte-americanas na campanha de 3 meses chegaram a 12 mil mortos e feridos. Os japoneses perderam mais de 56 mil homens. Apenas 389 soldados japoneses foram capturados. Essas perdas não incluem os 40 mil soldados japoneses que se afogaram quando seus navios foram afundados.

Resultado de Leyte: Marchando em Mindoro

Duas semanas antes de Leyte ser declarada conquistada, MacArthur já preparava o cenário para o ataque à ilha principal de Luzon. Frustrado com os atrasos e com a resistência japonesa, ele percebeu que Leyte não seria adequada como base aérea para viabilizar a invasão. MacArthur procurou outra ilha para servir a esse propósito e optou por Mindoro, a grande ilha a apenas 160km ao sul da capital, Manila, e a 480km a noroeste de Leyte. Guerrilheiros filipinos, incluindo alguns sobreviventes norte-americanos da Batalha de Bataan, de 1942 (veja o Capítulo 8), ajudaram na captura de locais de desembarque importantes para a força invasora. O pouso foi realizado sem baixas, e a construção de três campos de aviação começou imediatamente. Em 20 de dezembro, as aeronaves estavam a caminho de alvos em Luzon. Os japoneses continuaram sofrendo grandes perdas de aeronaves e de navios enquanto MacArthur aumentava suas forças para o ataque decisivo para libertar as Filipinas.

Observando as Operações no Pacífico

O poder aéreo e marítimo foi a chave para a vitória dos EUA no Pacífico, em 1944. Em 1943, a Marinha do país não só substituiu todos os navios que perdera em 1942, mas acrescentou centenas mais, deixando os japoneses em menor número e com menos armas. Além disso, as fábricas norte-americanas produziam aeronaves de combate a uma taxa de 8 mil por mês em 1944, superando a produção japonesa. Em 1944, os japoneses não podiam mais igualar a habilidade dos aviadores navais nem a qualidade das novas aeronaves dos EUA.

LEMBRE-SE

Além da superioridade aérea e naval, a estratégia dupla no Pacífico paralisou os japoneses. Ter que se defender de MacArthur e de Nimitz ao mesmo tempo forçou os comandantes terrestres e navais japoneses a se espalharem muito e a mudar seu foco de uma área para outra. Os japoneses nunca sabiam de onde viria o próximo ataque nem compreendiam a velocidade com que os norte-americanos eram capazes de montar ofensivas em grande escala. Assim, muitas vezes eram pegos de surpresa.

Dependentes de navios mercantes para reforço e suprimentos, os japoneses eram vulneráveis à escassez de suprimentos simplesmente porque esses navios não eram capazes de se mover livremente pelo Pacífico. Na verdade, no final de 1944, o abastecimento tornou-se um problema sério, e a capacidade do Japão de continuar a guerra foi prejudicada quando os submarinos dos EUA afundaram mais da metade da frota da marinha mercante japonesa.

Em geral, o general MacArthur e o almirante Nimitz flanquearam, ultrapassaram e venceram os japoneses fazendo bem três coisas:

» **Neutralizaram o poder aéreo japonês.** Sem o controle do ar, a estratégia defensiva japonesa era ineficaz. Antes que qualquer avanço dos Aliados ocorresse, MacArthur e Nimitz se certificaram de eliminar as aeronaves baseadas em terra e de tomar os principais aeroportos.

» **Isolaram as forças terrestres japonesas.** Embora mais numerosas do que os Aliados, as tropas terrestres japonesas costumavam estar nos lugares errados. Em vez de atacar força sobre força, MacArthur e Nimitz primeiro cortaram o apoio de grandes concentrações de tropas por meio do uso das forças terrestres, marítimas e aéreas.

» **Empregaram uma equipe terrestre/aérea/naval.** No Pacífico, nenhuma força poderia conduzir operações de combate bem-sucedidas sozinha. Nenhuma força terrestre se moveu contra o inimigo sem controle total do ar. Da mesma forma, as forças navais sempre apoiaram ataques ao solo e podiam operar em terra protegidas por aeronaves. Combinar as capacidades da equipe permitiu aos Aliados se moverem mais rápido e atacarem com mais força do que os japoneses.

No final das contas, porém, os japoneses ainda não haviam sido derrotados. O código do guerreiro de soldados, marinheiros e aviadores japoneses permaneceu forte como sempre. O código que considerava a rendição como a maior desonra e a morte em combate como a glória eterna tornava-os adversários formidáveis. Como o comandante japonês em Saipan disse a suas tropas, antes da batalha: "Avançarei com aqueles que sobraram para desferir mais um golpe contra os demônios norte-americanos e deixar meus ossos em Saipan como um baluarte do Pacífico." Os soldados e fuzileiros navais dos EUA sabiam muito bem o que ele queria dizer. Nenhuma batalha contra eles seria fácil.

O Teatro China-Birmânia-Índia

Após o desastre de 1942, que expulsou os Aliados da Birmânia (veja detalhes no Capítulo 8), o plano sempre foi voltar, mas a política desempenhou um papel importante nesse teatro: a Grã-Bretanha estava muito menos interessada em manter a China na guerra do que em evitar uma rebelião pró-japonesa na Índia. O líder chinês Chiang Kai-shek e o governo nacionalista chinês pareciam fazer o possível para ser meros consumidores de suprimentos.

Preso entre os chineses e os britânicos estava o general norte-americano Joseph Stilwell, que serviu como chefe do Estado-maior do Exército Nacionalista Chinês e subcomandante do vice-almirante Lord Louis Mountbatten, comandante-chefe do Sudeste Asiático. Stilwell falava chinês fluentemente e foi um dos soldados de campanha mais capazes na guerra. Ele não tolerava tolos de bom grado, tinha pouca utilidade para os britânicos e estava completamente desgostoso com a liderança de Chiang Kai-shek, especialmente com sua tolerância à corrupção. Ele também nunca hesitou em divulgar suas opiniões. "Vinegar Joe" [Joe Vinagre] era seu apelido, por um bom motivo.

Pouco aconteceu na China e na Birmânia, porque esse teatro sempre careceu de recursos para iniciar uma grande campanha, e o terreno (altas montanhas, selva densa e poucas estradas) era excepcionalmente inóspito a operações em grande escala e a abarcar forças de combate (veja a Figura 19-3).

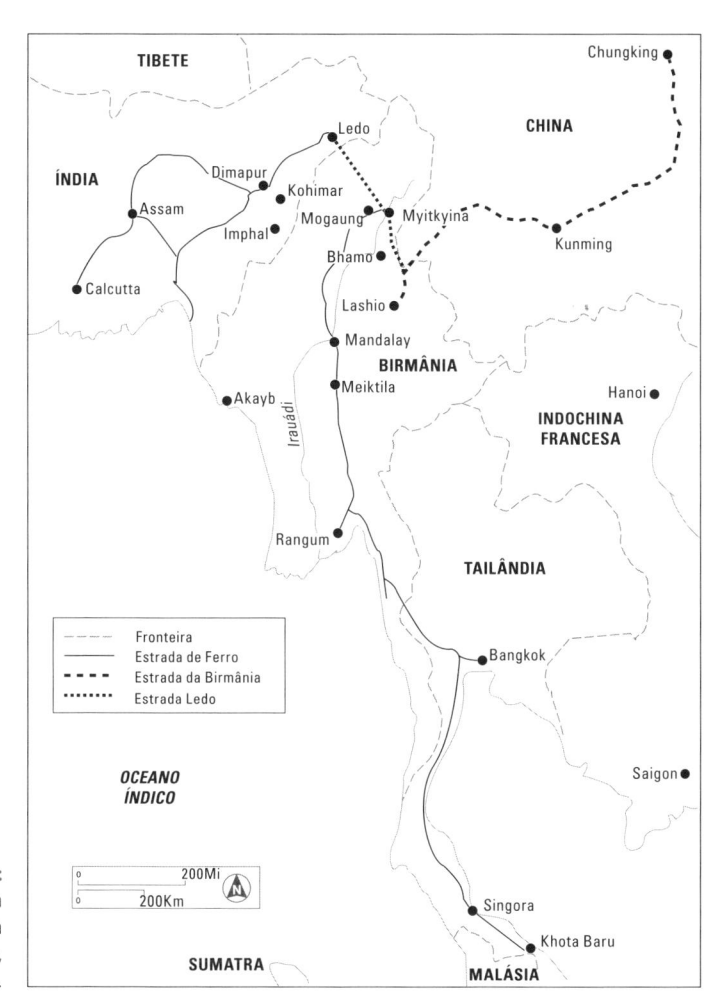

FIGURA 19-3:
A campanha na Birmânia e na Índia, 1944–1945.

Os Aliados Acabam com a Birmânia

Na China, na Birmânia e na Índia, os Aliados confiaram em pequenas expedições em vez de em ataques em grande escala para atingir seus objetivos. A Birmânia tornou-se basicamente o campo de testes para essas estratégias, e o sucesso dos Chindits (veja a próxima seção) inspirou outros pequenos grupos a pensarem grande.

General britânico Wingate e os Chindits

Em 1943, os Aliados se satisfizeram com operações de pequenas unidades, lideradas pelo general britânico Orde Wingate, contra as ferrovias japonesas. Essas pequenas unidades eram chamadas de *Chindits* (uma corruptela da palavra birmanesa *chinthe*, as estátuas de leões alados que guardam os templos budistas). Compostos de tropas britânicas, birmanesas e gurkhas, os Chindits atacaram a retaguarda japonesa na Birmânia em fevereiro de 1943. A força de 3 mil homens foi inicialmente bem-sucedida, mas os Chindits levemente armados não sustentaram nenhum dano de longo prazo. Pressionados fortemente pelos japoneses, eles escaparam a pé por mais de 1.600km de volta para a Índia.

Em 1944, 20 mil Chindits pousaram atrás das linhas japonesas em planadores e construíram pequenas pistas de pouso na selva para reabastecimento. Eles então começaram a cortar linhas ferroviárias atrás das linhas japonesas. Os japoneses levaram os Chindits para as montanhas, mas as doenças e os ferimentos de combate reduziram os bravos Chindits a 5 mil homens. Morto em um acidente de avião, o general Wingate estava entre os perdidos.

Ao todo, os Chindits de Wingate deram uma contribuição importante para a guerra na Birmânia. Eles prenderam um grande número de tropas japonesas e infligiram baixas significativas. Os japoneses nunca sabiam de onde os Chindits chegariam ou para onde iriam. Os Chindits provaram que um pequeno grupo de soldados bem treinados poderia realizar resultados estratégicos contra uma força inimiga maior.

Tropas chinesas e Marotos de Merrill

Seguindo o conceito inovador de Chindit de Wingate, uma unidade de voluntários norte-americanos de 3 mil homens foi formada para lutar na Birmânia. Com o codinome GALAHAD, ficou mais conhecida como Marotos de Merrill, em homenagem a seu comandante, general Frank D. Merrill.

A unidade norte-americana se juntaria à divisão chinesa de Stilwell em uma ofensiva contra os japoneses. Stilwell estava ansioso para provar que tropas chinesas bem treinadas e bem lideradas poderiam contribuir para a guerra. Stilwell supervisionou o treinamento de uma divisão chinesa na Índia e, em fevereiro de 1944, moveu-se contra os japoneses na Birmânia, com o apoio dos Marotos.

Os chineses conseguiram deter os japoneses, e os norte-americanos manobraram ao redor e atrás do inimigo, forçando-o a recuar. Com efeito, os soldados aliados usaram as mesmas táticas que os japoneses usaram com tanta eficácia contra os britânicos em 1941 e 1942, quando conquistaram rapidamente a Birmânia e a Malásia (veja o Capítulo 8).

Abastecida inteiramente por via aérea, a pequena força aliada alcançou a cidade-chave de Myitkyina, Birmânia, em maio de 1944, após três meses de combate por mais de 250km em terreno acidentado e condições terríveis. A cidade tinha o melhor campo de aviação do norte da Birmânia e era a última estação da principal ferrovia de Rangum. Sua captura acabaria com o domínio japonês sobre a China, permitindo voos de abastecimento direto para os nacionalistas.

Embora tenham capturado a base aérea, as tropas chinesas estavam exaustas demais por causa da batalha e das doenças para fazer muito mais. Stilwell voou com reforços e suprimentos e lutou até agosto, quando os japoneses se retiraram. Cinco mil soldados aliados foram mortos e feridos; os japoneses perderam cerca de 3 mil. De Myitkyina, Stilwell poderia enviar mais voos de abastecimento para a China e começar a construir uma rota de abastecimento por terra para as forças nacionalistas de Chiang.

Desequilíbrio na China

Um problema constante era como manter a China na guerra por tempo suficiente para que as forças norte-americanas ganhassem a guerra no Pacífico. Chiang estava satisfeito em ficar onde estava e esperar, sabendo que o presidente Roosevelt estava comprometido em apoiar a China. Chiang tentou manter as aparências em uma ação significativa contra os japoneses, pedindo apoio de seus exércitos. A maioria dos suprimentos nunca chegou aos soldados chineses, entretanto, depois que oficiais corruptos tomaram sua parte.

Apesar da aparente futilidade, a única maneira de abastecer os chineses era por via aérea pelo Himalaia — as montanhas mais altas do mundo — para uma série de campos de aviação construídos para acomodar aeronaves de combate. Ao considerar a luta futura com os comunistas chineses (que não tinham poder aéreo), Chiang gostou da ideia dos campos de aviação cheios de caças e bombardeiros.

Infelizmente, os campos de aviação também serviram de ímã para os japoneses, que não tinham a intenção de permitir que o poder aéreo aliado dominasse os céus da China. Em abril de 1944, os japoneses abriram uma ofensiva esmagadora contra os nacionalistas chineses para capturar os campos de aviação. No processo, infligiram 300 mil baixas e eliminaram qualquer possibilidade de ameaça aérea aliada. O moral desabou no exército nacionalista, deixando Chiang impotente para fazer pouco a não ser evitar irritar os japoneses novamente.

Ofensiva Japonesa contra a Índia

Os japoneses que estavam na Birmânia decidiram invadir a Índia. Tendo pouco respeito pelas forças britânicas e indianas, os japoneses raciocinaram que um avanço na Índia levaria a uma rebelião total dos vários grupos étnicos indianos contra o domínio britânico. Tal situação certamente paralisaria o esforço de guerra britânico e seria um golpe mortal para o Império Britânico na Ásia.

Em março de 1944, 100 mil soldados, tanques e artilharia japoneses cruzaram o rio Chindwin em uma ponte improvisada de barcos. Eles não tinham linha de abastecimento; as tropas carregaram tudo de que precisariam para sustentar o combate por 28 dias. A mensagem era clara — conquiste ou morra. Não havia como voltar atrás.

Os alvos japoneses foram as cidades de Imphal e Kohima. Os japoneses contavam com essas bases importantes por dois motivos:

» Com Imphal e Kohima, poderiam obter os suprimentos necessários para o avanço para o oeste.

» A captura de Imphal e Kohima também significou que os Aliados teriam que abandonar a ferrovia de Assam, que fornecia suprimentos para toda a sua linha de frente e para as tropas de Stilwell que lutavam na Birmânia. Assam também serviu de base para a linha de abastecimento chinesa no Himalaia. Mais além da linha ferroviária, estava a Índia.

Em abril, as duas cidades estavam sob ataque dos japoneses.

Batalha em Imphal

Em Imphal, 3 divisões de soldados anglo-indianos lutaram por 86 dias contra ataques japoneses desesperados. Mesmo com os suprimentos diminuindo, os japoneses continuaram lutando. Os britânicos resistiram devido ao esforço de reabastecê-los com suprimentos e substituições por via aérea. Durante a longa batalha, 13 mil soldados e quase o mesmo número de toneladas de alimentos, munições e combustível chegaram. Os japoneses, enfraquecidos por perdas e fome, foram forçados a recuar após um grande contra-ataque.

Batalha em Kohima

Em Kohima, apenas cerca de 1.500 homens estavam sob o comando do coronel britânico Hugh Richards, membro dos Chindits e experiente líder de combate. Richards teve que defender a pequena cidade do ataque de 12 mil soldados japoneses.

As colinas ao redor de Kohima tornaram-se fortalezas britânicas enquanto os japoneses a cercavam para dominar os defensores. As tropas britânicas e indianas resistiram por dias, mas os japoneses as forçaram a subir em uma colina. Dela, os Aliados repeliram os japoneses em combates corpo a corpo brutais.

Quando parecia que Richards e seus soldados sobreviventes não resistiriam a outro ataque, reforços da 2ª Divisão de Infantaria britânica chegaram para quebrar o cerco. Agora os britânicos tinham que expulsar os defensores japoneses das colinas que capturaram em combates anteriores. No final de abril, as monções começaram, tornando o campo de batalha um atoleiro. Na lama e na chuva, os soldados britânicos e indianos lutaram contra os defensores japoneses entrincheirados, metro a metro, subindo colinas íngremes com artilharia, lança-chamas, tanques e ataques aéreos.

No início de maio, as defesas japonesas em Kohima foram violadas. Ainda assim, apesar de doenças e fome, os japoneses lutaram até o último homem. Os sobreviventes receberam ordens de recuar. Juntaram-se aos remanescentes derrotados das duas divisões de Imphal. Quando os japoneses cruzaram o rio Chindwin de novo, não pareciam um exército e 60 mil vítimas japonesas foram deixadas para trás. As unidades britânicas e indianas tiveram 17.500 baixas.

Adeus a Stilwell e aos Japoneses

O general Stilwell e suas forças aliadas ainda lutavam contra os japoneses em Myitkyina, enquanto as forças britânicas e indianas lutavam em Imphal e em Kohima (veja a seção anterior). A retirada dos japoneses da Índia preparou o terreno para os britânicos começarem uma nova ofensiva para retomar a Birmânia. Ironicamente, tanto os japoneses quanto o homem que ajudou os chineses a repelir os japoneses foram expulsos da China. O general Stilwell chegou ao fim da linha no final de 1944; o fim chegou para os japoneses no início de 1945.

Vítima da política: Vinegar Joe

Stilwell poderia reivindicar os seguintes sucessos:

» Sua vitória em Myitkyina abriu uma rota aérea mais curta para a China e deu aos engenheiros a oportunidade de construir uma rota de abastecimento terrestre e um oleoduto de Ledo, na Birmânia, a Kunming, na China. Seria um feito monumental de habilidade que acabaria levando seu nome.

» Ele provou a eficácia de soldados chineses bem liderados e bem treinados na Birmânia.

Stilwell planejava expulsar os japoneses do norte da Birmânia em outubro, mas não deu tempo. Por anos, pressionou Chiang Kai-shek para reformar o Exército Nacionalista Chinês e eliminar líderes corruptos antes que fosse tarde demais. Chiang não seguiu o conselho de Stilwell e achou seu jeito direto desconfortável.

Com a ajuda involuntária dos japoneses, Chiang encontrou uma maneira de remover Stilwell da China.

O ataque japonês aos aeródromos norte-americanos no leste da China e seu avanço sobre a capital chinesa de Chungking levaram os chineses à beira do colapso no início do outono de 1944. O Exército Chinês foi ineficaz; a menos que algo fosse feito logo, o Japão poderia finalmente conquistar a China. Com o apoio de seus conselheiros militares, o presidente Roosevelt instou Chiang Kai-shek a colocar Stilwell no comando direto das forças terrestres chinesas, apoiadas pela 14ª Força Aérea norte-americana na China. Chiang concordou, mas desde que Stilwell partisse. Sempre atento às sensibilidades políticas, Roosevelt concedeu e enviou outro general (Albert C. Wedemeyer) para tomar o lugar de Stilwell na China. O Stilwell direto, mas sincero, se foi.

Ironicamente, Wedemeyer descobriu que não poderia fazer muito progresso contra os japoneses. Para resolver o problema, levou da Birmânia as divisões chinesas que Stilwell treinara (veja a seção "Tropas chinesas e Marotos de Merrill"). Essas tropas conseguiram finalmente estabilizar a frente chinesa.

Quebrando a resistência japonesa: Limpando a Birmânia

A difícil tarefa de acabar com a resistência japonesa na Birmânia coube ao 14º Exército britânico. A ofensiva britânica, sob o comando do tenente-general Sir William Slim, começou em novembro de 1944. Slim usou manobra blindada, engano e poder aéreo para flanquear e vencer os defensores japoneses e empurrá-los de volta para a estreita península onde Rangum estava localizada. Os britânicos obtiveram uma grande vantagem quando o Exército Nacional da Birmânia se revoltou e se juntou às forças de Slim.

EXÉRCITO ALIADO

Slim usou desembarques anfíbios para prender e isolar as forças japonesas enquanto suas tropas eram abastecidas principalmente por via aérea. Slim capturou campos de aviação importantes levando a infantaria por aeronaves. Os japoneses, sem apoio e suprimentos adequados, só poderiam travar uma batalha demorada. Com a queda de Meiktila, em março de 1945, a captura de Rangum foi assegurada. As forças japonesas sobreviventes recuaram para a Tailândia, e Rangum caiu nas mãos dos britânicos em 3 de maio de 1945.

6
Recomeço: Efeitos do Pós-guerra, 1945

NESTA PARTE...

Descubra o que torna a Segunda Guerra Mundial importante hoje.

Entenda como a Segunda Guerra Mundial resolveu algumas ameaças reais ao progresso civilizatório.

Reconheça os novos desafios e perigos gerados pela Segunda Guerra Mundial.

Perceba como a vitória dos Aliados continua sendo o evento definidor do século XX.

> **NESTE CAPÍTULO**
>
> » Os Aliados acossam a Alemanha
> » As últimas batalhas na Itália
> » O fim das ameaças aéreas e navais alemãs
> » A batalha por Berlim e a queda do Terceiro Reich
> » A Conferência de Potsdam e o futuro da Europa

Capítulo **20**

O Final (Ou Quase): A Última Ofensiva

Após a Batalha do Bulge (veja o Capítulo 18), os Aliados tinham uma última barreira para cruzar — o rio Reno. Por acaso e por desígnio, as forças aliadas pularam o rio e entraram na Alemanha. Elas eliminaram os últimos bolsões de resistência ao entrar no centro da Alemanha e da Tchecoslováquia. Os Aliados finalmente irromperam nas amplas planícies do norte da Itália, e a campanha de bombardeio atingiu novos níveis de destruição. Como comandante supremo das forças aliadas, o general norte-americano Dwight Eisenhower tomou uma decisão crucial a respeito do ponto de parada das forças norte-americanas, britânicas e canadenses na Alemanha.

Do leste, os soviéticos também faziam a aproximação final, lutando contra a resistência feroz para chegar a Berlim. Em Berlim, Hitler, finalmente enfrentando a terrível verdade, terminou sua vida com uma maldição sobre os judeus, os bolcheviques e o povo alemão, que o havia decepcionado.

Quando a guerra na Europa chegou ao fim, os políticos assumiram o centro do palco. Os EUA sofreram um duro golpe com a morte do presidente Franklin Roosevelt. Um agente político inexperiente do Missouri tornou-se o novo presidente — e teve que traçar um acordo pós-guerra com nomes como o líder russo Joseph Stalin e o primeiro-ministro britânico Winston Churchill. A mortalha do que viria a ser a Guerra Fria começou a se espalhar pela paisagem da Europa.

Os Aliados Cruzam o Reno, os Alemães Dobram a Esquina

Janeiro de 1945 começou com os Aliados empurrando as forças alemãs restantes para fora do Bulge, a área relativamente pequena que os alemães reivindicaram em sua ofensiva através da Floresta das Ardenas (veja mais informações sobre essa batalha no Capítulo 18). Os Aliados então começaram a avançar para o rio Reno e para a Alemanha, logo adiante (veja a Figura 20-1).

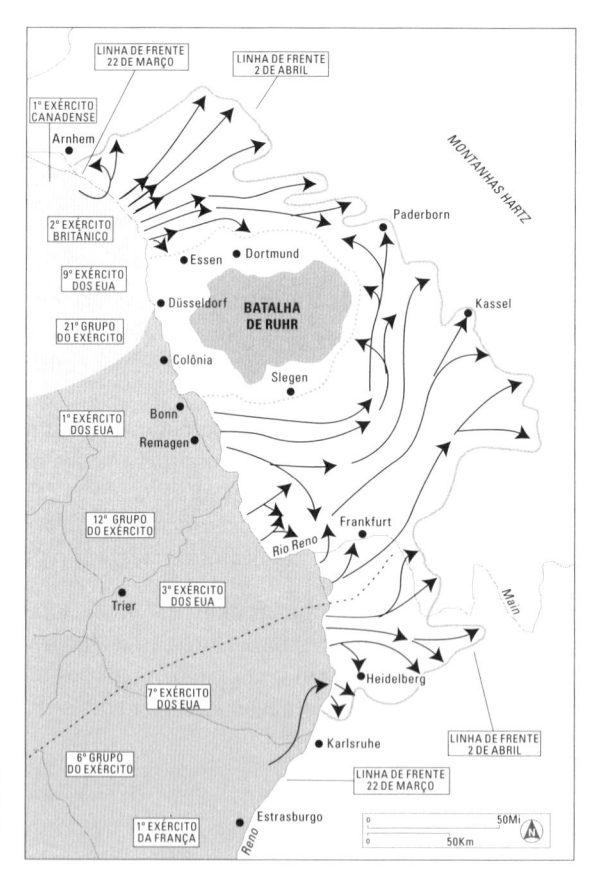

FIGURA 20-1: O avanço aliado na Alemanha.

Ninguém segura esse sujeito? Hitler dá uma de brasileiro e não desiste

Embora a ofensiva das Ardenas estivesse perdida, Hitler tentou reanimá-la. Na véspera do Ano-novo de 1944, Hitler ordenou que o último exército de reserva do oeste recapturasse Estrasburgo e se unisse às forças alemãs que controlavam Colmar. Ele acreditava que essa ação levaria as forças norte-americanas para o sul, permitindo às forças alemãs retomarem a ofensiva no Bulge. A estratégia não fazia sentido (para o Exército Alemão, nada mais fazia), e os generais protestaram, mas em vão. Os franceses pararam o ataque alemão em Estrasburgo. Os EUA cederam e deixaram o ataque alemão fracassar antes de contra-atacar.

Esse esforço desperdiçado fez o seguinte:

- » Custou aos alemães 25 mil homens (os Aliados perderam 16 mil).
- » Permitiu ao 1º Exército francês eliminar as forças alemãs em Colmar.
- » Permitiu que os Aliados dirigissem para a margem oeste do Reno, onde controlavam a área de Estrasburgo até a fronteira com a Suíça.

No final de 1944, a perda alemã no Ocidente chegou a 1 milhão de homens.

Outra ponte aguarda: Seguindo o fluxo

O general Eisenhower forçou os exércitos do general britânico Bernard Montgomery e do general norte-americano Omar Bradley para o Reno. O 21º Exército de Montgomery — com as forças britânicas, canadenses e norte-americanas — avançou. Com a ajuda de ataques aéreos maciços dos Aliados, que cortaram as redes rodoviárias e ferroviárias alemãs, o grupo isolou os defensores alemães.

O rio Reno era um obstáculo formidável, material e simbolicamente:

- » Em termos materiais, o Reno era largo e poderoso, e passava por margens altas e penhascos de granito. Nenhum inimigo conseguira cruzá-lo para invadir a Alemanha desde Napoleão.
- » Em termos simbólicos, representava a fibra de resistência da Alemanha.

Os Aliados não poderiam cruzar o Reno sem uma ponte importante. (A operação malfadada de Montgomery, MARKET GARDEN, foi uma tentativa de capturar pontes ao longo do Reno; veja o Capítulo 18.) Enquanto as forças de Montgomery e Bradley se moviam continuamente para o Reno, Hitler manteve suas forças lutando na frente dele. No último minuto, Hitler ordenou que destruíssem todas as pontes que o cruzavam. Todas caíram — exceto uma.

Um conto de duas travessias

Ao chegar ao rio Reno, o marechal de campo Montgomery, como de costume, desenvolveu um plano elaborado para montar uma travessia. Tinha quase 60 mil engenheiros e 250 mil toneladas de suprimentos para o trabalho. Cerca de 200km ao sul, o general Patton procurou um atalho após prender milhares de alemães entre suas forças e o Reno. (As ordens de não retirada de Hitler acabaram novamente favorecendo os norte-americanos.) Entre Patton e Montgomery, estava o 1º Exército, sob o comando do general norte-americano Courtney Hodges.

A travessia em Remagen

Em 7 de março de 1945, na pequena cidade de Remagen, uma das unidades líderes de Hodges encontrou uma ponte intacta sobre o Reno. O general Eisenhower ordenou que Hodges empurrasse tudo que pudesse por ela e estabelecesse uma forte posição defensiva do outro lado.

Hitler enviou os caças-bombardeiros a jato Me 262 e os foguetes V-2 em uma tentativa malsucedida de destruir a ponte antes que os norte-americanos a cruzassem (veja informações sobre essas armas no Capítulo 25). Embora a velha ponte ferroviária tenha durado apenas dez dias antes de desabar devido aos danos do bombardeio e à passagem de milhares de tanques, caminhões e tropas, foi tempo suficiente para cruzar o rio Reno, a última grande barreira para o coração alemão. Curiosamente, nem o general Eisenhower tampouco o general Bradley fizeram nada com essa vantagem. Eles se contentaram em aguardar o grande show planejado pelo marechal de campo Montgomery.

Patton e Montgomery cruzam a ponte

Duas semanas depois, o general Montgomery e o general Patton também cruzaram o Reno. O general Eisenhower dera ao exército de Montgomery a prioridade de avanço para a Alemanha, esperando se unir ao Exército Soviético em algum lugar perto de Berlim.

Os alemães: Para baixo, não para fora

As operações nos primeiros três meses de 1945 foram devastadoras para os alemães. As perdas em soldados mortos, feridos e capturados chegaram a milhares. O Exército Alemão parecia estar em colapso. Muitos soldados simplesmente desapareceram, vestindo roupas civis e voltando para casa. Outros, não querendo mais lutar nem morrer por uma causa perdida, recusaram-se a obedecer às ordens e desistiram na primeira oportunidade. Mas, muitas vezes, nos momentos mais inesperados, os soldados alemães demonstraram uma incrível resiliência, golpeando com a mesma força e eficácia de sempre. A batalha pela Alemanha não seria fácil.

Os Soviéticos Avançam

Os soviéticos mantinham-se no rio Vístula, na Polônia, desde outubro de 1944, principalmente por causa da necessidade de se adaptarem, reorganizarem e reabastecerem (veja o Capítulo 18). Os alemães usaram esse tempo para se concentrar nos britânicos e nos norte-americanos no oeste. Também construíram defesas e restauraram divisões em preparação para o próximo ataque soviético.

Recuperando a Hungria

Os soviéticos renovaram seu ataque na Hungria para capturar Budapeste. Hitler dirigiu uma ofensiva para aliviar os defensores presos na cidade, mas ela falhou, principalmente porque ele ordenou que as unidades que acabaram de ser retiradas da Batalha do Bulge voltassem para outra luta.

Como ocorrera na Batalha do Bulge, os alemães fizeram alguns avanços iniciais, mas não puderam ir mais longe. Com apenas os últimos 600 tanques disponíveis na reserva, os alemães foram esmagados no contra-ataque soviético. No final de março de 1945, a Hungria estava em grande parte nas mãos do Exército Soviético, e Viena ficava a poucos quilômetros de distância.

Limpando o caminho para Berlim

No front central, os soviéticos se concentraram na preparação do avanço sobre o rio Vístula, enquanto continuavam a isolar as forças alemãs na Letônia. O objetivo soviético era Berlim e o rio Elba, a cerca de 100km a oeste da capital.

Para cumprir a tarefa, os soviéticos reuniram a maior força militar da história europeia. Essa força incluía quatro Frentes Soviéticas (Grupos de Exército), compostas de 163 divisões soviéticas, além das divisões búlgara, tchecoslovaca, romena e polonesa. Eles também tinham 6.500 tanques e 32 mil peças de artilharia.

Como Hitler moveu unidades que defendiam o Vístula para lançar a Batalha do Bulge e depois enviou essas e outras para lutar na Hungria, a força alemã deixada no Vístula era bastante esparsa. Mal era forte o suficiente para resistir a *qualquer* grande ofensiva — quanto mais resistir à maior ofensiva da história.

O ataque soviético começou com um bombardeio massivo de artilharia que obliterou as fracas defesas alemãs. Quando as divisões blindadas começaram o avanço para Alemanha, a Força Aérea Soviética forneceu cobertura. Em duas semanas, os soviéticos haviam avançado 480km rumo ao rio Oder, que ficava a menos de 65km de Berlim.

Temendo o pior: O êxodo alemão

Milhões de cidadãos alemães, enfrentando o frio intenso e a neve, fugiram antes dos russos. Mais de 2 milhões de civis e soldados foram evacuados por navios dos portos do Báltico. Os submarinos soviéticos afundaram muitos deles.

Os soldados soviéticos, cientes da destruição de seu próprio país e do assassinato de milhares de civis russos, já haviam cruzado o campo de extermínio alemão, em Auschwitz. (Veja o Capítulo 11 para saber mais sobre a guerra da Alemanha contra os judeus na Europa.)

Cientes do que seus compatriotas sofreram nas mãos dos alemães e dos crimes indescritíveis que os alemães infligiam a judeus homens, mulheres e crianças, havia pouco remorso por parte dos soviéticos dos assassinatos, tortura, estupro e saques infligidos aos civis alemães que encontravam no caminho. Apenas os combates mais desesperados dos alemães, que estavam totalmente cientes do que os esperava se perdessem, interromperam o ataque soviético. Parados diante do Oder, os soviéticos se voltaram para o norte, isolando os defensores na Prússia Oriental e capturando a cidade portuária de Danzig.

Hitler nomeou Heinrich Himmler, chefe da SS (o Esquadrão de Proteção alemão), para assumir o comando de um novo grupo de exército para defender a costa do Báltico. (Hitler havia criado esse Grupo de Exércitos na teoria; na realidade, havia poucas forças no local.)

Himmler, cuja experiência comandando soldados era a mesma de voar para a Lua, foi um fracasso total. Os soviéticos não tiveram problemas para limpar a costa do Báltico das forças alemãs. Para manter suas tropas no lugar ao longo do front, Hitler organizou *cortes marciais móveis* — esquadrões da morte com autoridade para executar qualquer soldado alemão encontrado fora da sua unidade ou qualquer oficial que tivesse ordenado uma retirada. Diante da morte nas linhas de frente ou dos esquadrões de execução do seu próprio exército, a maioria dos soldados alemães escolheu ficar e lutar.

No Ar e no Mar: Os Atos Finais

Em 1945, os Aliados controlavam os céus da Europa. Durante apenas uma semana em março — quando Patton e Montgomery cruzaram o Reno, por exemplo —, bombardeiros pesados dos EUA fizeram 14.400 ataques, bombardeiros médios fizeram 7.200 ataques e os caças, quase 30 mil ataques. Os Aliados controlavam a maior parte das bases aéreas da Europa e podiam voar à vontade.

Da mesma forma, os Aliados basicamente tomaram o controle do Oceano Atlântico dos alemães e eliminaram a ameaça representada pelos submarinos alemães (veja o Capítulo 14). No entanto, os alemães continuaram a lutar, embora todos (com exceção dos nazistas fanáticos e do próprio Hitler) entendessem que a causa alemã já estava perdida.

Ataques aéreos: O resultado final

Na esperança de quebrar o moral da Alemanha e sua capacidade de travar a guerra, os Aliados aumentaram seus ataques aéreos a Berlim, as cidades industriais de Ruhr, Colônia e Dresden. Dresden foi completamente destruída por bombardeiros norte-americanos e britânicos, e 30 mil pessoas morreram no ataque. Em Ruhr, 87 mil pessoas foram mortas, e, em Colônia, houve 15 mil vítimas de bombardeiros aliados. Ainda assim, esses ataques pouco afetaram o moral alemão ou a produção de guerra.

Finalmente (depois de vários anos visando centros industriais e outras localidades), os Aliados descobriram o que *afetaria* a capacidade da Alemanha de permanecer na guerra: eles começaram a bombardear as usinas de óleo sintético. Esses ataques reduziram a máquina de guerra da Alemanha a tal ponto que nem aviões nem tanques podiam lutar.

» Apesar de a Luftwaffe (Força Aérea alemã), às vezes, reunir aeronaves suficientes para o combate, os pilotos eram mal treinados para oferecer uma grande ameaça aos experientes pilotos aliados.

» Quaisquer perdas que os alemães infligiram aos Aliados foram rapidamente compensadas, enquanto as perdas alemãs, não.

O fim da ameaça dos U-boats

O controle aliado do ar representou o fim da Marinha Alemã também. Os submarinos alemães, antes o terror do mar, tornaram-se uma ameaça desprezível. Incapazes de emergir sem serem atacados por aeronaves, os U-boats alemães adotaram um sistema de snorkel que lhes permitia carregar suas baterias enquanto submersos. Esse método teve um sucesso limitado. Embora os U-boats alemães tenham afundado alguns navios aliados em 1945, foram atormentados pela inexperiência de suas próprias tripulações (os marinheiros mais experientes já haviam partido) e as capacidades avassaladoras do inimigo. Esses fatores resultaram em grandes perdas para os alemães, sem qualquer efeito no curso da guerra.

Em 1944, a frota de superfície alemã podia operar apenas no Mar Báltico. Essa frota protegeu os embarques de minério de ferro da Suécia, abasteceu as forças alemãs presas na Prússia Oriental pelo Exército Soviético e resgatou milhares de civis alemães do controle soviético. Em 1945, as aeronaves aliadas haviam afundado a maioria das frotas e capturado portos importantes. Ao final da guerra, apenas um punhado de cruzadores e contratorpedeiros alemães restava para se render.

Capturando Território Alemão

Em abril de 1945, os britânicos, os canadenses e os norte-americanos estavam capturando grandes seções do território alemão:

- » Os canadenses ocuparam a Holanda.
- » As unidades britânicas partiram para capturar Hamburgo.
- » Os norte-americanos do 1º e do 9º Exércitos estavam cercando o Rhu.

ESTRATÉGIA MILITAR

Os alemães realizaram esse tipo de grande manobra pela primeira vez na União Soviética em 1941 e em 1942. Os soviéticos a haviam praticado contra os alemães em 1943 e em 1944. Agora os norte-americanos também mostravam suas proezas, cercando e capturando 325 mil soldados alemães de alto nível. Outros 150 mil soldados simplesmente sumiram no campo.

Com os vários avanços aliados, a resistência alemã no Ocidente efetivamente desapareceu:

- » O 3º Exército, do general Patton, avançou precipitadamente para o sul da Alemanha e capturou a cidade de Hof, na fronteira alemã-tcheca.
- » O 1º Exército francês e unidades do 7º Exército dos EUA cruzaram o rio Reno e se dirigiram para Nuremberg e para Stuttgart.
- » Em 11 de abril, elementos do 9º Exército haviam alcançado o Elba e estavam estabelecendo cabeças de ponte para um avanço sobre Berlim, a apenas 80km.

À medida que avançavam para o leste, para a Alemanha, as forças norte-americanas e britânicas descobriram o que os soviéticos haviam visto em Auschwitz: evidências das atrocidades nazistas contra os judeus. A caminho de Berlim, os Aliados libertaram os campos de concentração de Bergen-Belsen, Buchenwald e Dachau.

Despojos simbólicos: O destino de Berlim

Todos acreditavam que Berlim seria a próxima parada dos EUA: até mesmo Churchill pediu a Roosevelt que se movesse a toda velocidade ao leste para evitar que os soviéticos reclamassem a maior parte da vitória sobre a Alemanha. E o próprio Stalin suspeitava de que os norte-americanos e os britânicos conspiravam para tirar os soviéticos de Berlim, o alto prêmio simbólico da guerra. Então deu ordens para avançar o mais rápido possível para capturar a cidade.

Não obstante, o comandante supremo das forças aliadas, general Eisenhower, não ordenou mais avanços além do Elba.

Compreendendo a decisão de Eisenhower

Será que o general Eisenhower deveria ter dado a ordem para irem a Berlim? Sua decisão ainda é debatida hoje à luz dos acontecimentos que se seguiram à vitória na Europa. Independentemente do que aconteceu desde então (veja, no Capítulo 23, informações sobre a queda da Cortina de Ferro e o início da Guerra Fria), eis o motivo pelo qual ele decidiu deixar Berlim para os russos e deter as tropas aliadas no rio Elba.

» Eisenhower tinha apenas uma missão a cumprir: a destruição das forças alemãs. Berlim para ele nada mais era do que um símbolo e não valia a pena lutar.

» Ele estava preocupado com os rumores de haver um *reduto* nazista (fortaleza) no sul da Alemanha, onde os fanáticos restantes tinham estoques de suprimentos para uma última resistência.

» Eisenhower entendia a política envolvida: os Aliados já haviam dividido a Alemanha em zonas de ocupação em antecipação ao fim da guerra na Europa. A União Soviética teria o pedaço de território que continha Berlim. Se os soviéticos o queriam de qualquer maneira, ele parecia se perguntar: por que o tirar deles?

» Não confiando nos soviéticos, Eisenhower impulsionou as forças para garantir que o exército deles não avançasse além do Elba.

O Último Ato de Roosevelt e o Golpe de Stalin em Yalta

Em fevereiro de 1945, os exércitos aliados no oeste avançavam em direção ao rio Reno; no leste, os soviéticos estavam engolindo a Hungria e se dirigindo para o rio Oder. Com esses eventos drásticos de pano de fundo, os três líderes aliados da guerra se reuniram na cidade de Yalta, na península da Crimeia, na União Soviética, para discutir os preparativos para a Europa do pós-guerra.

A reunião em Yalta seria a última de Franklin Roosevelt com Churchill e Stalin. Empossado como presidente norte-americano pela quarta vez, Roosevelt estava gravemente abatido por uma doença cardiovascular. Faltou resistência física para cumprir as responsabilidades que esse encontro lhe impôs.

INFORMAÇÕES HISTÓRICAS

Mesmo que Roosevelt estivesse bem, ainda estava em desvantagem em Yalta: seu conselheiro mais próximo, Harry Hopkins, era um agente soviético. Outros agentes soviéticos de alto escalão, como Alger Hiss, do Departamento de Estado dos EUA, passavam informações cruciais a Stalin sobre vários assuntos, incluindo o progresso norte-americano em uma bomba atômica. Assim, Stalin sabia de antemão todas as cartas que estavam sendo jogadas. E, para não perder nada, também mandou grampear as salas durante a conferência.

Convencendo o Tio Joe (Só que não)

Roosevelt continuou a usar a estratégia que havia perseguido na conferência de Teerã (veja o Capítulo 16). Acreditando que poderia arrebanhar o ditador soviético para o seu lado com seu poder de persuasão, Roosevelt procurou obter a cooperação e a parceria de Stalin na formação do mundo do pós--guerra. Vários tópicos foram discutidos na conferência de Yalta:

» A formação da Organização das Nações Unidas (ONU), uma organização similar à Liga das Nações (veja o Capítulo 2), que garantiria a paz mundial.

» O destino e a estrutura da Europa Oriental.

» A estrutura política das nações libertadas e vencidas.

» O papel da URSS na guerra contra os japoneses.

Mas Stalin tinha uma agenda e a perseguiu com determinação. Fora da ação militar, os britânicos e os norte-americanos não tinham outra escolha a não ser aceitar essas exigências.

LEMBRE-SE

Os norte-americanos e os britânicos eram impotentes para mudar o curso dos eventos que ocorriam desde que o Exército Soviético invadiu a Polônia. Forças soviéticas controlavam a Bulgária, a Romênia, a Hungria, a Polônia e metade da Alemanha. Somente um confronto militar direto entre os EUA e a União Soviética forçaria Stalin a desistir do domínio do que tomara dos nazistas.

Sobre as Nações Unidas

Nas discussões sobre a futura formação das Nações Unidas, Stalin queria que as Repúblicas Soviéticas da Ucrânia e da Bielorrússia fossem membros independentes da Assembleia Geral (o órgão de tomada de decisões na ONU). Isso reforçaria o poder da União Soviética na ONU:

» Como membro permanente (junto com a China, os EUA, a Grã-Bretanha e a França) do Conselho de Segurança da ONU, a URSS teria poder de veto.

» Ter a Ucrânia e a Bielorrússia como membros independentes da ONU (embora ambas recebessem ordens de Moscou) deu à União Soviética dois votos adicionais na Assembleia Geral.

Roosevelt e Churchill chegaram a um consenso.

Sobre o destino da Polônia

Stalin não tinha nenhum interesse em cooperar com qualquer alinhamento pós-guerra na Europa Oriental, exceto aquele que colocava a União Soviética no controle total. Então, é claro, recusou-se a comprometer a Polônia:

» Ele queria expandir as fronteiras polonesas para o oeste à custa da Alemanha.

» Queria também que a URSS controlasse o futuro do governo polonês do pós-guerra. (Stalin já tinha um governo pró-soviético instalado na Polônia, apesar de o governo polonês no exílio, que operava em Londres desde 1939, ser o único órgão governamental legítimo. Veja, no Capítulo 18, o arranjo semelhante que ocorreu na Iugoslávia liberada pela União Soviética.)

Roosevelt e Churchill concordaram com relutância. Roosevelt, no entanto, recebeu uma declaração de Stalin que prometia que as três nações iriam "organizar e conduzir eleições livres" nas áreas da Europa que controlavam. Roosevelt sabia que essa promessa era uma falácia política (em outras palavras, uma mentira), mas isso aliviou temporariamente ter que aceitar a ordem de Stalin.

Sobre o futuro da Alemanha

Stalin buscou firmar um acordo que deixaria a Alemanha permanentemente enfraquecida. Isso incluiu o seguinte:

» A divisão permanente da Alemanha.

» O pagamento de indenizações na forma de bilhões de dólares de maquinários de produção industrial a serem embarcados para a URSS.

Nesse ponto, os britânicos e os norte-americanos estavam em vantagem, porque a base industrial da Alemanha em Ruhr estava localizada na área ocupada pelos exércitos britânico e norte-americano. Como resultado:

» Roosevelt e Churchill concordaram em princípio com o pedido soviético de bilhões em reparações, sabendo que poderiam reter as transferências para a União Soviética a qualquer momento (já que controlavam a região de Ruhr).

» Dividiram a Alemanha em zonas de ocupação, uma situação que implicava uma divisão temporária, em vez de ser permanente, como Stalin queria.

Sobre o envolvimento da URSS no Japão

Um dos acordos mais importantes feitos durante a conferência de Yalta foi o compromisso de Stalin de entrar na guerra contra o Japão assim que a Alemanha fosse derrotada. Roosevelt queria a URSS na guerra contra o Japão por alguns motivos:

» Embora os EUA não desejassem travar uma guerra de aniquilação contra os japoneses em suas ilhas natais ou colocar tropas norte-americanas na China para lutar contra as forças japonesas lá (um processo que poderia ter levado anos), não havia garantia de que algum desses piores cenários não aconteceria. Se ocorressem, Roosevelt queria contar com a mão de obra soviética.

» Roosevelt temia que, se a União Soviética não fosse incluída na guerra do Pacífico, Stalin poderia causar estragos na Europa enquanto os Estados Unidos e a Grã-Bretanha se concentravam na Ásia.

Stalin concordou — mas só depois de fazer com que Roosevelt prometesse que a União Soviética ganharia o controle dos portos, das bases e das linhas ferroviárias na Manchúria, bem como da metade inferior da Ilha Sakhalin (ao norte da principal ilha japonesa de Hokkaido), todos perdidos no tratado que encerrou a Guerra Russo-Japonesa, em 1905.

> ## PELA TANGENTE: ROOSEVELT TRABALHA ATÉ O FIM
>
> Em 12 de abril de 1945, embora bastante fraco e visivelmente cansado, Roosevelt mandou pintar seu retrato enquanto trabalhava em documentos oficiais. Durante a sessão, disse baixinho: "Estou com uma dor de cabeça terrível." Ele caiu da cadeira e, em pouco mais de duas horas, morreu devido a uma hemorragia cerebral.
>
> O nome de Roosevelt foi colocado no topo da lista de vítimas publicada nos jornais no dia seguinte. Foi listado como comandante-chefe. Ao notificar seus filhos (todos militares na época) sobre a morte de seu pai, Eleanor Roosevelt escreveu: "Ele fez seu trabalho até o fim, como gostaria que vocês também fizessem." Um dos homens mais singulares e intrigantes que já foi presidente, e provavelmente o maior líder de guerra do país, saiu de cena assim que a guerra atingiu seu clímax.

Ao negociar esse acordo sem o conhecimento de Churchill, Roosevelt concordou, sabendo muito bem que ele tornaria a Manchúria uma colônia dos soviéticos e colocaria o líder chinês Chiang Kai-shek em uma situação muito difícil.

Remédio amargo

Roosevelt e Churchill deixaram Yalta com pouco a mostrar por seus esforços, exceto um reconhecimento formal do *status quo*. Roosevelt havia preparado mal os Estados Unidos para o que enfrentariam na Europa depois que a guerra finalmente acabasse. Haveria muitas surpresas desagradáveis. A maior, talvez, foi o rápido desaparecimento do radiante e nada ameaçador Tio Joe de Roosevelt.

Com o Exército Soviético avançando em Berlim, a União Soviética teve a iniciativa de determinar o futuro da Europa. Stalin pretendia ocupar o máximo de território na Europa que pudesse antes que britânicos e norte-americanos avançassem mais para a Alemanha. A captura da capital alemã, Berlim, foi a pedra angular do plano de Stalin.

Termina a Guerra na Itália e a Alemanha Sucumbe

As linhas de batalha traçadas no norte da Itália no inverno de 1944 permaneceram as mesmas nos primeiros meses de 1945 (veja o Capítulo 17). Poucas coisas haviam mudado, exceto que a maioria das tropas alemãs fora retirada da frente italiana para tapar buracos nas linhas defensivas que diminuíam rapidamente na Alemanha. Os Aliados também transferiram tropas, incluindo um grupo do Exército Canadense, transferido para o comando do general Montgomery na Europa Ocidental.

LEMBRE-SE

Uma campanha anterior na Itália (como a imaginada por Churchill em 1944) poderia ter sido bem-sucedida e talvez colocado as forças aliadas na fronteira alemã e austríaca em 1944. Mas era mal apoiada porque os Aliados construíam sua força de invasão para a Normandia (veja o Capítulo 18). Como resultado, a força multinacional na Itália enfrentou a tarefa árdua de lutar contra um inimigo habilidoso que defendia um terreno montanhoso.

A batalha no norte da Itália

O ataque decisivo na Itália começou em 9 de abril de 1945, com uma série de ataques para romper pontos fortes bem defendidos. A batalha se transformou em uma luta violenta entre soldados de infantaria — uma disputa lenta e dolorosa de vontades.

Hitler recusou-se a permitir que os alemães recuassem. Em vez de trocar espaço por tempo, atrasando o avanço aliado, os defensores alemães foram oprimidos por uma combinação de poder aéreo e ataques terrestres determinados. O comandante alemão finalmente ordenou uma retirada, contra as ordens de Hitler, mas era tarde demais.

Desafiando o Führer: A rendição dos alemães

Em 29 de abril, os comandantes alemães decidiram negociar um cessar-fogo e render suas forças — em completo desafio às ordens de Hitler. A rendição incondicional entrou em vigor em 2 de maio de 1945, e as forças aliadas, após três anos longos, sangrentos e frustrantes, finalmente invadiram a planície do norte da Itália e ocuparam as passagens nas montanhas que lhes davam acesso à Áustria e à Alemanha.

Stalin Avança para Berlim

ESTRATÉGIA MILITAR

Em abril de 1945, Stalin não perdeu tempo em cruzar o rio Oder e percorrer os últimos 65km até Berlim (veja a Figura 20-2). Os soviéticos reuniram 8 exércitos — um total de 2,5 milhões de homens — em uma frente de 120km. As peças de artilharia estavam tão amontoadas ao longo da linha de frente que havia cerca de 450 a cada 1,5km. Outra frente soviética estava pronta para avançar ao noroeste rumo os portos do Báltico, perto do rio Elba, e impedir o acesso britânico e norte-americano.

FIGURA 20-2: Avanço soviético para a Alemanha, 1945.

Os defensores alemães somavam quase 1 milhão. Eles eram uma coleção de tropas de combate experientes e recrutas inexperientes, com uma dose pesada de Guarda do Povo (*Volkssturm*) — todos os homens entre dezesseis e sessenta anos capazes de usar uma arma. Meninos de onze, doze anos também lutavam na linha de frente. Esses soldados recebiam um treinamento mínimo e todas as armas disponíveis. Os exércitos (e eram exércitos apenas no nome) não tinham combustível para seus poucos caminhões e tanques, a munição era escassa e a Luftwaffe desapareceu dos céus. Mas eles tinham a vantagem de defesas bem preparadas que forçavam os soviéticos a travarem batalhas longas e difíceis para avançar.

QUE FIM LEVOU *IL DUCE*?

Após seu resgate por comandos alemães, em 1943 (veja o Capítulo 13), o ditador fascista italiano Benito Mussolini chefiou um governo fantoche em território italiano ainda ocupado pelas forças alemãs. Mussolini ficava na companhia da amante, enquanto permitia que os alemães ditassem a política. Com a derrota total se aproximando, em abril de 1945, ele se preparou para escapar com as forças alemãs pelos Alpes para a Alemanha para uma resistência final.

Os guerrilheiros italianos bloquearam todas as estradas que saíam da Itália. Eles permitiram que as unidades alemãs continuassem, mas prenderam todos os fascistas italianos. Mussolini e a amante foram feitos prisioneiros. Ambos foram executados por um partidário comunista em 28 de abril de 1945. Antes de matá-los, o guerrilheiro comunista anunciou a sentença de morte: "Por ordem do Alto Comando do Corpo Voluntário, fui encarregado de fazer justiça ao povo italiano." O corpo de Mussolini (bem como o de sua amante e de treze outros fascistas) foi levado para um posto de gasolina bombardeado em Milão, onde os alemães executaram os quinze italianos em 1944. Os corpos foram pendurados pelos calcanhares e submetidos às indignidades de uma multidão enfurecida. "Deus, que fim ignóbil", disse o general Eisenhower quando soube. "Você dá às pessoas um pouco de poder e parece que elas nunca mais serão seres humanos decentes novamente."

O ataque soviético

Apesar das vantagens quase esmagadoras quando a batalha começou em 16 de abril de 1945, o avanço soviético foi retardado pela feroz resistência alemã.

Pressionados por Stalin para progredir o mais rápido possível, os comandantes soviéticos fizeram ataques imprudentes de infantaria. Apesar das robustas baixas, o peso do poder ofensivo soviético era demais para os alemães aguentarem por muito tempo. Em 19 de abril, o Exército Soviético estava nos subúrbios de Berlim, atacando a cidade de várias direções. As forças alemãs da linha de frente foram cercadas ou rechaçadas logo e não contribuíram para a defesa da cidade.

Por causa da inépcia nazista (o ministro da Propaganda Joseph Goebbels era o líder militar e político da defesa de Berlim) e do simbolismo de um povo unido em armas, os civis não foram evacuados da capital. O último bombardeio aliado, antes do avanço das tropas soviéticas, havia destruído a energia elétrica e os encanamentos, deixando a população em um estado miserável. Aviões da Força Aérea Soviética assumiram o controle, atacando ruas e edifícios por toda a cidade. Conforme as unidades soviéticas se aproximavam do centro da cidade, onde os prédios do governo nazista estavam localizados, a resistência crescia.

Por nove dias, a batalha pela capital foi travada — de casa em casa e muitas vezes cômodo em cômodo — da mesma forma que alemães e russos lutaram por Stalingrado. Havia pouca defesa alemã organizada, principalmente pequenos grupos de soldados e tanques lutando para sobreviver ao ataque soviético. Muitos *Volkssturm* recebiam simplesmente uma arma antitanque de um tiro e eram enviados às ruas para encontrar um tanque para destruir.

Em 30 de abril, soldados soviéticos hastearam a bandeira da União Soviética (a foice e o martelo) sobre o Reichstag, o edifício do parlamento alemão, no centro de Berlim.

O fim do notório cidadão de Berlim: Hitler

Hitler, um prisioneiro virtual dentro de um bunker antiaéreo no centro da cidade, acreditava que um milagre salvaria o Terceiro Reich. Ele deu ordens às unidades vizinhas para ataques que não podiam ser realizados. Exigia relatórios de comandos no nível do exército que existiam apenas no nome. Não controlava mais nada. Outros líderes nazistas abandonaram-no e tentaram salvar suas próprias peles:

» Heinrich Himmler fez contato com os aliados ocidentais, buscando um acordo para encerrar a guerra. Ele tentou negociar como o chefe de Estado de facto (e se pintou como um humanitário em uma tentativa patética de encobrir sua liderança na destruição de milhões de inocentes).

» Hermann Goering foi preso no sul da Alemanha por sugerir que assumisse o controle do governo.

Apenas o ministro da Propaganda Joseph Goebbels e Martin Bormann (secretário pessoal de Hitler) permaneceram ao lado de Hitler. Este nomeou o almirante Karl Doenitz como seu sucessor, dando-lhe o título de presidente do Reich, título que Hitler eliminou quando assumiu o poder, em 1933. Goebbels tornou-se o novo chanceler da Alemanha e Bormann, ministro do partido.

Com esses arranjos feitos, Hitler ditou seu último testamento. Foi seu último ataque odioso ao "judaísmo global e seus ajudantes" como a causa da guerra. O próprio Hitler, é claro, não tinha culpa pelo desastre que se abatera sobre a Alemanha. No mesmo dia da queda do Reich, Hitler se casou com sua amante e os dois se suicidaram. Seus corpos foram retirados do bunker e queimados.

No dia seguinte, Goebbels e sua esposa também se suicidaram, após matarem seus seis filhos. Bormann e outros fugiram do bunker assim que as tropas soviéticas chegaram à área. Aqueles que fugiram tentaram escapar antes que os soviéticos cercassem a cidade. Bormann aparentemente foi morto antes de sair.

A ESTRANHA HISTÓRIA DOS OSSOS DE HITLER

Quando a batalha por Berlim começou, Stalin temeu que Hitler pudesse escapar e retornar para começar outra guerra com um Estado nazista revitalizado. Quando os oficiais alemães disseram, durante as negociações de rendição, que Hitler estava morto, Stalin quis ter certeza. Nos dias após a rendição, os soviéticos localizaram e identificaram os restos mortais carbonizados de Hitler e de sua amante. De lá, uma parte do crânio e da mandíbula de Hitler foi colocada em uma caixa e levada, à la Indiana Jones, para Moscou, onde ficaram escondidos até 1991, quando, após a queda da União Soviética, muitos segredos curiosos foram revelados.

Esses ossos ainda estão em Moscou. O resto do corpo de Hitler, o corpo de sua amante e os restos mortais da família Goebbels foram transportados secretamente e enterrados em uma base militar soviética na Alemanha. Em 1970, por ordem do chefe da KGB Yuri Andropov, eles foram exumados, pulverizados e espalhados em um rio próximo. É interessante que o fantasma de Hitler pudesse assombrar uma superpotência nuclear de forma tão intensa que a União Soviética fez de tudo para evitar que seu maior medo se tornasse realidade: um novo movimento nazista surgindo das cinzas [literais] do Führer morto.

A queda de Berlim

Com o fim da liderança política nazista, o oficial alemão de alto escalão em Berlim se rendeu, em 2 de maio de 1945. Imediatamente, comunistas alemães, que haviam estado no exílio na União Soviética desde que Hitler assumiu o poder, foram levados de avião à cidade para estabelecer o governo pró-soviético padrão que também existia na Polônia, na Bulgária e na Romênia.

Sem Saída: Os Alemães Se Rendem

Ciente do desastre que herdou, o almirante Karl Doenitz, como novo presidente do Reich, tentou continuar a guerra, para resgatar alguma honra dela. Curiosamente, ele tinha um mapa capturado, obtido durante a Batalha do Bulge, que delineava as zonas de ocupação propostas para a Alemanha. Ele queria empurrar o máximo possível de soldados e civis alemães para os Aliados ocidentais.

A rendição alemã aos britânicos e aos norte-americanos

Doenitz tentou firmar um acordo com o general britânico Montgomery em 3 de maio para lhe entregar todas as forças alemãs, incluindo as que enfrentavam os soviéticos, como comandante do 21º Grupo de Exércitos. Montgomery recusou, exigindo apenas a rendição incondicional. Após discutir essa resposta com seus oficiais alemães, Doenitz voltou ao quartel-general de Montgomery, em 4 de maio, para assinar uma rendição incondicional de forças perante o 21º Grupo de Exércitos.

As hostilidades terminariam em 8 de maio de 1945. No dia seguinte, a delegação alemã viajou para a sede de Eisenhower, em Rheims, na França, para assinar outro acordo de rendição. Os alemães tentaram novamente fazer um acordo separado com os norte-americanos, mas Eisenhower recusou. Ele, no entanto, concordou em manter suas linhas abertas por mais 48 horas para permitir que os alemães cruzassem o setor ocidental para obter uma rendição assinada.

Alfred Jodl, representando o almirante Doenitz, assinou a rendição incondicional para todas as forças alemãs, com efeito um minuto após a meia-noite de 9 de maio de 1945. Entre 8 e 9 de maio, cerca de 2 milhões de soldados alemães entraram nas linhas norte-americanas e britânicas para se render, em vez de cair nas mãos dos soviéticos. Quando o prazo do documento expirou, 1,25 milhão de soldados alemães se tornaram prisioneiros de guerra soviéticos.

Incansável: Stalin faz de novo

Zangado com o fato de os alemães terem procurado Eisenhower para assinar um acordo de rendição (embora Eisenhower fosse o comandante supremo das forças aliadas), Stalin estava determinado a não permitir que o Exército Soviético perdesse a oportunidade de assumir o centro do palco. Assim, com o marechal de campo William Keitel, chefe do Estado-maior do quartel-general de Hitler, disponível para assinar, os soviéticos realizaram sua própria cerimônia em Berlim, com a presença de representantes da França, dos Estados Unidos e da Grã-Bretanha. O marechal Gregori Zhukov, herói da defesa de Moscou e de Stalingrado, representou Stalin e a União Soviética.

Comemorando o Dia da Europa

Para os Aliados, 8 de maio foi declarado como o Dia da Vitória da Europa. O dia 9 de maio foi o dia oficial da vitória da União Soviética.

Pulos de alegria: Os Aliados comemoram

Em Moscou, 3 milhões de pessoas lotaram a Praça Vermelha para comemorar. Um observador notou uma curiosa mistura de alegria desenfreada com uma sensação de perda e tristeza.

Em Londres, não houve restrições de blackout pela primeira vez em seis anos. As pessoas aglomeraram-se nas ruas, e a princesa Elizabeth encontrou a multidão fora do palácio.

Em Nova York, 500 mil pessoas lotaram a Times Square gritando "Acabou! Acabou!". Como os russos, os norte-americanos podiam comemorar e ficar tristes ao mesmo tempo. A nação ainda estava de luto pela morte de Roosevelt.

Em Paris, Amsterdã, Bruxelas e Oslo, as comemorações foram semelhantes. O primeiro-ministro britânico Winston Churchill resumiu as emoções dos Aliados ocidentais durante seu discurso à nação, em 8 de maio: "Os malfeitores estão agora prostrados diante de nós [...]. Mas não nos esqueçamos nem por um momento as labutas e os esforços que temos pela frente. O Japão, com toda a sua traição e ganância, permanece impassível."

Nem é tudo isso

Embora o fim da guerra na Europa tenha sido um momento para comemorar, nenhum conflito que dura anos, mata e fere milhões e remodela países está completamente acabado quando a tinta da declaração de rendição se seca. Muitas coisas ainda precisam ser resolvidas, e, para muitos, os primeiros momentos de júbilo mais cedo ou mais tarde dão lugar à compreensão do pouco que resta. Considere o seguinte:

» Embora a luta tenha terminado oficialmente à meia-noite de 9 de maio de 1945, algumas unidades espalhadas continuaram a lutar, sem saber que o Reich alemão havia deixado de existir.

» Por semanas após a guerra, milhões de refugiados (*pessoas deslocadas*, no jargão militar) atravessaram as planícies da Europa em grandes massas migratórias, voltando ao que eles lembravam ser seu lar.

» A maioria dos judeus europeus que sobreviveram ao Holocausto ficou doente (em decorrência dos abusos sofridos nos campos de concentração nazistas), sem-teto (suas propriedades foram roubadas pelo nazismo ou destruídas pela guerra) e sozinhos (com esposas, maridos, filhos, pais e irmãos assassinados). Ainda hoje continua o debate sobre a forma como essas pessoas podem ser compensadas por tudo o que perderam.

» Havia a questão dos milhares de prisioneiros de guerra alemães. A maioria que estava sob controle soviético morreria em campos sob condições adversas. Alguns sobreviventes seriam libertados mais de dez anos após o fim da guerra. Os prisioneiros de guerra russos que retornaram à União Soviética foram considerados traidores e foram enviados aos gulags soviéticos ou mortos imediatamente.

Reconstruindo uma Nova Alemanha: A Conferência de Potsdam

O governo do almirante Doenitz continuou existindo por duas semanas após a assinatura dos documentos de rendição, principalmente para garantir que todas as unidades alemãs, incluindo os U-boats ainda no mar, se rendessem silenciosamente. Depois que essas duas semanas se passaram, todo o governo foi preso; alguns dos membros seriam julgados por crimes de guerra.

Com o desaparecimento do governo alemão, o território que formava a Alemanha foi dividido em quatro zonas de ocupação (francesa, britânica, soviética e norte-americana), de acordo com as prioridades das nações que as controlavam (veja a Figura 20-3): os soviéticos estabeleceram uma economia dirigida pelo Estado; as potências ocidentais estabeleceram a liberdade de imprensa e as eleições democráticas. A Áustria também foi dividida em zonas de ocupação (seria reunificada como um país neutro dez anos depois).

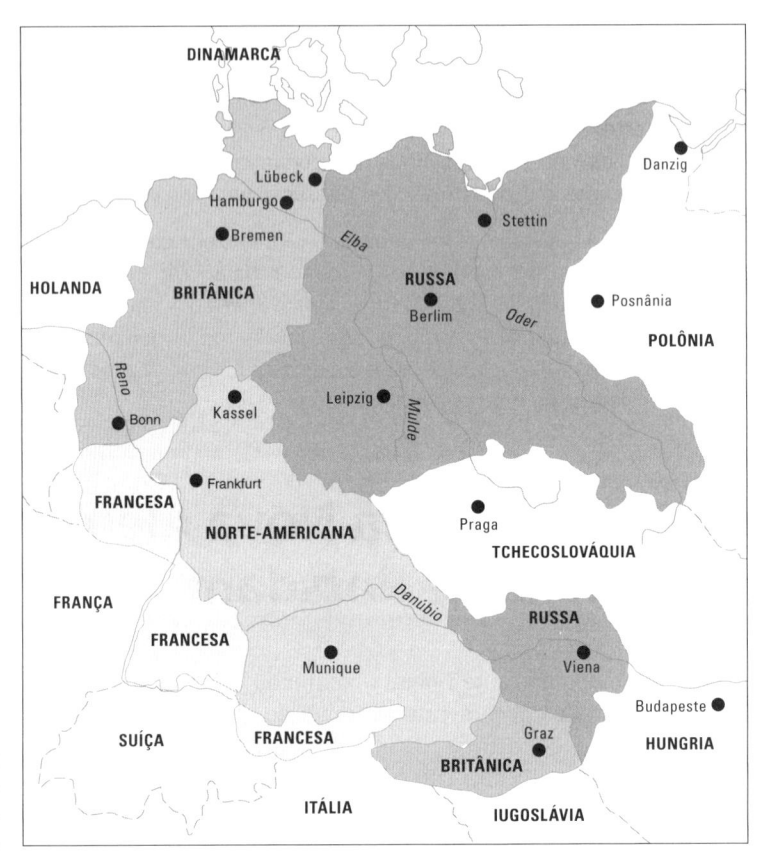

FIGURA 20-3: Alemanha Dividida, 1945.

Entrando no samba: Os recém-chegados

Em meio a essas mudanças, os líderes aliados se reuniram de 17 de julho a 2 de agosto de 1945, em Potsdam, uma cidade fora de Berlim, para decidir o curso futuro dos acontecimentos na Europa. Havia alguns rostos novos à mesa por lá: o novo presidente norte-americano, Harry S. Truman, e o novo primeiro-ministro britânico, Clement Atlee.

Harry Truman

Truman era um veterano da Primeira Guerra Mundial. Ele chamou a atenção do público pela primeira vez como senador do Missouri, atuando como vigilante contra o desperdício e a fraude em contratos de guerra do governo. Uma escolha a partir de acordos para ser vice-presidente em 1944, Truman era o homem invisível no governo Roosevelt, o que significava que ele não estava a par de reuniões nas quais Roosevelt discutia suas decisões ou políticas sobre o envolvimento dos Estados Unidos na guerra.

Quando Roosevelt morreu, Truman teve que ficar esperto muito rápido. Embora fosse um bom aprendiz, dedicado e consciencioso, Truman teve apenas uma breve familiarização com os eventos e decisões importantes com os quais agora era chamado a lidar.

Clement Atlee

No meio da conferência, Winston Churchill, o líder indomável da guerra, foi substituído como primeiro-ministro nas eleições nacionais por Clement Atlee, que havia servido no governo de coalizão de Churchill. Basicamente, os eleitores britânicos decidiram que um novo líder os conduziria em paz.

Esboço da conferência: O que foi decidido

Por causa dos novos participantes da conferência (Harry S. Truman em vez de Franklin Roosevelt, e Clement Atlee em vez de Winston Churchill), Stalin foi deixado sozinho, o primeiro entre iguais, por assim dizer — um velho e astuto veterano no meio dos recém-chegados.

As seções a seguir listam quais decisões saíram da conferência de Potsdam.

O futuro da Alemanha

A Alemanha deveria ser desmilitarizada, livrada do nazismo e dividida. No lugar de um governo, foi acordado que um Conselho de Controle Aliado a administraria. Mas o plano não deu em nada, porque cada potência tinha o controle absoluto sobre o que fazia em sua própria zona de ocupação.

A guerra contra o Japão

A batalha dos Estados Unidos por Okinawa acabara de terminar, com terríveis baixas norte-americanas (veja o Capítulo 22), e Truman já havia aprovado os planos para uma invasão das ilhas japonesas em novembro de 1945. Temendo pesadas perdas, ele precisava da garantia de Stalin de que as forças soviéticas se juntariam à guerra e manteriam as forças japonesas na China e na Manchúria ocupadas. Stalin concordou em entrar na guerra em 15 de agosto.

As fronteiras da Polônia

Stalin pressionou por novas fronteiras para a Polônia, que se estenderiam até o oeste e eliminariam a maior parte do leste da Alemanha, de antes da guerra. Os outros Aliados concordaram, desde que a população alemã fosse removida do território agora declarado como polonês.

TRUMAN, STALIN E A BOMBA

Antes de chegar a Potsdam, o presidente Truman foi notificado do teste bem-sucedido da primeira bomba atômica no Novo México. Ele havia sido informado sobre o projeto e estava ciente de seu poder destrutivo, mas até que o teste realmente ocorresse, o conceito ainda era teórico. Agora que a bomba era uma realidade, Truman esperava que a arma fosse considerada para uso contra o Japão. Com a aprovação de Churchill, Truman decidiu contar a Stalin sobre o programa ultrassecreto. Truman mencionou suas informações em um aparte confidencial para Stalin. O ditador nem se intimidou, o que intrigou Truman. Na realidade, muitos dos principais cientistas que trabalhavam no projeto da bomba atômica desde o início eram agentes soviéticos. Naquela altura, pode ser que Stalin soubesse mais sobre o programa do que Truman. A única informação nova que Truman forneceu foi que a bomba realmente funcionou. Na verdade, meses antes, Stalin já havia aproveitado o conhecimento científico superior da União Soviética e o aplicado a um programa intensivo para desenvolver uma bomba atômica soviética, usando planos fornecidos pelos agentes soviéticos. Só Stalin sabia que a corrida às armas nucleares já havia começado.

Além disso, todos se comprometeram a apoiar as eleições livres na Polônia, mas nenhum calendário foi definido.

Pagamentos de guerra alemães aos soviéticos

Stalin exigiu que os alemães pagassem pela destruição infligida à União Soviética durante a guerra. Ele queria que pessoas, máquinas e bens fossem transferidos para o controle soviético. Ninguém queria entregar os alemães, que, para todos os efeitos, se tornariam escravos dos soviéticos (daí a condição de que a população alemã fosse removida da Polônia; veja a seção anterior). No final, foi decidido o seguinte:

» Os soviéticos retirariam suas reparações de sua própria zona de ocupação. Ninguém duvidou de que eles teriam feito isso de qualquer maneira, mas o acordo deu a Stalin autoridade legal para retirar da zona soviética tudo de valor.

» Os Aliados ocidentais concordaram em fornecer um apoio adicional para as reparações necessárias na forma de transferência de indústria não essencial, em troca de transferências de alimentos e matérias-primas da zona soviética.

» Esse acordo foi simbólico: ambos os lados perceberam que ninguém receberia muito mais do que já possuía em suas zonas.

Amarrando as pontas soltas: Os planos para outra conferência

Como o acordo foi frouxo, muitas decisões foram adiadas para uma conferência de paz final, que supostamente resolveria todas as questões. Os tratados formais de paz e outros arranjos seriam elaborados por um Conselho de Ministros das Relações Exteriores.

No momento em que essas reuniões foram realizadas, no entanto, os soviéticos não precisavam mais cooperar com os Aliados ocidentais. Stalin já tinha um governo comunista operando na Polônia e tinha pouco interesse em cumprir sua promessa de eleições livres. Ele também detinha muito da Alemanha e da Europa Oriental, e dirigia todas as atividades lá.

Aviso ao Japão: A ameaça secreta

A Declaração de Potsdam foi uma mistura de ameaças e promessas para o Japão:

- » A rendição incondicional continuou obrigatória.
- » A infraestrutura militar do Japão e o controle militar do governo seriam eliminados.
- » A soberania japonesa se estenderia apenas às suas ilhas natais.
- » A Coreia seria livre e independente.
- » O Japão seria ocupado e desarmado, e os criminosos de guerra enfrentariam os tribunais.
- » O Japão teria garantidos um governo democrático e um retorno às relações normais com outras nações em algum momento no futuro.

De certa forma, a oferta ao Japão foi um negócio muito melhor do que a que fizeram à Alemanha. Basicamente, porém, os Aliados deram ao Japão um ultimato ameaçador — eles insinuaram que possuíam um poder muito maior do que o que destruiu a Alemanha. Se o Japão não se rendesse logo, os Aliados garantiriam a "destruição imediata e total" — uma referência velada à bomba atômica, que os EUA já haviam testado.

Os japoneses rejeitaram publicamente a declaração, mas, nos bastidores, o governo japonês buscou a ajuda de Stalin para servir como mediador para negociar um acordo de paz. Stalin não quis saber disso. Ele queria entrar na guerra contra o Japão para reunir o máximo de território possível no Extremo Oriente antes que a bomba atômica acabasse com a guerra.

Pontas Soltas de uma Vitória Amarga

A guerra na Europa acabou, mas os frutos da vitória foram amargos para todos os Aliados:

- A Grã-Bretanha era um leão ferido, enfraquecido pelos esforços da guerra e pela perspectiva de mais combates contra o Japão, enquanto reunia o Império Britânico na Ásia.

- A União Soviética, confrontada com a devastação em casa e com as nações em ruínas da Europa Oriental a seus pés, ganhou a proteção de segurança que desejava e uma Alemanha desmembrada. A União Soviética agora se voltaria para estabelecer e expandir seu domínio, enquanto olhava para o Extremo Oriente para aquisições adicionais.

- Os EUA ficaram maravilhados com o que havia acontecido na Europa, satisfeitos com a destruição da praga de Hitler e do nazismo, mas também preocupados com os soviéticos e suas ambições. Até o presidente Roosevelt chegou à conclusão de que o Tio Joe não cooperaria como ele esperava. Para os norte-americanos, o Dia da Vitória da Europa foi apenas uma pausa. A guerra só acabou depois que o Japão se rendeu. E, em agosto de 1945, isso ainda parecia estar muito longe de acontecer.

> **NESTE CAPÍTULO**
>
> » As batalhas pelas ilhas de Okinawa e de Iwo Jima
> » Os Aliados planejam uma invasão ao Japão
> » A bomba atômica e o fim da guerra
> » A ocupação do Japão e o recomeço

Capítulo **21**

A Derrota Japonesa

Em 1945, o poder e a força do poderio militar norte-americano começaram a exercer uma forte pressão sobre os japoneses. Desde 1942, os Aliados lutavam na guerra no Pacífico com o mínimo de apoio. Agora, com o fim da guerra na Europa, o oleoduto, os suprimentos e os equipamentos para as tropas se abriram para os norte-americanos (o general Douglas MacArthur e o almirante Chester Nimitz) que lideravam a luta contra os japoneses. Eles tinham 1,5 milhão de soldados, quase 1.000 navios de combate, milhares de embarcações de desembarque e de assalto e quase 30 mil aeronaves — uma força sem igual na história.

Em teoria, parecia que vencer a guerra seria moleza para os EUA. Mas as guerras não são travadas no papel: elas são travadas com aço, sangue e fibra moral. Embora gravemente enfraquecidos economicamente e com a maior parte de seu poder aéreo e marítimo destruídos, os japoneses ainda eram inimigos fortes. O Exército Japonês lutava com bravura e determinação inconsequentes, o que anulava o grande número de militares norte-americanos. Os pilotos *kamikaze*, sem medo da morte, destruíam até navios com seus aviões suicidas. O povo japonês estava unido no seu esforço de resistir. Leais ao imperador, estavam dispostos a suportar quaisquer dificuldades — e lutar contra si mesmos, mesmo que isso significasse morrer — para proteger as ilhas de invasores.

Os últimos meses da Segunda Guerra Mundial seriam os mais sangrentos e terríveis de uma guerra já longa e terrível.

Retornando às Filipinas

MacArthur empreendera uma campanha eficaz contra as forças japonesas nas Filipinas até 1945 (veja o Capítulo 19). Como fizera em sua campanha por ilhas entre 1943 e 1944, ele procurou controlar áreas-chave que poderiam ser usadas como bases aéreas para viabilizar ataques anfíbios e terrestres. Como nunca sabiam onde MacArthur atacaria em seguida, os japoneses acabaram lutando em várias direções, tentando defender tudo de uma vez.

As Filipinas, porém, eram diferentes. O desembarque em Leyte (discutido no Capítulo 19) surpreendeu os japoneses, mas todos sabiam que a verdadeira batalha das Filipinas aconteceria na ilha principal de Luzon:

» Manila, a capital das Filipinas, ficava em Luzon, assim como a maioria da população filipina.

» Luzon era também a área de Bataan e da Ilha do Corregidor, locais de derrotas norte-americanas humilhantes em 1942 (veja o Capítulo 8).

» Os japoneses mantiveram milhares de prisioneiros de guerra norte--americanos e filipinos em Luzon.

Os japoneses sabiam que os norte-americanos estavam chegando; eles também sabiam que perder o controle de Luzon cortaria as linhas de suprimento das Índias Orientais Holandesas para o Japão e também colocaria o poder aéreo norte-americano mais perto do Japão (veja a Figura 21-1). A batalha por Luzon seria uma luta tudo ou nada para os mais de 200 mil defensores japoneses sob o comando de um dos generais mais capazes do Exército Japonês, o general Tomoyuki Yamashita.

Luzon: A primeira fase

Em 9 de janeiro de 1945, MacArthur enviou o 6º Exército, de 68 mil homens, comandado pelo general Walter Krueger, para a batalha. Em seu caminho para o golfo, a frota de invasão sofreu uma série de ataques kamikaze, que afundou um porta-aviões de escolta e danificou dezenas de navios. O 6º Exército desembarcou no Golfo de Lingayen, onde os japoneses desembarcaram para iniciar a invasão das Filipinas em 1941. A equipe de desembarque recebeu apoio:

» A frota do almirante Halsey iniciou uma campanha no Mar da China Meridional que devastou o poder de combate japonês e impediu qualquer reforço para as Filipinas. Seus aviões atacaram aeródromos japoneses em

Formosa (Taiwan) e na Indochina (Vietnã), destruindo quase seiscentas aeronaves e afundando mais de cem navios japoneses em pouco menos de três semanas.

» Enquanto uma grande frota protegia o pouso, aeronaves norte-americanas de Mindoro, Leyte e das Ilhas Palau (Peleliu — capturado por fuzileiros navais norte-americanos em setembro de 1944; veja o Capítulo 19) cobriam os céus, assediando os defensores japoneses e impedindo a chegada de reforços para proteger as praias.

» Os guerrilheiros filipinos atacaram guarnições, comunicações e pontes para desacelerar e confundir os japoneses.

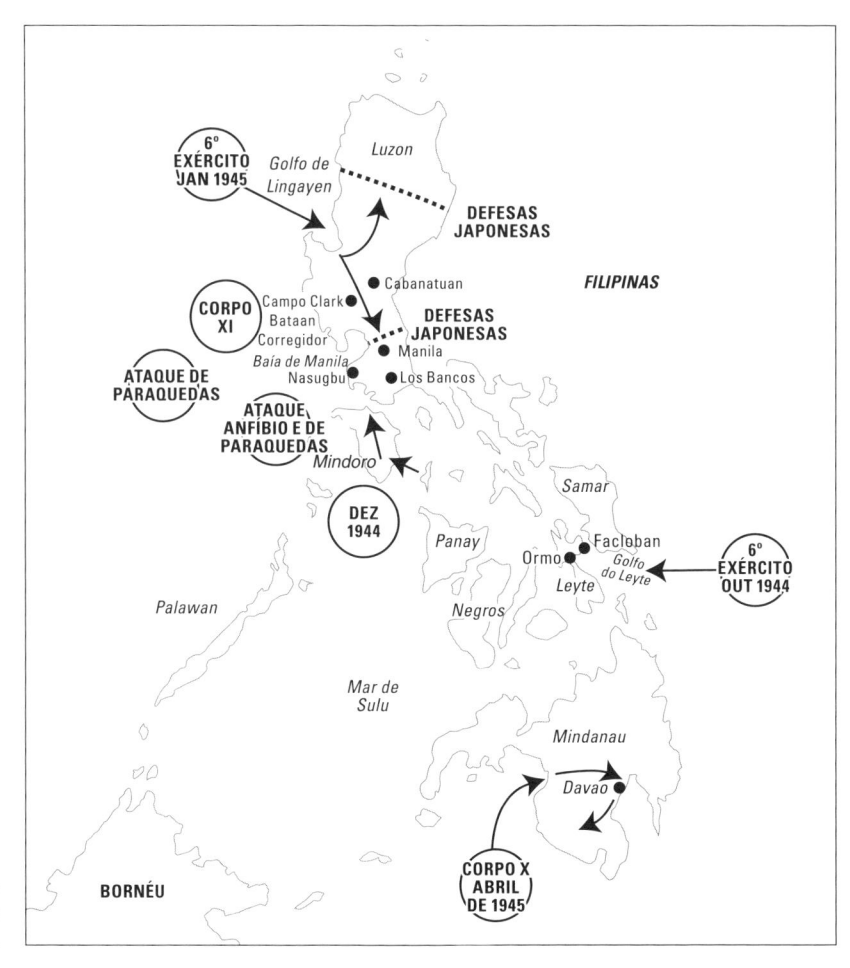

FIGURA 21-1: Libertação das Filipinas.

Os pousos foram bem-sucedidos, e Krueger foi capaz de abrir uma saída na praia com 25km de largura e 7km de profundidade contra quase nenhuma oposição inimiga. O próprio MacArthur chegou à praia com os soldados.

Uma vez em segurança na ilha, Krueger dividiu suas forças, enviando um grupo para isolar os defensores japoneses no norte da ilha, enquanto seu outro grupo se movia rapidamente para o interior, capturando a antiga base aérea dos EUA em Clark Field e se dirigindo para Manila. Assim que as forças terrestres se moveram para o interior, bases aéreas foram instaladas atrás delas para fornecer apoio aéreo às tropas em combate.

Em 31 de janeiro de 1945, os japoneses haviam sofrido 15 mil baixas, os norte-americanos, menos de 6 mil. No início de fevereiro, as forças dos EUA dividiram os japoneses em grupos isolados. Sem meios para coordenar sua defesa, Yamashita perdeu a campanha. No entanto, ninguém desistiu.

Nada é poupado: Terror em Manila

O ataque a Manila começou em 2 de fevereiro de 1945. Os 18 mil japoneses que defendiam a cidade eram principalmente uma coleção de forças navais, a maioria das quais não estava sob o comando direto de Yamashita. O comandante naval posicionara suas tropas em uma direção errada; assim, quando o ataque chegou, ele teve que mudar seus planos de batalha rapidamente. Ordenou que ninguém sob seu comando fosse preso com vida.

Diferentemente de outras cidades que foram poupadas da destruição, o centro de Manila tornou-se uma armadilha mortal para a infantaria norte-americana. Os japoneses destruíram pontes, edifícios e linhas de água. Eles provocaram incêndios que muitas vezes saíram do controle. Embora MacArthur tenha limitado o uso de artilharia e de ataques aéreos para evitar a destruição da outrora bela cidade e limitar as vítimas civis, os japoneses aproveitaram a situação para infligir vingança aos filipinos. Muitos filipinos inocentes foram mortos e feridos pelos japoneses e por ataques aéreos e de artilharia norte-americanos.

Os japoneses e os norte-americanos lutaram de casa em casa e de rua em rua. Em 22 de fevereiro, a cidade estava em ruínas, e o comandante japonês e os últimos remanescentes de seu comando esconderam-se na cidade velha, que tinha paredes de 12m de espessura e 5m de altura em alguns pontos. Lá, eles tinham 4 mil reféns filipinos também. Os apelos à rendição foram ignorados, e a artilharia e os tanques dos EUA abriram enormes buracos nas paredes à queima-roupa. Demorou mais de um dia para destruir o inimigo e mais oito para finalmente colocar a cidade sob controle. Apenas 4.500 japoneses sobreviveram à batalha. Os norte-americanos sofreram 6.500 baixas. Os filipinos sofreram mais do que todos, com mais de 100 mil mortos no conflito.

O TIGRE DA MALÁSIA

O general Tomoyuki Yamashita (1885–1946) foi um comandante excelente e ativo na intriga política contra o governo civil antes da guerra. Sempre muito respeitado por suas habilidades, ganhou destaque com o Exército Kwantung na China. Em 1941, assumiu o comando do 25º Exército e liderou-o contra a fortaleza britânica da Malásia. Seu uso brilhante de táticas de infiltração, seu conhecimento dos hábitos e pensamentos ocidentais e seu uso de fintas e engano lhe permitiram derrotar um inimigo muito superior e capturar o porto estratégico de Singapura. Ele se tornou um herói nacional e o símbolo da habilidade militar japonesa.

Os ciúmes políticos, no entanto, empurraram esse soldado mais hábil para segundo plano, exatamente quando os Aliados começavam a contraofensiva contra as fortalezas japonesas. Embora encarregado de supervisionar as operações na China, as habilidades de Yamashita poderiam ter sido mais bem utilizadas em outro lugar naquele momento crítico. Ele foi convocado para comandar a defesa das Filipinas em outubro de 1944, tarde demais para fazer muita diferença. Em setembro de 1945, ele se rendeu, em vez de continuar uma luta já perdida.

Um tribunal militar julgou e sentenciou Yamashita à morte por atrocidades cometidas contra civis filipinos durante a Batalha de Manila, uma acusação que ainda é delicada para os advogados militares: o comandante é pessoalmente responsável se os soldados sob seu comando cometem atrocidades? A sentença era controversa na época e ainda é hoje. Yamashita foi enforcado em 1946.

Morte vinda de cima no Corregidor

Enquanto a batalha por Manila continuava, MacArthur ordenou que as forças norte-americanas tomassem a ilha de Corregidor. A ilha-fortaleza era o símbolo da força norte-americana e desempenhou um papel fundamental nos planos defensivos das Filipinas. Foi o local em que o próprio MacArthur deixou seus homens quando o presidente Roosevelt ordenou que ele fosse para a Austrália. E foi o local de uma rendição humilhante do Exército dos EUA.

Em 16 de fevereiro de 1945, veteranos paraquedistas do 503º Regimento de Infantaria Paraquedista pousaram no topo da ilha. Os paraquedistas lutaram por duas semanas inteiras em um pesadelo de destruição de túneis e de armadilhas à luz do dia, seguido de ataques noturnos pelos japoneses.

Apoiados por um desembarque anfíbio de reforços adicionais, os soldados de infantaria dos EUA foram poupados do horror de lutar contra os japoneses nos profundos túneis subterrâneos que antes abrigavam os defensores norte-americanos. Os japoneses explodiram os túneis, matando-se em vez de serem capturados. Apenas 19 dos quase 5 mil defensores deixaram a ilha com vida. As perdas norte-americanas foram inferiores a 700.

Em 2 de março de 1945, MacArthur ficou parado enquanto os soldados hasteavam a bandeira dos EUA mais uma vez no Corregidor, no mesmo mastro que estava quando os japoneses a sacaram, em 1942.

Terminando a batalha para limpar Luzon

Com a queda de Manila, Bataan e Corregidor, muitas vezes se presume que a batalha nas Filipinas terminou. Certamente, não. Mais de 100 mil defensores japoneses ofereceram uma forte resistência nas montanhas ao norte de Luzon. As forças japonesas também se esconderam em uma rede de túneis e buracos nas montanhas a leste de Manila. Os avanços geralmente eram medidos em jardas. A infantaria norte-americana teve que limpar cada encosta com artilharia e ataques de bombardeio aéreo, granadas de mão e lança-chamas.

A batalha para limpar Luzon continuou até 2 de setembro, quando Yamashita rendeu suas forças, em sua maioria, famintas e exaustas. Quando tudo acabou, viu-se que Luzon custou quase 8 mil vidas norte-americanas desde janeiro de 1945. Outros 32 mil ficaram feridos. Os japoneses perderam 192 mil homens. Apenas 9.700 foram capturados no final da guerra.

Mindanao: Há mais luta pela frente

Na grande ilha de Mindanao, MacArthur enviou várias divisões norte-americanas para destruir 43 mil defensores japoneses e capturar a principal cidade de Davao. A ilha correspondia às condições da Nova Guiné (veja o Capítulo 15): montanhosa, pantanosa, com selvas densas e terrivelmente quente. Os guerrilheiros filipinos apoiaram os ataques anfíbios dos EUA à ilha, que não enfrentaram nenhuma resistência séria. Os norte-americanos fizeram um movimento exaustivo para atravessar o local até Davao, dividindo entre eles os grupos que enfrentariam de defensores japoneses.

Davao foi abandonada, o que fez com que as batalhas finais fossem travadas na selva densa, onde os japoneses tinham todas as vantagens, exceto duas:

» **Reabastecimento:** Sem comida e sem munição, os defensores japoneses não podiam lutar por muito tempo.

» **Poderio aéreo:** Sem cobertura aérea amigável, os japoneses não tinham ninguém para os proteger — ou pelo menos diminuir o ritmo — das bombas aliadas que caíam sobre eles dia e noite.

Ainda assim, os remanescentes do exército japonês defendendo a ilha só desistiram em 30 de junho. Quase metade dos defensores se rendeu, um número extraordinariamente alto dada a disposição dos japoneses de morrer em vez de se render. A perda para as forças norte-americanas foi de cerca de oitocentos homens.

Um triunfo esquecido: As Filipinas

A campanha para tomar as Filipinas é um dos triunfos esquecidos dos Exércitos dos EUA. O fato notável é, porém, que em menos de dois meses as forças aliadas expulsaram os japoneses das Filipinas, embora a resistência japonesa, em face de todas as probabilidades, tenha prolongado a campanha até seu amargo fim.

Apesar das condições da campanha, com pequenas unidades lutando na selva e nas cidades, as perdas gerais em combate foram leves — muito longe daquelas na Europa de novembro de 1944 a maio de 1945. Como uma campanha combinada, usando forças aéreas, marítimas e terrestres para criar um único efeito, a operação nas Filipinas é incomparável na Segunda Guerra Mundial.

No Ar e no Mar: O Japão na Mira

No meio da campanha das Filipinas, o bombardeio estratégico contra as ilhas do Japão começou para valer. A campanha submarina contra a navegação japonesa atingiu seu clímax. O ataque aéreo e marítimo pretendia cumprir dois objetivos:

» Esgotar a capacidade de guerra do Japão, cortando suas linhas de abastecimento pelo mar.

» Destruir a capacidade do Japão de continuar a guerra destruindo sua base industrial.

Os Aliados usaram duas ferramentas para cumprir esses objetivos: o submarino e o B-29 Superfortress.

O B-29 era um bombardeiro de precisão de alta altitude que enfrentou o combate pela primeira vez na Ásia em junho de 1944. Cerca de 4 mil B-29s foram produzidos durante a guerra. Com uma tripulação de dez pessoas, cabine pressurizada, armas de controle remoto e radar para auxiliar no bombardeio, o B-29 era o bombardeiro mais moderno do mundo. Ele conseguia carregar 9.000kg de bombas por 5.200km (6.500km com tanques de combustível extras) e voar a uma altitude de 31 mil pés (9.450m). Sua envergadura de 43m era duas vezes maior que o bombardeiro B-25 Mitchell (21m), que voou do convés do USS *Hornet* para atacar o Japão em 1942. No Capítulo 25, conheça mais armas que foram importantes na Segunda Guerra Mundial.

Com o fim da guerra na Europa, a 8ª Força Aérea foi transferida para o Pacífico para se juntar à 20ª Força Aérea. Sua tarefa era atacar alvos no Japão. Depois de novembro de 1944, quando os Aliados capturaram essas ilhas (veja o Capítulo 19), as Marianas se tornaram a base para ataques de bombardeio. (Anteriormente, os ataques ao Japão chegavam de bases aéreas da China.)

Visando Tóquio, Osaka e outras cidades

A partir de março de 1945, o major-general dos EUA Curtis LeMay enviou seu comando de bombardeiro, todas as 279 aeronaves, contra alvos japoneses à noite, em baixo nível, usando bombas incendiárias. Os resultados foram devastadores para os japoneses. Mais de 13 mil toneladas de bombas caíram em Tóquio, Kobe, Nagoya, Yokohama e Osaka. Mais de 2 mil toneladas de bombas caíram apenas em Tóquio, matando milhares de pessoas. O ataque aéreo a Tóquio em 9 e 10 de março foi o mais destrutivo da história até então.

Com a captura de Iwo Jima (veja a seção "A Luta por Iwo Jima"), os caças norte-americanos poderiam escolher os bombardeiros até seus alvos. Com domínio quase total dos céus sobre o Japão, os bombardeiros voaram mais baixo e lançaram bombas com mais eficácia. Entre janeiro e agosto de 1945, cerca de 162 mil toneladas de bombas caíram no Japão:

- » Grupos de cinquenta a cem aviões cruzaram o Japão em um fluxo regular, destruindo suas indústrias de guerra, uma por uma.
- » Quase 1 milhão de civis morreram e outros milhões ficaram desabrigados.
- » Os bombardeiros lançaram minas nas águas costeiras ao redor das ilhas para paralisar os esforços de abastecimento dos japoneses por mar.

Os bombardeiros levaram a guerra ao povo japonês de uma forma que ninguém jamais sonhou; a indústria japonesa foi em grande parte destruída e quase todas as funções normais do cotidiano foram interrompidas.

Mirando navios mercantes: Operações submarinas

O Japão dependia da sua frota mercante para suprir as necessidades do seu povo e para fornecer a matéria-prima necessária para sustentar sua produção de guerra. O país também precisava fornecer apoio às suas tropas, espalhadas por centenas de ilhas no Pacífico. Isso significava um movimento constante de navios mercantes, petroleiros e navios de munição e tropas viajando de um lado para o outro através das rotas marítimas do Pacífico. A destruição desses navios significou o fim da capacidade de luta do Japão.

O submarino foi a arma-chave na luta contra essa parte essencial do esforço de guerra japonês. Embora os japoneses usassem comboios para proteger os navios mercantes, eles não estavam bem organizados nem suficientemente protegidos com navios de guerra para desencorajar os submarinos aliados.

Em 1943, os submarinos norte-americanos afundavam os navios mercantes japoneses mais rápido do que os estaleiros japoneses conseguiam construí-los. Em 1944, os Aliados afundaram mais de 3 milhões de toneladas de navios mercantes, enquanto os japoneses construíram menos de 1 milhão de toneladas. Em 1945, os submarinos dos EUA estavam tendo problemas para encontrar alvos.

Sem mais navios se aventurando em mar aberto, a indústria japonesa começou a carecer de matéria-prima e petróleo. A população japonesa também sofreu, principalmente com a falta de alimentos.

As tripulações da força de submarinos dos Estados Unidos realizaram com o Japão o que os alemães foram incapazes de fazer com a Grã-Bretanha: devastar economicamente uma nação insular por meio do uso de guerra submarina irrestrita. No entanto, a contribuição significativa desses homens para a derrota do Japão foi amplamente esquecida.

A Luta por Iwo Jima

Iwo Jima é uma ilha vulcânica de cerca de 12km^2 a 1.200km de Tóquio. Em 1945, Iwo havia se tornado uma das peças de rocha mais importantes do Pacífico pelas seguintes razões:

» Era a única ilha que tinha bases aéreas. Essas bases permitiriam que bombardeiros médios atingissem o Japão com os B-29; caças baseados em Iwo Jima podiam escoltar bombardeiros até seus alvos.

» Ficava a meio caminho entre Saipan e Tóquio, o que a tornava ideal para pousos de emergência de tripulações de bombardeiros.

Defesas erguidas: Preparações japonesas

Os japoneses sabiam o quanto a ilha era importante para a defesa das ilhas natais. Assim, a força de 21 mil homens liderada pelo general Kuribayashi Tadamichi retirou os civis da ilha. Então, usando toda a experiência aprendida nas batalhas anteriores com os norte-americanos, desde 1943, eles construíram 18km de defesas subterrâneas e acima do solo:

- » Cada ponto do terreno estava coberto por metralhadoras ou artilharia.
- » As praias foram bloqueadas com obstáculos e milhares de minas.
- » Os japoneses construíram abrigos subterrâneos profundos à prova de bombas, túneis e posições de combate cuidadosamente camufladas usando os contornos naturais do terreno a seu favor.
- » As inúmeras cavernas naturais tornaram-se fortalezas.

O general Tadamichi pretendia conter os atacantes o máximo possível, enquanto os aviões kamikaze destruíam a frota norte-americana. Se esse plano não funcionasse, os defensores estariam preparados para lutar até o último homem, cada um jurando matar pelo menos dez norte-americanos antes de ser morto.

Atirando tudo: Bombardeio antes do ataque

A dura experiência havia mostrado aos norte-americanos o que esperar dos japoneses. Ninguém duvidava de que, à medida que as tropas dos EUA se aproximassem do Japão, os japoneses lutariam mais. Eles também sabiam que a defesa japonesa de Iwo Jima lhes daria um vislumbre de como seriam as futuras batalhas com os japoneses.

Os 75 mil fuzileiros navais dos EUA, sob o comando do tenente-general HM ("Howlin' Mad" — Maluco Total) Smith, que programara o ataque a Iwo Jima, não queriam enfrentar os japoneses sem sérios ataques preparatórios. Assim, os Aliados atingiram Iwo Jima por 72 dias consecutivos com tudo o que a força naval e aérea norte-americana ofereceria. Embora os obstáculos da praia e as minas tenham sido destruídos em grande parte, os defensores japoneses estavam seguros em seus túneis e abrigos.

Atingindo a praia e o hasteamento de uma bandeira no Monte Suribachi

Quando os fuzileiros navais desembarcaram, em 19 de fevereiro de 1945, os japoneses os esperavam já preparados (veja a Figura 21-2). Assim que os fuzileiros navais chegaram à praia, viram-se afundando na areia vulcânica profunda que dificultava o movimento e era tão fina que era quase impossível cavar.

Os japoneses dispararam forte e precisamente contra os fuzileiros navais que avançavam, fazendo com que o ataque dos EUA diminuísse até que seus homens precisassem rastejar. Os fuzileiros navais de alguma forma progrediram, avançando contra o fogo pesado com tanques de lançamento de chamas, granadas, artilharia e tratores. Um de seus objetivos era isolar os japoneses do resto dos defensores na porção sudoeste da ilha. No pouso inicial, mais de 2 mil fuzileiros navais já haviam sido mortos ou feridos.

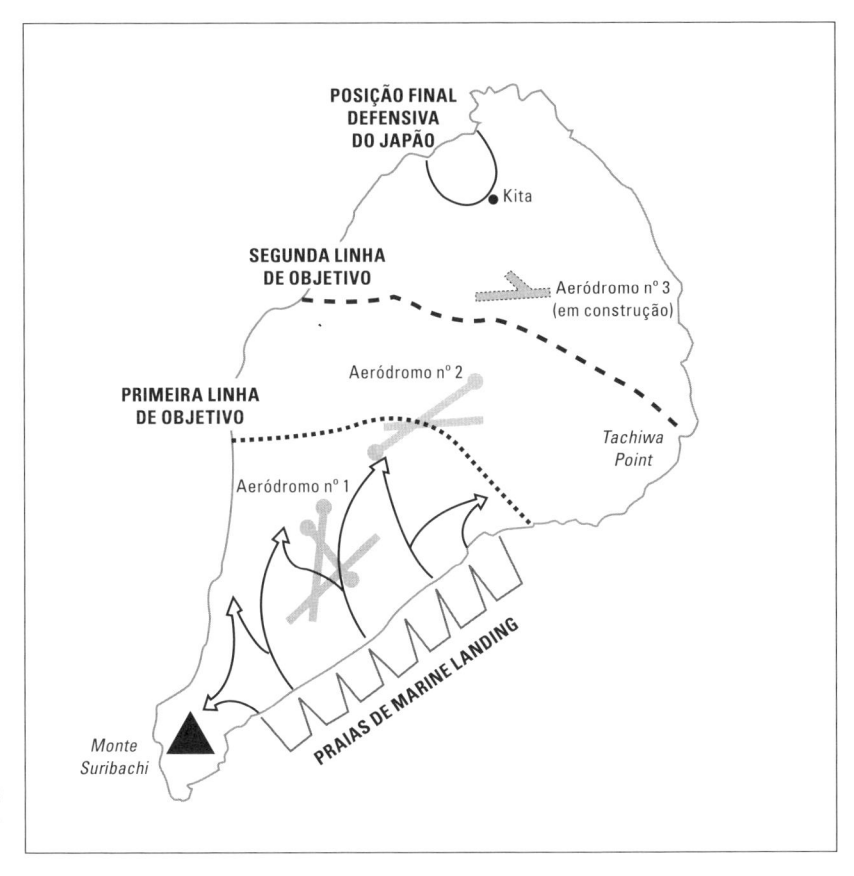

FIGURA 21-2: A batalha de Iwo Jima.

CAPÍTULO 21 **A Derrota Japonesa** 359

EXÉRCITO ALIADO

Nessa parte da ilha ficava o Monte Suribachi, elevando-se a 168 metros sobre ela. Era uma fortaleza natural, que demandou quatro dias de árdua e amarga luta para ser transposta. Enquanto um grupo de fuzileiros navais alcançava o cume, em 23 de fevereiro, e hasteava a bandeira norte-americana em um pedaço de cano de água quebrado que haviam encontrado, outros fuzileiros navais ainda lutavam contra os atacantes japoneses. A bandeira, vista em toda a ilha, foi saudada com aplausos norte-americanos.

INFORMAÇÕES HISTÓRICAS

Poucas horas depois, uma bandeira maior chegou à costa e foi levada para o Suribachi. Foi onde o fotógrafo da Associated Press, Joe Rosenthal, fez uma das fotos mais famosas da história. O novo hasteamento da bandeira apareceu na foto tão perfeitamente composto quanto uma escultura clássica grega. Sua beleza e simetria conferiam-lhe uma serenidade que contrastava com a realidade de morte e de terror que cercava os jovens fuzileiros navais. A foto capturou a essência do esforço de guerra norte-americano e simbolizou para o mundo inteiro o espírito dos estadunidenses na batalha. Perto do cemitério de Arlington, a escultura gigante dos fuzileiros navais no Suribachi é um monumento a todos os fuzileiros navais que morreram em batalha.

O terrível final

A bandeira no Monte Suribachi foi inspiradora (veja a seção anterior), mas não mudou o fato de que os japoneses ainda controlavam grande parte da ilha e não tinham a intenção de desistir. Ganhar a ilha levaria mais três semanas de luta sangrenta e opressora. As defesas japonesas forçaram os fuzileiros navais a lutar por cada metro. Em 4 de março, enquanto os fuzileiros navais lutavam contra o último grupo de defensores na parte noroeste da ilha, os bombardeiros norte-americanos faziam pousos de emergência nos aeródromos capturados.

Uma série de ataques suicidas acabou com a resistência organizada na ilha. Apenas 216 dos 21 mil homens de Kuribayashi foram capturados com vida. O custo foi alto para os norte-americanos — 24.800 mortos ou feridos. Pela primeira vez, as baixas estadunidenses excederam as japonesas.

Embora o custo de conquistar a ilha tenha sido alto, o domínio norte-americano foi estratégico. Como uma base de caça, o esforço de bombardeio contra as ilhas japonesas tornou-se mais eficaz. Como um salva-vidas, era inestimável. Mais de 2.200 aeronaves pousaram de emergência em Iwo Jima, salvando a vida de 25 mil norte-americanos. O maior prêmio de valor dos EUA, a Medalha de Honra do Congresso, foi entregue a 26 fuzileiros navais em Iwo Jima. O almirante Nimitz, falando com a mais profunda admiração pelas conquistas dos fuzileiros navais dos EUA, disse: "Entre os norte-americanos que serviram na Ilha Iwo, a coragem incomum era uma virtude comum."

Okinawa: Cada Dia um Novo 7x1

Enquanto a batalha por Iwo Jima entrava em suas fases finais, outro 10º Exército dos EUA, sob o comando do general Simon B. Buckner, preparava-se para um novo ataque a fim de capturar a ilha de Okinawa. O exército de Buckner tinha uma força de 225 mil homens e foi organizado em divisões de infantaria e divisões anfíbias, incluindo unidades aéreas da Marinha e do Exército para dar apoio direto às forças terrestres.

Situada a cerca de 530km a sudoeste do Japão, Okinawa era uma ilha longa e estreita, com uma área de cerca de 720km². O local era essencial como uma base futura de abastecimento para apoiar as operações dos EUA contra as ilhas japonesas. Tinha cinco aeródromos e espaço para mais, com vários portos e baías para navios e embarcações de desembarque (todos necessários para apoiar a invasão do Japão). Mas capturá-lo apresentou problemas para os Aliados:

- **O terreno:** Em alguns pontos, a ilha era acidentada, com vegetação densa.
- **Os civis na ilha:** Okinawa tinha várias cidades importantes e era densamente povoada por não japoneses, também hostis aos norte-americanos. Até esse ponto, as forças dos EUA nunca tiveram que lidar com grandes populações nativas, o que apresentava novos problemas: como as forças norte-americanas iriam proteger, controlar e prover esses não combatentes?
- **A distância de bases norte-americanas estabelecidas:** À medida que as tropas se aproximavam do Japão, as linhas de abastecimento dos EUA ficavam mais longas. Tudo do que as forças de combate precisavam teria de percorrer uma distância muito longa para chegar à ilha. Portanto, o fornecimento de tropas levaria tempo e, se os suprimentos acabassem durante a batalha, poderia diminuir o ritmo do ataque dos EUA.

Em casa: Os defensores de Okinawa

Os japoneses jogavam em casa. Eles conheciam Okinawa muito bem: haviam treinado suas unidades do Exército na ilha durante anos e a consideravam parte do Japão. Portanto, tinham toda a intenção de tornar a batalha por Okinawa a mais penosa para os norte-americanos.

A estratégia era a mesma de Iwo Jima — defender todas as posições até o último homem enquanto os aviões kamikaze destruíam a frota dos EUA (veja a seção "A Luta por Iwo Jima"). Para tanto, quase 2 mil aviões kamikaze se prepararam para a chegada dos 1.500 navios que formariam a força de invasão aliada. Além disso, 350 torpedeiros suicidas se posicionaram para atacar a frota.

O 32º Exército japonês, sob o comando do tenente-general Mitsura Ushijima, era bem treinado e equipado, e contava com cerca de 100 mil homens, incluindo 20 mil membros da guarda doméstica de Okinawa.

Diferentemente do que ocorreu em campanhas anteriores, os japoneses não defenderam as praias. Ushijima centrou suas defesas em torno da cidade murada de Shuri, no extremo sul da ilha:

» Em torno de Shuri, construiu anéis concêntricos de posições defensivas e, em seguida, estendeu bandas de linhas defensivas pelo estreito pescoço da ilha.

» As cordilheiras nas quais essas defesas estavam ancoradas eram um labirinto de cavernas, túneis, passagens, trincheiras e fortes subterrâneos, todos cuidadosamente camuflados e protegidos de bombardeios.

» Toda a linha defensiva foi coberta por fogo de artilharia e metralhadora.

O pouso fácil

No início de março, os Aliados começaram a preparação para os desembarques do 10º Exército em Okinawa:

» B-29s e aeronaves baseadas em porta-aviões atacaram campos de aviação nas ilhas japonesas, limitando a ameaça do restante da Força Aérea Japonesa.

» Os navios de guerra e as aeronaves navais dos EUA começaram a atingir alvos em Okinawa.

» Várias ilhas menores ao largo de Okinawa foram pegas para evitar a ameaça do barco suicida e criar depósitos offshore de combustível e munição.

» Os caça-minas abriram canais para a frota.

Em 1º de abril, trezentos navios da Marinha dos EUA estavam no mar. Enquanto isso, a 2ª Divisão da Marinha conduziu um pouso de mentira na extremidade sudeste de Okinawa. Uma linha de embarcações de desembarque com 13km de extensão seguia em direção às principais praias de desembarque.

No final do primeiro dia, 50 mil soldados norte-americanos estavam em terra, estabelecendo uma cabeça-de-praia com 13km de largura e 5km de profundidade. A resistência japonesa foi mínima. No dia seguinte, a ilha foi dividida. Os fuzileiros navais foram para o norte e o exército, para o sul.

Os fuzileiros navais tiveram pouca dificuldade em alcançar seus objetivos. Em 19 de abril, ocuparam os dois terços do norte da ilha, protegidos apenas por 2.500 defensores japoneses em uma península isolada. O exército, entretanto, colidiu com a primeira das linhas defensivas japonesas e hesitou (veja a Figura 21-3).

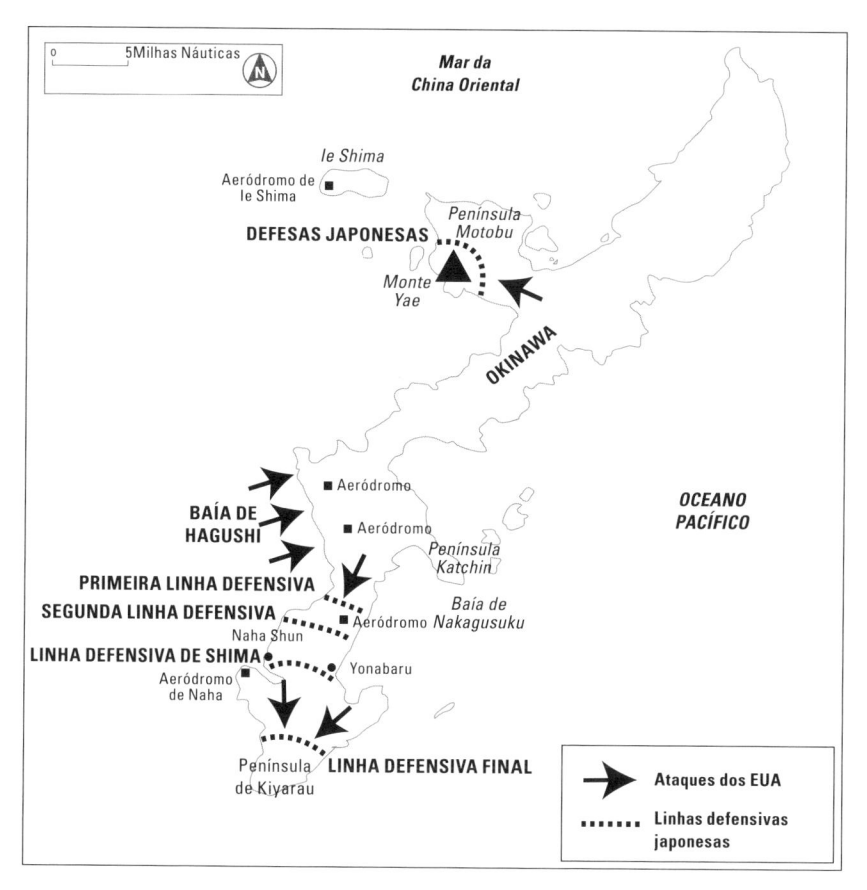

FIGURA 21-3: A Batalha de Okinawa.

Ataques kamikaze

Em abril, enquanto o Exército e os fuzileiros navais dos EUA cruzavam Okinawa, centenas de aviões kamikaze invadiram a 5ª Frota. Mais e mais aviões chegaram para proteger os navios (limitando o apoio aéreo para as forças terrestres, levemente engajadas). Nos primeiros ataques, mais de 380 aviões kamikaze foram abatidos, mas outros chegaram aos alvos, afundando 3 contratorpedeiros, 1 navio de desembarque, 1 de munição e danificando mais 24 navios.

Vários dias depois, os ataques incluíram um novo tipo de aeronave, uma bomba voadora guiada por um homem e acionada por foguete, *Okha* (flor de cerejeira), lançada de um bombardeiro. A Okha carregava mais de 1,5 tonelada de explosivos e viajava a mais de 800km por hora. Os norte-americanos, em referência ao que pensavam do estado mental dos pilotos voando essas bombas, os chamaram de *baka* (idiota). Os ataques terminaram depois de abril, por vários motivos:

» Os ataques norte-americanos às bases aéreas do Japão surtiram efeito.

» As aeronaves norte-americanas tornaram-se mais hábeis para interceptar as aeronaves antes que chegassem à frota.

» O alto comando japonês decidiu preservar o que restava de sua força kamikaze para a invasão das ilhas natais.

Antes do fim da batalha por Okinawa, 32 navios norte-americanos foram afundados e outros 380, danificados, causando um total de 9.800 vítimas. Os japoneses sacrificaram mais de 1.800 pilotos.

O fim da frota japonesa

A última frota de batalha do Japão partiu para enfrentar o inimigo, mas, àquela altura, não havia combustível suficiente em todo o Japão para mover os navios para muito longe. Os oito contratorpedeiros, um cruzador e o maior navio de guerra já construído, *Yamato*, fariam uma viagem só de ida em uma tentativa condenada de enfrentar a frota norte-americana.

Os navios mal tinham partido quando o porta-aviões estadunidense os descobriu. Sem cobertura aérea, esses navios eram alvos fáceis. Várias centenas de aeronaves fizeram três ataques separados em dois dias. Toda a frota afundou, incluindo *Yamato*, que explodiu em uma bola de fogo gigante que podia ser vista a 160km. Assim foi o fim do poderio naval japonês.

Conquistando até o topo

As principais linhas defensivas japonesas se estendiam ao longo da estreita faixa de terra que protegia a principal cidade da ilha. As posições defensivas foram bem escolhidas, usando o vale profundo e os gargalos a seu favor. Os 100 mil defensores tinham centenas de peças de artilharia que usariam para interromper qualquer ataque norte-americano.

Os Aliados tiveram que tomar a primeira linha defensiva, metro a metro, durante um período de três semanas. Depois de passar por uma linha defensiva, os Aliados enfrentaram outra linha 3km atrás dela, e o processo recomeçou. O general Buckner levou os fuzileiros navais, que haviam concluído a limpeza da parte norte da ilha.

Em 4 de maio, os japoneses lançaram um contra-ataque massivo, que durou 3 dias. Durante o contra-ataque, o poder de fogo norte-americano no ar e no solo teve um efeito terrível: cerca de 5 mil soldados japoneses foram mortos a céu aberto. Para os soldados de infantaria abatidos, isso significava que havia menos 5 mil japoneses que teriam de ser retirados das cavernas. Grande parte da artilharia japonesa foi destruída também, deixando os japoneses dependentes de pontos fortes individuais e de posições de combate na Linha Shuri. Na parte sul de Okinawa, em um ponto alto entre as praias do leste e do oeste, a Linha Shuri era a principal linha de defesa dos japoneses. Era quase impenetrável e tinha túneis interligados que seriam quase impossíveis de limpar.

A lama de maio e a linha Shuri

As fortes chuvas de maio complicaram a situação em Okinawa. O clima, combinado com as defesas complexas da Linha Shuri, tornava a passagem quase impossível. O tiroteio naval, a artilharia massiva e os ataques aéreos dos EUA igualaram as probabilidades para os soldados e fuzileiros navais norte-americanos. Frequentemente, a luta ocorria em lutas corpo a corpo desesperadas.

No final de maio, o Exército havia rompido a Linha Shuri. Os fuzileiros navais capturaram a cidade de Naha e se uniram às forças do Exército que se moviam para cercar os defensores japoneses por trás. Cerca de 63 mil japoneses foram mortos. Os sobreviventes retiraram-se habilmente para uma posição defensiva final na extremidade sul da ilha.

Okinawa: Outra vitória penosa

Em junho, os norte-americanos pressionavam os defensores japoneses com toda a força que reuniam. A posição defensiva era forte, porém, e a única maneira de rompê-la era atacando com infantaria, apoiada por tanques e aeronaves. Os fuzileiros navais e a infantaria do Exército abriram caminho pelas defesas externas em meados de junho, dividindo os defensores restantes em três bolsões que os Aliados finalmente conseguiram derrotar em 20 de junho de 1945. A batalha por Okinawa foi terrível:

- » Os norte-americanos capturaram 7.400 prisioneiros, mas o restante dos japoneses estava morto. Os japoneses perderam quase 8 mil aeronaves e 131 mil homens.
- » Civis de Okinawa também sofreram; mais de 42 mil foram mortos ou feridos.
- » As baixas da força terrestre dos EUA totalizaram 15.500 mortos (incluindo o general Buckner) e 51 mil feridos. A Marinha perdeu quase 10 mil homens. Cerca de 1.000 aeronaves foram perdidas.

Se a batalha por Okinawa foi parecida com o que os norte-americanos esperavam quando invadiram as ilhas do Japão, 200 mil ou mais mortos não seria uma estimativa irreal. No entanto, mesmo antes do fim da luta, Okinawa e várias outras ilhas menores próximas estavam sendo transformadas em enormes bases aéreas e de suprimentos para viabilizar bombardeiros e caças em preparação para o ataque final ao Japão.

A Invasão Planejada ao Japão

Bem no final da guerra, os EUA reorganizaram as forças no Pacífico:

- » MacArthur, promovido a general do Exército (cinco estrelas) — um dos poucos a ocuparem o posto (o primeiro foi George Washington) —, recebeu o comando de todas as forças terrestres no Pacífico e aquelas vindas da Europa para o Pacífico.
- » O almirante Nimitz tornou-se almirante da frota e recebeu o comando de todas as forças navais no Pacífico.
- » A força de bombardeiros B-29, junto com os bombardeiros da 8ª Força Aérea da Europa, foi consolidada em uma Força Aérea Estratégica sob a direção do Estado-maior Conjunto, em Washington.
- » A Força Aérea do Extremo Oriente permaneceu com MacArthur; a 11ª Força Aérea no Alasca e nas Aleutas estava sob o comando de Nimitz.

A reorganização tardia das forças no Pacífico tinha um único propósito: a tarefa dada a MacArthur e a Nimitz — os dois comandantes militares mais poderosos da história — era nada menos do que a invasão e a conquista do Japão.

Considerações de planejamento

No planejamento da invasão aliada ao Japão, os estrategistas tiveram que considerar vários fatores: quão bem preparados os japoneses estavam para uma invasão, sua preferência comprovada pela morte em vez da rendição e o que as tropas japonesas na China fariam quando a ilha natal do Japão fosse dominada.

Moral japonês

As indicações de que o Japão estava perto de um colapso econômico eram claras. A Marinha havia estabelecido um bloqueio em torno das ilhas que só dificultaria ainda mais a situação econômica. Mas a miséria econômica não significa que o moral ou a vontade do governo e do povo japoneses foram afetados. A devastação que os bombardeiros norte-americanos B-29 desencadearam no Japão ao longo de 1945 não afetou o moral japonês de forma significativa.

A preparação dos japoneses

Uma das principais preocupações dos Aliados continuou sendo os quase 2 milhões de soldados japoneses — para não mencionar os civis — defendendo as principais ilhas do Japão.

- » As tropas japonesas desde Guadalcanal mostraram uma recusa inabalável em se render, não importando quão desesperadora fosse a situação. O soldado japonês era mais perigoso quando estava em uma posição defensiva e completamente preparado para morrer.
- » Milhares de pilotos japoneses estavam mais do que dispostos a se tornarem kamikazes para salvar a pátria da invasão.
- » Os civis japoneses resistiriam e morreriam em vez de viver sob o calcanhar de um conquistador.

Lutar na pátria japonesa seria como lutar contra Tarawa, Guam, Manila, Iwo Jima e Okinawa ao mesmo tempo.

O Exército Japonês na China

Acima de todas essas realidades bastante preocupantes, estava a questão: o que o Exército Japonês, que estava na China, faria? Pelo menos 2 milhões de soldados veteranos japoneses ainda ocupavam grande parte do país. Teriam os Aliados que lutar uma série de campanhas brutais, sangrentas e prolongadas na China e na Manchúria para provocar a derrota militar final do Japão? Era uma possibilidade que ninguém queria contemplar.

Chutando os dois pauzinhos da barraca

De acordo com o plano, a conquista do Japão seria lançada em novembro de 1945 e seria realizada em duas partes, codinome OLYMPIC e CORONET. Então, se necessário, os Aliados voltariam sua atenção para derrotar os japoneses na China (veja a Figura 21-4).

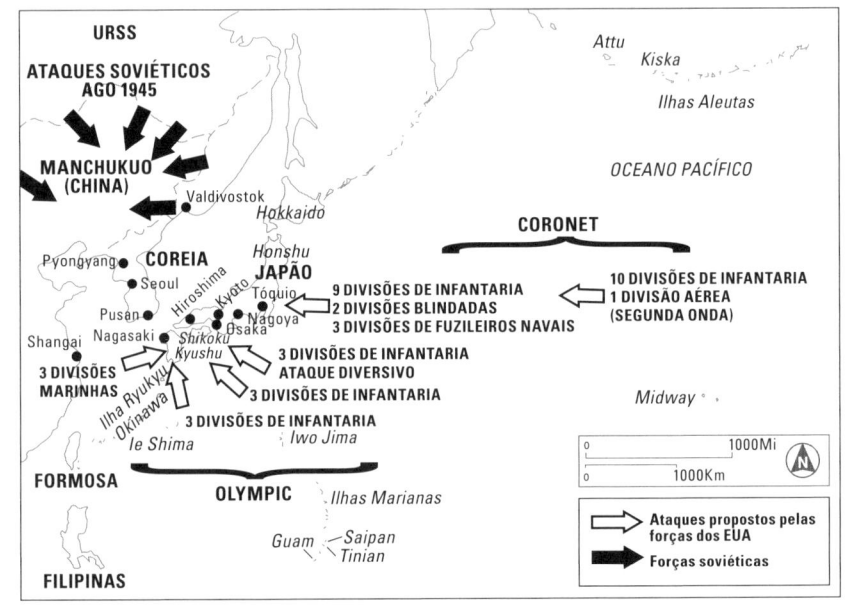

FIGURA 21-4: O ataque planejado ao Japão e a invasão soviética da China ocupada.

OLYMPIC

A primeira parte do plano de invasão dos Aliados enviaria forças contra Kyushu, a grande ilha do sul do Japão. Após um ataque aéreo de quase 2 mil aviões combinado com um bombardeio naval de mil navios, um total de cerca de 770 mil soldados norte-americanos pousariam na ilha. O objetivo desse grupo de desembarque não era conquistar a ilha, mas tomar e controlar apenas uma parte dela para estabelecer bases aéreas e de apoio para o golpe de nocaute, codinome CORONET, que começaria em março de 1946.

A razão para não conquistar a ilha eram os 680 mil defensores que as forças norte-americanas provavelmente enfrentariam, basicamente toda a população dela, apoiada por milhares de aviões kamikaze.

CORONET

Depois que as bases fossem estabelecidas em Kyushu, os Aliados lançariam o ataque contra Tóquio. Quase 4 mil aeronaves o apoiariam. Uma força de cerca de 1 milhão de homens, a maioria deles transferida da Europa, pousaria perto de Tóquio. As operações então continuariam até que toda a resistência terminasse nas ilhas. Assim que os Aliados assegurassem o Japão, o próximo passo, se necessário, seria derrotar as forças japonesas na China.

A realidade preocupante para esse número incrível de combatentes era que todos esperavam muitas baixas, algo entre 200 mil e 1 milhão de norte-americanos mortos e feridos. Todos estremeceram com as perdas, para não mencionar a destruição das frotas norte-americana e britânica que viria como resultado de kamikaze e ataques suicidas de barcos.

A Bomba Atômica e a Derrota do Japão

Os planos OLYMPIC e CORONET representaram a abordagem militar convencional para encerrar a guerra. Mas o presidente dos Estados Unidos, Truman, considerava um meio alternativo e não convencional de encerrá-la de maneira rápida e barata. Ele fora informado sobre o Projeto Manhattan, de US$2 bilhões, o esforço britânico-americano para produzir uma bomba atômica.

Truman sabia que a bomba atômica havia sido testada com sucesso e entendia seu poder. Apesar da imensa destruição que causaria, ele a considerou uma alternativa preferível à invasão do Japão. A grande questão, então, não era: "Devemos ou não?", mas: "Onde?".

Hiroshima: O primeiro alvo

Apenas duas bombas estariam disponíveis para uso. Portanto, os alvos deveriam ser militares e ter um efeito direto sobre a fibra do povo japonês de continuar a guerra. Várias cidades foram consideradas, incluindo Tóquio (a capital e residência do imperador), mas a lista de alvos se resumia a Hiroshima, Kokura, Nagasaki e Niigata. Hiroshima, que não havia sido atingida pelos B-29 e era um importante centro de treinamento, depósito de suprimentos e ponto de transporte, tornou-se a vítima.

Em 6 de agosto de 1945, o B-29 *Enola Gay* (nome da mãe do piloto, Paul W. Tibbets) decolou da ilha de Tinian carregando a bomba apelidada de Little Boy [Rapazinho]. Seguindo-o, havia dois aviões carregando instrumentos e observadores.

As pessoas em Hiroshima, incluindo 43 mil soldados, ouviram um aviso de ataque aéreo e entraram nos abrigos, apenas para obter uma autorização de saída antes de um único B-29 aparecer no céu. Às 8h16, a quase 10 mil metros sobre Hiroshima, a primeira bomba atômica foi usada contra um alvo militar. Ela explodiu a cerca de 580m acima do solo. A explosão foi estimada em 12.500 toneladas de TNT. O efeito do calor e da explosão da arma causou o maior número de vítimas. Poucos dias depois, um grande número de pessoas começou a morrer de envenenamento por radiação.

Reação do governo japonês

À medida que as informações chegavam aos integrantes do governo japonês, ficou claro que os norte-americanos inauguraram um jogo inteiramente novo. Eles ouviram o anúncio do presidente Truman sobre o atentado a bomba em Hiroshima e sua afirmação de que os EUA estavam prontos para varrer todas as cidades japonesas. As Forças Armadas Japonesas não se abalaram com a notícia. Muitos pensaram que os EUA estavam blefando e que tinham apenas uma bomba. Enquanto isso, o governo japonês decidiu aguardar um relatório completo sobre o bombardeio de Hiroshima antes de tomar qualquer decisão.

Enquanto isso, os B-29s sobrevoavam o Japão à vontade, jogando milhares de toneladas de bombas convencionais em alvos industriais. Sem resposta dos japoneses, os EUA prepararam a segunda bomba atômica. Mas, antes que a missão fosse concluída, a União Soviética deu sua cartada contra o Japão.

Os soviéticos declaram guerra ao Japão

O governo soviético entregou uma declaração de guerra ao embaixador japonês em Moscou às 23h de 8 de agosto de 1945. Em 9 de agosto, a URSS lançou quase 500 mil homens, 4 mil aeronaves, 3.700 tanques e 1.800 canhões autopropelidos (uma grande peça de artilharia blindada em um chassi de tanque) contra o Exército Japonês na Manchúria.

Embora no papel o Exército Japonês superasse o soviético em número, suas tropas eram de baixa qualidade. Os melhores foram despojados para lutar contra os norte-americanos nas ilhas do Pacífico em 1944 e em 1945. Os japoneses não tinham aeronaves nem armas de qualquer tipo para parar os tanques. Assim, estavam à mercê do Exército Soviético. Os soviéticos rapidamente invadiram o interior do que fora território japonês desde 1931.

DA TEORIA ATÔMICA À REALIDADE MILITAR

Tudo começou como uma teoria científica, no início dos anos 1930, que esboçava o conceito de fissão atômica, dividindo átomos para produzir energia. Em 1940, Albert Einstein pediu um financiamento ao presidente Roosevelt para conduzir experimentos a fim de testar se uma arma poderia ser feita usando esse conceito. Embora desinteressado no início, em 1941, Roosevelt estava disposto a ouvi-lo. O presidente comprometeu milhões de dólares para fazer com que os melhores cientistas e engenheiros do mundo tornassem a teoria realidade. Tornou-se uma das maiores conquistas científicas e de engenharia da história.

Em 1945, o conceito se tornou realidade. Não apenas a teoria foi comprovada, mas os cientistas coletaram o suficiente de um isótopo de urânio específico e o subproduto de uma reação nuclear envolvendo um isótopo de urânio, o plutônio, para serem colocados em uma bomba. Ao criar uma rápida reação em cadeia de partículas subatômicas, essas substâncias podem explodir e liberar energia em quantidades inimagináveis (os detalhes completos desse processo estão além deste livro e aguardam um possível *Física Nuclear Para Leigos*). A questão era como fazer a reação em cadeia funcionar, e quando e onde deveria explodir no alvo.

Em 16 de julho de 1945, o administrador do projeto, brigadeiro-general Leslie Groves e o cientista-chefe, J. Robert Oppenheimer, estavam prontos para testar uma bomba de plutônio no deserto do Novo México. Ela explodiu conforme o planejado, com a força de 17 mil toneladas de TNT, e uma nuvem gigante em forma de cogumelo subiu 12 mil metros no ar. Truman, na conferência de Potsdam com Stalin e Churchill na época, recebeu a notícia do sucesso do teste. Foi então que avisou um já bem informado Stalin sobre a existência de uma arma de grande poder destrutivo. A única questão agora era como e onde usar as próximas bombas produzidas.

Próximo: Nagasaki

Enquanto o ataque soviético estava em andamento na China, Fat Man [Homem Gordo], a segunda bomba atômica, estava pronta para atingir seu alvo, Kokura. O B-29, pilotado pelo major Charles Sweeney, foi nomeado *Bock's Car*. Sweeney sobrevoou o alvo na ilha de Kyushu, mas a cobertura de nuvens impediu uma queda precisa. Então Sweeney dirigiu o avião para o alvo secundário, Nagasaki.

A cidade abrigava um dos maiores estaleiros navais do Japão. Apesar do mau tempo sobre o alvo, Sweeney largou a bomba a 8.800m. A bomba explodiu fora do alvo, mas detonou com o equivalente a 22 mil toneladas de TNT. Os efeitos da explosão e do calor foram semelhantes aos de Hiroshima, embora os vales e as colinas circundantes tenham protegido partes da cidade de uma destruição maior.

O custo

As estimativas de vítimas variam, mas as duas bombas atômicas teriam matado de 100 mil a 200 mil pessoas. O desejo de salvar vidas norte-americanas e de acabar com a guerra o mais rápido possível, sem uma invasão ao Japão, tornou o uso das bombas atômicas inevitável.

Ao considerar o poder destrutivo das bombas atômicas, lembre-se de que o continente japonês estava sendo atingido regularmente por ataques de B-29, que normalmente lançavam de 4 mil a 5 mil toneladas de bombas em um único ataque. Assim, para os planejadores norte-americanos, as armas atômicas entregaram aproximadamente a mesma tonelagem a que o inimigo já era exposto. A diferença, é claro, foi o efeito destrutivo de uma enorme explosão criada por uma bomba atômica de uma aeronave versus o efeito de milhares de explosões menores de uma chuva de bombas de centenas de aviões.

O fim de uma era: O imperador submete

Após o bombardeio de Nagasaki, as notícias foram ruins para a liderança japonesa em Tóquio. O Conselho Supremo de Guerra, que a comandava, estava dividido. Três queriam continuar a guerra, três queriam fazer a paz e se submeter aos termos dos Aliados, mas com uma exceção: o imperador do Japão, venerado como um homem-deus por séculos, não poderia ser afetado.

Os japoneses enviaram uma mensagem aos Aliados com essa proposta, mas os Aliados a rejeitaram. Em 10 de agosto, a rendição incondicional foi a resposta. O imperador reinaria, mas estaria sujeito ao comandante supremo das forças aliadas, que seria o governante de fato do Japão durante a ocupação aliada.

Essa resposta levou o conselho de guerra a outra série de reuniões, que duraram quatro dias. Para ajudar os japoneses em sua decisão, mais de 700 B-29 aliados reapareceram em 14 de agosto e lançaram quase 4.500 toneladas de explosivos em alvos militares. Naquele dia, o imperador chegou à reunião do conselho para fazer um anúncio. "Pesquisei as condições prevalecentes no Japão e no mundo em geral", disse ele, "e acredito que a continuação da guerra não promete nada além de destruição". Ele decidira aceitar os termos dos Aliados e faria um anúncio ao povo japonês.

O anúncio ao povo japonês

Ao meio-dia de 15 de agosto de 1945, o imperador do Japão dirigiu-se ao seu povo por rádio. Ele nunca tinha falado com o povo, e usava um obscuro dialeto da corte (que sem dúvida soou para muitos que o ouviam como a voz de Deus). O imperador Hirohito lhes disse: "A situação da guerra não se desenvolveu necessariamente em benefício do Japão." Após seu discurso, foi feito um anúncio afirmando que as duas bombas atômicas foram a razão da rendição do Japão.

Apesar das palavras do imperador, alguns militares japoneses estavam dispostos a desobedecerem às ordens e a continuar a resistência. O ministro da Guerra suicidou-se, e um grupo de oficiais tentou invadir o palácio para convencer o imperador a continuar a guerra. Quando receberam a ordem de se renderem, os soldados se suicidaram. Na verdade, o Exército Japonês na Manchúria lutou até 22 de agosto, apesar dos anúncios do cessar-fogo. As unidades japonesas lutaram contra os soviéticos na Ilha Sakhalin até 3 de setembro. Os soviéticos acabaram levando 2,7 milhões de soldados japoneses para o cativeiro, escravizando muitos deles.

A rendição japonesa

Depois que o governo japonês se submeteu, as forças aliadas (exceto os soviéticos, que tentavam desesperadamente iniciar uma invasão das ilhas japonesas antes da rendição) começaram a se mover para o Japão. Na Manchúria, os soviéticos começaram a transportar fábricas e matérias-primas, como na Alemanha, alegando que era sua cota justa de indenização por entrar na guerra.

EXÉRCITO ALIADO

No dia 2 de setembro, com a frota mais poderosa da história mundial na baía de Tóquio, a delegação japonesa chegou ao encouraçado *Missouri* para assinar o documento formal de rendição, enquanto 2 mil aeronaves sobrevoavam em formação como um lembrete do poder aliado. MacArthur e Nimitz assinaram o documento, junto com representantes das nações aliadas (incluindo a URSS). MacArthur assinou como comandante supremo das forças aliadas e pediu aos generais Wainwright e Percival, dois oficiais que tinham acabado de ser libertados do campo de prisioneiros, que o acompanhassem. (Wainwright havia rendido as Filipinas aos japoneses em 1942 e Percival havia rendido Singapura em 1942. MacArthur queria que eles compartilhassem do triunfo que lhes fora negado como comandantes.) MacArthur concluiu a breve cerimônia com estas palavras: "É [...] a esperança de toda a humanidade que dessa ocasião solene um mundo melhor surja, do sangue e da carnificina do passado."

Afixada em um local visível aos japoneses, estava uma bandeira dos EUA, com 31 estrelas. Foi a bandeira que o comodoro Matthew C. Perry ergueu quando o primeiro navio de guerra norte-americano entrou na Baía de Tóquio, em 1853.

A Ocupação Aliada do Japão

MacArthur, como comandante supremo das forças aliadas, tinha uma responsabilidade pessoal de dirigir a ocupação do Japão. Ele trabalhou no edifício Dai Ichi em Tóquio (em japonês, *Dai Ichi* significa "número um"). MacArthur era o *Dai Ichi*, supervisionando as atividades diárias do governo japonês e respeitando o papel particular do imperador na vida japonesa. Ele ajudou a reconstruir a vida japonesa após a guerra fazendo o seguinte:

» Abolindo as Forças Armadas.

» Instituindo reformas democráticas.

» Dando às mulheres o direito de votar.

» Reorganizando as práticas de negócios para se assemelharem às das corporações norte-americanas.

MacArthur também supervisionou programas de reforma agrária e em pouco tempo se tornou uma espécie de semideus por direito entre o povo japonês. Ele permaneceria no Japão até ser destituído do comando e reconvocado pelo presidente Truman, em 1951, durante outra guerra — esta, na Coreia.

NESTE CAPÍTULO

» Os custos da guerra

» A queda da Cortina de Ferro

» A emergência de um novo mundo

Capítulo 22
Aquela Paz Inquieta

O fato é que 60 milhões de pessoas morreram na Segunda Guerra Mundial. Desses 60 milhões de mortos, mais eram civis do que soldados. A destruição — física, psicológica e espiritual — era inimaginável. Cidades inteiras estavam em ruínas; alguns dos maiores tesouros arquitetônicos e culturais do mundo foram destruídos. Fábricas, edifícios públicos, canais, represas, diques e pontes foram destruídos. Todas as nações envolvidas na guerra — exceto os Estados Unidos — estavam financeiramente exauridas.

O mundo no final de 1945 era um lugar muito diferente do mundo de 1938. Em alguns aspectos, era melhor e, em outros, pior. Hoje, ainda lidamos com as consequências — e as memórias — daqueles anos.

Os Custos: Uma Avaliação Global

Cada país que se envolveu na Segunda Guerra Mundial pagou um preço por sua participação. Alguns deles — principalmente os europeus e o Japão —, nos quais as batalhas foram travadas dentro das suas fronteiras, pagaram um preço mais alto. Aqui está um resumo rápido — e muito sombrio — do custo humano da Segunda Guerra Mundial:

- A União Soviética foi a que mais perdeu, com impressionantes 25 milhões de mortes; apenas cerca de um terço estava relacionado com o combate.
- O número de mortos na China é incerto, a estimativa é entre 15 e 22 milhões.
- A Polônia sofreu 6 milhões de mortes, incluindo 3 milhões de judeus, cerca de 20% de sua população antes da guerra.
- A Alemanha perdeu 4 milhões de soldados, listados como mortos ou desaparecidos, e mais de 2 milhões de civis — muitos desses, mulheres.
- Os japoneses tiveram 1,2 milhão de mortos em batalha e outros 1,4 milhão de soldados listados como desaparecidos. Quase 1 milhão de civis japoneses foram mortos nos bombardeios entre 1944 e 1945.
- Mais de 1,7 milhão de iugoslavos e meio milhão de gregos morreram.
- A França perdeu 200 mil soldados e 400 mil civis.
- A Itália perdeu 330 mil pessoas.
- A Hungria perdeu 147 mil homens em combate; a Bulgária, 19 mil e a Romênia, 73 mil.
- A Grã-Bretanha perdeu 264 mil soldados em combate e 60 mil civis em bombardeios.
- Os Estados Unidos perderam 292 mil soldados.
- Os holandeses sofreram 10 mil baixas militares e quase 190 mil civis.
- A Austrália perdeu 23 mil homens em combate e o Canadá, 37 mil.
- A Índia perdeu 24 mil homens em batalha; a Nova Zelândia, 10 mil; e a África do Sul, 6 mil.

Esses totais não incluem os 6 milhões de judeus que morreram na Solução Final da Alemanha nazista nem os 17 milhões de mortos como resultado das políticas japonesas na Ásia, de 1931 a 1945.

Refazendo o Mundo: Guerra e Tecnologia

As nações em guerra desenvolveram foguetes, aviões a jato, plásticos, materiais sintéticos e centenas de outras coisas que mudaram o mundo. Os avanços tecnológicos começaram a mudar rapidamente a vida das pessoas em todo o mundo, um processo que continua até hoje.

Quando o mistério do átomo foi desvendado, o mundo teve que lidar com as consequências, boas e más. O conhecimento do poder do átomo e o avanço da tecnologia criaram muitos benefícios para a humanidade em energia e medicina, mas também geraram vastos arsenais de armas nucleares, com poder de destruir o mundo. Hoje, ainda debatemos o papel da potência atômica e ainda somos ameaçados por aqueles que a usariam para ameaçar a paz mundial.

A Chance à Paz: As Nações Unidas

Organizada em abril de 1945, a Organização das Nações Unidas pretendia ser a sucessora da ineficaz Liga das Nações, da Primeira Guerra Mundial (veja o Capítulo 2). Os signatários da carta, que agora incluíam os Estados Unidos, dedicaram-se a manter a paz e a resolver potenciais conflitos sem guerra. Os Estados Unidos desempenhariam um papel fundamental no apoio às Nações Unidas.

Apesar dos objetivos elevados, a ONU enfrentou obstáculos quase imediatos. Concebida como uma força policial internacional, a organização foi duramente pressionada nas realidades do pós-guerra para realmente impor a paz. O Conselho de Segurança — o principal órgão de tomada de decisão dentro da ONU — entrou em um impasse logo de início. Responsáveis por declararem uma nação como agressora e por autorizarem sanções ou força militar para garantir o cumprimento, os membros do Conselho de Segurança (a Grã-Bretanha, a França, os Estados Unidos, a União Soviética e a China) não chegavam a um consenso. E, assim, a ONU não podia agir.

No mundo instável do pós-guerra, o Conselho de Segurança estava quase impotente. A União Soviética vetava resoluções regularmente. Isso fazia com que a Grã-Bretanha — e cada vez mais os Estados Unidos — precisasse agir de forma independente das Nações Unidas ao lidar com crises mundiais.

Um Novo Mundo Surge

A Segunda Guerra Mundial foi travada na Europa para salvar a civilização ocidental do flagelo do nazismo. Foi travada na Ásia para evitar que um Japão militarista dominasse o Pacífico e impusesse seu próprio tipo de tirania às pessoas que ali viviam. Nesse contexto estreito, os Aliados cumpriram seus objetivos. Mas a guerra criou novas situações, que levaram a novas guerras e conflitos, que continuam a nos perturbar hoje.

- Na Ásia e no Oriente Médio, a Grã-Bretanha e a França tentaram retroceder em seus papéis de governantes coloniais, como se a Segunda Guerra Mundial nunca tivesse acontecido. Os holandeses logo descobriram que o povo das Índias Orientais não estava mais interessado em permanecer como colônia. Na Birmânia, em Singapura e na Índia, os britânicos não foram bem-vindos. Os franceses encontraram guerrilheiros comunistas, armados em grande parte com armas japonesas, esperando por eles. Em apenas alguns anos, os grandes impérios da França e da Grã-Bretanha — que existem há centenas de anos — se dissolveriam com notável rapidez.

- O líder nacionalista chinês Chiang Kai-shek e o líder comunista chinês Mao Tse-Tung retomaram a guerra civil para valer, cada um esperando ganhar e manter a iniciativa no campo de batalha.

- No Oriente Médio, os judeus, que desejavam retornar à sua pátria ancestral, com o patrocínio britânico-americano de uma pátria judaica permanente na Palestina, geraram um confronto direto com os árabes palestinos.

- Na Europa, o continente ficou totalmente dividido. Em Yalta e Potsdam, Stalin consolidou politicamente o que havia vencido no campo de batalha.

- A Europa Oriental tornou-se um reflexo do estado stalinista totalitário. A Tchecoslováquia caiu em um golpe arquitetado pelos soviéticos logo após a guerra, e Tito, o ex-chefe guerrilheiro comunista iugoslavo que se tornou chefe de Estado (veja o Capítulo 18), enquanto nominalmente seguia os ditames de Stalin, tentou moldar uma nação independente a partir das inúmeras identidades étnicas que formara a Iugoslávia.

- A velha Alemanha foi substituída completamente. Mais de 10 milhões de alemães foram deportados do leste, controlado pelos soviéticos, e movidos para as zonas de ocupação do oeste. Outros milhões eram refugiados que fugiram para o oeste nos últimos meses da guerra.

- Os soviéticos empurraram os poloneses para os territórios alemães desocupados e transferiram os russos para a velha Polônia, agora parte do território soviético soberano. Foi uma limpeza étnica e permitiu que Stalin redefinisse o mapa da Europa entre um leste comunista, liderado pela União Soviética, e um oeste democrático, liderado pelos Estados Unidos.

Resumindo, a Europa ficou bem diferente depois da guerra (veja a Figura 22-1).

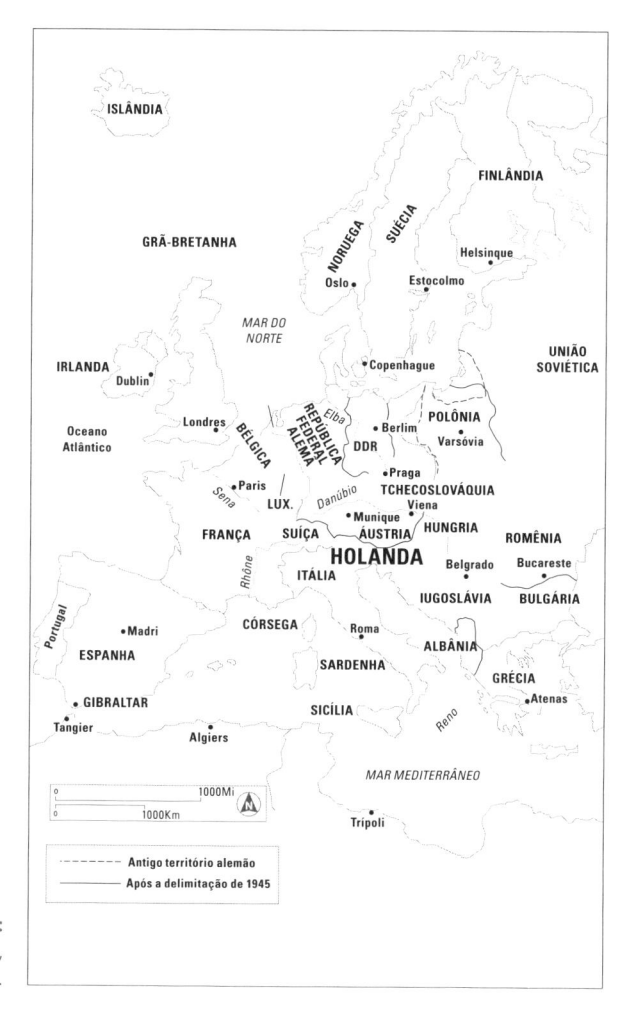

FIGURA 22-1: Europa, 1945.

O Início da Guerra Fria

Em 1946, a aliança que derrotou a Alemanha consolidou seus ganhos (no caso da União Soviética) e protegeu o que lhe restava (no caso da Europa Ocidental e dos Estados Unidos). Não haveria cooperação entre os dois. Lançando uma sombra sobre tudo isso, estava o poder das armas nucleares, inicialmente detidas apenas pelos Estados Unidos e, em seguida, também pelos soviéticos.

> ## CORTINA DE FERRO
>
> O primeiro-ministro britânico, Winston Churchill, que não tinha igual quando se tratava de usar a língua inglesa para convocar as pessoas a uma missão superior, apontou o que estava acontecendo na Europa do pós-guerra. Em 1946, no Westminster College em Fulton, Missouri, Churchill definiu o novo mundo para todos: "Uma sombra caiu sobre as cenas recentemente iluminadas pela vitória dos Aliados [...]. De Stettin, no Báltico, a Trieste, no Adriático, uma cortina de ferro desceu pelo continente [...]. Certamente não se trata da Europa liberada que lutamos para construir. Nem detentora dos fundamentos da paz permanente."

À medida que as diferenças ideológicas e políticas entre a URSS e os EUA se transformavam em uma animosidade expressa, e as duas nações sentiam a ameaça do crescente arsenal nuclear da outra, o rancor e a desconfiança se solidificaram no que por fim ficou conhecido como *Guerra Fria*.

Foi uma Guerra Fria porque não poderia ser resolvida por confronto direto. Um confronto direto com armas nucleares era impensável. Portanto, essa guerra tinha que ser travada por outros meios e duraria até que um dos lados desistisse.

A Guerra Fria foi uma guerra de crenças, travada tanto em fóruns públicos (como as Nações Unidas) quanto por meio de atividades clandestinas e ações secretas (pense em espiões e espionagem). Foi travada por Estados procuradores ou pelas forças de combate dos EUA e da União Soviética em áreas remotas do mundo, como Coreia, Vietnã, Angola e Afeganistão.

Considerações Finais

A Segunda Guerra Mundial começou com uma paz inquieta e assim também terminou. Muitos dos problemas que assolam o mundo hoje têm suas raízes nas consequências da maior e mais terrível guerra da história da humanidade. Mas muitos dos benefícios econômicos e políticos que deram a muitas nações do mundo a chance de se desenvolverem e de florescerem no mundo moderno derivam das vitórias conquistadas e das vidas sacrificadas nos recantos obscuros listados no início deste livro. Sem essas vitórias, o mundo seria um lugar de miséria e opressão insuportáveis, de leis bárbaras e assassinatos em massa organizados. Talvez agora esses recantos obscuros façam um pouco mais de sentido.

7

A Parte dos Dez

NESTA PARTE...

Conheça líderes colossais da Segunda Guerra Mundial.

Descubra dez armas que fizeram a diferença na guerra... e após.

Considere dez "e se?" da Segunda Guerra Mundial.

> **NESTE CAPÍTULO**
> » Líderes de exércitos
> » Estrategistas e planejadores
> » Líderes nacionais

Capítulo **23**

Dez Líderes Militares Colossais da Segunda Guerra Mundial

A o montar este tipo de lista, sempre se excluirá alguém que merece reconhecimento. Qualquer pessoa pode apresentar um argumento igualmente forte a favor ou contra alguém presente (ou ausente). Baseio a seleção na liderança pessoal, na habilidade geral de aplicar a arte da guerra, na habilidade de liderar e inspirar homens em combate e na aplicação da vontade pessoal para atingir os objetivos nacionais. Para evitar mais controvérsia, listo os nomes em ordem alfabética (considerando seus sobrenomes).

Winston S. Churchill: Excelência Atemporal

EXÉRCITO ALIADO

Churchill foi o primeiro-ministro da Grã-Bretanha nos dias mais sombrios do país e o levou à vitória com pouco mais que uma causa justa, o poder da língua inglesa e o forte braço direito dos EUA (que não tinha medo de torcer para obter o que precisava). Winston Churchill foi um gigante entre outros grandes homens: era um homem de visão, inteligência, sagacidade e, acima de tudo, vontade. Personificou o espírito dos tempos de guerra da Grã-Bretanha e do Império Britânico, não querendo conceder nada a Hitler, nem nos dias mais sombrios da guerra, e sempre apontando para a vitória inevitável.

Como estrategista, Churchill tinha falhas — muitas vezes, olhava de forma tão ampla para os objetivos estratégicos que ignorava os obstáculos e os limites reais para o sucesso —, mas se destacava na arte política. Churchill entendia melhor do que qualquer outro líder em tempos de guerra a conexão entre política e guerra. Sua amizade com Roosevelt o ajudou a vencer a guerra, mas o cortejo de Roosevelt a Stalin o agoniava. Ele percebeu os objetivos de Stalin e tentou bloquear a maré que se voltava contra ele.

INFORMAÇÕES HISTÓRICAS

Um homem do século XIX em muitos aspectos, Churchill continua a ser o maior homem do século XX.

Dwight D. Eisenhower: Não Se Preocupe, Seja Feliz

EXÉRCITO ALIADO

Diferentemente de MacArthur (veja a seção seguinte), Eisenhower nunca comandou tropas em combate, nem as pessoas o achavam determinado. Como comandante supremo das forças aliadas na Europa, Eisenhower se dava bem com as pessoas e controlava seu ego para cumprir o objetivo: a vitória dos Aliados na Europa. No difícil mundo de alianças e coalizões, Eisenhower manteve todos unidos.

Ele dirigiu a estratégia e supervisionou as forças britânicas, canadenses, norte-americanas e francesas em um todo (na maior parte) harmonioso. Também teve de tomar decisões muito difíceis, não como norte-americano, mas como aliado. Sua decisão de lançar o Dia D, em 6 de junho, é universalmente elogiada, mas suas decisões de dar ao general britânico Montgomery a prioridade de combustível e munições em 1944 para executar a ofensiva malsucedida do MARKET GARDEN e sua decisão de parar as forças dos EUA e britânicas no

Elba são criticadas ainda hoje. (Veja as análises desses eventos nos Capítulos 18 e 21.) Ainda assim, Eisenhower tomou decisões necessárias em momentos necessários, que é o que um comandante faz.

Douglas MacArthur: Malditos Torpedos!

O general norte-americano Douglas MacArthur foi um dos líderes mais notáveis da Segunda Guerra Mundial, às vezes superando o exímio Franklin Roosevelt. Por vezes difícil de lidar, MacArthur agia como se soubesse que ganharia a guerra e que tudo de que precisava eram os recursos adequados.

As campanhas de MacArthur no Pacífico foram bem-sucedidas porque ele dominava o uso de bombardeiros e de caças para apoiar as manobras das tropas em terra. Ao combinar as forças aéreas, terrestres e navais, MacArthur desestabilizou os japoneses. Ele liderou uma força de combate excepcional para a vitória com perdas mínimas contra um adversário determinado.

Em paz, MacArthur liderou a reforma do Japão, ajudando assim a cimentar uma amizade e parceria entre os norte-americanos e os japoneses que durou duas gerações — algo impensável em 1945.

George C. Marshall: Uso da Sterling

O norte-americano George C. Marshall foi chefe do Estado-maior do Exército e arquiteto da vitória da Segunda Guerra Mundial, secretário de Estado após a guerra e autor do Plano Marshall, que salvou a Europa da ruína econômica, da fome e do comunismo. Dizer qual faceta de George C. Marshall foi melhor é difícil.

Como chefe do Estado-maior do Exército dos Estados Unidos, Marshall permaneceu em Washington para coordenar a direção estratégica da guerra. Ele era o braço direito de Roosevelt e conselheiro de confiança. Como tal, ajudou a moldar a decisão estratégica mais importante da guerra: atacar primeiro a Alemanha.

Marshall monitorou o projeto da bomba atômica e tomou as decisões sobre quem receberia quais recursos e quando. A cada ano da guerra, Marshall dava diretrizes a Eisenhower e a MacArthur, listando prioridades e objetivos. Sem a orientação firme e constante de Marshall, é difícil dizer que direção a guerra poderia ter tomado ou se teria durado mais. Era um homem com uma grande visão estratégica e uma moral arraigada, que traduzia metas políticas em objetivos militares claros.

Chester W. Nimitz: Mestre do Mar

Homem simpático e com uma abordagem descontraída em seus deveres, o almirante norte-americano Chester W. Nimitz escondia uma fibra ferrenha e um brilhantismo estratégico que justificadamente o tornaram um dos maiores comandantes navais da história.

Como comandante da Frota do Pacífico, Nimitz demonstrou habilidades excepcionais em escolher subordinados, comandantes de frota e generais da Marinha que não tinham medo de lutar. Sua estratégia baseava-se em atacar os japoneses em pontos-chave e em desafiar o domínio naval japonês no Pacífico enquanto conservava o poder de combate norte-americano. Nimitz entendeu o papel do porta-aviões na guerra naval e o colocou em uso melhor do que ninguém. O ataque Doolittle (veja o Capítulo 19), lançado do convés de um porta-aviões, foi uma resposta rápida a Pearl Harbor. Ele estava disposto a lutar contra os japoneses em seus próprios termos, usando porta-aviões em Midway (veja o Capítulo 15).

Nimitz, submarinista de carreira, entendia o papel que os submarinos desempenhariam na futura derrota do Japão. Enquanto suas frotas cada vez maiores de navios e aeronaves atingiam os pontos defensivos japoneses e seus fuzileiros navais atacavam as ilhas, seus submarinos destruíram lentamente a frota mercante japonesa. Praticamente sozinho, deu a volta por cima da guerra naval no Pacífico em questão de meses contra uma das melhores e mais experientes marinhas do mundo. Sua habilidade na execução da estratégia resultou em um fato notável: em 1944, após a Batalha do Golfo de Leyte (veja o Capítulo 19), a frota japonesa foi aniquilada.

George S. Patton: Pau para Toda Obra

O general norte-americano George S. Patton foi um notável líder de combate na guerra e um terrível soldado em tempos de paz. Nenhum outro norte-americano foi tão dedicado a seu ofício. Patton abraçou o novo conceito de guerra blindada e ajudou a aperfeiçoá-lo pouco antes do início da guerra. Foi implacável na execução de seus planos e procurou agir rapidamente contra o inimigo. Ele dava seu melhor explorando as fraquezas do inimigo e agindo rápido. Patton estava tão emocionalmente ligado aos ideais de soldado que às vezes atacava aqueles que acreditava não viverem de acordo com eles.

Embora não fosse bom em *guerra estática* (manter posições em vez de avançar), Patton se destacou em liderar um exército em movimento. Quando teve a chance de esmagar o Bulge (na Batalha do Bulge), em dezembro de 1944, ou de se dirigir à Tchecoslováquia, na primavera de 1945, Patton estava no seu melhor. (Veja, no Capítulo 18, informações sobre esses eventos.)

Patton se irritou com as restrições impostas devido a decisões políticas e não hesitou em compartilhar sua opinião com seus superiores, especificamente, o comandante supremo das forças aliadas Dwight Eisenhower e o general norte-americano Omar Bradley. Antes de morrer, em um acidente de carro, Patton pediu para ser enterrado com suas tropas, no cemitério do 3º Exército, em Luxemburgo.

Irwin Rommel: A Raposa do Deserto

EXÉRCITO DO EIXO

Irwin Rommel foi um dos melhores e mais respeitados generais alemães na Segunda Guerra Mundial. É lembrado por seu uso de tanques, sua abordagem agressiva da guerra e sua disposição para assumir riscos, bem como pelo brilhantismo tático. Ajudou a dar ao Exército Alemão sua imagem de invencibilidade na campanha do deserto de 1942. A imagem de Rommel — óculos de proteção contra poeira, capa de chuva e liderança no front — também deu aos alemães o apoio moral necessário quando o ataque contra a URSS foi interrompido.

Rommel foi o primeiro comandante alemão com o qual os britânicos e os norte-americanos tiveram que lidar em sua ofensiva africana (veja o Capítulo 13). Sempre um adversário perigoso, conquistou o respeito de seus inimigos. Dirigiu as defesas da parede oeste na França (Capítulo 20) e comandou o grupo de exército que resistiu aos desembarques dos Aliados na Normandia, esperando em vão pelos tanques que chegariam à batalha (Capítulo 18).

Lutando habilmente, mas em um esforço fadado ao fracasso, Rommel foi ferido antes de experimentar a derrota inevitável da Alemanha. Ganhou um respeito muito maior pelo apoio à conspiração para matar Hitler, em 1944 (veja o Capítulo 9). Escolhendo o suicídio, Rommel poupou sua família e seus associados de um julgamento público e da morte.

Franklin D. Roosevelt: Astuto Habilidoso

EXÉRCITO ALIADO

Sem direcionamento político adequado, nenhuma guerra tem sucesso. O presidente Franklin D. Roosevelt foi esse norte político para os EUA. Político brilhante (um dos mais eficazes da história norte-americana), Roosevelt levou os EUA à beira da guerra, esquivando-se habilmente das restrições legais dos Atos de Neutralidade. Sustentou a Grã-Bretanha em 1940 e em 1941 com o truque legal do empréstimo e arrendamento. (Leia no Capítulo 7 sobre as Leis de Neutralidade e a política de arrendamento mercantil dos EUA.)

Roosevelt arriscou uma guerra aberta contra a Alemanha ao escolter navios mercantes com navios de guerra dos EUA e, em seguida, armar mercantes neutros. Desafiou os japoneses com a única ferramenta possível para afastá-los da agressão: impediu o acesso ao petróleo, à sucata e ao aço norte-americanos, e, por fim, congelou os ativos japoneses nos EUA. Algumas pessoas viam esses atos como sacolejar um pano vermelho na frente de um touro. Talvez Roosevelt os tenha visto como uma tentativa de alertar os potenciais inimigos para não ameaçarem os EUA.

Como líder da guerra, o presidente Roosevelt permitiu que os militares dirigissem a estratégia, mas contribuiu com o conceito de rendição incondicional, algo de que os militares não gostaram, mas acataram. Roosevelt liderou e inspirou o povo norte-americano durante a guerra. Sua morte, em abril de 1945, marcou uma virada na história política e diplomática norte-americana.

Isoroku Yamamoto: O Samurai

Contra a ideia de o Japão entrar em guerra contra os EUA, o almirante japonês Isoroku Yamamoto ainda era considerado um dos grandes líderes militares da guerra. Educado nos Estados Unidos (estudara em Harvard, na década de 1920), Yamamoto acreditava que os japoneses seriam vitoriosos durante o primeiro ano de um conflito nipo-americano, mas que, depois disso, o Japão estava destinado a perder devido ao poder industrial e militar dos EUA.

Ainda assim, quando chamado para servir a seu país, Yamamoto lhe serviu bem e com coragem. Acreditando que uma guerra convencional contra os Estados Unidos seria inútil, planejou o ataque japonês a Pearl Harbor. Depois de Pearl Harbor, Yamamoto voltou sua atenção para a destruição da frota norte-americana no Pacífico, perto da ilha de Midway. Com a vantagem da surpresa, o plano de Yamamoto provavelmente teria causado graves danos à frota norte-americana. Acontece que os Estados Unidos haviam quebrado o código da frota japonesa e, portanto, sabiam do ataque e estavam preparados quando chegaram a Midway. Yamamoto também lutou para deter Guadalcanal no que acabou se tornando uma batalha prolongada e brutal entre soldados aliados e japoneses. (Veja uma análise dessas batalhas no Capítulo 15.)

Entendendo o perigo representado pela habilidade estratégica de Yamamoto e por sua determinação implacável de lutar até o fim, os Aliados, ao interceptarem uma mensagem de rádio indicando sua posição, enviaram caças aliados para abater seu avião, em 18 de abril de 1943. Yamamoto, considerado um herói especial pelos japoneses, foi morto no ataque.

Georgi Zhukov: Liderando as Massas

EXÉRCITO ALIADO

O general soviético Georgi Zhukov foi o responsável pela defesa de Moscou em 1941, evento que evitou o colapso do regime de Stalin. Como vice-comandante supremo, Zhukov dirigiu habilmente a guerra contra a Alemanha, vencendo a batalha decisiva de Stalingrado com uma mistura de desespero e teimosia obstinada. Ele fez o mesmo ao dirigir as operações para aliviar o cerco de Leningrado. (Veja uma análise dessas batalhas no Capítulo 6.) Depois que a frente se estabilizou, Zhukov dirigiu os contra-ataques massivos que romperam a frente alemã e que levaram às grandes vitórias soviéticas de 1943 e de 1944. Ele dirigiu pessoalmente o ataque a Berlim em abril de 1945 e recebeu a rendição formal dos alemães em 8 de maio (veja o Capítulo 21).

Durante as primeiras batalhas contra os alemães, os soviéticos careciam de armas militares (ou não faziam uso eficaz das que tinham). A única arma que tinham que a Alemanha não conseguia igualar — e que Zhukov estava mais do que disposto a usar — era o número de soldados. Ele usou ataques em massa, nos quais os soldados soviéticos não venceram necessariamente os alemães, mas os oprimiram massivamente. Essa estratégia garantia a vitória, mas à custa de pesadas perdas para o Exército Soviético. Apesar da brutalidade de tal guerra, o povo soviético, obediente e voluntariamente, fez o sacrifício para salvar seu país. Na verdade, a guerra é conhecida pelos soviéticos como a Grande Guerra Patriótica e, para eles, representa um momento brilhante da sua história.

> **NESTE CAPÍTULO**
> » Verificando as coisas boas
> » Incorporando a nova tecnologia
> » Descobrindo o que fez a diferença

Capítulo 24
Dez Armas que Fizeram a Diferença

Do atirador à bomba atômica, no final, as questões da Segunda Guerra Mundial foram decididas pelas armas superiores. Quem tinha as melhores saiu por cima. Embora os alemães produzissem um armamento superior, não produziram quantidades suficientes para fazer a diferença. Este capítulo apresenta uma lista de armas da Segunda Guerra Mundial que representam o que há de melhor em qualidade e inovação na época.

A Metralhadora Alemã MG-42

EXÉRCITO DO EIXO

A Alemanha era incomparável em design de armas leves. Na Segunda Guerra Mundial, a melhor metralhadora leve do mundo era a MG-42. Era capaz de disparar 1.200 tiros por minuto a um alcance de cerca de 3.600 metros, o que representava um poder de fogo significativo para um esquadrão ou pelotão. A MG-42 era leve (uma grande vantagem para os soldados, que a carregavam dia após dia) e, o melhor de tudo, facilmente produzida em massa.

INFORMAÇÕES HISTÓRICAS — A metralhadora MG-42 era tão boa que os Estados Unidos mais tarde a usaram de modelo para o projeto da sua própria metralhadora, a M-60. Na verdade, o design da MG-42 foi copiado por fabricantes de armas de todo o mundo. Essas variações do projeto básico da MG-42 ainda servem aos exércitos modernos.

O Tiger Alemão

EXÉRCITO DO EIXO — Não havia nada igual aos tanques Tiger no campo de batalha da Segunda Guerra Mundial. Projetado para uso na Rússia, esse tanque monstruoso de sessenta toneladas lutou em toda a Europa. O tanque Tiger tinha a melhor combinação de proteção e poder de fogo do que qualquer outro da Segunda Guerra Mundial:

- » Blindagem enorme no casco e na torre.
- » Arma principal de 88mm.
- » Esteiras largas para longas viagens.
- » Capacidade de atravessar água de até 5m de profundidade.

Infelizmente, o motor do Tiger tinha baixa potência e não era tão eficaz quanto o esperado ao se mover em solo lamacento ou coberto de neve (na Rússia, o solo era de um ou outro tipo na maioria das vezes). Da mesma forma, o tanque não teve sucesso na Itália, devido ao terreno acidentado e à falta de pontes fortes o suficiente para sustentá-lo. Na Normandia, porém, e nos campos de batalha da França e da Alemanha, o Tiger teve seu melhor desempenho.

Os norte-americanos, os canadenses e os britânicos descobriram que praticamente nenhuma de suas armas era poderosa o suficiente para peitar um Tiger. A maior esperança dos Aliados era derrubar uma de suas esteiras e imobilizá-lo ou aumentar o poder de fogo de vários tanques de uma vez e tentar acertá-lo na retaguarda, onde a blindagem do Tiger era mais leve.

Por mais eficaz que o Tiger fosse, sua produção era baixa, porque foram produzidos no final da guerra. A última versão do Tiger foi o King Tiger, de oitenta toneladas, que os norte-americanos conheceram na Batalha do Bulge. O Tiger influenciou o design de tanques em todo o mundo por muitos anos após a guerra.

O Rifle M1 Garand

EXÉRCITO ALIADO

O general norte-americano George Patton chamou o rifle M1 Garand de "o maior instrumento de batalha já inventado". O rifle M1 foi a arma básica do soldado de infantaria norte-americano na Segunda Guerra Mundial. Sua precisão, seu volume de fogo e sua confiabilidade eram excepcionais.

ESTRATÉGIA MILITAR

Os alemães e os japoneses usavam *rifles de ferrolho*, o que significava que os soldados tinham que carregar um novo cartucho de munição manualmente antes que pudessem disparar a arma novamente. O M1 era *semiautomático*, os soldados poderiam atirar rodada após rodada simplesmente apertando o gatilho. Soldados treinados conseguiam desferir oito tiros mirados em vinte segundos. (Qualquer pessoa pode atirar com uma arma em poucos segundos; o que faz diferença é saber mirar e acertar o alvo pretendido.) O fogo direcionado do M1 representava que os soldados norte-americanos eram capazes de enviar mais balas na direção do inimigo do que o inimigo conseguiria em resposta. Com o inimigo se esquivando para se proteger, as tropas dos EUA manobravam contra suas posições e as destruíam. O M1 pesava 4,3kg e era robusto, para resistir a abusos e ao manuseio brusco. O alcance de combate do M1 era de 45 metros, mas era capaz de disparar até 3.200 metros.

INFORMAÇÕES HISTÓRICAS

Nenhuma guerra foi vencida (e é seguro dizer que nenhuma jamais será) até que os soldados de infantaria estejam no terreno que o inimigo deseja defender. Os soldados de infantaria norte-americanos ganharam terreno (e, portanto, a Segunda Guerra Mundial) com o rifle M1.

O Foguete V-2

EXÉRCITO DO EIXO

O primeiro foguete V-2 atingiu a Inglaterra em setembro de 1944, movendo-se a uma velocidade de 5.600km por hora. Foi o primeiro míssil balístico de médio alcance do mundo, o avô dos infames mísseis SCUD da Guerra do Golfo e dos mísseis balísticos intercontinentais (ICBM) que compõem os arsenais estratégicos dos Estados Unidos e da Rússia.

O V-2 era uma das "armas maravilhosas" de Hitler, cujo objetivo era virar a maré da guerra. Lançado a partir da costa da Europa, o míssil com uma ogiva de uma tonelada alcança até 362km. Era indetectável até o alvo. O V-2 não mudou o curso da guerra, principalmente porque não era muito preciso, mas seu efeito no futuro da tecnologia militar e da guerra, bem como no programa espacial, foi de longo alcance.

O projeto básico do V-2, embora altamente modificado pela tecnologia moderna, foi o ponto de partida para toda a tecnologia de foguetes e mísseis balísticos. Há um V-2 real no Museu Nacional do Ar e Espaço, em Washington, D.C.

O P-51 Mustang

EXÉRCITO ALIADO

O P-51 Mustang foi um dos milagres da produção militar norte-americana. Desenvolvido a partir de uma sugestão britânica de um novo caça em 1940 e chegando à produção em escala real em 1942, o Mustang apareceu pela primeira vez nos céus alemães, pilotados por norte-americanos, em 1943.

Com sua velocidade e capacidade de manobra, o P-51 Mustang não tinha igual no combate aéreo. Mais importante, seu alcance estendido e seus tanques de combustível permitiram aos Aliados protegerem os B-17s de suas bases na Grã-Bretanha até seus alvos na Alemanha e depois de volta à Grã-Bretanha. O Mustang também voava nas mesmas altitudes em que os bombardeiros B-17. Quando os Mustangs começaram a escoltar os bombardeiros B-17 para alvos na Alemanha, a Luftwaffe (veja o Capítulo 2) teve uma surpresa desagradável: descobriu que os grandes bombardeiros não eram mais alvos fáceis. O Mustang manteve o inimigo a distância e, portanto, contribuiu significativamente para o sucesso da campanha de bombardeio estratégico dos Aliados.

Com o Mustang voando ao lado dos B-17, a eficácia da ofensiva de bombardeio estratégico dos Aliados melhorou, e as perdas de bombardeiros diminuíram. O P-51 Mustang também apoiou efetivamente as tropas terrestres, disparando foguetes montados nas asas ou lançando bombas de 450kg com efeito devastador sobre os tanques e a infantaria da Alemanha.

O Mustang dominou os céus, garantindo o sucesso da campanha terrestre de Eisenhower e dando à campanha de bombardeio estratégico a capacidade de infligir danos cada vez maiores às indústrias de guerra alemãs.

Avião a Jato Me-262

EXÉRCITO DO EIXO

O Me-262 (Me é abreviatura de *Messerschmidt*, o fabricante alemão) foi uma das aeronaves mais bonitas já construídas (pelo menos na minha opinião). Foi também o primeiro avião a jato militar cujas capacidades avançadas não foram equiparadas às de nenhuma nação até 1949. O projeto já estava no papel em 1938, e um modelo experimental foi construído e pilotado em 1941, mas a burocracia nazista não se interessou por ele. Superconfiante após uma série de vitórias fáceis demais, ninguém acreditava que tal aeronave fosse necessária. Hitler só reparou nele depois que os Aliados começaram a bombardear regularmente as cidades alemãs.

O Me-262 foi projetado para ser usado como um caça e, nessa função, nenhuma aeronave aliada o teria equiparado. No entanto, Hitler ordenou que fosse construído como um caça-bombardeiro — algo semelhante a pedir que pneus comuns fossem colocados em um carro esporte! A mudança de design de Hitler desacelerou o Me-262 para velocidades nas quais o ágil P-51 dos Aliados (veja a seção anterior) o desafiaria. Embora os alemães o tenham redesenhado, essa mudança veio tarde demais para virar a maré da guerra a favor da Alemanha.

Embora o Me-262 não tenha afetado o resultado da guerra, teve um efeito extraordinário no projeto futuro de aeronaves de combate por quase uma geração.

O Bombardeiro B-17: A Fortaleza no Ar

O B-17 era o carro-chefe e o símbolo da ofensiva de bombardeio estratégico dos Estados Unidos na Europa. Representou a força bruta de bombas altamente explosivas lançadas por aeronaves e se tornou a peça central da doutrina da Força Aérea dos Estados Unidos.

Construído em 1935, o B-17 foi um dos poucos projetos de armas avançadas que os EUA produziram antes da guerra. O maior trunfo do bombardeiro era sua capacidade de voar longas distâncias — quase 3.200 quilômetros. O B-17 foi amplamente modificado nos primeiros anos da guerra, com montagens adicionais de metralhadora, e ficou conhecido como *Fortaleza Voadora*.

Os norte-americanos o colocaram em uso nos ataques diurnos contra a Alemanha, contando com o armamento e a resistência do B-17 para superar a Luftwaffe (veja o Capítulo 2), tanto em seu ataque aéreo quanto no fogo antiaéreo do solo. Em 1944, o B-17 era o bombardeiro dominante usado na Europa, com até mil aviões atingindo os alvos por vez. Ele provou seu valor muitas vezes ao contribuir para a derrota da Alemanha.

O Canhão de 88mm

A peça de artilharia mais famosa da guerra foi o canhão alemão de 88mm, conhecido como 88. Projetado como arma antiaérea, o 88 era bastante eficaz nessa função. No entanto, o general alemão (mais tarde marechal de campo) Irwin Rommel, um brilhante estudante de guerra, apontou-o para um tanque em vez de um avião. Os resultados foram extraordinários! Em 1941, os britânicos perderam mais de 40 tanques para os 88 de Rommel usados como armas antitanque.

Os 88 forçaram os Aliados a mudarem seu projeto de tanques depois de 1941. O tanque norte-americano Sherman foi projetado com as capacidades do 88 em mente. Os alemães incorporaram o 88 ao armamento principal de seus Tiger e também foi montado em caça-tanques. Embora os projetos de armas britânicos, soviéticos e norte-americanos tentassem se igualar às capacidades do

88, nunca realmente conseguiram. O 88 alemão, como um canhão antitanque separado ou incorporado a um tanque ou caça-tanques, governou o campo de batalha blindado da Segunda Guerra Mundial.

Porta-aviões Yorktown e Essex

EXÉRCITO ALIADO

Em 1941 e 1942, o futuro dos EUA repousava sobre os topos planos de seis porta-aviões no Pacífico (*Wasp*, *Hornet*, *Yorktown*, *Enterprise*, *Saratoga* e *Lexington*). Em 1942, apenas o *Enterprise* e o *Saratoga* não tinham sido afundados em combate com a Marinha Imperial Japonesa. Sem seus porta-aviões, os Estados Unidos estavam impotentes. Como essas embarcações originais sucumbiram à frota japonesa, o poder industrial dos EUA produziu substitutos, os porta-aviões de classe *Essex*. Maior e mais rápida do que os porta-aviões que substituiu, esta classe de porta-aviões poderia transportar mais aeronaves. Ao todo, os EUA produziram onze deles, alguns dos quais levaram os nomes dos seis porta-aviões originais.

Em 1943, os *Essex* mudaram o rumo da batalha, controlando o ar e o mar no Pacífico, isolando os defensores japoneses e permitindo que as forças terrestres norte-americanas enfrentassem e destruíssem o inimigo. Se o poder naval obteria a vitória no Pacífico, o *Yorktown* e o *Essex* eram suas bases. Os japoneses não conseguiram se equiparar a esses porta-aviões em qualidade nem em quantidade, o que garantiu a derrota militar japonesa.

Bomba Atômica

EXÉRCITO ALIADO

Uma arma de enorme poder, a bomba atômica encerrou a Segunda Guerra Mundial de uma forma que nenhuma outra arma teria feito. O poder destrutivo das duas bombas que atingiram Hiroshima e Nagasaki convenceu o imperador e a liderança no Japão a aceitar as condições dos Aliados para a rendição. Dessa forma, as bombas podem ter salvado milhares de vidas norte-americanas e poupado o povo japonês da maior agonia de uma guerra de aniquilação. Ninguém jamais terá certeza. O que se sabe é que a bomba atômica inaugurou uma nova era, com o potencial assustador de ver uma guerra geral travada com armas atômicas. E se tornou a principal arma dos arsenais dos Estados Unidos e da União Soviética na Guerra Fria, lembrando a cada país a capacidade de destruição um do outro (veja o Capítulo 22).

Os EUA desenvolveram a tecnologia da bomba atômica. Quem sabe o que teria acontecido se Stalin ou Hitler o tivesse feito? Uma coisa é certa, a bomba atômica usada na Segunda Guerra Mundial deu início à era atômica, e o mundo não foi o mesmo desde então.

> **NESTE CAPÍTULO**
> » Os eventos que poderiam ter mudado o curso da guerra
> » Coisas simples que teriam ajudado a mudar a história
> » Pontos para discutir sempre

Capítulo **25**

Dez "E Se?" da Segunda Guerra Mundial

E xplorar os "e se" ao discutir a Segunda Guerra Mundial é um jogo de que a maioria dos historiadores gosta. Mesmo o leitor casual de história tem dificuldade em não se perguntar: "E se?"

A vitória na guerra nunca é algo certo. E, como qualquer outro empreendimento humano, é afetada pelo acaso, sorte (boa e má) e circunstâncias. O mundo de hoje provavelmente seria um lugar bem diferente se um ou qualquer um dos "e se" que incluo neste capítulo tivesse realmente acontecido.

E Se Hitler Conquistasse a Grã-Bretanha, em vez de Atacar a União Soviética?

Este cenário é uma das questões mais básicas da Segunda Guerra Mundial. Se a Grã-Bretanha tivesse sido conquistada ou submetida à fome, ou isolada e suficientemente enfraquecida como potência militar, o que teria acontecido? Aqui estão alguns palpites:

» A frota britânica, os navios capturados ou recuperados após o colapso da Grã-Bretanha, ficariam sob o controle da Marinha Alemã.

» Com os navios capturados da Frota Britânica, a Alemanha teria dominado o Atlântico e a rota norte para o porto soviético de Murmansk, cortando assim o abastecimento dos EUA ou ajudando a União Soviética com o empréstimo e arrendamento, e isolando os Estados Unidos da Europa.

» Diante de tal situação, Stalin poderia ter acomodado Hitler para evitar a guerra inevitável que Hitler desejava. Como resultado, estabelecer uma aliança com Stalin teria sido difícil para os EUA — especialmente se o ditador soviético não visse uma ameaça imediata à União Soviética.

» Quando a Alemanha se voltasse contra os soviéticos, sem a Grã-Bretanha para manter Hitler ocupado, a União Soviética estaria em apuros. Todo o poder da Luftwaffe (a Força Aérea Alemã), não perdido na Batalha da Grã-Bretanha, estaria disponível para atacar o alvo soviético, assim como os poderosos navios britânicos nas mãos dos nazistas.

» Sem a Grã-Bretanha para resistir a eles na Europa, os nazistas muito possivelmente teriam dominado a Europa, talvez permanentemente. O próximo alvo teria sido os Estados Unidos.

E Se os Porta-aviões Norte-americanos Estivessem em Pearl Harbor?

Se os porta-aviões dos Estados Unidos estivessem em Pearl Harbor em 7 de dezembro de 1941, a guerra no Pacífico teria acabado muito rapidamente.

» Sem os porta-aviões, os Estados Unidos não teriam sido capazes de lançar qualquer contra-ataque contra os japoneses até pelo menos 1943, quando um número suficiente de novos porta-aviões poderia ter sido construído.

» Enquanto os Estados Unidos construíam uma nova frota de porta-aviões para lutar contra o Japão, os japoneses teriam consolidado seus ganhos territoriais, estocado matérias-primas estratégicas, fortificado suas fortalezas nas ilhas e construído uma grande Força Aérea.

» A guerra no Pacífico teria continuado por vários anos mais, com os norte-americanos lutando contra um inimigo fortemente armado e totalmente preparado (o que, pensando bem, era exatamente o que os japoneses tinham em mente).

E Se Hitler Buscasse Programas Estratégicos Adequados?

Hitler tomava todas as decisões sobre quais tipos e quantos tanques e aeronaves produzir. Infelizmente para a causa nazista, ele não sabia bem do que os alemães precisavam, tanto estratégica quanto operacionalmente, para lutar a guerra com eficácia. Por exemplo, ele ignorou o caça a jato até que fosse tarde demais e não aproveitou as vantagens dos foguetes V-1 e V-2. Então, e se Hitler tivesse sido um pouco mais inteligente ou permitido que pessoas que conheciam essas coisas tomassem as decisões?

» Se Hitler permitisse a produção do caça a jato assim que foi informado (no início da década de 1940), teria seus melhores pilotos conduzindo os aviões mais avançados do mundo sobre os céus alemães desde o início. Pilotados por homens qualificados da Luftwaffe, esses aviões poderiam ter impedido a ofensiva de bombardeio estratégico dos Estados Unidos. Sem a ofensiva de bombardeio, provavelmente não teria havido uma invasão aliada na Normandia.

» Se Hitler tivesse permitido que o programa de foguetes V-1 e V-2 se expandisse, poderia ter aperfeiçoado um míssil balístico com uma ogiva de uma tonelada e um sistema de lançamento preciso. Essa arma muito possivelmente eliminaria a ameaça de uma invasão através do canal, atingindo áreas de reunião, aeroportos e portos dos Aliados. Em grande número, os mísseis também poderiam ter devastado as grandes formações soviéticas espalhadas pelas planícies da Rússia. Com o tempo, os mísseis poderiam ter sido aprimorados para atingir o continente dos Estados Unidos.

E Se Não Houvesse Ataque a Pearl Harbor até 1942?

Se os japoneses estivessem dispostos a fazer algumas concessões aos Estados Unidos por um ano para amenizar a crise crescente, o que teria acontecido? Ao fazer concessões, o fluxo de petróleo, aço e sucata teria continuado para o Japão dos portos norte-americanos. Ao esperar, eles também poderiam ter atraído os Estados Unidos para uma falsa sensação de segurança que faria com que os norte-americanos atrasassem um grande aumento de forças.

Com um estoque de material estratégico em casa e os Estados Unidos complacentes, os japoneses poderiam ter desferido o golpe em Pearl Harbor um ano depois e talvez ter cumprido seus objetivos na Ásia sem muita luta. Os Estados Unidos, não querendo uma guerra em duas frentes, poderiam ter ignorado o Japão enquanto se ocupavam com a crise na Europa.

LEMBRE-SE

Hitler declarou guerra aos Estados Unidos depois que os japoneses bombardearam Pearl Harbor. Com os Estados Unidos relutantes em entrar na guerra na Europa, o atraso de um ano teria dado a Hitler o tempo de que precisava para conquistar a Europa. Assim, os Estados Unidos estariam em uma situação muito difícil, confrontados com uma guerra no Pacífico e sem parceiros confiáveis.

E Se Hitler Libertasse os Russos?

Hitler libertando os russos é algo difícil de conceber, dada sua mania obstinada de destruir os judeus e os eslavos para abrir o *Lebensraum* (veja o Capítulo 3) a alemães que se deslocassem para o leste. Mas se Hitler tivesse sido persuadido a reter seus programas de erradicação por apenas alguns anos, os alemães teriam colhido enormes benefícios estratégicos de curto prazo. O fato é que os cidadãos da União Soviética, especialmente os da Ucrânia e os dos Estados Bálticos, receberam os alemães como libertadores da tirania de Stalin.

Se os alemães tivessem acomodado o povo no oeste da União Soviética, teriam uma base sólida de apoio, suprimentos e recrutas. Essa base poderia ter sido significativa o suficiente para derrubar Stalin e encerrar a guerra em 1942. Em vez disso, os alemães trataram essas pessoas com uma brutalidade bárbara, incluindo a destruição por atacado de fazendas, gado e poços, o que deu ao Exército e ao povo soviético um motivo para buscar vingança.

E Se a França Resistisse em 1940?

Em 1940, a França não era tão fraca como a história retrata. O país era uma potência militar formidável, na teoria, muito mais forte e capaz do que o Exército Alemão. A França entrou em colapso por falta de vontade de lutar, bem como pela surpresa, quando os alemães adentraram pela floresta das Ardenas para a costa. Se as forças francesas tivessem resistido como o general Charles de Gaulle queria, mesmo com uma luta mínima, os alemães teriam sido duramente pressionados para concluir a guerra em seus termos.

Até mesmo lutar por um impasse teria funcionado a favor da França. Os alemães simplesmente não tinham os tanques e equipamentos de que precisavam para eliminar um inimigo determinado. Quanto mais durasse a guerra com a França, mais fraca a Alemanha se tornaria. A promessa de vitória de Hitler contra o antigo inimigo teria azedado e talvez acabado totalmente com suas ambições.

E Se Tivesse Dado Certo no Bulge?

O ataque aos exércitos aliados em dezembro de 1944 foi uma tentativa de Hitler de repetir a vitória alemã no ataque à França em junho de 1940. Embora tudo fosse diferente em 1944, Hitler visualizou colunas de tanques alemães cruzando o rio Meuse, lutando contra o porto de Antuérpia. Apesar de todos os fatores que tornaram uma vitória alemã em 1944 quase impossível, o que teria acontecido se os alemães tivessem tido sucesso na Batalha do Bulge?

Muito provavelmente, um sucesso alemão teria atrasado a entrada dos Aliados na Alemanha em seis a oito meses:

- Um sucesso teria interrompido as linhas de suprimento aliadas e dado aos alemães uma vantagem significativa no uso de suprimentos capturados e na sustentação do avanço.
- Os Aliados teriam mudado seu ataque do sul para o nordeste, levando a uma luta em uma frente estreita e eliminando a vantagem que os Aliados desfrutavam em mão de obra e equipamento.
- Os Aliados ainda teriam desfrutado de domínio total com o poder aéreo e, posteriormente, o Bulge teria sido fechado, mas somente após um custo e um atraso enormes.
- A Linha Siegfried, outra posição defensiva alemã, ainda esperava os Aliados, enquanto os soviéticos avançavam do leste. Os britânicos e os norte-americanos talvez enfrentassem os soviéticos no rio Reno, em vez de no Elba.

E Se Hitler Fosse Assassinado?

Se o plano de assassinato contra Hitler em 1944 tivesse funcionado, junto com o golpe contra o governo nazista, a guerra teria terminado. Os Aliados declararam a rendição incondicional dos nazistas, mas, muito provavelmente, teriam negociado com um governo moderado antinazista. A Alemanha teria sido poupada de muitas agonias, embora as sementes de outra guerra entre a União Soviética e a Alemanha tivessem sido plantadas. (Stalin não teria sido capaz de obter o controle de grandes partes da Europa Oriental como fez, o que poderia ter levado a novas tensões, que talvez culminassem em uma guerra.)

No entanto, uma Alemanha unida e pacífica e vários estados independentes na Europa Oriental teriam servido como um contrapeso significativo ao poder soviético nos anos após 1945. Ter um contrapeso ao poder soviético, por sua vez, teria eliminado a OTAN, preservado o status da Grã-Bretanha como líder da Europa e diminuído o papel dos Estados Unidos na Europa do pós-guerra.

E Se Hitler Deixasse Seus Generais Planejarem a Estratégia?

Hitler assumiu o controle da guerra depois de 1942, embora tivesse pouco treinamento ou habilidades militares (foi cabo na Primeira Guerra Mundial) e nunca tenha frequentado qualquer tipo de escola militar, muito menos uma faculdade de alto escalão, como seus generais. Ao tomar decisões, Hitler foi precipitado; fez suposições irrealistas e deu ordens ridículas de "não recuar"; ou ordens de ataque em grande escala, com pouco conhecimento das realidades que seus comandantes enfrentavam. Estava cegado pela destruição de judeus e bolcheviques a tal ponto que pouco mais importava. A ignorância de Hitler sobre estratégia e operações e sua recusa em ouvir ou confiar em seus conselheiros militares levaram-no a cometer erros terríveis, que certamente ajudaram os Aliados.

No entanto, se Hitler tivesse recuado e deixado os generais comandarem a guerra, esta teria sido menos desastrosa e menos custosa. Os alemães teriam vencido se os generais tivessem comandado a guerra? Provavelmente não. Mas teriam dificultado muito a vitória dos Aliados.

E Se a Marinha Japonesa Sobrevivesse?

O que teria acontecido se a Marinha Imperial Japonesa não tivesse sido derrotada na Batalha de Midway (veja o Capítulo 15)? E se a frota de porta-aviões japoneses continuasse sendo uma grande ameaça até 1943 ou 1944?

» Os japoneses teriam sido capazes de ameaçar Midway e Pearl Harbor, limitando o fluxo livre de suprimentos e reforços para a Austrália. Isso, por sua vez, dificultaria o trabalho de MacArthur (veja o Capítulo 15).

» Porta-aviões japoneses e aeronaves baseadas em terra poderiam ter desafiado aeronaves norte-americanas pela posse dos céus sobre o mar de Bismarck, em Guadalcanal ou em Leyte (veja o Capítulo 15).

» O almirante norte-americano Nimitz em algum momento teria que arriscar uma grande batalha com a frota norte-americana para derrotar a Marinha Japonesa de uma vez por todas antes de iniciar sua própria campanha para capturar Tarawa, Saipan, Guam e Peleliu (veja o Capítulo 19).

» A guerra no Pacífico certamente teria durado mais. Na verdade, todo o plano dos Aliados para a guerra no Pacífico teria mudado drasticamente, deixando os Estados Unidos com avanços muito mais cautelosos.

Índice

A

Adolf Hitler, 36
 ascensão, 14, 38
 aspirações, 110
 autobiografia, 39
 condições impostas para a França, 98
 consolidação no poder, 39-40
 cortes marciais móveis, 328
 e Benito Mussolini, 56
 morte, 340-348
 planos para a Polônia, 76
 resistência aberta, 154-155
 tentativa de golpe, 38-39
 tentativas de assassiná-lo, 155
África, 106
 invasão do norte, 199
Albânia, 71, 103
Alemanha, 26-27
 ataque a Estrasburgo, 325
 ataque em Schweinfurt, 223
 declaração de guerra aos EUA, 147-148
 defesas, 275
 diplomacia, 58
 invasão da Polônia, 80-81
 medidas diplomáticas, 52
 ofensiva contra a Noruega e a Dinamarca, 88
 pacto de não agressão com a Polônia, 53
 panzer, divisões, 95
 pós-guerra, 334
 regime nazista, 41
 Reichstag, incêndio, 40
 Renânia, perda, 54-55
 rendição, 336, 341
 tentativa de invadir a URSS, 210
 trabalhadores escravizados, 153
Aliados, países, 15, 93, 142, 187
 mudança de estratégia, 221
 planos, 273
 reação à Alemanha, 88
Anne Frank, 179
armas
 B-17, bombardeiro, 395
 bomba atômica, 396
 canhão alemão de 88mm, 395-396
 Essex, porta-aviões, 396
 M1 Garand, rifle, 393
 Me-262, avião a jato, 394-395
 MG-42, metralhadora, 391-392
 P-51 Mustang, caça, 394
 Tiger, tanque, 392
 V-2, foguete, 393
Ataque de Doolittle, 233
ataques
 aéreos, 329
 suicidas, 299
Atos de Neutralidade (EUA)
 1935, 123-124
 1937, 124
 efeitos, 124
Auschwitz, 177
Áustria, 60

B

Bacia do Sarre, território, 54
Batalha
 aéreas, 101-102
 da Grã-Bretanha, 100-102
 das Salomão Orientais, 245-246
 de Kursk, 218-227
 de Midway, 238
 de Stalingrado, 214-216
 do Atlântico, 222
 do Bulge, 291
 do Golfo de Leyte, 307-309
  consequências, 311
 do Passo Kasserine, 203
Benito Mussolini, 28, 30, 71
 e Adolf Hitler, 56
 morte, 338-348
 prisão, 206
Bergen-Belsen, 330
Birkenau, 177
Birmânia, 315
blitzkrieg, 82-83, 116
bolchevismo, 120
bomba atômica, 369
Buchenwald, 330

C

Canal
 Albert, 94
 da Mancha, 93
carga banzai, 299
Carta do Atlântico, 185
Charles de Gaulle, 99
Chelmno, 177
Chester W. Nimitz, 237, 245-249, 386
Chiang Kai-shek, 50, 314
China, 29, 257, 320
Chindits, 316
Comitê de Defesa do Estado, URSS, 118
Conferência
 Arcádia, 186
 de Potsdam, 345
 de Yalta, 332
  temas discutidos, 332
 em Teerã, 252

Conselho
- de Segurança (ONU), 377
- judaico, Judenrat, 176

coquetel Molotov, 86
cortina de ferro, 380
crise de 1929, 32
custo humano da guerra, 376

D

Dachau, 330
Declaração
- das Nações Unidas, 186
- de Potsdam, 347

defesa massiva, 93
depressão econômica mundial, 122
Dia D, 276
- resultados, 277

Dia da Vitória da Europa, 342
Dinamarca, 88
diplomacia, 58
Douglas MacArthur, 146–148, 245–249, 385
Dwight D. Eisenhower, 196, 384–385

E

efeitos da guerra, 19
Eixo, países, 16, 184
- perspectivas, 253

emocionalismo, 35
envolvimento vertical, 105
Erwin Rommel, 107
Esfera de Coprosperidade da Grande Ásia Oriental, 134
Estados Unidos, 26
- campos de internamento de nipo-americanos, 167
- declaração de guerra, 140
- Exército Feminino, 164
- isolacionismo, 14
- neutralidade, 126–127

Etiópia, 55
Exército
- Alemão, 91
- Vermelho, 72

êxodo alemão, 328
extermínio pelo trabalho, 176

F

fascismo, 13, 34
Filipinas, 144, 306, 350
- destruição de Manila, 352

Finlândia, 85
Força Aérea Real Britânica, 96
Força Expedicionária Britânica, 84, 95
França, 27–28, 53
- rendição, 96–97

Franklin D. Roosevelt, 122, 388
- morte, 335–348

fronteira sino-soviética, 73

G

George C. Marshall, 385–386
George S. Patton, 199, 386–387
Georgi Zhukov, 119, 389
Gestapo, 45
Grã-Bretanha, 27, 59
- acordo com os EUA, 128
- defensiva, 127
- mão de obra, 163
- moral, 163
- pacto de segurança com a Grécia, 104
- racionamento, 162

Grande Terror, 74
Grécia, 103
- rendição, 105–106

Guam, ilha, 144
Guernica, bombardeio, 57
Guerra Civil Espanhola, 57, 59
Guerra Fria, 380
gulags, 74

H

Harry S. Truman, 344–345
Heinrich Himmler, 46
Hermann Goering, 43, 101
Hirohito, imperador, 49
Hollywood, 166

Holocausto, 173–180
- campos de extermínio, 175, 177
- guetos, 176
- início, 173
- sobreviventes, 343
- Solução Final, 178, 269

Hungria
- retomada pelos soviéticos, 327

I

Ilhas
- Marianas, 296, 298
- Marshall, 297
- Midway, 233
- Palau, 305
- Salomão, 233, 295
- Wake, 143

impostos, 167
Índia
- ataques japoneses, 318

Inglaterra, 90
inverno, 120
Irwin Rommel, 387
Isoroku Yamamoto, 135, 388–389
Itália, 28
- batalha no norte, 336
- entrada na guerra, 55
- fascismo, 35
- invasão
  - da Grécia, 103
  - da Sicília, 204–205
- matéria-prima bélica, 156
- moral, 157
- rendição, 106, 205

Iugoslávia, 104–105

J

James H. Doolittle, 232–233
Japão, 29
- ações militares, 48
- ataque aos EUA, 125
- controle sobre a China, 49–50
- declaração de guerra da URSS, 370
- diplomacia, 134

e China, 133
estratégia, 230
força de trabalho, 158–159
Hiroshima, bomba atômica, 369–370
história política, 132
império, 14
Iwo Jima, ilha, 357
moral, 159, 367
nacionalismo, 48
Nagasaki, bomba atômica, 372
ofensiva contra a Índia, 318
Okinawa, 361
operações submarinas, 356–357
pós-guerra, 347
produção industrial, 158
queda da democracia, 49
reação à bomba atômica, 370
rendição, 373
Josef Stalin, 29, 72, 74
erros estratégicos, 113
relação com a Alemanha, 113
Joseph Goebbels, 42, 154

K
kamikazes, 311, 363–364

L
Lei
de Empréstimo e Arrendamento (EUA), 129
de Nuremburg, 173
Liga das Nações, 24, 25
Luftwaffe, Força Aérea Alemã, 101

M
Malásia, 141
Marinha Real Britânica, 96
mediação e apazimento, 59
mitos, desejo de acreditar, 34
monarquia constitucional, 28

N
nacionalismo, 35
napalm, 300
nazismo, 13, 37, 152
avanço, 82–83
campos de concentração, 175, 176
derrota, 180
Einsatzgruppen, Grupos de Ação, 174
hierarquia racial, 153, 172
perseguição aos judeus, 173
propaganda, 41, 65, 154
Neville Chamberlain, 62, 71
queda, 90
Normandia, invasão, 277
Noruega, 87
Nova Guiné, 241, 302

O
Operação
BAGRATION, 267, 268
BARBAROSSA, 112
COBRA, 281
HUSKY, 204–205
MARKET GARDEN, 285
OVERLORD, 262
Tempestade no Deserto, 82
Tocha, 197
TUFÃO, 118
Zitadelle, 218
operações no Pacífico, 313
Organização das Nações Unidas (ONU), 332, 377

P
Pacto
de Aço, 71
de Não Agressão Germano-soviético, 73–75, 184
erros, 75
Kellogg-Briand, 26
Tripartido, 184
Papua, 233
patrulhas de neutralidade, 130

Paul Reynaud, 97
Pearl Harbor
ataque, 137
consequências, 139
Planos Quinquenais, 74
Polônia, 53
controle soviético, 83
divisão, 75
fronteiras, 345
invasão, 80
ordem para o ataque à, 77
pós-guerra, 333
Varsóvia, levante, 270
pós-guerra, 348
Primeira Guerra Mundial
acordo de paz, 12
diplomacia, 26
fim, 22
Lusitania, naufrágio, 23
problemas financeiros, 12–13
Quatorze Pontos, 24
principais eventos da guerra, 16–17
prisioneiros de guerra, 343
Projeto Manhattan, 369

R
raça ariana, 37
racismo, 13, 37
refugiados, 342
Revolução Bolchevique, 28
Romênia
ataque em Ploesti, 222–223
Rússia, 28

S
sitzkrieg, 94
Sudeste Asiático, 133

T
tática da matilha de lobos, 19, 130
Tchecoslováquia, 61–62
concessões territoriais, 64
ocupação alemã, 70

Índice 407

tecnologia, 377
Theodore Roosevelt Jr., 278
Tomoyuki Yamashita, 350
    morte, 353
totalitarismo, 13
Tratado
    das Quatro Potências, 53
    de Latrão, 37
    de Locarno, 27, 28, 54
    de Versalhes, 23, 24
Treblinka, 177
Tunísia, 201

U
U-boats, 19, 224
União das Repúblicas Socialistas Soviéticas (URSS), 28
    acordos, 72
    armadilha para os alemães, 214
    força de trabalho, 169
    moral, 170
    ofensiva contra a Alemanha, 327
    ofensiva de Hitler, 110–111
    patriotismo, 118
    Planos de Cinco Anos, 74
    produção, 168

W
Winston Churchill, 61, 90, 92, 384
    apoio à URSS, 115–120
    enfrentamento ao nazismo, 100–108
Woodrow Wilson, 23, 25

Projetos corporativos e edições personalizadas

dentro da sua estratégia de negócio. Já pensou nisso?

Coordenação de Eventos
Viviane Paiva
viviane@altabooks.com.br

Assistente Comercial
Fillipe Amorim
vendas.corporativas@altabooks.com.br

A Alta Books tem criado experiências incríveis no meio corporativo. Com a crescente implementação da educação corporativa nas empresas, o livro entra como uma importante fonte de conhecimento. Com atendimento personalizado, conseguimos identificar as principais necessidades, e criar uma seleção de livros que podem ser utilizados de diversas maneiras, como por exemplo, para fortalecer relacionamento com suas equipes/ seus clientes. Você já utilizou o livro para alguma ação estratégica na sua empresa?

Entre em contato com nosso time para entender melhor as possibilidades de personalização e incentivo ao desenvolvimento pessoal e profissional.

PUBLIQUE SEU LIVRO

Publique seu livro com a Alta Books. Para mais informações envie um e-mail para: autoria@altabooks.com.br

/altabooks /alta-books /altabooks /altabooks

CONHEÇA OUTROS LIVROS DA **PARA LEIGOS**

Todas as imagens são meramente ilustrativas.

- Mineração de Criptomoedas para leigos
- Programando Excel VBA para leigos
- DevOps para leigos
- Design Thinking para leigos
- Astrologia para leigos
- Feng Shui para leigos
- Excel Fórmulas & Funções para leigos
- Criando Games em 3D

ALTA LIFE Editora
ALTA CULT Editora
ALTA BOOKS Editora
alta club

Este livro foi impresso nas oficinas gráficas da Editora Vozes Ltda.,
Rua Frei Luís, 100 – Petrópolis, RJ.